U0943091

教育部国别和区域研究中心（备案）
西北大学中东研究所

中东形势与战略

（2018）

MIDDLE EAST
SITUATION AND STRATEGIES
（2018）

黄民兴 主编
赵广成　李　玮 副主编

社会科学文献出版社
SOCIAL SCIENCES ACADEMIC PRESS (CHINA)

前　言

2017年是中东地区政治格局和经济关系加速变化的一年，沙特强势改革、教派对抗加剧、“伊斯兰国”溃败、叙利亚问题战和双轨并进，一系列新的域内局势发展问题，既左右着中东地区各国生存与发展的命运，也触动着域外世界多方协作与博弈的进程。在这一背景下，西北大学中东研究所适时推出《中东形势与战略（2018）》，聚焦中东局势，分析政经热点，力求为中国中东研究贡献新力量。

中东地区地理位置重要，素有“三洲五海之地”之称。该地区是亚欧非三大洲的接合部，周围环绕有黑海、地中海、红海、阿拉伯海、里海和波斯湾等国际海域，这些海域大大便利了中东与世界各地的联系。沟通上述海域的博斯普鲁斯海峡、达达尼尔海峡、苏伊士运河、曼德海峡和霍尔木兹海峡等，是重要的国际航道。中东地区因此成为沟通大西洋和印度洋、东方和西方的联系纽带和十字路口，是丝绸之路的终点。从地理特点上看，这一地区的地形以高原为主，同时沿海分布有平原，沙漠面积广大，其中的绿洲适宜人类居住。这里气候炎热，常年干燥少雨，多数国家水资源匮乏，耕地资源较少。域内多数国家的矿产资源较为单一，而最为著名的资源是油气资源，主要生产国有海湾国家（海湾六国、伊朗、伊拉克）。从文化特点上看，中东是一个文化多元的地区，主要民族有阿拉伯人、波斯人、土耳其人、普什图人、犹太人和库尔德人，主要宗教有伊斯兰教、犹太教和基督教（三大一神教）。从历史演变中看，中东地区较为丰富的生物资源为早期文明的诞生创造了有利条件，两河流域形成了世界最早的城市、文字和文明，而古埃及文明则以金字塔著称。除了以上两大文明中心，中东其他地区也兴起了一系列别具特色的地方文明，如腓尼基、迦南、犹太、埃兰、赫梯、波斯、阿拉伯等，它们发展起了航海和国际贸易，发明了字母，产生了三大一神教，建立起一系列帝国。中东因此成为“文明的摇篮”。

然而，作为三大洲海陆交通的要道，丝绸之路的必经之地，加上当地发达的文明，中东历来是民族入侵和迁移频繁发生之地，是农业文明与游牧文明冲突的典型地区，因此战争频繁。近代以来，中东更成为英法殖民主义扩张的重要地区，直到二战后中东国家才全部获得独立。然而，复杂的地区矛盾和各国内部的社会、经济、政治问题，导致二战后中东地区冲突不断，战争频发，成为最重要的国际热点地区。阿以冲突、海湾战争、伊拉克战争、阿富汗战争等一系列军事冲突和伊斯兰复兴运动，不仅深刻地影响到本地区的安全和发展，而且影响到整个世界经济和安全形势，牵涉到大国利益。

在中东研究本身重要性与复杂性兼具的背景下，本书在创编之初希望实现两个主要目标，以期在交流与互动中形成特色和传统，指导今后编纂工作的开展和进步。一是在兼顾“形势”与“战略”的“大综合”理念下布局研究内容。中东局势的发展和变化历史悠久且错综复杂，审慎看待中东问题的症结与对策，必须兼顾宏观与微观两个方面。宏观的形势层面，需要对中东地区整体发展和变化做出精准概括和总结；微观的战略层面，需要对域内各国具体问题进行深入考查分析。同时把握中东地区系统和要素的变化与发展，是本书努力实现的目标之一。二是在兼顾“总结”与“展望”的“大视角”要求下设计研究目标。回顾历史是为了更好地展望未来，而国际问题研究的功能性目标即是通过分析历史与现状进而评估和预判问题的发展和变化。而对相关问题发展和变化的前景进行研究，既是检验学术成果深入的重要途径，也是国际问题研究作为智力支持应用于政策需求的重要功能实践。通过这种结合进而尝试实现研究成果智库化的应用路径，是本书努力实现的目标之二。

本书分为两部分，分别是“2017 年中东形势综述”和“2017 年中东战略报告”。第一部分“2017 年中东形势综述”由三篇宏观的形势报告组成。西北大学中东研究所国际关系研究团队编纂的《2017 年中东舆情汇编》将全球主要专业媒体和知名智库对中东地区当年局势变化的报道及分析进行汇总，以时间发展为序，精选了三百余条重要信息，为中东问题研究提供了新的参考。中国现代国际关系研究院田文林副研究员撰写的《2017 年中东形势综述》对 2017 年中东局势进行了宏观分析，提纲挈领地指出了中东地区面临“经济转型”“多级格局”“暴恐顽疾”和“美国变数”四大基本趋势。第二部分“2017 年中东战略报告”由六个专题共十四篇微观的战略报告组成。“综合评估”专题的两篇文章中，西北大学中东研究所黄民兴教授撰写的《20 世纪以来中东格局的演变及其地区影响》从历史角度对国家、民族、宗教、资源、人口、经济、文化和外部影响诸因素进行深入解读，厘清了当代中东地区政治生态和权力格局形成的渊源；中国现代国际关系研究院田文林副研究员撰写的《低烈度冲突：当前中东的动荡与战争》聚焦中东地区各势力间的冲突问题，阐述了近年来本地区的“四场战争”与“三个原因”，给出了理解中东乱局的新思路。“海湾地区”专题的三篇报告中，刘经纬撰写的《萨勒曼继位以来沙特改革问题》以萨勒曼继位以来进行的一系列改革动作为主线，试图勾勒出沙特改革的大体轮廓，并以此剖析沙特改革对中东地区局势及其对中国中东利益特别是“一带一路”倡议的影响；西北政法大学张金平教授和上海外国语大学中东研究所任华撰写的《2017 年也门局势发展评估》从政治、社会和对外关系三个角度分析了也门乱局的最新进展，并对其严峻的形势做出评估；西北大学中东研究所陈小迁撰写的《中东变局以来海湾君主国的国家治理演进》从国家治理变革的角度分析了西亚北非大动荡以来海湾君主国在避免政权倾覆与过度西方化两个极端的过程中，进行民族国家治理的最新进展。“沙姆地区”专题的三篇文章中，西北大学中东研究所李玮博士撰写的《“伊斯兰国”的实体溃败与虚体转型》总结了“伊斯兰国”发展的三个阶段及其特点，指出这一组织正在由实体向虚体转型，其荼毒沙姆地区的恐怖主义杀伤力和影响力已经在转型中蔓延并将危害全球；西北大学中东研究所申浪和李福泉副教授撰写的《黎巴嫩真主党参与叙利亚内战探析》分析了黎巴嫩真主党这一地区博弈的重要力量，及其在以阿以冲突为核心的中东争端和教派掩盖下的地区国家博弈中的持续影响；河南科技大学人文学院朱传忠博士撰写的《未遂军事政变后的土耳其政局及其走向》考查了近年来土耳其政治发展走向，解释了土耳其政府在未遂政变阴影下为巩固权力采取的诸多措施。

“北非地区”专题的两篇文章中，西北大学中东研究所韩志斌教授和蒋欣宇撰写的《后卡扎菲时代利比亚局势综述》对后卡扎菲时代利比亚局势发展的最新情况进行分析，指出长期形成的社会结构和政治传统并不会随着卡扎菲政权的倒台而出现突变，利比亚国内各派系和解及战后重建进程将深受其影响；洛阳师范学院李竞强博士撰写的《阿拉伯之春以来突尼斯政治转型探析》对突尼斯政治转型问题进行分析，指出在传统政治、安全生态、发展困境影响下突尼斯令人担忧的前景问题。“大国影响”专题的两篇文章中，西北大学中东研究所蒋真教授撰写的《美国对伊朗单边制裁的立法依据》对包括美国国会针对伊朗的制裁法案、联邦政府实施的制裁法规、总统颁布制裁伊朗的行政令等作为美国制裁伊朗主要法理基础的法律法规进行了深度分析，解释并评估了美国体系化对伊制裁的影响；辽宁大学历史学院李艳枝教授撰写的《能源外交视域下的土俄关系发展评估》基于能源外交的研究视角，以中东剧变以来土耳其与俄罗斯的关系发展作为研究个案，剖析了土俄两国之间由合作到对抗、由冲突到合作的转变历程和阶段性特征。

《中东形势与战略（2018）》的主题由西北大学中东研究所韩志斌教授、王铁铮教授、黄民兴教授商议拟定，赵广成副教授和李玮博士负责统稿并同作者联系。国际关系研究室的刘博、线凤阳、刘亚萍、霍思瑶、任琳、闫泽晶和汪志远同学，在本书的翻译、编辑和校对工作中付出了辛勤的劳动。同时，本书的完成，也离不开关心和热爱中东问题研究的国内外专家学者的帮助与支持。在此谨对参与本书编纂工作的专家学者及各界同仁表示衷心的感谢！我们希望以此为始，同心勠力，将《中东形势与战略》做成中国中东研究的品牌年鉴！

赵广成　李　玮

2018 年 3 月于西安

目　录

第一部分　2017年中东形势综述

第二部分　2017年中东战略

第一部分

2017年中东形势综述

2017 年中东舆情汇编

国际关系研究室

第一季度

土耳其俱乐部遭到恐怖袭击

据美国《华盛顿邮报》报道，土耳其伊斯坦布尔再次遭遇恐怖袭击。一名枪手于 1 月 1 日清晨袭击了位于伊斯坦布尔的“雷纳”（Reina）俱乐部，造成 30 人死亡、70 多人受伤。一名黎巴嫩妇女称，袭击者在施暴过程中高喊宗教口号，场面骇人。评论称，此次是土耳其境内一个月以来遭遇的第四次重大恐怖袭击，土耳其国内安全局势令人担忧。

（来源：《华盛顿邮报》1 月 2 日讯；作者：厄林·科宁翰、卡利姆·法希姆：《伊斯坦布尔庆祝新年人群遇袭》；

Erin Cunningham and Kareem Fahim. Gunman Kills 39 in Attack at Istanbul Nightclub. *Washington Post*. 2 January 2017.）

以色列与俄罗斯领导人就区域安全问题进行对话

据以色列《耶路撒冷邮报》报道，以色列总理本杰明·内塔尼亚胡（Benjamin Netanyahu）与俄罗斯总统弗拉基米尔·普京（Vladimir Putin）就当前中东局势问题展开对话。2016 年 12 月 31 日俄以双方领导人就叙利亚安全局势和巴以和平进程等问题进行了讨论。报道指出，俄罗斯强调巴以问题的解决需要通过巴勒斯坦和以色列人之间的谈判才能实现。

（来源：《耶路撒冷邮报》1 月 2 日讯；作者：赫布·凯农：《以色列与俄罗斯领导人关于区域安全问题的讨论》；

Herb Keinon. Israel，Russia Discuss Regional Security Coordination. *Jerusalem Post*. 2 January 2017.）

“伊斯兰国”成员伪装成难民进入欧洲

据英国《每日邮报》报道，一名“伊斯兰国”头目率领其 400 名下属在逃离叙利亚后伪装成难民潜入欧洲。该头目名叫穆哈西赫里（Muhaxheri），又名阿布·阿卜杜拉·科索瓦（Abu Abdullah al Kosova），是一名科索沃阿尔巴尼亚人。报道称，他曾经在恐怖主义宣传视频中出现，并被美国认定为国际恐怖分子。

（来源：《每日邮报》1月2日讯；作者：朱利安·罗宾逊：《“伊斯兰国”头目携400名下属伪装成难民进入欧洲》；

Julian Robinson. Report: Disguised as Refugees, ISIS General Is in Europe with 400 Soldiers. *Daily Mail*. 2 January 2017.）

叙利亚反对派宣布暂停和平努力

据自由欧洲电台1月3日讯，叙利亚反对派宣布暂停与叙政府的和平谈判。反对派声称，叙政府在大马士革西北的瓦迪巴达（Wadi Barada）山谷持续发起进攻违反了为期四天的停火协议。在“叙利亚自由军”（Free Syrian Army）的主导下，有十多个反对派组织谴责叙利亚存在大规模侵犯人权的行为，他们还谴责俄罗斯作为调停方并未有效确保停火协议的实施，甚至质疑俄罗斯是否有能力迫使叙利亚政府及其盟友遵守停火协议。评论称，此前俄罗斯和土耳其作为调停方促成了叙利亚政府和反对派的停火协议，如今该协议及后续的和平谈判困难重重。

（来源：自由欧洲电台1月3日讯；《叙利亚反对派宣布暂停和平努力》；

Syrian Rebels Freeze Peace Effort, Citing Regime's Truce Violations. Radio Free Europe – Radio Liberty. 3 January 2017.）

伊朗希望在叙利亚和也门建立海军基地

据美国《外交事务》杂志撰文称，伊朗于2016年11月曾计划在叙利亚和也门建立海军基地。作者强调，也门控制着曼德海峡航道上的战略节点，若伊朗在此建立海军基地，将会使其处于一个非常有利的地位，也会对沙特形成更大的战略威慑。因此沙特对也门进行了封锁，并阻止伊朗海军舰艇访问也门。如果伊朗在叙利亚建立海军基地，其海军运输能力就可以延伸到地中海，并通过土耳其进行陆上和空中的物资中转。

（来源：《外交事务》杂志1月文章；作者：约尔·古赞斯基：《为什么伊朗希望在叙利亚和也门建立海军基地》；

Yoel Guzansky. Why Iran Wants Naval Bases in Syria and Yemen. *Foreign Affairs*. January 2017.）

英国石油公司选择退出开发伊朗石油和天然气资源的协议

据英国《金融时报》报道，英国石油公司（British Petroleum，BP）决定退出与伊朗达成的开发石油、天然气资源的合同。近几年来，伊朗与外国的一些能源集团达成了一系列贸易合同，其中包括法国道达尔石油公司（Totalof France）和荷兰皇家壳牌石油公司（Royal Dutch Shell）。但是，在取消对伊核问题的国际制裁后，美国对伊朗的制裁并未结束。事实上在英国石油公司中，约有40%的股东和30%的员工是美国人，这使得美国在英国石油公司中具有很强的影响力。

（来源：《金融时报》1月4日讯；作者：安德鲁·沃尔德：《英国石油公司选择退出开发伊朗石油和天然气资源的协议》；

Andrew Ward. BP Opts Out of Iran Deals. *Financial Times*. 4 January 2017.）

巴勒斯坦的经济援助危机

据英国路透社报道，巴勒斯坦民族权力机构总理拉米·哈姆（Rami Al Hamdallah）1月3日称，巴方的经济援助急剧下降。他说，巴勒斯坦2016年收到的经济援助约共计6.4亿美元，只达到了预期水平（12亿美元）的一半左右。报道称，沙特阿拉伯通常每月会向巴勒斯坦提供2000万美元，但从2016年4月份开始沙特阿拉伯停止了定期援助。此外，欧盟和美国也减少了对巴勒斯坦民族权力机构的经济援助。

（来源：路透社1月4日讯；《巴勒斯坦面临经济援助的急剧下滑》；

Palestinians Face Sharp Fall in Foreign Funding. Reuters. 4 January 2017.）

美以关系将发生改变？

美国《国际事务》杂志针对美以关系进行了评论。文章指出，在奥巴马政府时期，美以关系急剧恶化，政治和战略关系长期处于一种紧张状态，双方的军事和情报联系也受到了影响。奥巴马政府试图改变美国与以色列的“特殊盟友关系”，使之成为一种正常的双边关系，进而使华盛顿不必与以色列分享关于伊朗核谈判的重要情报。评论称，如果美国新政府愿意改变这种政策，恢复和以色列的亲密关系，华盛顿就能再次推进巴以和平进程，甚至在巴勒斯坦自治政府机构改革、以色列定居点问题上推动巴以双方的谈判。

（来源：《国际事务》杂志1月文章；作者：罗伯特·萨特夫：《重新考

虑美国与以色列关系》；

Robert Satloff. Restoring U. S. – Israel Meetings of the Mind. *National Interest*. January 2017. ）

特朗普政府对伊朗的制裁

美国《华尔街日报》撰文称，美国需要通过强有力的国际制裁来限制和约束伊朗的军事发展。文章指出，美国需要严格监控伊朗的核计划，因为国际制裁需要较长的时间才能发挥作用。美国在推翻伊拉克萨达姆·侯赛因（Saddam Hussein）政权之后，德黑兰于2003～2004年曾暂停实施其核计划。文章强调，在伊朗出现严重违反核协定的情况下，美国新政府应敦促五角大楼及时更新关于对伊朗使用武力的应急计划。评论称，新政府还需要加强构建反伊朗的地区联盟，而不是疏远传统的中东地区盟友。

（来源：《华尔街日报》1月4日文章；作者：迈克尔·马科斯奇：《特朗普政府对德黑兰的措施》；

Michael Makovsky. Ways for the New Administration to Put Tehran on Notice. *Wall Street Journal*. 4 January 2017. ）

美国与土耳其的敌对关系

据美国《纽约时报》报道，美国在土耳其呈现出越发消极的国家形象。报道指出，有土耳其官员指责美国煽动了2016年夏天的土耳其政变，同时土耳其新闻界表示，美国是俄罗斯驻土耳其大使被杀事件的幕后黑手。除此以外，土耳其官员还谴责奥巴马政府支持土耳其东南部的库尔德武装分子。

（来源：《纽约时报》1月5日讯；作者：蒂姆·阿朗戈：《美国与土耳其危机如影随形》；

Tim Arango. In Turkey, U. S. Hand is Seen in Nearly Every Crisis. *New York Times*. 5 January 2017. ）

中国建筑工人帮助以色列解决住房危机

据以色列《耶路撒冷邮报》报道，以色列和中国于4日达成务工协定。根据协定，有6000名中国建筑工人将在六个月内前往以色列，帮助以色列居民修建房屋以解决住房危机。另外，以色列在2016年6月份也同乌克兰签署了协议，预计今年将有1000名乌克兰建筑工人前往以色列。

（来源：《耶路撒冷邮报》1月5日讯；作者：赫博·凯农：《中国建筑

工人帮助以色列解决住房危机》；

Herb Keinon. Chinese Construction Workers to Help Israel Solve Housing Crisis. *Jerusalem Post*. 5 January 2017. ）

美军在叙利亚战场的部署和伤亡情况

据美国《军事时报》报道，自2016年10月以来至少有14名美国士兵在与“伊斯兰国”（ISIS）恐怖分子作战过程中受伤。评论称，根据美国国防部的统计数据，目前已经有超过5500名美军士兵部署在伊拉克和叙利亚的战场上支援当地的武装力量，并直接或间接地参与到与“伊斯兰国”的作战中。

（来源：美国《军事时报》1月6日讯；作者：安德鲁·德格朗普雷：《美国五角大楼称：已有美军士兵在伊拉克和叙利亚受伤》；

Andrew de Granpre. More U. S. troops are being wounded in Iraq and Syria, the Pentagon quietly acknowledges. *Military Times*. 6 January 2017. ）

以色列太阳能发电站

据以《以色列时报》报道，以色列于2018年将建成高度为250米、堪称世界最高的太阳能发电站。这使得本处于起步阶段的以色列太阳能工业实现飞跃式发展。这座修建中的阿沙利姆（Ashalim）太阳能电站位于内格夫（Negev）沙漠地区，由三个基站组成，每个基站使用了不同的太阳能技术。该电站建成之后，其发电量将满足1.3万户家庭的用电需求，总体发电规模堪比加利福尼亚和智利地区已建成的大型太阳能发电站。该太阳能发电站的发电原理是利用几千面镜子收集太阳热量，加热水产生蒸汽，推动涡轮机发电。目前在阿沙利姆太阳能电站已有超过5000面这样的镜子。

（来源：《以色列时报》1月6日讯；作者：艾萨克·沙夫、阿伦·伯恩斯坦：《以色列将建立世界最高太阳能塔利用太阳能》；

Isaac Scharf and Alon Bernstein. Israel harnessing sunshine with world's tallest solar tower. *The Times of Israel*. 6 January 2017. ）

土耳其警方确认雷纳俱乐部袭击嫌疑人

据土耳其《自由报》报道，土耳其警方确认了伊斯坦布尔“雷纳（Reina）俱乐部恐袭案”嫌疑人身份。报道指出，该嫌疑人为“伊斯兰国”的乌兹别克激进分子阿卜杜勒·卡迪尔·马沙里波夫（Abdulkadir Masharipov）。

据称，他于2011年来到土耳其后，一直与“伊斯兰国”保持着密切联系。这名造成39人死亡和65人受伤的嫌疑人目前仍然在逃。

（来源：《土耳其自由报》1月9日讯；《土耳其警方确认雷纳俱乐部袭击嫌疑人》；

Turkish police identify Reina attacker as Abdulkadir Masharipov. *Hurriyet – Turkey*. 9 January 2017.）

伊朗前总统拉夫桑贾尼逝世

据中国新闻网报道，伊朗前总统、开国元勋阿克巴尔·哈什米·拉夫桑贾尼（Akbar Hashemi Rafsanjani）于8日在德黑兰去世，享年82岁。该消息由伊朗官方电视台首先宣布。拉夫桑贾尼领导该国度过了政权建立后的许多困难，是伊朗影响力最持久、最富有智慧的领导人之一。拉夫桑贾尼在两伊战争的最后阶段，被任命为伊朗部队代理总司令。在2005年至2013年艾哈迈迪·内贾德（Mahmoud Nejad）担任伊朗总统期间，拉夫桑贾尼的影响力急剧下降。2013年，拉夫桑贾尼被取消了竞选总统资格，温和派的哈桑·鲁哈尼（Hassan Rouhani）赢得了大选，并在内阁中安排了多名拉夫桑贾尼的支持者。

（来源：中国新闻网中心1月9日讯；作者：北海：《伊朗前总统拉夫桑贾尼逝世》）

联合国秘书长提交了伊朗可能违反武器禁运条例的报告

据英国路透社报道，即将离任的联合国秘书长潘基文（Ban Ki – moon）于去年10月30日向安理会呈交了一份关于“伊朗可能违反武器禁运条例”的报告。该报告称，伊朗很可能向黎巴嫩真主党提供武器和导弹。这份报告还引用了法国方面的消息，3月份法国在印度洋地区截获了一艘运载武器的船只，这艘船很可能是从伊朗驶向索马里和也门地区的。评论称，武器禁运条例虽然不是核协议的一部分，但是伊朗过去一直遵守该条例，此次伊朗的新举动令人担忧。

（来源：路透社1月9日讯；作者：米歇尔·尼科克尔斯：《联合国秘书长：伊朗可能违反武器禁运条例》；

Michelle Nichols. U. N. chief concerned Iran may have violated arms embargo. Reuters. 9 January 2017.）

美军对叙利亚境内的“伊斯兰国”实施地面突袭

据美国《华盛顿邮报》报道，美军特种作战部队于1月8日在代尔祖尔省实施了地面行动。在行动中，美军利用直升机登陆作战，耗时90分钟，结束时带走了部分“伊斯兰国”的战俘和人员。一位美军国防部官员称：“本次行动目的在于抓捕一名‘伊斯兰国’激进分子。双方展开激烈交火，激进分子和其他人员在车内被击毙，没有美国人受伤。”评论称，美军这次行动深入到了位于叙利亚东部的“伊斯兰国”势力范围。

（来源：《华盛顿邮报》1月10日讯；作者：莉斯·斯莱、米西·赖安：《美军对叙利亚“伊斯兰国”实施地面突袭》；

Liz Sly and Missy Ryan. U. S. troops carry out ground raid against ISIS in Syria. *Washington Post*. 10 January 2017. ）

美军加大对土耳其在叙利亚军事行动的支持力度

据美国《华盛顿邮报》报道，美军飞机在叙利亚西北部地区开始了定期的空中情报监测。据称，此举是为了支持土耳其在叙利亚西北部地区对于“伊斯兰国”的进攻。经过美土双方为期几周的协商，加之俄罗斯对土耳其实施了报复性空袭，美方最终决定加大对土耳其的支持力度。美军提供的支持包括出动地面部队、空袭支援和提供武器装备，这类似于美国对于叙利亚反政府武装的支持。评论称，这一方案早在奥巴马的最后任期就已经提出。

（来源：《华盛顿邮报》1月10日讯；作者：凯伦·德扬、米西·赖安：《美军增加了对土耳其在叙利亚军事行动的支持力度》；

Karen DeYoung and Missy Ryan. U. S. increases support for Turkish military operations in Syria. *Washington Post*. 10 January 2017. ）

伊朗将从俄罗斯得到130吨铀原料

据《今日美国》报道，伊朗将从俄罗斯得到一批铀原料。伊朗外交部官员称：“作为向俄罗斯出口核反应堆冷却剂的报酬，伊朗将从俄罗斯得到130吨铀原料。”这是伊俄双方协议的一部分内容，增加了伊朗的铀原料储量。美国科学与国际安全研究所所长戴维·奥尔布莱特（David Albright）说：“这一批铀原料的分量足以让伊朗制造至少10颗核弹，在很大程度上支持了伊朗的核武器研究。”据称，2015年伊朗就曾得到过相同数量的铀原料。

（来源：《今日美国》1 月 10 日讯；《伊朗将得到一批铀原料》；

Iran to get natural uranium batch. *USA Today*. 10 January 2017.）

美国海军在霍尔木兹海峡开枪警告伊朗舰船

据美国彭博社报道，1 月 8 日一艘美国海军导弹驱逐舰在霍尔木兹海峡开枪警告了一艘伊朗快速攻击艇。美国海军发言人杰夫·戴维斯（Jeff Davis）称："这艘由伊朗伊斯兰革命卫队士兵驾驶的快速攻击艇在霍尔木兹海峡地区无视警告，携带武器经过公海海域，并快速接近美国'马汉号驱逐舰'（the USS Mahan）。由于伊朗的快速攻击艇多次无视美军警告，美国海军用 50 毫米口径机枪鸣枪示警三次。"评论称，美国和伊朗在霍尔木兹海峡的军事摩擦令人担忧。

（来源：彭博社 1 月 10 日讯；作者：安东尼·卡巴乔：《美国海军在霍尔木兹海峡开枪警告伊朗舰船》；

Anthony Capaccio. U. S. Fired Warning Shots at Iranian Boats in Strait of Hormuz. Bloomberg. 10 January 2017.）

"伊斯兰国"的巴勒斯坦分支规模惊人

据香港《亚洲时报》报道，"伊斯兰国"（ISIS）的巴勒斯坦分支发展迅速，人员规模非常惊人。报道称，2015 年，加沙地带兴起了一个名为奥马尔哈迪德武装（the Omar Hadid Brigade）的极端组织，起初这个组织只有 30 名成员，但在活跃于西奈半岛的埃及"伊斯兰国"分支"耶路撒冷支持者组织"（Ansar Bayt al – Maqdis）的帮助下，这些极端分子建立了加沙地带的"伊斯兰国"分支，截至目前该组织成员人数已达到 3000 人。在埃及极端组织的帮助下，这些巴勒斯坦激进分子在西奈半岛制造武器，同时也会获得一些从利比亚战场上偷来的"北约"（North Atlantic Treaty Organization，NATO）制式武器。该评论指出，奥马尔哈迪德武装组织有三个特点：一是该组织绝大部分成员之前是哈马斯（Islamic Resistance Movement）的士兵，他们十分熟悉加沙地带，并且知道通往武器仓库和金库的通道。二是这一组织在激进程度上强于哈马斯。三是这一组织曾多次与哈马斯发生冲突。

（来源：《亚洲时报》1 月 11 日讯；作者：萨米·默巴耶德：《"伊斯兰国"在巴勒斯坦占据土地》；

Sami Moubayed. Hamas powerless as ISIS gains ground in Palestine. *Asia Times*. 11 January 2017.）

伊朗称不会违反核协议

据英国路透社报道，虽然美国参议院通过了“加大对伊朗制裁行动力度”的法案，但是伊朗并未打算因此违反核协议。德黑兰方面称，美国该举与之前签订的核协议不符，伊朗将对此实施报复。然而，1 月 10 日，在伊核协议维也纳联合委员会召开会议监督核协议实施之后，伊朗的核协议最高级别交涉官员阿巴斯·阿拉奇（Abbas Araqchi）说：“伊朗没有打算启动用于参加有不同意见会议时的纠纷解决机制。”评论称，伊朗虽然做出反对美国的姿态，但并未采取实际行动。

（来源：路透社 1 月 11 日讯；作者：莎迪亚 ·纳斯鲁拉：《面对美国加大制裁力度，伊朗仍遵守协议》；

Shadia Nasralla. Iran decides not to upset nuclear deal over U. S. sanctions extension. Reuters. 11 January 2017. ）

以色列加强与埃及的反恐合作

据《以色列时报》报道，以色列允许埃及加强在西奈半岛的军事部署。文章指出，一位以色列国防官员于 2017 年 1 月 11 日强调，埃及加强军事部署会有助于以色列打击宗教极端分子。以色列将埃及视为与该地区宗教激进组织战斗的重要盟友，两国之间有密切的安全和情报联系。此前埃及总统塞西（Sissi）宣布到 2017 年 1 月 16 日将会有 25000 名埃及军人在西奈半岛执行任务。以色列表示在日益增长的友谊和共同利益的基础上，埃及军队进入西奈半岛“意义重大”。

（来源：《以色列时报》1 月 11 日讯；《以色列已证实加强与埃及的合作》；

Israel Confirms Strong Cooperation Egypt. *Times of Israel*. 11 January 2017. ）

“伊斯兰国”利用小型无人机在伊拉克投掷炸弹

据美国《军事时报》撰文称，摩苏尔的“伊斯兰国”分子利用无人机向伊拉克安全部队和城市投掷炸弹。文章指出，在伊拉克军队进入摩苏尔后，“伊斯兰国”多次投掷这种类似小型手榴弹的炸弹，造成了众多人员伤亡和设施损坏。这种无人机操作简易，形状很小但续航能力达 1 个小时。美国驻伊拉克军队指挥官贝特·希尔维亚（Brett Sylvia）称，美国军队能够向伊拉克提供击落这些无人机的技术帮助。评论称，伊拉克境内的安全局势依然严峻。

（来源：《军事时报》1 月 12 日讯；作者：杰夫·斯库：《“伊斯兰国”利用小型无人机在伊拉克投掷炸弹》；

Jeff Schogol. ISIS Using Quadcopters to Drop Bombs on Iraqis. *Military Times*. 12 January 2017. ）

美国在中东的商业外交

据美国《外交事务》撰文称，埃及与以色列达成建立合格工业区的协议（The Qualifying Industrial Zones，QIZs）。在美国商业外交的指导下签订的这一协议帮助挽救了埃及的纺织工业。合格工业区协议开始实行后，埃及的成衣出口从 2005 年的 2.883 亿美元一跃到 2006 年的 6.362 亿美元，在 2015 年更是达到了 8.424 亿美元。现在，合格工业区包括亚历山大、大开罗地区、中部三角洲、苏伊士运河区和上埃及。到 2015 年，在纺织业和相关部门，合格工业区已经帮助埃及创造了 280000 个新的工作岗位。合格工业区最初认定的 397 家企业已扩大到 700 多家。评论称，埃及与以色列的这次经济合作给埃及带来了巨大利益。

（来源：《外交事务》1 月 12 日文章；作者：哈萨姆·哈萨尼：《美国在中东的商业外交》；

Haisam Hassanein. Commercial Diplomacy in the Middle East. *Foreign Affairs*. 12 January 2017. ）

美国制裁叙利亚涉嫌使用化学武器的官员

据英国路透社报道，美国奥巴马政府以涉及使用化学武器为由将 18 名叙利亚高级官员列入黑名单。据路透社 2016 年 8 月和 10 月的报道，联合国和禁止化学武器组织（OPCW）的联合调查发现，叙利亚政府军应对 3 次针对平民的氯气袭击负责。美国国家安全委员会发言人内德·普莱斯（Ned Price）称，在联合国 2013 年通过决议消除化学武器后，这是美国首次制裁叙利亚政府官员。而叙利亚政府否认曾使用化学武器。

（来源：路透社 1 月 12 日讯；作者：米歇尔·尼克尔斯、叶干娜·托尔贝蒂：《美国制裁叙利亚使用化学武器的官员》；

Michelle Nichols and Yeganeh Torbati. U. S. sanctions Syrian officials for chemical weapons attacks. Reuters. 12 January 2017. ）

伊朗帮助叙利亚政权进行人口分布调整

据英国《卫报》报道，伊朗帮助叙利亚政权进行人口分布调整。报道指出，自从叙利亚内战以来，很多人逃离了大马士革和黎巴嫩之间的山谷地区，如今许多人被重新安置在这里。但今天迁往这里的居民并不是六年前离开这里的人群，不同于原来主要居住在这里的逊尼派民众，新移民都是什叶派民众，他们不仅来自叙利亚的其他地区，还有来自黎巴嫩和伊拉克的民众。这次人口调整由伊朗提出，目的是将巴沙尔政权的支持者分布在重要地区，以强化政府的影响力。伊朗的这项计划将根本性地改变叙利亚的社会人口状况，同时加强从黎巴嫩到伊朗的“什叶派弧线”的整体影响力。一位黎巴嫩要人说：“伊朗和叙利亚政权并不愿意有逊尼派民众分布在从霍姆斯经大马士革到黎巴嫩的这部分地区，这次人口安置意味着叙人口分布的历史性变化。”评论称，叙利亚政权的人口分布调整计划将有力地加强其统治基础。

（来源：《卫报》1 月 13 日讯；作者：马丁 · 克鲁洛 ：《伊朗与什叶派穆斯林一道重建叙利亚，以加强政权的控制》；

Martin Chulov. Iran repopulates Syria with Shia Muslims to help tighten regime’s control. *Guardian*. 13 January 2017. ）

大马士革水资源面临干涸

据美国《纽约时报》报道，叙利亚首都及其附近的550 万人近两周来面临严重的断水危机。报道称，大马士革的大部分水源来自城市北部的瓦迪巴达（Wadi Barada）山谷，但是这个地方现在由反对派组织控制。在 2016 年 12 月 22 日，大马士革地区的供水出现问题，双方都互相都指责对方破坏了供水的基础设施。同时，反对派组织还上传了一些照片，以证实政府军的破坏行动。

（来源：《纽约时报》1 月 5 日讯；作者：本 · 哈伯德：《面临水资源危机的大马士革》；

Ben Hubbard. Damascus Facing Water Crisis. *New York Times*. 5 January 2017. ）

大马士革水资源干涸

据《华盛顿邮报》报道，根据联合国资料，现在大马士革及其周围至少有 400 万人缺乏合格的水源。社交媒体上分享的大马士革郊区的照片显示，居民们拥挤在水车周围。关于这次水危机产生的原因，叙利亚官员指责是反对派破坏了供水设施。而当地居民声称，叙利亚军队的直升机在 Ain-Fijah 镇主要的供水设施上投下了桶装炸弹，使水泵系统失效。评论称，大马士革地区的民众生活困难，供水危机严重。

（来源：《华盛顿邮报》1 月 16 日讯；作者：路易莎·洛夫洛克、苏珊·海达茂斯：《大马士革水资源干涸》；

Lousia Loveluck and Suzan Haidamous. Water Pipes Run Dry in Damascus. *Washington Post*. 16 January 2017.）

伊斯坦布尔俱乐部袭击者落网

据土耳其《自由报》报道，1 月 14 日阿卜杜勒·卡迪尔·马沙里波夫（Abdul kadir Masharipov）在伊斯坦布尔被逮捕。伊斯坦布尔州长外斯·沙欣（Vasip Sahin）称，马沙里波夫已承认了 1 月 1 日在伊斯坦布尔雷纳俱乐部致 39 人死亡 70 余人受伤的罪行。作为一名曾在阿富汗受训的士兵，马沙里波夫代表“伊斯兰国”发动了这次袭击。案件发生一天后，“伊斯兰国”宣称对这次爆炸负责，这是“伊斯兰国”第一次明确声称在该国发动重大袭击事件，也是土耳其境内一个月以来第四次发生恐怖袭击事件。土耳其国内安全局势堪忧。

（来源：《自由报》1 月 17 日讯；《伊斯坦布尔俱乐部袭击者落网》；

Istanbul Nightclub Attacker Captured. *Hurriyet – Turkey*. 17 January 2017.）

巴黎中东和平会议

据新华社报道，2017 年 1 月 16 日，70 多个国家代表在巴黎召开了中东和平会议。该会议旨在促成巴以和谈及巴以问题的和平解决，会议出席国包括联合国安理会常任理事国、欧洲主要国家和阿拉伯国家，然而巴勒斯坦领导人马哈茂德·阿巴斯（Mahmoud Abbas）和以色列总理本杰明·内塔尼亚胡（Benjamin Netanyahu）都没有出席会议。以色列称这次会议是一次“操纵会议”，带有反以色列的立场。法国总统弗朗索瓦·奥朗德（Francois Hollande）在会上说，两国解决方案受到包括以色列定居点在内的多种因素的威胁，特别是巴以之间的不信任。而美国总统唐纳德·特朗普（Donald Trump）在会上承诺将美国大使馆从特拉维夫迁至耶路撒冷，这无疑将严重威胁巴以和平进程。评论称，这次会议并没有达到目标，巴以和平仍存在种种障碍。

（来源：新华社 2017 年 1 月 17 日；《巴黎中东和平会议》；

Paris Conference on Mideele East Peace. Xinhua. 1 January 2017.）

俄罗斯与土耳其对“伊斯兰国”发动联合空袭

据美联社《军事时报》报道，1 月 18 日俄罗斯战机和土耳其战机共同参加了对阿勒颇省郊区的空袭。报道称，这是双方首次在叙利亚展开联合军事行动，俄军方总参谋长谢尔盖·鲁德斯科（Sergei Rudskoi）强调了俄罗斯和土耳其之间日益紧密的关系。俄土两国在 2016 年 12 月共同促成了叙利亚停火协议，并将于下周在哈萨克斯坦为叙利亚谈判做准备。在此前近 6 年的叙利亚冲突中，两国曾经支持对立双方，莫斯科支持叙利亚政权，安卡拉支持反对派武装。评论称，俄罗斯与土耳其在叙利亚方面的军事合作越发明显。

（来源：《军事时报》1 月 18 日讯；标题：《俄罗斯与土耳其对“伊斯兰国”发动联合空袭》；

Russia, Turkey join in airstrikes on ISIS in northern Syria. *Military Times*. 18 January 2017.）

美媒：应该长期支持“库尔德人”

美国《国家利益》杂志刊文表示，美国国内对于库尔德问题存在分歧。一派认为，特朗普政府在消灭“伊斯兰国”之后，应从大部分地区撤出美军。另一派则认为美国应借此机会加强美国在中东的作用，并向伊朗和俄罗斯施压。该文认为，无论以上哪种情况，美国都应该继续支持库尔德武装，这样的举动将有助于安抚中东、欧洲和东南亚等其他地区的美国盟友。2015 年 12 月，众议院外交事务委员会主席埃德·罗伊斯（Ed Royce）指出，库尔德人是美国在叙利亚和伊拉克打击“伊斯兰国”的唯一盟友。然而，土耳其政府对其境内的库尔德人分离问题态度强硬。土耳其政府将库尔德人使用自己的语言视为非法行为，试图抹去库尔德人的文化，否认他们的独特身份，把他们归类为“山地土耳其人”，并禁止出现“库尔德”这样的字眼。

（来源：《国家利益》1 月 18 日文章；作者：艾米特·艾特奥尼：《美国为什么应该支持库尔德人》；

Amitai Etzioni. Why Trump Should Support a Kurdish State. *National Interest*. 26 January 2017.）

美国表示安理会应该敦促伊朗执行武器禁运条例

据英国路透社报道，美国驻联合国大使萨曼莎·鲍尔（Samantha Power）

于2017年1月18日表示，安理会需要敦促伊朗遵守武器禁运条例。鲍尔指出，“德黑兰向黎巴嫩真主党提供了武器和导弹”，她强调：“安理会需要团结起来，推动伊朗切实执行第2231号决议的约束性规定，特别是禁止伊朗出口武器和相关材料的限制。”评论称，美国在伊核问题相关领域对伊朗的态度越发强硬。

（来源：路透社1月19日讯；作者：米歇尔·尼克尔斯：《美国：安理会应该敦促伊朗执行武器禁运条例》；

Michelle Nichols. Outgoing U. S. envoy says U. N. needs to “push” Iran on arms embargo. Reuters. 19 January 2017. ）

美国轰炸利比亚的“伊斯兰国”营地

据美国有线电视新闻网（CNN）报道，美国B－2轰炸机于2017年1月19日在利比亚境内袭击并摧毁了两个“伊斯兰国”营地。国防部部长阿什·卡特（Ash Carter）在接受记者采访时表示，初步估计本次袭击造成超过80名武装分子死亡。这次袭击是专门针对那些积极“策划在欧洲发动袭击”的利比亚激进分子。国防部发言人库克（Cook）表示，这次空袭是由美国空军的两架B－2轰炸机执行的，他们从密苏里州的怀特曼空军基地出发，进行了30多小时的往返飞行任务，对目标投掷了超过100枚炸弹和导弹。

（来源：美国有线电视新闻网（CNN）1月19日讯；作者：巴巴拉·斯塔尔：《美国轰炸利比亚的“伊斯兰国”营地》；

Barbara Starr. US bombs ISIS camps in Libya, dozens killed. CNN. 19 January 2017. ）

约旦加强边境部队

据美联社《军事时报》报道，约旦边境警卫指挥官表示将在边境部署更多的部队。该指挥官进一步补充道，因为邻国伊拉克和叙利亚的“伊斯兰国”极端分子正在向周边撤退，为了应对由此带来的边境威胁，约旦将会在边境部署更多的部队。评论称，约旦目前已经将接近一半的军事人员和装备部署在边境以应对“伊斯兰国”势力的渗透与进攻。

（来源：《军事时报》1月19日讯；作者：卡琳·劳勃：《约旦为应对威胁加强边境部队》；

Karin Laub. Jordan Boosts Border Forces Amid ISIS Threat from Iraq, Syria. *Military Times*. 19 January 2017. ）

伊斯兰国加强对阿萨德政权的石油和天然气销售

据《华尔街日报》报道，美国和欧洲官员表示“伊斯兰国”已经加大了对叙利亚阿萨德政权的石油和天然气出售。报道称，“伊斯兰国”在面临巨大军事压力之时，通过为叙政府提供至关重要的燃料，换取了“伊斯兰国”急需的现金。尽管叙政权称坚持致力于消灭“伊斯兰国”势力，但叙政权的这种行为无疑帮助了该组织。评论称，作为死敌的叙利亚政权和“伊斯兰国”，他们进行重要经济往来固然令人惊讶，但这确实反映了该地区的政治现实。

（来源：《华尔街日报》1 月 19 日讯；作者：班诺特 · 福肯、艾哈迈德 · 奥莫兰：《伊斯兰国加强对阿萨德政权的石油和天然气销售》；

Benoit Faucon and Ahmed Al Omran. Islamic State Steps Up Oil and Gas Sales to Assad Regime. *Wall Street Journal*. 19 January 2017. ）

美国在叙利亚空袭炸死 100 多名基地组织人员

据美国《纽约时报》报道，2017 年 1 月 17 日一架美国空军 B－52 轰炸机对叙利亚的伊德利卜反对派组织训练营进行轰炸。报道强调，美国官员称此次轰炸造成一百多名人员死亡。空袭遭到叙利亚反对派组织“征服叙利亚阵线”（Jabhat Fateh Al-sham）的谴责。“征服叙利亚阵线”原名努斯拉阵线（Nusra Front），他们声称自己已经与基地组织分裂，但美国官员表示，他们仍是基地组织的分支机构。评论称，美国空军在叙利亚的打击行动越发频繁。

（来源：《纽约时报》1 月 20 日讯；作者：迈克尔 · 戈登 、埃里克 · 施密特：《美国在叙利亚空袭炸死 100 多名基地组织成员》；

Michael R. Gordon and Eric Schmitt. U. S. Airstrike Kills More Than 100 Qaeda Fighters in Syria. *New York Times*. 20 January 2017. ）

伊朗政府同叙利亚签署重大经济协议

据英国路透社报道，伊朗政府同叙利亚签署了重大经济协议。叙利亚总理埃米德 · 哈米斯（Emad Khamis）在德黑兰访问期间签署了五份谅解备忘录，其中包括授权伊朗成为叙利亚的移动电话服务运营商，以及签订磷矿开采合同。评论强调，伊斯兰革命卫队此前曾帮助叙利亚政府军从反对派手中夺回大片地区，因此获得了很多经济合同。但也有叙反对派对此进行谴责，认为政府与伊朗签署的电信和采矿协议是对叙利亚人民财富的“掠夺”。

（来源：英国路透社 1 月 20 日讯；作者：布兹墨赫·沙诺菲迪、埃伦·弗朗西斯：《伊朗革命卫队在叙利亚获得经济合同》；

Bozorgmehr Sharafedin and Ellen Francis. Iran's Revolutionary Guards reaps economic rewards in Syria. Reuters. 20 January 2017. ）

俄罗斯大幅扩大在叙利亚的军事存在

据美国《纽约时报》报道，俄罗斯与叙利亚签署大幅扩大其在叙军事存在的协议。2017 年 1 月 20 日，俄罗斯与叙利亚签署了一项长期协议，该协议使俄罗斯在地中海港口的军舰数量增加了一倍以上，并获得可在空军基地增建第二条跑道的权力。俄塔斯社表示，该次扩建将为多达 11 艘军舰提供同时停泊的区域，其中包括核动力舰船。评论称，俄罗斯在叙利亚干涉力度和军事影响力不断扩大。

（来源：《纽约时报》1 月 20 日讯；作者：若德·诺德兰：《俄罗斯与叙利亚签署协议》；

Rod Nordland. Russia Signs Deal for Syria Bases. *New York Times*. 20 January 2017. ）

“伊斯兰国”激进分子炸毁了西奈的输电塔

据巴勒斯坦马安通讯社报道，2017 年 1 月 21 日晚“伊斯兰国”激进分子在西奈半岛炸毁了两座电力发射塔。埃及安全部门消息人士进一步表示，武装分子是从西奈市中心秘密抵达，并引爆了炸弹。随后，埃及军队部署到该地区，技术团队开始重新建塔为约旦提供电力。评论称，“伊斯兰国”激进分子在西奈半岛的暴恐活动越发频繁。

（来源：马安通讯社 1 月 22 日讯；《伊斯兰国激进分子炸毁了西奈的输电塔》；

Islamic State militants blow up transmission towers in Sina. Maannews. 22 January 2017. ）

叙利亚和谈刚开始就陷入争论

据《纽约时报》报道，叙利亚反政府组织和政府之间的和平谈判于开始首日就陷入了争论。报道称，1 月 23 日，在哈萨克斯坦首都阿斯塔纳举行的会谈一开始就陷入僵局。反政府组织代表穆罕默德·阿卢什（Mohammad al-

alloush）称叙利亚政府是“一个血腥的专制政权”，并要求其释放 13000 名女政治犯。首席政府谈判代表巴沙尔·贾法里（Bashar al-jaafari）回应道，叙利亚反政府武装的代表为“武装恐怖组织”。评论称，虽然美国参加了在日内瓦举行的前几轮会谈，但在此次会谈中，美国因遭到伊朗的反对仅作为观察员出席了会议。

（来源：《纽约时报》1 月 23 日讯；作者：安·巴纳德、哈瓦达·萨德：《叙利亚和谈首日就陷入争论》；

Anne Barnard and Hwaida Saad. First Day of Syria Peace Talks Quickly Descends Into Quarreling. *New York Times*. 23 January 2017.）

乌克兰截获运往伊朗的导弹零部件

《简氏防务周刊》撰文称，乌克兰国家边防警卫部队（The State Border Guard Service of Ukraine）在即将从基辅飞往伊朗的一架飞机上发现了导弹系统的零部件。文章称，乌克兰国家边防于 1 月 20 日宣布其在前日的飞机例行检查中，发现若干飞机修理工具箱，其中在 17 箱未附带文件说明的箱子中，有 3 箱被认为是反坦克制导导弹系统的部件，其余均包含飞机零部件。

（来源：《简氏防务周刊》1 月文章；作者：杰米·宾尼：《乌克兰截获运往伊朗的导弹零部件》；

Jeremy Binnie. Ukraine seizes missile components destined for Iran. *IHS Jane's – UK*. January 2017.）

美国给予巴勒斯坦权力机构 2.22 亿美元援助

据《美国华盛顿邮报》报道，在奥巴马政府任期的最后几小时，美国国会通过了向巴勒斯坦解放组织（Palestine Liberation Organization）给予 2.22 亿美元援助的法案。众议院外交事务委员会（House Foreign Affairs Committee）主席埃德·罗伊斯（Ed Royce）和众议院拨款委员会的凯·格兰杰（Kay Granger），均表示支持巴勒斯坦作为主权国家加入国际组织中。评论称，一般情况下，美国国会的议案通常会得到行政部门的支持，但并不具有法律约束力。

（来源：《华盛顿邮报》1 月 24 日讯；作者：马修·李、理查德·拉德纳：《美国在奥巴马政府任期的最后几小时给予巴解 2.22 亿美元援助》；

Matthew Lee and Richard Lardner. U. S. sent ＄221 million to Palestinians in Obama's last hours. *Washingion Post*. 24 January 2017.）

以色列庆祝与中国建交25周年

以色列外交部发文称，2017年是中以建交25周年。1992年1月24日，以色列外长大卫·利维（David Levy）和钱其琛在北京签署了建交公报。历史上，中国人和犹太人的友好交往由来已久，双方的人文交流很早就已经开始，贯通欧亚大陆的古代丝绸之路是最早将这两大文明连接起来的文明通道。以色列和中国之间的联系可追溯到千年前开封的犹太社区。二战期间，在哈尔滨、天津和上海也有犹太社区，数以千计的犹太人来到这里避难。现在中国是以色列的第三大贸易伙伴，在过去一年中，以色列有三分之一的高科技投资来自中国。清华大学的创新中心在特拉维夫大学成立，而以色列将很快在中国南方开设相应的创新中心。评论称，以色列与中国的双边关系在建交25周年之际向更好的趋势发展。

（来源：以色列外交部1月25日讯；《以色列庆祝与中国建交25周年》；Israel and China Celebrate 25 Years of Diplomatic Relations. Israel Ministry of Foreign Affairs. 26 January 2017.）

“伊斯兰国”将恐袭目标扩展到埃及全国

据英国路透社报道，“伊斯兰国”声称对2016年发生在开罗的7起袭击事件负责。报道称，2016年12月，在开罗科普特基督教大教堂发生爆炸事件，造成28人死亡，被认为是埃及的“伊斯兰国”分支组织所为。华盛顿大西洋理事会（Atlantic Council）高级研究员赫利尔（H. A. Hellyer）认为，为了扩大其影响力，“伊斯兰国”已经将其暴恐目标放大到了整个埃及。据埃及官方消息，在过去几年中，西奈半岛以外的暴袭数量明显增加。此外，埃及政府声称，“伊斯兰国”曾多次试图刺杀埃及总统塞西。评论称，“伊斯兰国”致力于建立一个区域性的哈里发国家，其在埃及的目标就是推翻埃及政府。

（来源：路透社1月26日讯；作者：阿里·阿卜杜勒阿提、艾哈迈德·阿布拉尼：《“伊斯兰国”将攻击扩展到西奈半岛以外的埃及地区》；Ali Abdelaty and Ahmed Aboulenein. Islamic State extending attacks beyond Sinai to Egyptian heartland. Reuters. 27 January 2017.）

半岛电视台：巴以问题不再是阿拉伯人的首要问题

据卡塔尔半岛电视台撰文称，巴以问题不再是阿拉伯人面临的首要问题。文章指出，就目前的形势来看，巴勒斯坦人需要认清事实，打击“伊斯兰国”恐怖主义已经成为很多阿拉伯国家亟须解决的首要任务，而不是巴以问题。评论称，在阿拉伯国家遭遇巨大的国内外问题时，巴以问题已经不再是阿拉伯人需要解决的首要问题，巴勒斯坦人继续把全部希望寄予阿拉伯人的做法是不可取的。评论称，阿拉伯国家对巴勒斯坦的支持和援助已经有所下降。

（来源：半岛电视台 1 月 26 日讯；作者：穆罕默德·谢赫：《巴以问题不再是阿拉伯人的首要问题》；

Muhammad Aal Al – Sheikh. The Palestinian Cause Is No Longer The Arabs' Primary Concern. Al – Jazirah – Saudi Arabia – MEMRI. 26 January 2017. ）

美国准备在叙利亚建立安全区

据英国路透社报道，美国总统唐纳德·特朗普（Donald Trump）于 1 月 25 日提出在叙利亚建立安全区。报道指出，特朗普将签署一份行政草案，命令国务院和五角大楼共同制订计划，在叙利亚为叙难民建立一个远离战火的安全区。评论称，在美国拒绝叙利亚难民进入该国的情况下，这一计划将会是一个可替代的人道主义方案。

（来源：路透社 1 月 26 日讯；作者：朱莉娅·爱德华兹·伊莉斯利、马特·斯泰拉尼克：《美国准备在叙利亚建立安全区》；

Julia Edwards Ainsley and Matt Spetalnick. Trump says he will order “safe zones” for Syria. Reuters. 26 January 2017. ）

美国新任国防部部长马蒂斯重申与以色列的防务关系

美国国防部宣布，美国国防部部长吉姆·马蒂斯（Jim Mattis）与以色列国防部部长利伯曼（AviGudor）于 1 月 23 日进行电话通信。马蒂斯在电话中强调，美国坚持保护以色列安全的坚定承诺，并打算进一步推进美国与以色列的防务关系，以保护以色列的军事安全。双方讨论了中东地区的安全挑战以及为该区域面临的挑战建立共同方案的必要性。双方重申致力于维护美国与以色列的防务关系，并期待见面会谈。评论称，美国将进一步加强与以色列的安全合作关系，并保卫以色列的国家安全。

（来源：美国国防部 1 月 27 日讯；作者：杰夫·戴维斯：《美国新任国防部部长马蒂斯重申与以色列的防务关系》；

Capt. Jeff Davis. New Secretary of Defense Reaffirms U. S. Commitment to

Israel's Security. U. S. Defense Department. 27 January 2017. ）

以色列拥有世界领先的军事技术

据美国《纽约时报》报道，以色列是一个高科技超级大国和排名世界前列的军火出口大国。文章指出，以色列年均武器销售额达65亿美元，在新型军事技术方面更加领先世界，从1985年以来以色列就是世界上最大的无人机出口国，占据了全球60%的市场，美国落后于以色列，只占25%的市场。文章强调，以色列的军事客户包括俄罗斯、法国、德国、巴西、澳大利亚和韩国等国，早在2010年就有四个北约成员国在阿富汗战场上使用以色列生产的无人机。评论称，以色列高度重视创新发展，特别是在高科技和军事领域的技术创新。

（来源：《纽约时报》1月29日文章；作者：亚库洛夫·卡茨：《为什么以色列拥有世界上最先进的军事技术》；

Yaakov Katz. Why Israel has the most technologically advanced military on Earth. *New York Times*. 29 January 2017. ）

特朗普与沙特国王商讨中东政策

据美国彭博社报道，美国总统唐纳德·特朗普（Donald Trump）和沙特国王萨勒曼·本·阿卜杜勒·阿齐兹（Salman bin Abdulaziz Al Saud）在2017年1月29日的电话中就中东地区安全问题达成共识。在电话中，两位领导人声称要共同努力打击恐怖主义活动和遏制伊朗“破坏地区稳定的活动”。特朗普总统表示希望改善与海湾君主国的关系，并共同打击恐怖主义和应对伊朗不断上升的地区影响力。萨勒曼国王支持美国“在叙利亚和也门建立安全区，以及其他可以帮助两国难民的方案。”评论称：面对伊朗地区影响力不断扩大的挑战，美国与沙特关系越发紧密。

（来源：彭博社1月30日讯；作者：格伦·凯里、贾斯汀·库：《特朗普与海湾国家通电商讨中东政策》；

Glen Carey and Justin Sink. Trump's Calls With Gulf Allies Offer Insight on Mideast Policy. Bloomberg. 30 January 2017. ）

约旦希望美国加强对极端组织的打击

据英国路透社报道，约旦国王阿卜杜拉二世·本·侯赛因（Abdullah II Bin Hussein）于2017年1月30日访问华盛顿，并与唐纳德·特朗普（Donald Trump）总统商讨对约旦的安全援助。一位约旦的官方人员说："国王将会进一步开展打击极端分子的行动，并寻求更多的美国援助来加强约旦边境的安防，以阻止极端分子穿越约旦边境。"自从 2011 年叙利亚危机以来，为了帮助约旦加强边境保卫，美国已经花费了数百万美元。评论称，美国在约旦部署了"爱国者"导弹防御系统和数百名相关操作人员，该国的安全稳定对美国有着重大的军事意义。

（来源：路透社 1 月 30 日讯；作者：苏莱曼·哈利迪：《约旦国王希望美国加强对极端组织的打击》；

Suleiman Al – Khalidi. Jordan's Abdullah to Press U. S. to Step Up War on Islamist Militants. Reuters. 30 January 2017. ）

美媒：美国与约旦的双边关系

美国华盛顿研究所撰文称，虽然约旦国王访美可能会强调美国将驻以色列大使馆迁移到耶路撒冷的问题，但其国内有更多迫切的问题需要寻求美国帮助。文章称，过去两年，约旦发生了一系列的暴恐活动，其中 2016 年 12 月由约旦的本土极端组织在卡拉克（Karak）发动的暴恐活动，造成了 13 人死亡、34 人受伤。事实上，约旦不仅是美国空军在叙利亚展开军事行动的重要基地，也是美国在中东重要的情报共享伙伴，还是美国打击极端宗教势力的重要阿拉伯盟友。评论称，2016 年美国向约旦提供了 1.6 亿美元的经济和军事援助，在维护约旦稳定和约旦与以色列和平关系的同时，美国收获了巨大的战略利益。

（来源：华盛顿研究所 1 月 30 日文章；作者：大卫·申克尔：《约旦国王阿卜杜拉二世访问华盛顿》；

David Schenker. Jordan's King Abdullah Visits Washington. Washington Institute for Near East Policy. 30 January 2017. ）

伊朗进行中程弹道导弹试验

据美国《洛杉矶时报》报道，伊朗政府于 2017 年 1 月 29 日进行了中程弹道导弹试验。报道指出，这枚导弹飞行了 650 英里后爆炸。据悉，这枚导弹具有 500kg 的有效载荷，完全具备运载核武器的能力。伊朗试射导弹违反了联合国安理会相关决议，根据联合国安理会第 2231 号决议，"在《伊朗核协议》签署以后，伊朗不能进行可搭载核武器的弹道导弹相关的试验，包括研究和使用弹道导弹的技术"。

（来源：《洛杉矶时报》1 月 30 日讯；作者：W. J. 亨尼根：《伊朗进行中程弹道导弹试验》；

W. J. Hennigan. Iran tests first ballistic missile since Trump took office. *Los Angeles Times*. 30 January 2017. ）

美国要求安理会讨论伊朗导弹问题

据美国有线电视新闻网（CNN）报道，美国驻联合国大使要求安理会举行闭门会议讨论伊朗试射导弹的问题。美国驻联合国大使妮基·海莉（Nikki Haley）对此发布声明称："美国对此无法接受。"美国参议院外交关系委员会主席、参议员鲍勃·科克（Bob Corker）说："伊朗反复违反协议进行导弹试验，长期支持恐怖主义，在国内侵犯人权，还从事其他威胁国际和平与安全的敌对活动，对这些行为我们不能再继续容忍了。"评论称，美国国内要求对伊朗施加强硬姿态的声音越来越大。

（来源：美国有线电视新闻网（CNN）1 月 31 日讯；作者：约书亚·伯林格、瑞安·布朗：《美国要求安理会讨论处理伊朗导弹试验问题》；

Joshua Berlinger and Ryan Browne. U. S. Calls for Security Council Meeting to Discuss Iran Missile Test. CNN. 31 January 2017. ）

以色列国防军称哈马斯扩充导弹储备

据《耶路撒冷邮报》报道，近日，哈马斯的导弹储备扩充至 2014 年加沙冲突时期的规模。2 月 1 日，一位以色列国防军高级官员通过以色列国家电视台宣布，哈马斯所具备的导弹级别和导弹储备已经达到 2014 年加沙冲突时的规模。报道称，制造这些武器的材料都是从埃及边境地带运到巴勒斯坦的，再由哈马斯在加沙地带加工制造成武器。

（来源：《耶路撒冷邮报》2 月 1 日讯；《以色列国防军：哈马斯将导弹储备扩充至 2014 加沙冲突时的规模》；

IDF official：Hamas has replenished its missile capability since 2014 war. *Jerusalem Post*. 1 February 2017. ）

2016 年中国赴以游客人数增长迅速

据《中国日报》报道，2016 年赴以色列旅游的中国游客人数有明显增长。以色列中央统计局（ICBS）的统计数据显示，去年 1 月至 11 月，到以色列旅游的中国游客累计达到 76400 人次，同比 2015 年增长了 60%。报道称，游客的巨大增长主要由于海南航空公司开通了从北京直达特拉维夫的航线，此外香港国泰航空公司也将开通这一线路。报道称，以色列丰富的人文旅游资源和完善的旅游基础设施是吸引中国游客到该国领略异国风情的重要原因。

（来源：《中国日报》2 月 1 日讯：《大批中国游客到以色列探寻异国历史和文化》；

Surge in Chinese tourists take in Israel's rich history and culture. *China Daily*. 1 February 2017. ）

以色列和中东主要国家的非公开合作与贸易日趋繁荣

据彭博社报道，越来越多的以色列人选择在阿拉伯国家就业。近年来，以色列和中东主要国家在信息和情报领域非公开的合作与贸易日趋繁荣。有大量以色列人活跃于主要海湾国家。以色列政府已投资六亿美元在欧洲和美国建立公司，并派出了一批工程师用于阿联酋的基础设施建设。还有一些以色列人在海湾国家从事海水淡化、基础设施、网络安全、情报搜集等工作。什穆埃尔·巴尔（Shmuel Bar）是一名在以色列情报机构工作了三十多年的员工，他具备识别自杀式炸弹上的独特语言和宗教短语的能力。2003 年离开政府部门之后，他成立了独立的公司，专门对一些网络进行数据分析，然后将这些数据卖给欧洲和美国的情报分析机构。两年之前，沙特政府联系他，希望他能帮助识别国内潜在的恐怖分子。

（来源：彭博社 2 月 2 日讯；作者：乔纳森·菲兹格、彼得·沃尔德曼：《以色列技术公司如何在沙特阿拉伯做生意》；

Jonathan Ferziger and Peter Waldman. How Do Israel's Tech Firms Do Business in Saudi Arabia? Bloomberg. 2 February 2017. ）

特朗普政府宣布了一系列加强对伊朗制裁的措施

据《纽约时报》报道，特朗普政府加强对伊朗的一系列制裁。报道称，作为对德黑兰近期试射导弹的回应，2 月 3 日特朗普政府宣布了一系列加强对伊朗制裁的措施。本轮制裁首先冻结了 25 位伊朗公民和一些伊朗公司的海外财产，美国方面称有证据显示，财产被冻结的公司和个人支持了伊朗近期的导弹试射工作。卡耐基国际研究院（CEIP）的研究员卡利姆·萨迪迦布（Karim Sardjadpour）评论称："在过去的八年中，奥巴马政府与伊朗进行了一次空前而又毫无回报的合作，而且伊朗对这次合作并无兴趣。"评论称，这些措施意味着"过度容忍伊朗"时代的终结。

（来源：《纽约时报》2 月 6 日讯；作者：大卫·桑格尔：《导弹试射后，美国对伊朗新一轮制裁》；

David Sanger. U. S. Imposes New Sanctions on Iran Over Missile Test. *New York Times*. 6 February 2017. ）

伊朗化学铀储量大幅增加

据美国广播公司报道，目前，伊朗化学铀储量比 2015 年增加了 60%。伊朗核问题首席官员阿里·阿克巴尔·萨利希（Ali Akbar Salehi）称，在新一批化学铀到达伊朗之后，其储量相比 2015 年签订核协议时增加了 60%。他还表示，2 月 7 日伊朗将会收到 149 吨化学铀，而 2016 年伊朗收到的化学铀总量是 201 吨。评论称，根据核协议的内容，伊朗化学铀的进口应该受到国际原子能机构（International Atomic Energy Agency）的监督。

（来源：美国广播公司（ABC）2 月 6 日讯；《伊朗化学铀储量增了百分之六十》；

Iran to Have 60 Percent More Uranium than Before the Nuclear Deal. ABC NEWS. 6 February 2017. ）

美国利用科技来发现“伊斯兰国”成员

据《华盛顿邮报》撰文称，美国正在利用网络技术发现和驱除潜在的“伊斯兰国”成员。文章称，美国将大量的反恐信息投放在“伊斯兰国”招募成员的网络平台上，这些信息主要来自美国国务院的全球接触中心（Global Engagement Center），该中心利用了网络技术发动对“伊斯兰国”的战争。另外，美国官员使用脸书（Facebook）上的个人资料寻找对恐怖活动感兴趣的年轻穆斯林，并向他们投放反恐信息。

（来源：《华盛顿邮报》2 月 7 日文章；作者：乔比·沃里克：《美国利用游击营销策略来驱逐潜在的“伊斯兰国”成员》；

Joby Warrick. U. S. Uses Guerrilla Marketing to Peel Off Potential ISIS Recruits. *Washington Post*. 7 February 2017. ）

印度部署了以色列设计的港口防御系统

据印度《孟买镜报》报道，印度部署了以色列设计的港口防御系统。周五，印度西部海军司令部副司令吉瑞什·卢瑟拉（Girish Luthra ）为印度海军主持了一项由以色列设计的综合水下港口防御和监视系统（IUHDSS）的落成典礼。报道指出，该系统在孟买军港周围安装了传感器，可以进行全面的实时监测，包括探测船只、潜水员和游泳者等小目标。

（来源：《孟买镜报》2 月 7 日讯；《印度部署了以色列设计的港口防御系统》；

India Deploys Israeli – Designed Harbor Defense System. *Mumbai Mirror*. 7 February 2017.）

中国在中东的发展

中国新闻网发表了由蒂姆·科拉德撰写的《中国与中东》一文。文中称，中国应在不破坏同阿拉伯国家关系的基础上发展与以色列在经济和技术方面的合作。作者认为，中国多年以来一直避免卷入中东泥潭，但随着亚投行的建立和“一带一路”倡议的启动，作为崛起中的全球经济大国，中国在中东地区表现出新的活力，而这可能会对整个地区的权力平衡产生重要的影响。作者还提出，当前中国依然无法为其投资和建设的基础设施项目及务工人员提供有效的安全保障。

（来源：中国新闻网 2 月 8 日讯；作者：蒂姆·科拉德：《中国与中东》；Tim Collard. China and the Middle East. China. org. 8 February 2017.）

美国击毙了一名基地组织领导人

据 CNN 报道，美国于 2 月 9 日在叙利亚伊德利卜（Idlib）附近击毙了一名基地组织领导人。据一名美国高级国防官员说，这名基地组织领导人名叫阿卜·哈尼·马斯里（Abu Hani al – Masri），他曾于 20 世纪 80 年代和 90 年代在阿富汗建立了许多基地组织训练营，此外，他还是埃及伊斯兰极端组织的创始人之一。

（来源：CNN 2 月 9 日讯；作者：瑞恩·布朗：《美国说，它在叙利亚击毙了基地组织头目》；

Ryan Browne. U. S. Says It Killed Al – Qaeda Leader in Syria. CNN. 9 February 2017.）

美国民众对巴勒斯坦建国的支持率下降

美国盖洛普 2 月 1 日到 5 日进行的民意调查显示，美国民众在巴勒斯坦建国问题上存在很大的分歧。目前，有 45% 的民众支持在约旦河西岸和加沙地带先建立一个独立的巴勒斯坦国家，然而有 42% 的民众表示反对。反对人数相较于2015年有所上升。调查显示，有62%的民众表示更加同情以色列，而同情巴勒斯坦的民众只占了19%。以色列总理内塔尼亚胡（Netanyahu）在美国民众中的支持率为49%，超过了30%的不支持率。评论称，美国民众对巴勒斯坦建国的支持率不断下降，美国民众更加倾向于以色列。

（来源：美国盖洛普咨询公司（Gallup）2月13日讯；《民意调查：美国民众对巴勒斯坦建国支持率下降》；

Americans Tepid on Palestinian Statehood. Gallup. 13 February 2017.）

黎巴嫩真主党保证不会把军队转向国内

据黎巴嫩Naharnet新闻报道，总统米歇尔·奥恩强调，真主党的军队不与国家抵抗，并表示真主党保证不会把军队转向国内，而是保卫黎巴嫩力量的重要组成部分。奥恩在接受埃及电视频道CBC采访时表示："只要以色列军队占领着我们的土地，只要我们的军队不足以对抗以色列，我们觉得就有必要存在反抗的军队。"

（来源：黎巴嫩Naharnet 2月13日讯；《奥恩表示（说），绝对保证真主党不会把武器转向国内》；

Aoun Says' More than Guaranteed' Hizbullah Won't Turn Its Arms Inwards. Naharnet. 13 February 2017.）

以色列并非美国军事援助的最大受益者

BESA Center Perspectives Papers 撰文称，以色列只接受了一小部分美国军事援助，而且74%的援助都花费在与美国的经济往来中。许多美国人，甚至许多文章都认为以色列接受了美国大量的军事援助，数额高达31亿美元。但是与美国对外军事援助的实际成本相比，以色列只占很小的一部分。据美国大学教授大卫·藤（David Vine）说，美国在70个国家驻扎了150，500名军人，每年需花费85亿～1000亿美元。其中美国在日本的驻军费用为270亿美元。根据最近签署的谅解备忘录，美国对以色列的军事援助全部用于购买其武器、设备和服务。评论称，以色列是美国军事援助的最大受益者的说法不攻自破。

（来源：*BESA Center Perspectives Papers* 2月13日讯；作者：利奥·弗瑞史：《传说：以色列是美国军事援助的最大受益者》；

Hillel Frisch. Myth：Israel Is the Largest Beneficiary of US Military Aid. *BESA Center Perspectives Papers*. 13 February 2017.）

哈马斯任命强硬的激进分子为加沙地带的领导者

据《纽约时报》报道，13 日，一名在以色列监狱服刑超过 20 年的激进分子叶海亚·辛瓦（Yehya Sinwar）被任命为加沙哈马斯的新领导人。以色列战略事务部、巴勒斯坦事务主管科米·迈克尔（Kobi Michael）表示，辛尼瓦尔“代表了哈马斯最激进和最极端的路线”，与伊朗关系密切，并受到伊朗的支持。此外，辛瓦还支持与伊斯兰国家合作共同打击驻扎在西奈半岛的埃及军队，评论称，他的当选可能会破坏该地区的稳定。

（来源：《纽约时报》2 月 14 日讯；作者：伊莎贝尔·克什纳：《哈马斯任命强硬的激进分子为加沙地带的领导者》；

Isabel Kershner. Hamas Appoints Hard – Line Militant as Gaza Leader. *New York Times*. 14 February 2017.）

埃以合作反恐

据以色列《国土报》报道，以色列情报部门称，近几个月来埃及安全部队取得了打击“伊斯兰国”西奈省分支的巨大成果。西奈省有大约 1000 名恐怖分子，他们指责以色列给了埃及人关于他们组织的情报，并加入了针对其领导人的空中袭击。埃及总统塞西上个月对埃及电台说，埃及将在西奈北部部署 2 万 ~2.5 万名士兵与以色列进行合作。这个数量远远超过以色列 – 埃及和平协议所允许的数量。埃及与以色列的合作大大加强了埃及对抗恐怖分子的力量。

（来源：以色列《国土报》2 月 14 日讯；作者：阿莫斯·哈雷：《在以色列的帮助下埃及取得了在西奈半岛对 ISIS 的胜利》；

Amos Harel. Egypt, with Israel's Aid, Racks Up Successes Against ISIS in Sinai. *Ha'aretz*. 14 February 2017.）

埃及的通胀率达到 10 多年来的最高水平

据英国路透社报道，2017 年 1 月份埃及的通货膨胀率飙升至 10 多年来的最高水平。数据显示，埃及的通胀率 1 月份达到 30.86%，而 2016 年 12 月为 25.86%，这是自 2005 年 1 月以来的最高水平。报道强调，其原因在于经济改革中货币的浮动，以及实行由国际货币基金组织（IMF）所支持实施的紧缩政策。评论称，长期的高通胀率和紧缩政策将给塞西（Sisi）总统带来严重的政治危机。

（来源：路透社2月14日讯；作者：阿瓦·葛柏拉：《埃及的通胀率达到10多年来的最高水平》；

Arwa Gaballa. Egyptian inflation hits highest level in more than a decade. Reuters. 14 February 2017.）

美媒：巴以问题的务实原则

《华尔街日报》撰文称，美国处理巴以问题的最佳原则就是无为而治。文章称，美国国务院已经将“土地换和平”和“两国自治方案”倡导了50年，但仍然没有取得应有的成效。评论指出，任何新外交政策的目标都不应该是“解决”巴勒斯坦问题，而是通过经济援助和外交忽视的结合来搁置该问题。

（来源：《华尔街日报》2月14日讯；作者：贝特·斯蒂芬斯：《美国新政府的中东原则》；

Bret Stephens. Mideast Rules for the New U. S. Administrate. *Wall Street Journal*. 14 February 2017.）

美国和以色列发展经济联盟

《纽约观察者报》撰文称，美国和以色列经济贸易往来数额惊人。文章称，美国对以色列的出口超过对俄罗斯的出口，同时以色列也是一个庞大的对美投资者，超过巴西、中国内地、中国香港、印度、俄罗斯及所有非洲国家和地区。以色列对美国的投资创造了良好的就业机会，比如以色列的Teva制药公司雇用了近9000名员工。文章强调，美国和以色列的商业协会可以组织一次年度会议，为企业提供机会，为政府在关键经济问题上提供建议。评论称，通过在美以战略联盟中增加一个新的经济支撑，可以帮助美国与以色列的联盟达到新的高度。

（来源：《纽约观察者报》2月15日讯；作者：杰森·卡姆：《在特朗普的领导下美国和以色列发展他们的经济联盟》；

Josh Kram. The US and Israel Must Grow Their Economic Alliance Under Trump. *New York Observer*. 15 February 2017.）

伊朗将军访问莫斯科

据福克斯新闻报道，昨日伊朗“圣城军”（Quds Force）指挥官卡西姆·苏莱曼尼（Qassem Soleimani）前往莫斯科，与俄罗斯高级官员会面。报道称，这次会晤在表示伊朗对俄罗斯加强与沙特阿拉伯关系不满的同时，还讨论了双方的军火交易问题。报道称，苏莱曼尼领导的“圣城旅”是伊朗革命卫队的特种作战部队，负责伊朗的境外作战。联合国第1747号决议禁止苏莱曼尼出境，任何允许他过境或旅行的国家都将违反这一决议。美国众议院军事委员会主席马斯·索恩伯里（Mac Thornberry）接受福克斯新闻（FOX News）采访时表示，“伊朗和俄罗斯官员的会面，这对美国来说意味着更多的麻烦”。

（来源：福克斯新闻2月15日讯；作者：佑维·兹顿：《一位神秘的伊朗将军访问莫斯科，违反制裁》；

Yoav Zitun. Shadowy Iranian general visits Moscow, violating sanctions. FOX News. 15 February 2017.）

美以首脑会晤

美国白宫发文称，2017年2月15日，美国总统唐纳德·特朗普（Donald Trump）与以色列总理内塔尼亚胡（Benjamin Netanyahu）在白宫举行会晤。在此次会晤中，特朗普重申了美以之间牢不可破的关系，认为美国和以色列之间不会有嫌隙。文章强调，双方一致赞同对抗伊朗及其代理人，同时致力于打击“伊斯兰国”和其他激进恐怖组织。特朗普总统向内塔尼亚胡总理承诺，美国不会让伊朗获得核武器。为了结束巴以冲突，实现中东和平，两人达成了一项全面协议，巴以和平只能以双方直接谈判的方式实现。

（来源：美国白宫2月15日文章；《白宫：以色列和巴勒斯坦之间的和平只能通过直接谈判获得》；

White House：Peace between Israel and the Palestinians Can Only Be Negotiated Directly. White House. 15 February 2017.）

美国与以色列经济关系密切

据《华盛顿时报》报道，以色列在促进美国经济发展中起着关键作用。报道称，以色列虽然只有800万人口，但以色列的创新企业却为美国的经济发展提供了大量的就业就会。最近对马萨诸塞州－以色列经济影响的研究显示，2015年以色列企业在马萨诸塞州了创造了18.1亿美元的贸易额，占该国GDP的4%。在波士顿的200多家以色列企业创造了28000个工作岗位。评论称，以色列对美国经济的影响不容忽视，可以说，以色列在一定程度上是美国经济发展的动力源泉之一。

（来源：《华盛顿时报》2 月 16 日讯；作者：乔·梅德维德：《美国与以色列经济关系密切》；

Joe Medved. The U. S. –Israel Economic Bond. *Washington Times*. 16 Feburary 2017.）

埃及在西奈使用中国制造的无人机攻击“ISIS”

据以色列《国土报》报道，近几个月来，埃及在对“伊斯兰国”的空袭行动中取得了一系列胜利。报道指出，此次埃及使用的是中国制造的进攻性无人机“翼龙”。中国已经向埃及、沙特阿拉伯、伊拉克和阿联酋出售了各种类型的进攻性无人机。

（来源：以色列《国土报》2 月 20 日讯；作者：阿莫斯·海瑞尔：《埃及在西奈使用中国制造的无人机攻击“ISIS”》；

Amos Harel. Egypt Using Chinese Attack Drones Against ISIS in Sinai. *Ha'aretz*. 20 February 2017.）

以色列与中国的历史交往

据以色列 Ynet News 报道，以色列学者高度赞扬中国和以色列的文化共性与历史交往。报道指出，以色列巴伊兰大学的丹尼埃尔·古雷奇（Danielle Gurevitch）博士说：“犹太民族和中华民族都是这个世界上最古老的民族。”他强调，中华文明和希伯来文明几乎同时发展且存在很多共同点，而且当犹太人面临纳粹德国的屠杀时，中国为犹太人提供了避难之地，给予了犹太人许多帮助。评论称，近年来，以色列国内学界、政界对中以友好的呼声越来越强烈。

（Ynet News 2 月 20 日讯；作者：亚尼·波霍利斯：《中国和以色列：两个世界最古老民族的联系》；

Yaniv Pohoryles. The Jews and the Chinese: A connection between “the world's most ancient people”. Ynet News. 20 February 2017.）

以色列国防军空袭叙利亚防空部队

据以色列《耶路撒冷邮报》报道，黎巴嫩媒体称，以色列国防军（Israel Defense Forces，IDF）的战机于 2 月 22 日袭击了位于叙利亚首都以东约 50 公里处的 SA –5 防空部队。叙利亚媒体认为，此次袭击主要针对黎巴嫩真主党武装。

（来源：《耶路撒冷邮报》2 月 22 日讯；《以色列国防军空袭叙利亚防空部队》；

Israeli air force destroys Syrian anti-aircraft battery in retaliatory strike. *Jerusalem Post*. 22 Feburary 2017. ）

以色列对伊朗军事力量保持高度警惕

以色列智库耶路撒冷公共事务中心撰文称，以色列对近年来伊朗军事力量的提升和伊朗对以色列的敌意保持高度警惕。文章指出，伊朗海军近年来在波斯湾、红海以及地中海地区的活动越发频繁，还试射了新的导弹。文章强调，即使伊朗签署了核协议，但随着伊朗在中东地区影响力的不断扩大，以色列对伊朗经济的恢复和军力的提高深表担忧。

（耶路撒冷公共事务中心 2 月访谈文章；作者：多尔金：《伊朗虚假温和的表面》；

Dore Gold. Video：The False Narrative of Iranian Moderation. Jerusalem Center for Public Affairs. February 2017. ）

“伊斯兰国”武装分子在埃及西奈半岛绑架了 4 名男子

据美国广播公司（ABC News）报道，“伊斯兰国”武装分子于 2 月下旬在埃及西奈半岛北部绑架了 4 名男子。其中两名人质已经被杀害，死前曾遭受残忍折磨，极端分子声称还会继续对与政府合作的人实施报复行动。评论称，极端分子在西奈半岛的势力已经威胁到民众，他们在邻近加沙地带的拉法市交通道路上设置了检查站，迫害不戴面纱的女性，并向当地的农民收取经济物资。

（美国广播公司 2 月 27 日讯；作者：阿什拉夫·斯韦兰：《“伊斯兰国”武装分子在西奈半岛彰显力量》；

Ashraf Sweilam. ISIS Militants in Sinai Showing Their Strength. ABC News. 27 February. ）

美军利用无人机杀死基地组织领袖

据英国《卫报》报道，一名基地组织的高级头目于 2 月 26 日在叙利亚北部伊德利卜省被美军无人机袭击身亡。报道指出，该头目是基地组织的宗教领袖和主要人物阿卜杜拉·拉贾卜·阿卜杜勒·拉赫曼（Abu al – Khayr al – Masri），他加入基地组织已经超过三十年，是本·拉登的女婿。评论称，此人与

1998 年的“美国大使馆爆炸案”有密切关系。

（《卫报》2 月 27 日讯；作者：马丁·楚洛夫、汤姆·麦卡锡：《美军利用无人机杀死基地组织领袖》；

Martin Chulov and Tom McCarthy. U. S. Drone Strike in Syria Kills Top Al - Qaeda Leader. *Guardian*. 27 February 2017. ）

埃及在开罗机场驱逐巴勒斯坦高官

据英国路透社报道，巴勒斯坦要员于 2 月 27 日被埃及拒绝入境。报道称，该官员系巴解主席穆罕默德·阿巴斯（Mahmoud Abbas）的心腹、法塔赫中央委员会高级成员吉卜里勒·拉哈布（Jibril al-Rajoub），埃及安全机构在开罗机场将他驱逐出境至约旦。

（路透社 2 月 28 日讯；《埃及在开罗机场驱逐巴勒斯坦要员》；

Egypt deports top Palestinian official on arrival at Cairo airport. Reuters. 28 February 2017. ）

俄罗斯和中国否决安理会制裁叙利亚的草案

据《时代周刊》报道，俄罗斯和中国否决安理会制裁叙利亚的草案。联合国安理会 2 月 28 日就叙利亚使用化学武器进行制裁投票，中国和俄罗斯再次否决了这份草案。报道强调，在针对叙利亚的问题上，俄罗斯已经第七次投否决票，中国这是第六次。评论称，美国谴责中俄两国拒绝承认阿萨德政府使用了化学武器。

（来源：《时代周刊》3 月 1 日讯；作者：伊迪思·莱德勒：《俄罗斯和中国否决安理会制裁叙利亚的草案》；

Edith M. Lederer. Russia and China Veto New UN Sanctions on Syria. *TIME*. 1 March 2017. ）

以色列向约旦出口天然气资源

据以色列《国土报》报道，以色列开始从海上向约旦出口天然气。报道称，自 2017 年 1 月以来，以色列的天然气就已出口到约旦的两家公司，根据 2016 年 9 月双方签订的合约，在未来 15 年内两国在天然气领域的贸易额将达到 100 亿美元。

（来源：以色列《国土报》3 月 2 日讯；作者：艾兰·阿兹兰：《以色列开始向约旦出口天然气资源》；

Eran Azran. Israel Quietly Begins Exporting Natural Gas to Jordan. *Ha'aretz*. 2 March 2017.)

美国对也门基地组织实施空袭

据《华盛顿邮报》报道，2 月 28 日美国对也门的基地组织实施了 25 次空袭。报道称，这次空袭的规模达到历史最高，几百名激进分子被杀。当地报纸强调，这次空袭旨在增强美国在也门地区的影响力。美国国防部官员称："美国授予美军短期内在也门一些地区打击基地组织的权力。"

（来源：《华盛顿邮报》3 月 3 日讯；作者：梅西・赖安、托马斯・吉本斯・内夫：《美国对也门基地组织实施一系列空袭》；

Miss Ryan and Thomas Gibbons – Neff. U. S. Conducts Flurry of Airstrikes Targeting al – Qaeda in Yemen. *Washington Post*. 3 March 2017.)

以色列飞机轰炸了叙利亚军事基地

据法国《费加罗报》报道，1 月 13 日，以色列 f – 35 战机空袭了叙利亚首都大马士革西郊的军事基地。报道称，该基地有叙利亚向真主党交付的 Pantsir 地对空导弹和防空火炮系统，以及 s – 300 地对空导弹系统。以色列国防部部长发言称，这次袭击旨在阻止叙利亚向黎巴嫩真主党交付大型武器。叙利亚军队指责以色列国防军在空军基地发动导弹袭击是"明目张胆的袭击"。大马士革指责以色列军方支持包括努斯拉阵线（Jabhat al – nusra）和叙利亚自由军在内的恐怖组织。评论称，以色列对叙利亚的军事空袭越发频繁。

（来源：《费加罗报》3 月 10 日讯；《以色列飞机轰炸了一个叙利亚 s – 300 导弹基地和一个武器仓库》；

Israeli aircraft bombed a Syrian S – 300 missile complex and a weapons warehouse. *Le Figaro*. 10 March 2017.)

大马士革爆炸案

据《华盛顿邮报》报道，3 月 12 日，与基地组织有关联的黎凡特解放委员会（Levant Liberation Committee）声称对发生在叙利亚首都大马士革的什叶派圣地附近的两起自杀式爆炸事件负责。叙利亚人权观察组织（Syrian Observatory for Human Rights）称，这两起爆炸导致的死亡人数已达 74 人。

（来源：《华盛顿邮报》3 月 14 日报道；巴塞姆・莫若恩：《与基地组织

有关的组织称大马士革爆炸事件是向伊朗传递的信息》；

Al – Qaeda – Linked Group Claims Damascus Bombings as Message to Iran. Bassem Mroue. *Washington Post*. 14 March 2017.）

摩苏尔的“伊斯兰国”武装式微

据《华尔街日报》报道，在摩苏尔战斗的“伊斯兰国”武装分子处境艰难。报道称，“伊斯兰国”基本丧失了对摩苏尔大部分地区的占领，其残余武装分子处境越发恶化，并混杂在平民区中。据相关反恐官员估计，摩苏尔西部仍有1500～2000名“伊斯兰国”武装分子，其中70%～90%的人来自沙特阿拉伯、也门、中国、塔吉克斯坦和俄罗斯。

（来源：《华尔街日报》3月16日讯；作者：塔梅尔·埃尔·盖巴什、阿里·纳巴汉：《在摩苏尔战斗中由于当地武装分子逃离，外国的ISIS武装分子越来越孤立》；

Tamer El – Ghobashy and Ali A. Nabhan. Foreign ISIS Fighters Increasingly Isolated in Mosul Battle as Local Militants Flee. *Wall Street Journal*. 16 March 2017.）

伊朗海军骚扰美国在霍尔木兹海峡的船只

据英国路透社报道，美国海军指挥官谴责伊朗在霍尔木兹海峡试图接近美国军舰。报道称，2017年3月21日，当以美国航空母舰“乔治·布什”号（George H. W. Bush）为首的五艘舰队进入霍尔木兹海峡时，伊朗两艘海军快艇快速向其靠近，美方随即派出武装直升机在伊朗快艇上空盘旋。美国表示，其派出的武装直升机检测到伊朗快艇上装载大量武器。

（来源：路透社3月22日讯；作者：萨米·阿布迪：《伊朗海军骚扰美国在霍尔木兹海峡的船只》；

Sami Aboudi. Iranian Navy Continues to Harass U. S. Ships in Strait of Hormuz. Reuters. 22 March 2017.）

美国为沙特领导的也门联军提供军事支持

据《华尔街日报》3月27日报道，美国给沙特领导的也门联军提供军事支持。报道称，特朗普政府大幅度增加了对逊尼派阿拉伯国家的军事支持，包括情报和后勤支持，旨在帮助阿拉伯国家打击也门的基地组织和胡赛武装。报道强调，美国还将继续向沙特出售精确制导武器，而这些武器在奥巴马最后几个月的任期内曾被冻结。沙特军方官员表示，在海湾地区挫败伊朗影响力的关键在于美国和阿拉伯盟国的合作。

（来源：《华尔街日报》3 月 27 日讯；作者：戈登·卢博尔德、杰伊·所罗门：《美国为沙特领导的也门联军提供军事支持》；

Gordon Lubold and Jay Solomon. U. S. Boosts Military Backing for Saudi – Led Coalition in Yemen. *Wall Street Journal*. 23 March 2017. ）

“伊斯兰国”将拉卡平民作为人体盾牌

据《丹弗邮报》报道，“伊斯兰国”将拉卡的平民作为人体盾牌。报道称，“伊斯兰国”的激进分子强迫拉卡民众穿上恐怖分子的衣服，以加大区分“伊斯兰国”激进分子和普通平民的难度。评论称，被围困的拉卡平民成为“伊斯兰国”一个巨大的人体盾牌，加大了民众恐慌感，同时也影响了反恐联军对“伊斯兰国”的进攻。

（来源：《丹弗邮报》3 月 29 日报道；作者：巴西姆·穆鲁、洛里·西纳特：《“伊斯兰国”将拉卡平民作为人体盾牌》；

Bassem Mroue and Lori Hinnant. ISIS Holds Terrified Civilians as Human Shields in Syrian City of Raqqa. *Denver Post*. 29 March 2017. ）

伊拉克安全部队在击败“伊斯兰国”中发挥重要作用

华盛顿中东政策研究所 3 月 29 日撰文称，伊拉克安全部队在击败“伊斯兰国”中发挥重要作用。文章称，在伊拉克打击“伊斯兰国”的主要有三股力量：第一，中央政府的伊拉克安全部队，包括反恐人员、军队和联邦警察；第二，库尔德武装，主要为库尔德地区政府的“自由斗士”（Peshmerga）军事部队，以及他们的警察“泽瓦尼”（Zerevani）；第三，什叶派民兵——人民动员组织（Popular Mobilization Units , PMUs），主要受伊朗支持和援助。文章强调，在打击“伊斯兰国”的战争中，伊拉克人和库尔德人都发挥了重要作用，但是库尔德地区政府夸大了自身的作战功绩，而伊拉克安全部队的作战次数以及解放的城市数量比其他武装力量都要多。

（来源：华盛顿中东政策研究所；作者：迈克尔·奈茨：《伊拉克安全部队在击败“伊斯兰国”中发挥重要作用》；

Michael Knights. The Role of Iraqi Security Forces in Defeating the Islamic State. Washington Institute for Near East Policy. 29 March 2017. ）

第二季度

特朗普政府不再强调埃及的人权问题

据《纽约时报》报道，白宫发布声明称特朗普政府不再强调埃及的人权问题。白宫方面表示，特朗普总统将于4月3日与埃及总统塞西会晤，在此次会晤中人权问题将不再是讨论的焦点。此外，白宫于3月31日称，自从2014年塞西总统上任以来，实行了一系列有力的措施应对恐怖主义并且大力发展埃及经济，取得了显著的成效。

（来源：《纽约时报》4月3日讯；作者：彼得·贝克：《转折：特朗普政府不再强调埃及人权问题》；

Peter Baker. In a Shift, Trump Will Move Egypt's Rights Record to the Sideline. *New York Times*. 3 April 2017.）

以色列测试新型导弹防御系统

据以色列《国土报》报道，以色列最新研制出一种多层导弹防御系统"大卫投石索"（David's Sling），报道称，该系统用于拦截中程导弹。此前，以色列已经研制出用于拦截短程导弹的"铁穹"（Iron Dome）系统和用于拦截远程导弹的"箭式"（Arrow）反导系统。而"大卫投石索"将主要被用于拦截黎巴嫩真主党的高精度导弹和大型火箭（如：M－600型火箭）。

（来源：以色列《国土报》4月3日讯；作者：希利·科恩：《以色列测试新型导弹防御系统》；

Gili Cohen. New Israeli Missile Defense System Is Now Operational. *Ha'aretz*. 3 April 2017.）

"伊斯兰国"激进分子制造圣彼得堡地铁爆炸

据英国广播公司（BBC）报道，圣彼得堡爆炸袭击为伊斯兰激进分子所为。报道称，4月3日发生在圣彼得堡的地铁站的爆炸袭击事件共造成14人死亡，49人受伤。此次爆炸袭击的制造者是吉尔吉斯斯坦人阿克巴尔荣·扎利洛夫（Akbarzhon Jalilov）。此外，警方还在另外一个车站还发现了爆炸装置，由此证明这次的袭击事件是伊斯兰激进分子的联合行动。

（来源：英国广播公司（BBC）4月4日讯；《伊斯兰国激进分子制造圣彼得堡地铁爆炸》；

Subway Bombing in St. Petersburg Kills 14, Islamic Radicals Suspected. BBC News. 4 April 2017. ）

俄罗斯遭受恐袭程度将不断加深

据《纽约时报》报道，随着俄罗斯不断卷入叙利亚战争，当地逊尼派与俄罗斯之间的对抗将更为激烈，而俄罗斯遭受恐袭程度将不断加深。目前，已有上千名俄罗斯士兵与“伊斯兰国”极端分子展开战斗。并且在“伊斯兰国”内部，俄语已经成为第二重要的语言，会说俄语的“圣战战士”人数达到5000～7000人。这意味着“伊斯兰国”武装分子非常容易混入俄罗斯境内展开恐怖袭击。

（来源：《纽约时报》4月5日讯；作者：克林·克拉克：《俄罗斯遭受恐袭程度将不断加深》；

Colin P. Clarke. Attacks on Russia Will Only Increase. *New York Times*. 5 April 2017. ）

美国加大对也门基地组织的空袭力度

美国《长期战争》杂志撰文称，美国军方将继续增加对也门基地组织的打击力度。文章强调，过去的一周美军已经对基地组织进行了超过20次的空袭，2017年以来，美国对也门基地组织的空袭总数超过75次。评论称，这个数字刷新了2009年美军对也门基地组织41次空袭的最高纪录。

（来源：《长期战争》杂志4月5日讯；作者：比尔·博焦：《美国加大对也门基地组织的空袭力度》；

Bill Boggio. U. S. Ramps Up Drone Strikes on Al – Qaeda in Yemen. *Long War Journal*. 5 April 2017. ）

特朗普会见约旦国王阿卜杜勒

据美国白宫官方称，特朗普总统于4月5日会见约旦国王阿卜杜勒。特朗普表示，美国很乐意与约旦国王阿卜杜勒合作共同打击“伊斯兰国”。此外，特朗普与约旦国王还讨论了中东和平进程的问题，称巴以和平虽难以实现，但双方将共同努力。

（来源：美国白宫官方4月6日讯；《特朗普会见约旦国王阿卜杜勒》；

President Trump Meets with King Abdullah of Jordan. White House. 6 April 2017. ）

美国向叙利亚空军基地发射导弹

据《华盛顿邮报》报道，4 月 4 日美军向叙利亚政府军发射了 59 枚巡航导弹，攻击目标直指巴沙尔政府。据称，此次行动是特朗普政府对巴沙尔政府使用化学武器的报复。此次的导弹是由美军导弹驱逐舰从地中海东岸发射，目标为叙利亚胡姆斯省的沙伊拉特（Shayrat）机场。此前，俄罗斯方面称此地区是俄方的军事领空，不过在袭击中美国已经采取防御性措施避开俄方所指地区。

（来源：《华盛顿邮报》4 月 7 日讯；作者：丹·拉莫泽、梅西·赖安、托马斯·吉本斯内夫：《美国向叙利亚空军基地发射导弹》；

Dan Lamothe, Missy Ryan and Thomas Gibbons – Neff. U. S. Launches Missiles at Syrian Airbase after Chemical Weapons Attack. *Washington Post*. 7 April 2017. ）

埃以关系的扩展空间

《密码箴言》杂志撰文称，埃以关系仍有很大扩展空间。文章称，《戴维营协议》签订已接近 40 年，但埃及民众对待以色列的态度仍然比较消极。美国《中东箴言》杂志的一份调查报告显示，89% 的阿拉伯人将以色列和"伊斯兰国"一起视为最大威胁，这一数字高于 72% 的阿拉伯人对伊朗的消极态度。在埃及的大学中有 13 个犹太社区，从这些学校毕业的犹太人能前往以色列。此外，双方在水资源利用方面也有很大的合作空间。这些都是埃以关系正常化可以努力的方向。

（来源：《密码箴言》杂志 4 月 7 日讯；作者：海萨姆·哈萨尼：《埃以关系增进》；

Haisam Hassanein. Enhancing Egyptian – Israeli Ties. *Cipher Brief*. 7 April 2017. ）

白宫：叙利亚可能有额外的化学药剂

美国白宫 2017 年 4 月 11 日发布了一份报告，详细分析了美国对叙利亚化学武器袭击的情报研究。一名高级政府官员在新闻发布会上表示，2017 年 4 月 4 日发生在叙利亚北方城镇汗谢仁镇（Khan Sheikhun）的化学袭击是由来自沙伊拉特（Shayrat）机场的 Su – 22 飞机执行，该机场是由叙利亚政府控制的。据美方的资料表明，沙伊拉特机场 2017 年 3 月就为这次化学袭击做了演习，并且在袭击发生的前几天这些执行机也停留在该机场。根据受害者的遗体检测结果，本次袭击运用了沙林化学武器，所以这次袭击很可能不是恐怖分子袭击，并且叙利亚政府在2013年就使用了沙林作为化学武器，所以美方认为这次袭击受到叙利亚政权指使的可能性较大。

（来源：美国白宫4月11日报告；《白宫：叙利亚可能有额外的化学药剂》；

White House：Syria May Have Additional Chemical Agents. White House. 11 April 2017.）

对叙利亚的军事打击：历史教训和启示

华盛顿近东政策研究所军事与安全研究项目主任撰文，对叙利亚的军事打击进行了分析。文章称，据经验表明，阿萨德可能会继续无视国际社会，挑战化学武器的红线，为了阻止他这样做美国有必要对其进行额外打击。文章表示，美国应该明白最好的撤军战略是建立起有效的反政府武装力量，同时避免极端分子坐大，并向阿萨德政权施加持续的军事压力。

（来源：华盛顿近东政策研究所4月7日文章；作者：迈克尔·艾森施塔特：《对叙利亚的军事打击：历史教训和启示》；

Michael Eisenstadt. Military Strikes on Syria：Historical Lessons and Implications. Washington Institute for Near East Policy. 7 April 2017.）

埃及军方需要调整对抗圣战分子的战略

据《密码日报》报道，埃及军方需要重新调整对抗圣战分子的战略。从2013年9月开始，埃及军方对西奈半岛北部的圣战分子采取大规模军事行动。自行动开始以来，大约2000名埃及士兵在西奈半岛丧生，而“伊斯兰国”在西奈半岛的人数是1000～1500人，该伤亡表明了埃及军事行动存在严重问题。此外，“伊斯兰国”还开始针对埃及基督徒发动袭击。事实上，埃及军方的镇压行动已经远离了西奈半岛的核心地区。

（来源：《密码日报》4月9日讯；作者：艾瑞克·特拉戈：《埃及军方需要调整对抗圣战分子的战略》；

Eric Trager. Egyptian Military Needs to Update Its Strategy Against Jihadis. *The Cipher Daily Brief*. 9 April 2017.）

俄罗斯否决了联合国对叙利亚袭击的谴责

路透社撰文称，俄罗斯否决了联合国安理会对叙利亚袭击的谴责。4月

12 日，俄罗斯在联合国安理会（UN Security Council）上否决了西方主导的对于在叙利亚发生的致命毒气袭击事件的谴责。报道称，俄罗斯动用了否决权保护阿萨德政府，美国驻联合国大使海利（Nikki Haley）呼吁莫斯科停止保护阿萨德，并表示美国希望与俄罗斯合作，为叙利亚提供政治解决方案。

（来源：路透社 4 月 13 日文章；作者：米歇尔·尼科尔斯：《俄罗斯否决了联合国对叙利亚袭击的谴责》；

Michelle Nichols. Russia Vetoes UN Condemnation of Syria Attack. Reuters. 13 April 2017.）

美国表示在叙利亚行动的目标是击败“伊斯兰国”

据《华尔街日报》报道，美国表示在叙利亚行动的目标是击败“伊斯兰国”，而不是驱逐阿萨德。报道称，美国国务卿雷克斯·蒂勒森（Rex Tillerson）和国家安全顾问麦克马斯特（H. R. McMaster）在 2017 年 4 月 9 日的一场采访中表示，美国政府打击阿萨德政府的机场并不代表美国的目的在于推翻叙利亚领导人。评论称，在消灭“伊斯兰国”后，美方的注意力将转向促成叙政权和反对派之间的停火。

（来源：《华尔街日报》4 月 9 日讯；作者：本·勒布多夫：《美国表示在叙利亚的打击目标是击败“伊斯兰国”而不是驱逐阿萨德》；

Ben Leubsdorf. U. S. Says Syria Goal Is to Defeat Islamic State, Not to Push Out Assad. *Wall Street Journal*. 9 April 2017.）

“伊斯兰国”在埃及的科普特教堂制造爆炸袭击

据《纽约时报》报道，“伊斯兰国”在埃及的科普特教堂制造了两起自杀式爆炸袭击。报道称，本次袭击造成至少 40 名朝拜者和警察死亡。第一次爆炸发生在位于开罗以北 50 英里的尼罗河三角洲城市坦塔市的圣乔治教堂，造成至少 27 人死亡，71 人受伤。第二次爆炸发生在亚历山大港圣马可大教堂的门口，造成 13 人死亡，21 人受伤。“伊斯兰国”宣称对这两起袭击负责。

（来源：《纽约时报》4 月 9 日讯；作者：迪克兰·沃尔什：《“伊斯兰国”声称在埃及的科普特教堂制造爆炸袭击》；

Declan Walsh. ISIS Claims 2 Deadly Explosions at Egyptian Coptic Churches on Palm Sunday. *New York Times*. 9 April 2017.）

中东地区的三种激进伊斯兰运动

英国以色列通信与研究中心（BICOM）称，现在有三种不同的激进伊斯兰运动正在中东地区扩散。一是，伊朗输出其“伊斯兰革命”，并在伊拉克、叙利亚、黎巴嫩和也门取得了成功。二是，无论是“伊斯兰国”还是基地组织，逊尼派圣战分子的目标是在该地区建立一个“伊斯兰哈里发国”。三是，土耳其总统埃尔多安是该地区穆斯林兄弟会的领导人，他寻求建立一个基于穆兄会意识形态的“新奥斯曼帝国”。

（来源：英国以色列通信与研究中心4月14日讯；摩西·亚阿隆：《现有三种不同的激进伊斯兰运动正在中东和其他地区寻求霸权》；

Three different radical Islamist movements each seeking hegemony in the Middle East and beyond. Moshe Ya'alon. BICOM. 14 April 2017. ）

埃及的反恐战术需要改变

《耶路撒冷邮报》撰文称，埃及需要改变其在西奈半岛的反恐战术。文章称，埃及军队依然倾向于苏联时代的战术：大规模的军队部署和依赖机枪作战，这导致了调动的灵活性不足，并不适合针对小型恐怖组织的游击作战。评论称，问题在于埃及军方并不乐意接受美国的相关训练和指导。

（来源：《耶路撒冷邮报》4月18日讯；兹伟·马哲：《埃及是否会采取新的战术打击伊斯兰极端分子》；

Zvi Mazel. Will Egypt Adopt New Tactics to Fight Radical Islamists? *Jerusalem Post*. 18 April 2017. ）

边境隧道成为哈马斯和埃及政府不和的主要根源

埃及 Al-Masri al-Yawm 撰文称，埃及和加沙地带边境隧道对埃及构成了严重威胁和经济消耗。文章称，埃及发现哈马斯长期利用该隧道走私武器、运送武装人员和资金并从中获得高额利润。埃及为了阻遏走私情况，已经摧毁了5000多个隧道，并被迫耗资20亿美元建造了一个长达10公里、20～30米深的铁栅栏。

（来源：埃及 Al-Masri al-Yawm 4月18日讯；萨拉·阿里·迪伯：《隧道已经成为哈马斯和埃及政府不和的主要根源》；

The Tunnels Have Become A Major Source of Discord Between Hamas And Egyptian Governments. Salah Al-Diab. Al-Masri al-Yawm. 18 April 2017. ）

“伊斯兰国”对西奈修道院发动袭击

据路透社讯，“伊斯兰国”武装分子于4月18日袭击了西奈南部圣凯瑟琳修道院附近的埃及安全部队，造成5人伤亡。报道称，圣凯瑟琳修道院位于西奈山脚下，建于公元6世纪，被列入联合国教科文组织世界遗产名录，袭击发生后西奈半岛南部各地的旅游场所均处于高度戒备状态。评论称，埃及的财政收入非常依赖旅游业，近年来的恐怖袭击让埃及旅游业遭到重创。

（来源：路透社4月19日讯；阿里·阿拜德拉缇：《“伊斯兰国”声称在西奈修道院附近发动袭击》；

Ali Abdelaty. ISIS claims deadly attack near Egypt's St. Catherine's Monastery in Sinai. Reuter. 19 April 2017.）

美国对利比亚“伊斯兰国”的火力打击

《今日美国》撰文，分析了美军近半年来对“伊斯兰国”采取的火力打击行动。文章称，在2016年12月打击利比亚“伊斯兰国”武装分子的过程中，美国无人机和舰载飞机发挥了决定性作用，并在没有大规模地面部队介入的情况下成功地将武装分子从苏尔特驱逐，为美军的反恐作战提供了一个典范。文章强调，美国空军主要使用从美国海军陆战队基地起飞的mq – 9收割者无人机，由无人机搜集和制作城市情报图像并发射精确导弹攻击，再由少数特种部队与当地地面部队合作收场。

（来源：《今日美国》4月19日讯；吉姆·迈克尔斯：《美国如何帮助利比亚战胜“伊斯兰国”》；

Jim Michaels. How U. S. drones helped win a battle against ISIS for first time in Libya. *USA Today*. 19 April 2017.）

美国希望调整安理会中东议程的核心

据彭博社报道，美国驻联合国大使妮基·黑利（Nikki Haley）希望伊朗问题成为联合国中东议程的核心。报道称，4月份担任联合国安理会轮值主席的黑利希望利用每月一次的中东局势会议来商讨伊朗在也门和叙利亚的影响，以及伊朗对真主党的支持。华盛顿布鲁金斯学会（Brookings Institution）高级研究员苏珊娜·马洛尼（Suzanne Maloney）表示，美国寻求“把伊朗描绘成一个犯罪集团的领袖而不仅是一个单一的国家”。评论称，美国对伊朗的态度正从一种和解的立场转向多方面的对抗。

（来源：彭博社 4 月 20 日报道；作者：坎比亚兹・福鲁哈：《联合国中东议程的核心转向伊朗》；

Kambiz Foroohar. *Haley Wants Iran*, Not Israel, at Core of UN's Middle East Agenda. Bloomberg. 20 April 2017.）

“伊斯兰国”的学校教育

德国《明镜周刊》撰文，介绍和分析了“伊斯兰国”对适龄儿童的教育情况。文章称，2014 年 6 月“伊斯兰国”占领摩苏尔之后就接管了当地的学校，并对儿童进行了针对性教育。文章强调，“伊斯兰国”将库尔德人和什叶派教徒描述为反伊斯兰教的团体，将伊拉克政府及其军队描述为邪恶的组织，将自身描述成正义的代表。在教学内容上，“伊斯兰国”将动物从生物学课本上抹除，取消有关诗词歌曲的教材，在地理课本上删除了伊拉克和叙利亚的边界，用字母“Z”替换与基督教十字架相似的加号（+），课堂上用来教加减法的苹果和梨被坦克和手榴弹取代，取消了艺术和音乐课程，甚至教导孩子们如何使用武器杀人。

（来源：德国《明镜周刊》4 月 14 日撰文；作者：凯特琳・孔茨：《“伊斯兰国”的学童如何适应其学校》；

Katrin Kuntz. Schoolchildren Adjust to Life after Islamic State. *Der Spiegel – Germany*. 14 April 2017.）

以色列空袭大马士革军火库

据英国路透社报道，以色列于 4 月 27 日空袭了伊朗在叙利亚首都大马士革的军火库。报道称，该军火库定期供应来自伊朗的武器和军用运输机。

（来源：路透社 4 月 27 日报道；《以色列空袭大马士革军火库》；

Israeli Strike Hits Iranian Arms Depot in Damascus. Reuters. 27 April 2017.）

“伊斯兰国”的海外战士前往土耳其

据英国《卫报》报道，随着“伊斯兰国”势力的衰退，大量外国武装分子逃离。报道称，许多外国的武装分子打算离开“伊斯兰国”并试图进入土耳其，而这种趋势随着“伊斯兰国”的式微将越发明显。评论称，这些武装分子意图通过土耳其潜入欧洲寻求报复，欧洲必须对此保持警惕。

（来源：英国《卫报》4 月 26 日报道；作者：马丁・朱洛夫：《“伊斯兰国”势力衰退，外国武装分子离开》；

Martin Chulov. Foreign Fighters Depart as ISIS Caliphate Crumbles. *Guardian*. 26 April 2017.）

美国不顾土耳其的反对继续向叙利亚库尔德人提供武器

据《纽约时报》报道，美国不顾土耳其的反对继续向叙利亚库尔德人提供武器。报道称，特朗普总统批准向叙利亚库尔德人提供重型机关枪、迫击炮、反坦克武器和装甲车等武器用以帮助叙利亚库尔德人投入拉卡（Raqqa）的战斗，这一计划遭到了土耳其的强烈反对。长期以来，美国军事指挥官一直认为，库尔德民兵组织是美国打击“伊斯兰国”最可靠的盟友。

（来源：《纽约时报》5月9日讯；作者：迈克尔·戈登、埃里克·施密特：《美国不顾土耳其的反对继续向叙利亚库尔德人提供武器》；

Michael Gordon and Eric Schmitt. U. S. to Arm Syrian Kurds over Turkish Objections. *New York Times*. 9 May 2017.）

美国与沙特签署了1000亿美元的军火协议

路透社撰文称，美国与沙特阿拉伯签署了1000亿美元的军火协议。文章称，在美国总统特朗普即将访问利雅得（Riyadh）前，白宫一名高级官员于2017年5月12日表示，美国即将完成与沙特阿拉伯的一系列军火交易，总价值超过1000亿美元。此次军售计划在未来10年内可能超过3000亿美元，用以帮助沙特全方位地提高国防能力。该计划包括美国的武器和维护技术，涉及舰艇、防空导弹防御系统和海上安全等多个领域。

（来源：路透社5月13日文章；作者：史蒂夫·霍兰德：《美国与沙特签署了1000亿美元的军火协议》；

Steve Holland. White House：U. S. Nears ＄100 Billion Arms Deal with Saudi Arabia. Reuters. 13 May 2017.）

美国与沙特签订军火协议

据《华尔街日报》报道，美国与沙特签订军火协议向其出售武器。报道称，此次签署的协议中所出售的武器，既包括奥巴马政府拒绝出售给沙特的武器，也包括由于担心沙特在也门冲突中介入而撤回的武器。评论称，美国试图鼓励出现一个在中东地区安全问题上长期发挥带头作用的盟友。

（来源：《华尔街日报》5月15日讯；作者：卡罗尔·李、马格里塔·斯坦卡蒂：《美国与沙特签订军火协议》；

Carol Lee and Margherita Stancati. U. S. Nears Deal on Arms Coveted by Saudis. *Wall Street Journal*. 15 May 2017. ）

特朗普访问中东的目标

美国白宫发文对特朗普总统访问中东的目标进行了概述。美国国家安全顾问麦克马斯特（H. R. McMaster）在 2017 年 5 月 12 日于白宫新闻发布会上表示，这次特朗普总统访问中东地区有三个核心目的。第一，重申美国的全球领导力；第二，继续与世界各国领导人建立良好关系；第三，向美国的盟友们以及三个宗教的信徒传达团结的信息。麦克马斯特进一步表示，通过访问犹太教、基督教和伊斯兰教的宗教圣地，特朗普总统寻求团结各种信仰的人群，实现和平、进步和繁荣的共同愿景。文章强调，特朗普此行将会发出一个强有力的信息，即美国和整个西方世界都希望其穆斯林盟友能够坚决反对激进的伊斯兰意识形态。与此同时，中东地区美国的盟友也应该承认美国的领导力对解决该地区动乱的重要性。

（来源：美国白宫 5 月 12 日文章；《美国国家安全顾问麦克马斯特概述了特朗普访问中东的目标》；

U. S. National Security Adviser McMaster Outlines Objectives for Trump's Middle East Visit. White House. 12 May 2017. ）

伊斯梅尔·哈尼亚成为哈马斯的领导人

据《以色列时报》报道，伊斯梅尔·哈尼亚（Ismail Haniyeh）成为哈马斯的领导人。哈马斯领导人哈立德·马沙尔（Khaled Mashaal）于 2017 年 5 月 6 日宣布，伊斯梅尔·哈尼亚被选为他的继任者。

（来源：《以色列时报》5 月 7 日讯；作者：艾夫·伊撒查洛夫：《伊斯梅尔·哈尼亚成为哈马斯的领导人》；

Avi Issacharoff. Ismail Haniyeh Becomes Head of Hamas. *Times of Israel*. 7 May 2017. ）

2016 年中国对以色列科技的投资达到 165 亿美元

据《以色列海姆报》报道，2016 年中国在以色列的投资达到 165 亿美元，其中大量资金涌入互联网、网络安全和医疗设备初创企业。以色列 IronSource 公司的首席执行官托尔·巴泽耶夫（Tomer bar-zeev）表示，中国的投资者之所以有吸引力，是因为他们向以色列企业提供了一种进入中国国内市场的途径。

（来源：《以色列海姆报》5 月 12 日讯；《2016 年中国对以色列科技的投资达到 165 亿美元》；

Chinese Investment in Israeli Tech Reaches ＄16. 5 Billion in 2016. *Israel Hayom*. 12 May 2017. ）

美国应该帮助埃及进行反恐战争

美国《外交事务》撰文称，埃及的反恐形势并不乐观。文章称，尽管每年接受美国 13 亿美元的军事援助，但过去的五年里，埃及始终没有消灭最早只有 1000 余人的"伊斯兰国"武装分子，而且还损失了 2000 余名警察和士兵。文章强调，埃及并没有掌握正确的反恐战术，往往遭遇"伊斯兰国"的伏击和炸弹袭击，目前埃及正越来越多地将其安全事务转交给以色列空军，后者通过在埃及领空的无人机来打击恐怖分子。

（来源：美国《外交事务》5 月 12 日讯；大卫·申克：《美国应该帮助埃及进行反恐战争》；

U. S. Should Help Egypt in Its War on Terror. David Schenker. *Foreign Affairs*. 12 May 2017. ）

西奈部落帮助埃及政府对抗"伊斯兰国"

据 *Asharq al-awsat-uk* 报道，埃及西奈半岛的一些部落成员于 5 月 16 日宣布与埃及军队合作对抗"伊斯兰国"。报道称，西奈半岛的一些部落在过去几天发动了打击"伊斯兰国"的军事行动，杀伤和抓捕了数十名武装分子，并移交给埃及军队，同时"伊斯兰国"武装分子 5 月 15 日杀害了 13 名塔拉比（Tarabin）部落成员。报道强调，近年来埃及当局在西奈北部与"伊斯兰国"武装分子进行了激烈的战斗，人员损伤和军事消耗巨大。评论称，西奈半岛部落的加入将有助于埃及的反恐行动。

（来源：*Asharq al-awsat-uk* 5 月 16 日讯；穆罕默德·阿卜杜·哈赛因：《西奈部落对抗"伊斯兰国"》；

Sinai Tribes Rise Against ISIS. Mohamed Abdu Hassanein. *Asharq al – awsat – uk*. 12 May 2017. ）

"伊斯兰国"对埃及发动汽车炸弹袭击

据阿拉伯半岛电视台报道，5 月 14 日"伊斯兰国"在西奈半岛对埃及军队发动汽车炸弹袭击，造成至少 4 名军人和两名当地的塔拉比（Tarabin）部落士兵死亡。报道称，袭击发生在北部西奈省的希克祖威镇（Sheikh Zuweid），该地区一直是西奈半岛暴力活动的中心之一。

（来源：阿拉伯半岛电视台 5 月 16 日讯；《伊斯兰国袭击四名埃及士兵和两名贝都因部落成员》；

ISIS Attack Kills Four Egyptian Soldiers and Two Bedouin Tribesmen. Al – Araby Al – Jadeed – UK. 16 May 2017.）

以色列加强与海湾国家的情报共享

据《华尔街日报》报道，以色列和海湾国家秘密加强情报共享，特别关注伊朗向也门和叙利亚境内的民兵组织运送武器的情报。报道称，以色列能源部部长尤瓦尔·施泰尼茨（Yuval Steinitz）表示，以色列多次使用网络技术提前发现恐怖分子的行动。报道援引美国官员的消息称，近几个月来以色列与沙特领导的联军多次分享了也门胡塞武装的秘密情报。评论称，以色列长期通过情报人员和无人机在西奈半岛、也门、叙利亚等地搜集情报。

（来源：《华尔街日报》5 月 16 日讯；杰伊·所罗门：《以色列加强与海湾国家的情报共享》；

Israel Steps Up Intelligence Sharing with Gulf Countries. Jay Solomon. *Wall Street Journal*. 16 May 2017.）

美以情报关系或因特朗普泄密受到影响

据《纽约时报》报道，5 月 16 日特朗普总统在与俄罗斯外长谢尔盖·拉夫罗夫（Sergey v. Lavrov）会晤期间披露了机密信息。报道称，近几个月来以色列向美国传递了大量高度敏感和详细的情报，主要针对叙利亚、伊朗、真主党和俄罗斯等多方武装力量在叙利亚战场上的指挥和协调情况。以色列正在调查泄密的具体情报，同时以总理本雅明·内塔尼亚胡（Benjamin Netanyahu）并未对此事明确表态。评论称，以色列和美国的情报共享关系已经有 60 余年的历史。

（来源：《纽约时报》5 月 18 日讯；罗恩·班格曼：《特朗普能搞砸世界上最好的情报关系吗?》；

Ronen Bergman. Can Trump Screw Up the World's Best Intelligence Relationship? *New York Times*. 18 May 2017.）

特朗普的泄密情报来自约旦

据卡塔尔半岛电视台报道，约旦方面表示，特朗普总统泄露给俄罗斯外长的情报来自约旦而非以色列。报道称，美国总统特朗普16日向俄罗斯外长透露了关于“伊斯兰国”极端分子使用电脑电池炸弹破坏商业飞机的相关情报，并被广泛认为这是以色列获取的情报。而一位从约旦情报机构退休的官员表示，这则消息来自约旦情报人员，而不是以色列情报人员。评论称，以色列主要依靠电子监控系统搜集情报，而约旦情报机构在叙利亚、伊拉克和“伊斯兰国”都有较大的情报人员投入。

（来源：卡塔尔半岛电视台5月19日讯；作者：阿里·杨斯：《约旦表示：关于“伊斯兰国”炸弹的情报来自约旦而非以色列》；

Ali Younes. Jordan Says Its Spies, Not Israel Provided ISIS Bomb Intelligence. Al Jazeera. 19 May 2017.）

美国在中东地区依赖以色列获取情报

美国《国家评论》撰文称，美国在中东地区获取情报方面非常依赖以色列。近日，国际社会就特朗普是否向俄罗斯透露了有关以色列在美国大量资产的情报展开了激烈的讨论。报道称，在过去的几十年中，美国在中东地区依赖以色列获取情报。文章强调，随着美国从伊拉克撤军，伊朗的地区影响力不断扩大，美国应充分认识到以色列不是美国的负担而是在该地区最为牢靠的战略盟友。

（来源：美国《国家评论》5月19日讯；作者：乔纳森·托宾：《美国在中东地区依赖以色列获取情报》；

Jonathan Tobin. The U. S. Relies on Israel for Indispensable Intelligence. *National Review*. 19 May 2017.）

美国：“伊斯兰国”在叙利亚制造化学武器

据美国有线电视新闻网（CNN）报道，美国情报机构调查发现“伊斯兰国”正在伊拉克和叙利亚地区聚集大批专家研制新型化学武器。报道称，从4月15日开始“伊斯兰国”在伊拉克摩苏尔地区已经研制了超过15种化学武器。

（来源：美国有线电视新闻网（CNN）5月22日讯；作者：赖安·布朗：《美国：“伊斯兰国”在叙利亚制造化学武器》；

Ryan Browne and Barbara Starr. U. S. ISIS Creating Chemical Weapons Cell in

Syria. CNN. 22 May 2017.)

特朗普在阿拉伯伊斯兰美国峰会上的演讲

据美国白宫消息，特朗普于5月21日在沙特首都利雅得的阿拉伯伊斯兰美国峰会上发表演讲。特朗普表示，作为美国总统第一个访问的国家（沙特阿拉伯）是阿拉伯世界的中心，也是伊斯兰信仰的监护人。所有的伊斯兰国家必须坚持一个信仰：打击极端主义和恐怖分子并消灭他们的邪恶思想。特朗普强调，过去的几十年中，伊朗支持了教派冲突和恐怖主义，他们声称要毁灭以色列、美国和其他一些国家，在伊朗的支持下，叙利亚阿萨德政权也犯下了许多的罪行。在演讲中，特朗普呼吁各国联合遏制伊朗，打击恐怖主义，并鼓励伊朗民众推翻现政权。

（来源：美国白宫官方5月22日讯；《特朗普在阿拉伯伊斯兰美国高级会议上发表演讲》；

President Trump's Speech to the Arab Islamic American Summit. White House. 22 May 2017.)

以色列与印度签订6.3亿美元的导弹合约

据《耶路撒冷邮报》报道，以色列与印度签订6.3亿美元的导弹合约。报道称，以色列航空公司（IAI）与印度国有巴拉特电子公司签订了价值6.3亿美元的合约，由以色列公司为印度8艘海军舰船提供对空导弹防御系统，该系统此前已在印度成功通过测试。

（来源：《耶路撒冷邮报》5月22日讯；《以色列与印度签订6.3亿美元导弹防御合约》；

Israel, India Sign 630 Million Missile Defense Deal. *Jerusalem Post*. 22 May 2017.)

美国承诺维持以色列军事边界的安全

据美国白宫的官方文件，5月22日美国总统特朗普在与以色列总理内塔尼亚胡会面时强调，美国承诺维持以色列已确定军事边界的安全。此外，两国领导人一致同意对抗伊朗，努力防止伊朗对于以色列的侵略。

（来源：美国白宫官方5月24日讯；《特朗普强调美国承诺维持以色列已确定的军事边界的安全》；

Trump Underscores U. S Commitment to Maintaining Israel's Qualitative Military Edge. White House. 24 May 2017. ）

美国进一步对伊朗实施制裁

据英国路透社报道，美国将对伊朗实施制裁并审查其飞机出口许可证。报道称，5 月 24 日，美国财政部部长史蒂文·姆钦（Steven Mnuchin）对众议院筹款委员会（House Ways and Means Committee）表示，美国将对伊朗、叙利亚和朝鲜实施额外的制裁，目前美国正在审查波音公司向伊朗出售飞机的许可证。

（来源：路透社 5 月 25 日报道；作者：大卫·劳德：《美国进一步对伊朗实施制裁》；

David Lawder. U. S. to Boost Sanctions on Iran. Review Aircraft Export Licenses. Reuters. 24 May 2017. ）

以色列：不必担心沙特与美国的军火交易

以色列《国土报》撰文称，以色列不用担心美国与沙特的武器交易。以色列国防军的前任负责人，现任国家安全研究所（Institute for National Security Studies）负责人阿莫斯·亚德林（Amos Yadlin）少将表示，最近美国与沙特的大规模军火交易对以色列并没有威胁。军火订单中包括拦截弹道导弹的终端高空区域防御系统和黑鹰直升机，亚德林强调这些武器中的大部分是用来防御也门胡塞武装发射的导弹。亚德林少将强调，以色列和沙特面临共同的威胁。

（来源：以色列《国土报》5 月 24 日讯；作者：吉利·科恩《以色列不必担心沙特与美国的军火交易》；

Gili Cohen. Yadlin：U. S. Arms Deal with Saudis shouldn't Worry Israel. *Ha'aretz*. 24 May 2017. ）

中东地区的真正危机

美国历史新闻网 5 月 21 日刊文，阐述了中东地区面临的真正危机。文章称，中东地区面临着许多对人类安全的威胁。《经济学人》的“2016 民主指数”显示，在阿拉伯联盟的 22 个成员国中，有 16 个国家被列入“独裁”的行列。同时中东地区人口的急剧增长导致了水资源的减少，过度放牧又导致了土壤贫瘠，预计到 2025 年，22 个阿拉伯国家中将会有 18 个处于贫困线以下。在教育资源方面，世界排名前 300 名的大学中，阿拉伯国家中仅有一所——阿卜杜勒·阿齐兹大学（沙特阿拉伯）。世界经济论坛的《性别差距报告》显示，阿拉伯世界的女性地位最低，其中20个女性地位最低的国家中，阿拉伯国家占11个。

（来源：美国历史新闻网5月21日报道；作者：詹姆斯·格温：《中东阿拉伯世界地区的真正危机》；

James L. Gelvin. The Real Crisis in the Arab Middle East. History News Network. 21 May 2017.）

美国参议院外交关系委员会批准对伊朗的新制裁

据《纽约时报》报道，美国参议院外交关系委员会（Senate Foreign Relations Committee）批准了针对伊朗新的制裁。报道称，美国参议院外交关系委员会于5月25日批准了自2015年核协议以来对伊朗最全面的制裁。特朗普政府支持对伊朗实施新的制裁，该措施最早将于下个月举行参议院的全体投票。马里兰州参议员本杰明·卡丁（Benjamin Cardin）认为，为了避免破坏2015年达成的核协议，新的立法至关重要。

（来源：《纽约时报》5月25日讯；作者：马特·弗林海默、大卫·桑格：《美国参议院外交关系委员会批准对伊朗新的制裁》；

Matt Flegenheimer and David Sanger. Senate Foreign Relations Committee Approves Stiff Iran Sanctions. *New York Times*. 25 May 2017.）

美国打击“伊斯兰国”的战略发生转变

据《华尔街日报》报道，美国打击“伊斯兰国”的战略发生了转变。5月28日，美国国防部部长吉姆·马蒂斯（Jim Mattis）对哥伦比亚广播公司（Columbia Broadcasting System News，CBS News）的《面对全国》栏目（*Face The Nation*）表示，美国之前打击伊拉克和叙利亚“伊斯兰国”（Islamic State）的歼灭战术已经发生了转变，不再迫使叙利亚和伊拉克的“伊斯兰国”恐怖分子转移。马蒂斯表示，美国意图阻止“伊斯兰国”的恐怖分子回流。

（来源：《华尔街日报》5月28日报道；作者：塔梅尔·埃尔·盖巴希、加萨·阿德南：《美国打击“伊斯兰国”的战略发生转变》；

Tamer El-Ghobashy and Ghassan Adnan. U. S. Shifts Strategy in Fight Against ISIS. *Wall Street Journal*. 28 May 2017.）

"伊斯兰国"武装分子劫持巴士并杀害基督徒朝圣者

据《纽约时报》报道，"伊斯兰国"武装分子在埃及谋杀了28名朝圣的科普特基督徒。报道称，至少有7名自称是安保人员的持枪分子在埃及西部劫持了一辆满载基督徒朝圣者的巴士，持枪分子命令乘客下车并要求其背诵伊斯兰教的清真言，当乘客拒绝背诵时，武装分子便向其开火并造成28人死亡，其中几名受害者是儿童。

（来源：《纽约时报》5月26日报道；作者：德克兰·沃尔什：《伊斯兰国武装分子劫持巴士并杀害基督徒朝圣者》；

Declan Walsh. ISIS Gunmen Murder 28 Coptic Christian Pilgrims in Egypt. *New York Times*. 26 May 2017.）

利比亚的"伊斯兰国"恐怖分子撤退到沙漠地带

据英国《经济学人》撰文，利比亚的"伊斯兰国"恐怖分子已经撤退到沙漠地带。文章称，在1月份受到美国轰炸机的猛烈攻击后，"伊斯兰国"在利比亚的圣战分子从他们的沿海据点苏尔特（Sirte）撤退，如今许多圣战分子已经重新集结在的黎波里东南部的沙漠山谷和山丘上。评论称，目前仍有500名"伊斯兰国"恐怖分子在利比亚作战，此外可能还有3000名其余组织的极端分子。

（来源：英国《经济学人》文章；《利比亚的"伊斯兰国"恐怖分子撤退到沙漠地带》；

Islamic State in Libya Has Retreated to the Desert. *Economist*. 30 May 2017.）

伊朗议会与霍梅尼陵墓先后遇袭

据《纽约时报》报道，伊朗议会与霍梅尼的陵墓先后遭遇袭击。报道称，伊朗议会大楼遭遇枪击，同时德黑兰南部的霍梅尼陵墓遭遇自杀式爆炸袭击，造成至少12人死亡、42人受伤，其中六名袭击者已被击毙，五名嫌疑人被拘留。

随后"伊斯兰国"宣称对此负责。

（来源：《纽约时报》；作者：塞维尔·陈：《伊朗议会与霍梅尼陵墓先后遇袭》；

Sewell Chan. Parliament and Khomeini Mausoleum in Iran Are Attacked. *New York Times*. 6 June 2017.）

伊朗高级官员指出伊朗恐怖袭击者来自本国

据路透社报道，6 月 3 日引发伊朗恐怖袭击事件的袭击者来自伊朗本国。报道称，伊朗国家安全委员会副主席雷扎·塞福尔海（Reza Seifollhai）在国家电视台的采访中说，攻击德黑兰目标的袭击者来自伊朗，并且已经加入了“伊斯兰国”。

（来源：路透社 6 月 8 日报道；《伊朗高级官员指出伊朗恐怖袭击者来自本国》；

Tehran Attackers Were from Iran – Senior Iranian Official. Reuters. 8 June 2017. ）

土耳其国内通过在卡塔尔部署军队的立法

据路透社报道，土耳其议会于 6 月 7 日通过了一项有关在卡塔尔部署军队的立法。报道称，土耳其执政党正义与发展党（AK Party）官员表示允许将其军队部署在卡塔尔的土耳其军事基地。评论称，这一举动似乎是为了支持卡塔尔，因为目前卡塔尔面临着沙特发起的外交和贸易封锁。

（来源：路透社 6 月 8 日报道；《土耳其国内通过在卡塔尔部署军队的立法》；

Turkey Apprpves Legislation for Troop Deployment in Qatar. Reuters. 8 June 2017. ）

卡塔尔断交危机使哈马斯面临巨大困难

据路透社 6 月 7 日报道，沙特向塔卡尔施压使得哈马斯面临重大的经济困难。报道称，卡塔尔的断交危机是海湾阿拉伯国家 20 年来面临的最严重的危机，在阿拉伯国家的要求下，卡塔尔对哈马斯的资金将大幅削减。阿德南·阿布·阿梅尔（Adnan Abu Amer）表示，卡塔尔目前很难恢复对加沙的财政支持，并且对整个巴勒斯坦事业的政治支持也将会受到影响。评论称，沙特的立场是非常明确的，哈马斯和穆斯林兄弟会成员必须离开卡塔尔，因此哈马斯可能是卡塔尔断交危机的最大输家。

（来源：路透社；《卡塔尔断交危机使哈马斯面临巨大困难》；

Saudi – led Squeeze on Qatar Leaves Hamas Facing Big Questions. Reuters. 7 June 2017. ）

阿拉伯国家起草对卡塔尔的各项限制的协议

据《华尔街日报》报道，6 月 8 日多个阿拉伯国家列出了对卡塔尔的要求。报道称，阿拉伯国家官员与美国官员讨论起草了一份限制卡塔尔的协议，要求卡塔尔停止向中东极端主义组织提供资金，并切断与穆斯林兄弟会（Muslim Brotherhood）政治领导层的关系，同时采取措施大幅缩减半岛电视台的媒体网络。作为对应，阿拉伯国家将恢复与卡塔尔正常的外交和经济关系。美国高级官员称，美国已经准备调停阿拉伯国家与卡塔尔之间的争端。

（来源：《华尔街日报》6 月 8 日讯；作者：杰·所罗门：《阿拉伯国家起草对卡塔尔的各项限制的协议》；

Jay Solomon. Arab States Drawing Up List of Demands for Qatar. *Wall Street Journal*. 8 June 2017.）

卡塔尔称坚决不向美国妥协

据路透社报道，卡塔尔郑重声明面对断交危机决不向美国妥协。报道称，卡塔尔于6 月 8 日宣布拒绝承认所谓支持恐怖主义的指控，并表示将在不危害外交主权的基础上寻求方案解决这场外交危机。

（来源：路透社6 月 8 日报道；作者：汤姆·费恩：《卡塔尔郑重声明在海湾的断交危机中不向美国妥协》；

Tom Finn. Qatar Vows No Surrender in Gulf Crisis as U. S. , Kuwait Seek Solution. Reuters. 8 June 2017.）

“伊斯兰国”的化武生产能力下降

据《华盛顿邮报》报道，美国领导的空袭大幅削弱了“伊斯兰国”的化学武器生产能力。报道称，根据总部位于伦敦的 IHS Markit 美国化学武器专家组成的分析集团在 13 日出台的报告，尽管“伊斯兰国”组织可能保留生产少量硫黄芥菜和氯剂的能力，但其已经失去了大规模生产化学武器的能力。评论称，摩苏尔包围战中，美国发动的多次空袭严重削弱了“伊斯兰国”的军事实力。

（来源：《华盛顿邮报》6 月 13 日讯；《伊斯兰国的化学武器能力下降了》；

ISIS Chemical Weapons Capability Degraded, Analysts Say. *Washington Post*. 13 June 2017.）

美媒：美沙的巨额军火订单只是画饼

布鲁金斯学会发布消息称，特朗普总统在访问沙特阿拉伯期间达成的1100亿美元的军火交易并不属实。文章称，除了国防业务方面的合约外，并不存在已经完全达成的正式合同，更多的只是一些意向书，而油价走低形势下，沙特是否愿意如此花费巨额资金购买军火还是个未知数。

（来源：布鲁金斯学会6月13日讯；布鲁斯·里德尔《对沙特阿拉伯1110亿美元的军火交易是假新闻》；

Bruce Riedel. $110 Billion Arms Deal to Saudi Arabia Is Fake News. Brookings Institution. 13 June 2017.）

美国在叙利亚南部部署远程大炮

据美国有线电视新闻网报道，美国军方于6月13日首次将高机动火炮系统（HIMARS）从约旦转移到叙利亚南部。报道援引美国国防部官员的消息称，美军将该火炮系统部署在Al-Tanf的联合训练基地附近，这是是一种卡车装载的火炮系统，攻击范围达到300公里。报道称，该系统在土耳其、约旦河、伊拉克的军事作战中已经展现了其较高的打击效率，这次部署大大方便了美军在叙利亚的火力支援行动。报道强调，这一部署是对政府军行动的回应，此前政府军在近55公里的“反冲突地带”附近部署了自己的大炮，并建立了相应的战斗哨所来支援作战。

（来源：美国有线电视新闻网6月15日讯；瑞安·布朗：《美国在叙利亚南部部署远程大炮》；

Ryan Browne. U. S. Deploys Long－Range Artillery in Southern Syria. CNN. 15 June 2017.）

伊朗海军的导弹船袭扰三艘美国海军舰艇

据美国海军学院新闻报道，一艘伊朗海军导弹船于6月13日夜间在霍尔木兹海峡骚扰美国海军舰艇和直升机。报道称，这艘伊朗船只在美国船只的800码范围内航行，并在聚光灯下骚扰编队，然后在一架直升机附近进行激光训练。夜间用激光照亮直升机是很危险的举动，将严重影响直升机飞行员的操纵。

（来源：美国海军学院新闻6月15日讯；山姆·拉格朗：《伊朗海军的导弹船袭扰三艘美国海军舰艇，派直升机通过霍尔木兹海峡》；

Sam LaGrone. Iranian Navy Missile Boat Harasses Three U. S. Navy Ships, Marine Helicopter in Strait of Hormuz. U. S. Naval Institute News. 15 June 2017. ）

巴勒斯坦当局拒绝向加沙运送医疗物资

据《耶路撒冷邮报》报道，巴勒斯坦当局拒绝向加沙运送医疗物资。报道援引以色列外交部人员的消息称，巴勒斯坦当局已经三个多月没有向加沙运送药品或医疗设备，造成加沙地区医疗资源的严重短缺。报道强调，此前巴勒斯坦权力机构卫生部负责向加沙运送一些重要的药物和医疗设备，同时商人也为加沙地带订购了此类物资。据以色列人权医师说，加沙医院三分之一的基本药物和超过270个手术室所需的医疗设备存在严重不足的情况。

（来源：《耶路撒冷邮报》6月16日讯；亚当·拉斯贡：《巴勒斯坦当局拒绝向加沙运送医疗物资》；

Adam Rasgon. PA Withholding Medical Shipments to Gaza. *Jerusalem Post*. 16 June 2017. ）

以色列在叙利亚戈兰寻求缓冲区对抗伊朗的渗透

据《华尔街日报》撰文，多年来，以色列一直向叙利亚边境附近的叙利亚叛军提供现金、食物、燃料和医疗用品。文章称，这是一项秘密接触，目的是要在叙利亚建立一个由友军控制的缓冲区，从而让伊朗支持的武装分子远离叙以边界的戈兰高地。以色列官员指出，这些地区的反对派武装从未攻击过以色列，而“伊斯兰国”的分支机构于2016年在叙利亚戈兰高地的南端建立了一个控制点，并与以色列军队交火。以色列称目前的戈兰高地政策为“好邻居”政策，以色列提供相应的物资支持以获得符合自身安全利益的缓冲区。

（来源：《华尔街日报》6月19日文章；罗里·琼斯：《以色列在叙利亚戈兰寻求友好的缓冲区，以对抗伊朗的渗透》；

Rory Jones. Israel Seeks Friendly Buffer Zone in Syrian Golan to Counter Iranian Penetration. *Wall Street Journal*. 19 June 2017. ）

“伊斯兰国”的全球渗透网络

《华盛顿自由灯塔报》撰文称，“伊斯兰国”建立了组织和扩散恐怖分子的全球网络。美国国防官员表示，“伊斯兰国”正在建立区域网络，以支持恐怖分子从中东到欧洲和亚洲的转移，其中许多战士是几年前加入“伊斯兰国”组织的回国人员，他们往往是激进的武装分子，并接受过恐怖袭击的培训。美国国务院海外安全顾问委员会在 2017 年 6 月 7 日的一份报告中指出，在过去 6 个月里，恐怖分子在德国、法国、瑞典和英国发动了七次袭击，造成 50 多人死亡。自 2017 年初以来，虽然欧洲当局阻止了一系列袭击事件，但是欧洲地区原有的安全形势已经被恐怖袭击和恐怖分子打破。

（来源：《华盛顿自由灯塔报》6 月 21 日讯；作者：比尔・格兹：《伊斯兰国建立了网络以支持恐怖分子转移到欧洲和亚洲》；

Bill Gertz. ISIS Setting Up Support Networks to Move Terrorists to Europe Asia. *Washington Free Beacon*. 21 June 2017. ）

“伊斯兰国”对伊朗发动恐袭

耶路撒冷公共事务中心撰文分析了“伊斯兰国”对伊朗发动的恐怖袭击。2017 年 6 月 7 日，“伊斯兰国”宣称对伊朗议会和伊朗前最高领袖霍梅尼（Ayatollah Khomeini）陵墓发生的恐怖袭击负责，该事件造成 13 人死亡，40 多人受伤。文章称，这次袭击是“伊斯兰国”首次对伊朗发动恐袭，对鲁哈尼总统构成了严峻的挑战，这次恐袭和伊朗在叙利亚、伊拉克战场上的军事介入密不可分，同时伴随着“伊斯兰国”控制领域的缩小，其恐袭活动向伊朗、巴基斯坦的扩散将是必然趋势。早在 2017 年 3 月，“伊斯兰国”就发布了一段视频，呼吁伊朗的少数派逊尼派组成恐怖组织，并对什叶派武装发动袭击。

（来源：耶路撒冷公共事务中心 6 月 15 日文章；作者：迈克尔・西格尔：《伊斯兰国对伊朗议会发起了攻击——这是对鲁哈尼总统的挑战》；

Michael Segall. The ISIS Attack on Iran's Parliament – A Challenge to Rouhani. Institute for Contemporary Affairs – Jerusalem Center for Public Affairs. 15 June 2017. ）

以色列与亚洲的经贸往来

波兰国际事务研究所撰文称，以色列在重返亚洲。文章称，以色列越来越重视与亚太地区的经贸合作。文章强调，2016 年亚洲占以色列进口额的 26% 和出口额的 22% ，而同期欧盟占以色列进口额的 43% 和出口额的 29% ，以色列与亚洲的贸易总额从 2010 年的 230 亿美元增至 2016 年的 330 亿美元，其中 2016 年中国与以色列的双边贸易额达 160 亿美元。同时，以色列正在与中国、印度、韩国和越南进行自由贸易协定的谈判，以色列农业、水资源管理和高科技等行业的企业也在寻求和亚太国家的相关合作和投资。2016 年，以色列积极响应中国的“一带一路”倡议并成为亚投行的创始会员国，而中国参与了以色列的主要基础设施项目，包括建设伊拉巴－阿什杜德铁路和海法与阿什杜德的港口扩建工程。

（来源：波兰国际事务研究所6月14日文章；作者：米哈尔·沃杰纳罗维奇：《以色列在重返亚洲》；

Michal Wojnarowicz. Israel's Pivot to Asia. Polish Institute of International Affairs. 14 June 2017.）

沙特阿拉伯外交变化的原因

据《华尔街日报》撰文，分析恐惧的情绪如何改变了沙特阿拉伯的外交政策。文章称，沙特阿拉伯曾经是外交领域最谨慎的国家之一，但是在过去的三周里，沙特对邻国卡塔尔发起了一场外交攻势，暗示与以色列建立新的关系，并在与伊朗的对抗中升温，与此同时沙特阿拉伯继续轰炸也门，以支持其在该国的盟友。文章认为，沙特激进外交的背后在于其国家安全感的下降。在战乱频繁的中东地区，石油资源丰富但人口较少的沙特始终处于相对危险的境地，随着奥巴马政府在中东的战略收缩和对伊温和政策的开展，沙特越发感受到美国作为盟友的不可靠性，并试图用自身的力量和资源主动地塑造地区形势。

（来源：《华尔街日报》6月19日讯；作者：沃尔特·拉塞尔·米德：《恐惧情绪如何改变了沙特阿拉伯》；

Walter Russell Mead. How Fear Changed Saudi Arabia. *Wall Street Journal*. 19 June 2017.）

美在叙利亚击落一架伊朗无人机

据《洛杉矶时报》报道，美军于6月22日在叙利亚击落一架伊朗无人机。报道称，当日一架伊朗的 shared－15 无人机试图靠近位于叙利亚坦夫镇的军事基地，美军 F－15 战斗机将其击落。该军事基地曾有美国、英国、挪威的特种部队在此训练，还有叙利亚反对派的部分士兵驻扎在此准备同“伊斯兰国”作战。评论称，早在6月8日美军就曾在此地附近击落一架试图投弹的伊朗无人机。

（来源：《洛杉矶时报》6月21日讯；作者：W. J 亨尼根：《美方在叙利亚击落一架伊朗无人机》；

W. J Hennigan. U. S. Shot Down Iranian Drone in Syria. *Los Angeles Times*. 21

June 2017.)

加沙人希望巴勒斯坦权力机构掌权

据华盛顿近东政策研究所撰文，多数加沙人希望巴勒斯坦权力机构掌权。2017 年 5 月 16～25 日在加沙地带进行的一次调查显示：14% 的被调查者称自己是哈马斯的支持者，41% 的被调查者称自己支持法塔赫，77% 的被调查者认为巴勒斯坦权力机构应该控制加沙地带并建立政府。80% 的被调查者认为哈马斯应与以色列和解。69% 的加沙人希望去以色列工作以获得更高的收入。

（来源：华盛顿近东政策研究所 6 月 21 日文章；作者：大卫・波洛克：《民意调查：加沙人希望巴勒斯坦权力机构掌权》；

David Pollock. Poll：Gazans Want the PA to Take Over. Washington Institute for Near East Policy. 21 June 2017. ）

伊朗对“伊斯兰国”发动导弹袭击彰显军事力量

据以色列新消息报网报道，伊朗对“伊斯兰国”的导弹袭击充分彰显了其军事打击能力。报道称，6 月 18 日伊朗向 600 千米以外的叙利亚发动袭击，这不仅是对以色列的一次警告，也是对海湾的阿拉伯国家和美国的警告，伊朗用实际行动证明了他们发射导弹的能力和攻击范围。

（来源：以色列新消息报网 6 月 20 日讯；作者：罗・本：《伊朗对“伊斯兰国”的导弹袭击成为对以色列和西方世界的警告信号》；

Ron Ben. Iran Missile Strike on ISIS in Syria a Warning to Israel and the West. Ynet News. 20 June 2017. ）

埃及将提供紧急燃料解决加沙地带能源危机

据《以色列时报》报道，埃及将提供紧急燃料供应以解决加沙地带能源危机。6 月 20 日，加沙当地媒体报道，埃及将向加沙地带的发电站提供上百吨燃料油。报道还称，每天将有 500 吨燃料从埃及经拉法口岸运往以色列。

（来源：《以色列时报》6 月 20 日讯；作者：斯图亚特・温内：《埃及将提供紧急燃料解决加沙地带能源危机》；

Stuart Winer. Egypt to Ease Gaza Power Crisis with Emergency Fuel Supply. *Times of Israel*. 20 June 2017. ）

以色列安全机构利用网络破获恐怖袭击案件

据《以色列时报》报道，以色列安全机构利用网络破获 2000 起恐怖袭击案件。以色列安全机构负责人纳德·阿甘曼（Nadav Argaman）于 2017 年 6 月 27 日在特拉维夫大学举办的会议上表示，以色列安全机构自 2016 年初以来使用网络技术破获了 2000 多起恐怖袭击。并且以色列情报机构也分享了网络信息，以制止世界上其他地方的恐怖袭击。他指出，具有突破性的网络技术有助于破获传统智能手段无法发觉的“孤狼式”恐袭。

（来源：《以色列时报》6 月 27 日讯；《以色列安全机构利用网络破获 2000 起恐怖袭击案件》；

Israel Security Agency Has Thwarted 2，000 Attacks with Cybertech. *Times of Israel*. 27 June 2017. ）

以色列将在耶路撒冷的大马士革广场实施新的安全措施

据《今日以色列报》报道，以色列将在耶路撒冷的大马士革广场实施新的安全措施。报道称，大马士革广场在过去的两年半里经历了 32 起恐怖袭击。由于越来越多的恐怖袭击事件发生在耶路撒冷老城的大马士革广场附近，这促使以色列公安部门提出了一项新的方案，以提升该区域的反恐措施。该方案包括部署车牌捕获摄像机——一套配有人脸识别软件的“智能”电视摄像机，在战略地点加强安全岗哨并建立一个照明系统来模拟日光，用金属探测器和护栏来引导行人交通。

（来源：《今日以色列报》6 月 27 日讯；作者：伊莰克·萨班和斯洛米·迪亚兹：《以色列将在耶路撒冷的大马士革广场实施新的安全措施》；

Itsik Saban and Shlomi Diaz. Israel to Introduce New Security Measures at Damascus Gate in Jerusalem. *Israel Hayom*. 27 June 2017. ）

美国检测到叙利亚研制化学武器

据《纽约时报》报道，6 月 27 日五角大楼发言人表示，观测到叙利亚谢拉特空军基地进行了化学武器研制，目前这一基地已经受到美军巡航导弹的袭击。美军国防部官员还表示，之前在这个基地的一架协助研制化学武器的飞机也被炸毁。美国国防部发言人表示：“美国将不会放过叙利亚政府军的化学武器。”

（来源：《纽约时报》6 月 28 日讯；作者：霍莱·库博：《美国表示：美

国看到了叙利亚研制化学武器的活动》；

Helene Cooper. U. S. Has Seen Chemical Weapons Activity in Syria, Pentagon Says. *New York Times*. 28 June 2017. ）

联合国谴责发生在缓冲地区的军事冲突

据《纽约时报》报道，联合国对于发生在叙利亚与以色列的缓冲地带的冲突予以谴责。报道称，安理会谴责叙利亚政府军和反对派在该地区使用重型武器和坦克，并呼吁双方尽快撤出这一区域，因为从 1974 年开始该地区就由联合国脱离接触观察员部队（UNDOF）负责巡视。

（来源：《纽约时报》6 月 30 日讯；《联合国对于发生在叙利亚与以色列的缓冲地带的冲突予以谴责》；

UN Condemns Fighting in Buffer Zone between Syria and Israel. *New York Times*. 30 June 2017. ）

第三季度

埃及与哈马斯关系升温

据英国路透社报道，哈马斯领导人哈尼耶于 7 月 5 日声称，加沙和埃及的关系正在升温。他说，埃及“当局已经下令实施一揽子措施帮助加沙，包括允许燃料进入加沙。”报道称，哈马斯和埃及官员在开罗举行的这次会议被认为是由穆罕默德·达兰（Mohammad Dahlan）促成的，他曾经是法塔赫的高级官员，现在是巴解主席阿巴斯的坚定反对者。分析人士说，哈马斯和埃及之间的紧密联系是对阿巴斯的严重威胁，因为这增强了达兰的威望和能力，并破坏了巴解作为巴勒斯坦阿拉伯人主要代表的政治形象。评论称，阿巴斯于 2012 年将达兰驱逐出法塔赫，然而达兰却在埃及的允许下作为英雄返回了加沙。

（路透社 7 月 5 日讯；作者：尼达尔·阿穆格拉比：《埃及与哈马斯关系的提升破坏了巴勒斯坦地区的政治形势》；

Nidal al – Mughrabi. Improving Ties between Egypt and Hamas Unsettle Palestinian Politics. Reuters. 5 July 2017. ）

印度与以色列签订多项合作协议

据《今日以色列报》报道，在印度总理莫迪 7 月 4 日至 6 日访问以色列期间，两国签署了一系列合作协议。报道称，这些协议既包括直接的商业贸易，也包括间接合作的科研协议，涉及军工、网络安全、农业水利等多个领域，其中包括卫星技术合作。报道强调，莫迪此次出访，打破惯例没有造访巴勒斯坦城市拉马拉（Ramallah），也没有会晤巴勒斯坦领袖。此前印以两国曾于4月签署了价值20亿美元的军火合同。评论称，莫迪此行是印度接近美国和西方的重要一步。

（《今日以色列报》7月5日讯；作者：伊兰·加特格诺：《以色列与印度签订了全面的贸易和科研协议》；

Ilan Gattegno. Israel, India Sign Sweeping Trade and Research Agreements. *Israel Hayom*. 5 July 2017.）

印度和以色列关系升温

美国《华尔街日报》于7月发布了评论文章，阐释了印度和以色列关系的升温。文章称，出于石油供应和庞大穆斯林人口的考量，印度总理在访问以色列之前都会考虑阿拉伯国家的反应。尽管如此，事实上印以两国早已经有长期的秘密联系，以色列曾经在1965年的印巴战争中向印度提供武器，印度也曾在1967年的“六五战争”中向印度提供了战斗机的重要零部件。在1999年的印巴武装冲突中，以色列也发挥了重要作用，向印度提供了探索者1型无人机。由于石油供应的全球化拓展，印度已经不再像原来那样担心和以色列走近会引发阿拉伯国家的激烈反应。评论称，如今作为“世界最大民主国家”的印度选择走近以色列，由于共同价值观和共同威胁，在许多方面印以两国都可以成为友好合作的盟友。

（《华尔街日报》7月5日文章；作者：通库·瓦达拉扬：《莫迪和内塔尼亚胡建立了良好友谊》；

Tunku Varadarajan. Modi and Netanyahu Begin a Beautiful Friendship. *Wall Street Journal*. 5 July 2017.）

印度购买了以色列军用无人机

据印度第一邮政网7月报道，印度从以色列购买了苍鹭（Heron）TP军用无人机。报道称，这款无人机常规有效载荷为1吨，飞行高度达12000米，持续飞行时间达20多小时。报道强调，该无人机主要用途是监控与侦察，也能运载其他设备以执行不同的任务，是一款全天候、多功能、能自动起降的无人机。以色列国防官员透露说，苍鹭TP无人机能完成侦察、破坏敌方通信以及连接地面指挥和有人驾驶战斗机等各种任务。

（印度第一邮政网 7 月 7 日讯；作者：塔拉 · 卡拉塔：《印度获得以色列军用无人机》；

Tara Kartha. India to Get Armed UAVs from Israel. Firstpost-India. 7 July 2017. ）

伊朗油轮规避外界制裁

据美国《华尔街日报》7 月报道，伊朗油轮采取措施规避制裁。报道称，为了规避经济制裁，在伊朗 2016 年下半年出口石油的油轮中，有五分之一填写了关于原油原产地的误导性信息或者直接在航行中保持无线电静默。其中从伊朗前往阿联酋的 55 艘油轮中有 47 艘就采取了这种措施，拒绝对外发送其位置和航线。根据《华尔街日报》的分析，有以色列公司利用卫星图像专门绘制伊朗邮轮的航线。美国官员透露，对于伊朗规避外界航运和金融制裁的行为，美国正在讨论需要采取的相关措施。

（《华尔街日报》7 月 6 日讯：作者：莎拉 · 麦克法兰、贝诺蒂 · 卡隆：《伊朗油轮规避外界制裁》；

Sarah McFarlane and Benoit Faucon. Ships Exporting Iranian Oil Go Dark, Raising Sanctions Red Flags. *Wall Street Journal*. 6 July 2017. ）

也门胡塞武装在曼德海峡的不对称作战

据《中东日报》7月报道，也门胡塞武装在曼德海峡地区使用遥控炸弹船、诱捕饵雷船等方式进行不对称作战。报道称，在伊朗的帮助下，胡塞武装使用遥控船只和诱捕船攻击也门荷台达港的沙特护卫舰和沙特的海上石油平台。胡塞武装曾经在 2016 年 10 月 1 日使用来自伊朗的近程反舰导弹攻击阿拉伯联军的物资补给船，该导弹还曾被胡塞武装用于攻击美国驱逐舰和阿拉伯联军的船只。评论称，每年有 25000 艘船只经过曼德海峡，也门胡塞武装在该地区的军事存在具有巨大的威慑力，凭借对胡塞武装的支持，伊朗在曼德海峡、霍尔木兹海峡和阿拉伯海等地区不断扩大其地缘影响力。

（《中东日报》7 月 7 日讯；作者：班达 · 肯特耐：《胡塞武装在曼德海峡的非传统作战》；

Bandar Al-Qahtani. Houthis’ Non-Traditional War in Bab al-Mandab Includes Booby-Trapped Boats. *Asharq Al-Awsat*. 7 July 2017. ）

“伊斯兰国”暴恐战略的新变化

阿联酋阿布扎比国家网7月发布了评论文章，阐述了“伊斯兰国”下一阶段暴恐行动的变化。文章称，无论“伊斯兰国”在伊拉克和叙利亚的军事形势如何变化，全球范围的暴力恐袭依然难以根除。“伊斯兰国”继承了“基地”组织的全球圣战理想，并且其影响也早已超越了“基地”组织。根据其统计，“伊斯兰国”已经在全球范围内（主要是在叙利亚和伊拉克）发起了超过1800起自杀式袭击，杀死了约20万人，并且宣称统治了25个省份。文章强调，随着“伊斯兰国”失去了其两个“首都”摩苏尔和拉卡，直接的领土控制已经不是其主要目标。根据其前发言人阿布·穆罕默德·阿德纳尼（Abu Muhammad Al Adnani）的表述，随着直控领土的丧失，从2016年5月开始，“伊斯兰国”的行动就进入了“后哈里发时代”，即将其人员以小组为单位分散在此前统治过的城市里进行后续的暴恐作案。“伊斯兰国”将自己视为本·拉登事业的继承人，与“基地”组织从未在伊朗发动过暴恐袭击不同，从6月的德黑兰地铁爆炸案开始，“伊斯兰国”已经瞄准了伊朗。评论称，随着伊朗在叙利亚和伊拉克军事存在和影响力的扩大，伊朗已经成为“伊斯兰国”发动报复袭击的新目标。

（阿布扎比国家网7月5日讯；作者：哈姗：《“伊斯兰国”对未来的构想》；

Hassan Hassan. What ISIS Really Thinks about the Future. The National-Abu Dhabi. 5 July 2017.）

伊朗在叙利亚的军事人员

华盛顿近东政策研究所于7月发布了评论文章，介绍了伊朗在叙利亚军事人员的情况。文章称，伊朗在叙利亚为保护阿萨德政权做出了巨大牺牲。在2015年底之前，伊朗在叙利亚大概有700名军事人员，此后迅速上升到3000人，在一部分人战损和回国后，伊朗在叙军事人员如今保持在1500人左右。在长达5年多的叙利亚战争中，伊朗已经损失了超过500名军事人员，同时“什叶派联盟”中也牺牲了超过1900名伊拉克人、1100名真主党战士（以色列估计为1700人）、700名阿富汗人和150名巴基斯坦人。评论称，在叙利亚政权形势逐渐稳定后，伊朗试图减少在叙利亚的军事消耗。

（华盛顿近东政策研究所7月文章；作者：迈克尔·艾森施塔特：《伊朗在叙利亚为最后一个代理人而战》；

Michael Eisenstadt. Iran Fighting in Syria to the Last Shia Proxy. Washington Institute for Near East Policy. July 2017.)

美国支援下的反恐联军包围“伊斯兰国”“首都”拉卡

据《纽约时报》报道，美国支持下的阿拉伯、库尔德反恐联军已经于7月初包围了“伊斯兰国”“首都”叙利亚城市拉卡。报道称，拉卡内还有2500余名激进分子在进行防卫作战，但大多数“伊斯兰国”领导人和管理层已经撤离到了幼发拉底河边的叙利亚小镇Mayadin，此外“伊斯兰国”还在幼发拉底河流域的其他据点进行防守。据估计，过去一个月“伊斯兰国”损失了1100余人，剩下的激进分子中大约有三分之一来自海外。报道强调，美国动用了火炮、火箭弹、直升机、武装无人机甚至战斗机等多种装备为反恐联军提供强大的火力支援。

（来源：《纽约时报》7月3日讯；米歇尔·勾顿：《美国支持下的部队包围了叙利亚拉卡的“伊斯兰国”》；

Michael r. Gordon. U. S. – Backed Forces Close to Trapping ISIS in Raqqa, Syria. *New York Times*. 3 July 2017.)

香港举办第三届中国——以色列投资峰会

据《香港经济日报》报道，香港于6月25日至26日举办第三届中国——以色列投资峰会，吸引了120名以色列创新创业公司和300名来自香港和内地的投资者。2016年，中国以165亿美元的投资额超过美国成为以色列最大的外国投资者。

（来源：《香港经济日报》7月3日讯；马克·奥尼尔：《中国－以色列投资峰会吸引中国投资者》；

Mark O'Neill. China – Israel Investment Summit Attracts Chinese Investors. *Hong Kong Economic Journal*. 3 July 2017.)

恐袭受害者在加拿大起诉伊朗并进行高额索赔

据加拿大《国家邮报》报道，安大略上诉法院维持了美国的恐怖主义受害者向伊朗政府索赔17亿美元的判决。报道称，此前一些恐怖袭击的受害者和他们的家人在美国起诉伊朗武装、训练和资助哈马斯和真主党，并在美国胜诉，但由于在美国的伊朗政府资产较少，所以受害者转向加拿大，希望获得伊朗在加拿大的资产。报道强调，加拿大在2012年颁布的《恐怖主义受害者正义法案》允许美国受害者在加拿大获得伊朗政府的资金。评论称，根据加拿大的道德与法律，寻求具有一定威慑作用的损害赔偿，是对国家资助恐怖主义的审慎回应。

（来源：加拿大《国家邮报》7月4日讯；安－汉弗莱斯：《安大略法院支持对伊朗做出17亿美元赔偿的判决，该判决支持美国的恐怖主义受害者》；

Andrian Humphreys. Ontario Court Upholds ＄1.7 Billion Judgment Against Iran, Ruling in Favor of American Victims of Terrorism. *National Post*. 3 July 2017.）

伊朗与法国公司签署了大额天然气协议

据法国24小时新闻台发布消息称，法国能源巨头道达尔（Total）公司于7月3日与伊朗签署了一项价值数十亿美元的天然气协议。报道称，这是十多年来欧洲企业首次与伊朗达成协议，根据该协议，道达尔公司将在南帕斯气田投资10亿美元（约合8.80亿欧元）。这是自2015年伊朗核协议达成并解除对伊朗制裁以来，外国企业和伊朗签订的最大项目。评论称，南帕尔斯气田位于伊朗和卡塔尔之间，该项目作为伊朗新签署的第一个油气项目为外国投资者提供了非常优惠的条件，而这遭到了伊朗强硬派的批评和不满。

（来源：法国24小时新闻台7月4日讯；《法国能源巨头与伊朗签署了全面天然气协议，使美国面临压力》；

French Energy Giant Total Signs Major Iran Gas Deal, Defies U.S. Pressure. France 24. 4 July 2017.）

伊朗的外资流入前景堪忧

据英国《每日邮报》报道，伊朗的外资流入前景仍然不乐观。报道称，根据联合国6月发布的贸易报告，2016年全球对伊朗的直接投资总额为34亿美元，仍低于2012年制裁前的47亿美元。尽管在2015年核协议签署之后有大量商业代表涌入伊朗，但大规模的交易和投资合同依然较少。报道强调，尽管外界在核协议后解除了许多对伊朗的国际制裁，但美国仍然以人权、弹道导弹试验和伊朗的地区活动为由指责伊朗，同时美国国会议员也在试图继续加强对伊朗的制裁，因此诸多跨国公司担忧伊朗的投资风险。此外，伊朗国内的腐败情况、盛行的形式主义作风和金融业的不景气也影响了伊朗的外资流入。

（来源：《每日邮报》7 月 4 日讯；埃里克·伦道夫《为什么伊朗的投资热潮如此缓慢地出现?》；

Eric Randolph. Why Has Iran's Investment Gold Rush Been So Slow to Emerge? *Daily Mail*. 4 July 2017. ）

埃及同意开放与加沙地区的边境通道

据以色列 Ynet News 报道，埃及同意开放与加沙地区的边境通道。报道称，为了缓解加沙的电力危机，埃及同意向哈马斯控制的加沙地区出售补贴燃料以供应其发电厂和加油站的运营，而哈马斯则向埃及支付每月 1000 万 ~ 1500 万美元的资金。此外，加沙地区的内政部同意在加沙和埃及之间的缓冲地区加强安全管理，以防范“伊斯兰国”及其他极端分子的跨境转移。

（来源：Ynet News 7 月 4 日讯；阿历克斯·菲什曼：《埃及同意开放加沙边境通道》；

Alex Fishman. Egypt Agrees to Open Gaza Border Crossing. Ynet News. 4 July 2017. ）

土耳其爆发大规模游行

据《华盛顿邮报》报道，土耳其反对派组织的徒步大游行于 7 月 9 日汇集首都安卡拉，人数达到几十万人。报道称，为了抗议埃尔多安政权从 2016 年 7 月 15 日未遂政变事件以来的严酷镇压，反对派组织了此次游行。此次游行主要由反对党 - 共和人民党（Republican People's Party）的领导人——凯末尔·基利奇达罗卢（Kemal Kilicdaroglu）领导，经过从安卡拉到伊斯坦布尔的 450 公里游行后，已经会聚了几十万抗议者，是 2013 年以来人数最多的抗议活动。评论称，2016 年 7 月 15 日，土耳其发生未遂政变后，埃尔多安政权进行了大规模镇压，有 5 万人被抓，包括教师、司法人员和军人在内的 10 万人被解职。

（来源：《华盛顿邮报》7 月 4 日讯；卡里姆·法希姆：《埃尔多安的反对者在土耳其的“正义”游行再获动力并警告政府》；

Kareem Fahim. March for “Justice” by Erdogan Opponents in Turkey Gains Momentum and Alarms Government. *Washington Post*. 5 July 2017. ）

印度和中国重视以色列的价值

以色列《国土报》于 7 月 5 日发表了评论文章，分析了近年来印度和中国与以色列关系的改善。文章称，在冷战时期，印度和中国将支持巴勒斯坦的事业作为反抗西方殖民压迫的组成部分，并都对以色列抱有敌意。冷战结束后，印度和中国相继于1992年与以色列建立了外交关系。近年来，随着印度和中国越发重视经济发展和科学技术，以色列在国防科技方面的实力越发得到印度和中国的重视。

（来源：以色列《国土报》7月5日撰文；大卫·罗森伯格：《对于印度和中国来说，冷战已经结束，他们有几十亿人要养活》；

David Rosenberg. For India and China, the Cold War Is Over and They Have Billions of People to Feed. *Ha'aretz*. 5 July 2017.）

美国认定伊朗在叙利亚建造远程导弹

据美国中东媒体研究所刊文报道，伊朗在叙利亚建造远程弹道导弹。报道援引叙利亚反对派的消息，称叙利亚在巴尼亚斯（Baniyas）和哈马（Hama）地区附近制造远程导弹，该项目隶属于叙利亚科学研究与研究中心（Syrian Scientific Studies and Research Center），该中心已被美国财政部认定为负责开发和生产非常规武器以及提供这些武器的叙利亚政府机构。报道强调，叙利亚总统阿萨德最近视察了这一机构，并会见了伊朗和叙利亚的专家。

（来源：中东媒体研究所7月11日撰文；《伊朗在叙利亚建造远程弹道导弹》；

Report：Iran Building Long－Range Ballistic Missiles in Syria. MEMRI. 11 July 2017.）

卡塔尔与美国签署协议共同打击恐怖主义融资活动

据《华盛顿邮报》报道，卡塔尔于7月10日与美国就共同打击恐怖主义融资活动达成共识。报道称，美国国务卿雷克斯·蒂尔森（Rex Tillerson）7月10日与卡塔尔签署协议，合作追查恐怖主义的资金来源。

（来源：《华盛顿邮报》7月11日讯；作者：卡罗尔·莫洛、卡里姆·法希姆：《卡塔尔与美国签署协议共同打击恐怖主义融资活动》；

Carol Morello and Kareem Fahim. Qatar Agrees to Combat Terrorism Financing under Deal with U. S. *Washington Post*. 11 July 2017.）

中国企业招募6000名劳工前往以色列工作

据《中国日报》7月10日报道，数千名中国劳工前往以色列工作。报道称，山东省的两家公司和江苏省的两家公司，招募6000名劳工前往以色列从事建筑工程工作。

（来源：《中国日报》7月10日讯；作者：赵瑞雪：《中国企业招募6000名劳工前往以色列工作》；

Zhao Ruixue. Thousands of Chinese Laborers to Work in Israel. *China Daily*. 10 July 2017.）

“伊斯兰国”仍然拥有发动全球恐袭的能力

《纽约时报》于7月8日撰文，分析了“伊斯兰国”的当前形势和发展前景。文章称，自2014年6月以来，有超过60000名“伊斯兰国”的武装分子被消灭，但其依然控制着伊拉克的塔尔阿费尔（Tal Afar）、哈维娅（Hawija）和其他城镇以及安巴尔省的大部分地区，乃至叙利亚的幼发拉底河流域城镇，并拥有在全球发动暴恐袭击的能力。文章强调，“伊斯兰国”虽然损失了大量领导人，但其保留的中层管理人员、武器技术人员和宣传人员仍然保持了煽动、组织和直接实施恐怖袭击的能力。更重要的是，其在全球范围内拥有的宣传能量和对“独狼式袭击”的精神影响力是世界各国面临的严重威胁。

（来源：《纽约时报》7月8日；作者：本·哈伯德和埃里克·施密特：《“伊斯兰国”仍在全球发动攻击》；

Ben Hubbard and Eric Schmitt. ISIS, Despite Heavy Losses, Still Inspires Global Attacks. *New York Times*. 8 July 2017.）

伊朗反对伊拉克库尔德人的独立公投

据美国阿拉伯观察网报道，伊朗明确反对伊拉克库尔德人的独立公投。报道称，伊朗最高领袖阿亚图拉·阿里·哈梅内伊（Ayatollah Ali Khamenei）6月对到访的伊拉克总理阿巴迪（Haider al-abadi）表示，伊朗伊斯兰共和国（Islamic Republic of Iran）对举行全民公投以分离伊拉克的行为表示反对，同时在伊拉克库尔德人九月举行独立公投之前，土耳其、伊拉克和伊朗都宣布了其反对态度。评论称，两伊边境两边有超过1300万库尔德人，伊朗一直是唯一与伊拉克库尔德人保持全面友好关系的国家，并在此前几十年持续支持库尔德自由斗士，鼓励库尔德武装分子独立。

（来源：美国阿拉伯观察网7月7日报道；作者：法泽尔·哈勒米：《库尔德公投置伊朗于两难境地》；

Fazel Hawramy. Referendum on Independent Kurdistan Puts Iran at Crossroads. Al-Monitor. 7 July 2017. ）

以色列希望沙特开放直达的朝圣路线

据美国彭博社转引《阿拉伯商业》杂志报道，以色列希望沙特允许其国民直接前往麦加进行朝圣。报道称，为了前往麦加朝圣，以色列国内的穆斯林不得不乘坐巴士通过约旦并穿越阿拉伯沙漠，该路程长达1000英里。以色列通讯部部长阿尤布·卡拉（Ayoob Kara）于7月10日接受采访时强调“今天的中东现实已经发生了变化”，他希望沙特允许以色列国内的穆斯林可以通过特拉维夫国际机场直接飞往麦加。评论称，每年有约6000名以色列的阿拉伯人通过集体巴士前往麦加朝圣，只有几百人被允许通过约旦的王后机场飞往沙特。

（《阿拉伯商业》杂志7月12日讯；《以色列希望沙特开放直达的朝圣路线》；

Israel Seeks Saudi Flights Deal for Hajj Pilgrims. *Bloomberg – Arabian Business*. 12 July. ）

巴以签署水资源合作协议

据《纽约时报》报道，以色列和巴勒斯坦签订了新的水资源合作协议。美国中东特使贾森·格林布拉特（Jason Greenblatt）于2017年7月13日在耶路撒冷宣布，以色列、约旦和巴勒斯坦将合作共建一个大型水利基础设施。该项目将从埃拉特附近的红海引水，利用重力作用将水从约旦带到死海，并将海水淡化，淡水流入以色列。作为交换，以色列需要建造一条输水管道，通入约旦首都安曼（Amman），并且以色列需要增加对约旦河西岸的巴勒斯坦人的供水量，特别是希伯伦地区的巴勒斯坦人的供水量。评论称，该计划的战略意义在于，它通过共同的经济利益将三国特别是巴勒斯坦和以色列联系在了一起。

（来源：《纽约时报》7月13日讯；作者：赛格尔：《以色列和巴勒斯坦签订了新的水资源合作协议》；

Seth M. Siegel. Israeli – Palestinian Water Deal：A High – Water Mark in Relations. *New York Times*. 13 July 2017. ）

美媒指阿联酋策划了“断交危机”

据《华盛顿邮报》报道，阿联酋策划了对卡塔尔政府网站的黑客攻击并引发卡塔尔“断交危机”。美国情报官员表示，2017 年 5 月 23 日，阿联酋政府的高级官员策划并实施了一项攻击卡塔尔政府的新闻和社交媒体网站计划，以发布虚假报道，虚假报道内容为：埃米尔称伊朗为“伊斯兰力量”，并赞扬了哈马斯。此后，沙特阿拉伯、阿拉伯联合酋长国、巴林和埃及等国以此为由，封锁了卡塔尔媒体，与卡塔尔中断关系，并宣布对卡塔尔进行贸易和外交抵制，即卡塔尔“断交危机”。而阿联酋驻华盛顿大使表示：“阿联酋并没有策划所谓的黑客攻击。”

（来源：《华盛顿邮报》7 月 16 日讯；作者：凯伦·德扬、艾伦·纳喀什马：《美国指控阿联酋策划了对卡塔尔政府网站的黑客攻击》；

Karen DeYoung and Ellen Nakashima. U. S. Says UAE Orchestrated Hacking of Qatari Government Sites. *Washington Post*. 16 July 2017. ）

美国发布对伊朗的制裁

据美国国务院称，美国于 7 月 18 日宣布了对伊朗的新制裁。根据第 13382 号行政令，美国政府于 2017 年 7 月 18 日宣布制裁 18 个相关团体和个人，这些团体和个人涉嫌支持伊朗的弹道导弹项目和伊朗的军事采购以及支持伊朗伊斯兰革命卫队，并且支持生产和扩散大规模杀伤性武器及其运载工具。文章称，伊朗的举措违反了相关核协议，美国对伊朗导弹能力的提升和对地区威胁的扩大深感担忧。文章强调，美国将持续对支持伊朗相关举措的机构和个人实行制裁，并且绝不允许伊朗政权获得核武器。

（来源：美国国务院 7 月 19 日文章；《美国宣布了对伊朗的新制裁》；

U. S. Announces New Iran-Related Sanctions. State Department. 19 July 2017. ）

“伊斯兰国”转向游击作战

据路透社报道，“伊斯兰国”转而选择游击战的战略。报道援引相关情报官员的信息称，近几个月来有越来越多“伊斯兰国”的头目和武装分子从伊拉克的摩苏尔转向伊拉克东北部的哈姆林山区建立新的军事基地，这些基地可以提供藏身之处，并且在地理位置上与四个伊拉克省份接壤。库尔德高级反恐官员拉胡尔·塔拉巴尼（Lahur Talabany）表示“他们正在转向游击战，”。美国指挥官史蒂夫·汤森（ Lt. –Gen. Steve Townsend）也表示他们将会以小组的形式隐藏在人群中进行军事行动和暴恐袭击。

（来源：路透社 7 月 19 日讯；作者：迈克尔·乔治：《“伊斯兰国”转向选择游击战的战略》；

Michael Georgy. Islamic State Digs In for Guerrilla Warfare. Reuters. 19 July 2017.）

美国众议院通过对伊朗的制裁法案

据美国之音报道，美国众议院通过了对伊朗新的制裁法案。报道称，美国众议院以419：3通过了对于伊朗加强制裁的法案。美国官员强调，此举是对于伊朗试图打破中东地区平衡、支持恐怖分子、研发弹道导弹的回应。

（来源：美国之音7月27日讯；作者：梅迪·杰蒂娜：《美国众议院通过了对伊朗新的制裁法案》；

Mehdi Jedinia. House OKs New Sanctions Against Iran. VOA News. 27 July 2017.）

俄罗斯与叙利亚签订49年的军事基地协议

据路透社报道，近日，俄罗斯总统普京同叙利亚政府签署协议，在未来的四十年里继续保持俄罗斯在叙利亚的Hmeymim空军基地。俄罗斯将最先进的S-400防空导弹系统部署在此地。

（来源：路透社7月28日讯；《俄罗斯与叙利亚签署49年协议》；

Putin Signs 49 - Years Syria Base Deal. Reuters. 28 July 2017.）

中国以色列开通广州——特拉维夫航线

据《耶路撒冷邮报》报道，中国海南航空公司和以色列民用航空公司签署协议，正式开通了从广州到特拉维夫机场的新航线。这次航线开通的主要目的是进一步开辟中国的市场，让更多中国游客到以色列旅游。

（来源：《耶路撒冷邮报》7月28日讯；作者：塔马雷·济夫：《中国到以色列的新旅游航线开通》；

Tamara Zieze. New Air Route from China Will Boost Tourism to Israel. *Jerusalem Post*. 28 July 2017.）

美欧敦促联合国对伊朗发射火箭采取制裁

据路透社报道，美国以及欧盟成员国敦促联合国在伊朗发射火箭后对其采取制裁行动。报道称，伊朗于2017年7月27日发射了一枚能将卫星送入轨道的火箭，美国、英国、法国和德国认为此举“具有威胁性和挑衅性”，遂于 8 月 2 日敦促联合国对此进行调查。四国在提交给联合国安理会关于伊朗制裁委员会的一份报告中表示，伊朗此举违反了 2016 年的核协议。评论称，伊朗此次所发射的火箭是制造和发射航天运载工具与弹道导弹所必需的技术，特别是为洲际弹道导弹的发射提供基础，美欧等国强烈反对伊朗一切与弹道导弹相关的活动。

（来源：路透社 8 月 2 日讯；作者：米歇尔·尼科尔斯：《美国以及欧盟成员国敦促联合国在伊朗火箭发射后对其采取制裁行动》；

Michelle Nichols. U. S. , European Allies Urge UN to Take Action after Iranian Rocket Launch. Reuters. 2 August 2017. ）

伊朗向也门胡塞武装运送军火的新航线

据路透社报道，伊朗采用了新的海上航线向也门胡塞武装运送军火。报道称，此前伊朗长期向胡塞武装提供武器和军事顾问，要么直接前往也门，要么经由索马里。然而在过去的 6 个月里，革命卫队开始借助科威特和伊朗之间的海域，将设备转移到科威特水域的较小船只上，并由此开往也门。评论称，虽然这条新航线也面临阿曼湾和阿拉伯海的巡逻风险，但霍尔木兹海峡和波斯湾繁忙的商船活动将使巡逻压力变大。

（来源：路透社 8 月 1 日讯；作者：乔纳森·索尔：《伊朗找到了新的途径来武装也门胡塞同盟》；

Jonathan Saul. Iran Finds New Route to Arm Yemen's Houthi Rebels. Reuters. 1 August 2017. ）

美国对伊朗导弹卫星能力的评估

华盛顿近东政策研究所撰文分析了伊朗的火箭试射行为和航天能力。此前伊朗于 2017 年 7 月 27 日在伊玛姆·霍梅尼国家太空中心使用 Simorgh 太空运载火箭（SLV）将一颗运行的卫星送入轨道，但在发射升空 220 千米后遭遇失败。而伊朗首次尝试发射 Simorgh 是在 2016 年 4 月，美国情报部门评估其为“部分成功”，因为其卫星并未完成完整的轨道转换。文章援引美国战略司令部的初步评估称，SLV 火箭融合了许多洲际弹道导弹的常用技术，simorgha 型弹道导弹射程预计为 7500 公里，这一射程不能覆盖美国本土，但覆盖了整个欧洲和亚洲。评论称，虽然伊朗 7 月的卫星发射失败，但伊朗火箭和导弹计划的重启却令人担忧。

（来源：华盛顿近东政策研究所 8 月 2 日文章；作者：法尔兹·那迪密：

《伊朗正在发展的太空计划》；

Farzin Nadimi. Iran's Emerging Space Program. Washington Institute for Near East Policy. 2 August 2017.）

伊朗前总统内贾德因滥用资金面临判决

据路透社报道，伊朗前总统内贾德因滥用资金被判刑。报道称，伊朗最高审计法院的公诉人法雅兹·沙迦（Fayaz Shojaie）于 2017 年 7 月 30 日表示，伊朗前总统马哈茂德·艾哈迈迪·内贾德（Mahmoud Ahmadinejad）在任期间，因滥用数十亿美元的政府资金而面临七项判决。

（来源：路透社 8 月 1 日讯；《伊朗前总统内贾德因滥用资金被判刑》；

Former Iranian President Ahmadinejad Facing Sentencing over Misuse of Funds. Reuters. 1 August 2017.）

叙利亚内战引发的人口分布变化

美国《外交事务》杂志撰文分析了叙利亚战争导致的人口结构和分布变化。文章称，阿萨德政权及其盟友在过去的三年里成功地削弱了大马士革和沿海大城市中心地区的逊尼派居住人口，并使基督徒和阿萨德家族所属的阿拉维派强化了在这些地区的势力和人口分布，而叙利亚的大部分贸易活动都在该地区进行。

（来源：外交事务 8 月 1 日文章；作者：塔里克·奥斯曼：《阿萨德占据了在叙利亚的逊尼派地区》；

Tarek Osman. Assad Depopulated Sunni Areas of Syria. *Foreign Affairs*. 1 August 2017.）

美媒：伊朗是否会成为下一个朝鲜?

美国《外交事务》杂志于 8 月 1 日撰文，分析了伊核问题与朝核问题的区别。文章强调，虽然中东地区很多国家的领导人以及民众都在担心伊朗核问题会对其产生严重的威胁，尤其是以色列和海湾国家担心伊朗像朝鲜一样事实拥核。但伊朗的两个特点决定了解决伊核问题的相对优势。第一，伊朗社会更具开放性和活力，有庞大的接受过高等教育的中产阶级和渴望融入国际社会的青年，这会对伊朗政权产生较大的内推力。第二，伊朗的邻国并不存在反对军事打击伊朗的强大力量，军事选项依然可行。评论称，伊朗核威胁固然没有朝鲜那样错综复杂和难以下手，但美国及国际社会依然需要严厉制止伊朗发展核能力和弹道导弹能力的相关活动。

（来源：美国《外交事务》撰文；作者：菲利普·艾登、艾莫斯·亚德林：《伊朗会成为下一个朝鲜吗?》；

Philip Gordon and Amos Yadlin. Will Iran Become the Next North Korea? *Foreign Affairs*. 1 August 2017.）

哈马斯高级代表团访问伊朗

据卡塔尔半岛电视台报道，由伊扎特·里希克（Izzat al-Rishq）领导的哈马斯高级代表团于8月4日抵达伊朗，此行旨在加强与伊朗的关系。哈马斯表示，此次访问是对伊朗支持巴勒斯坦人民的坚定立场表示感谢。此外，今年7月被驱逐出卡塔尔的哈马斯高级军事指挥官萨利赫（Saleh al-arouri）也是该代表团的成员。评论称，近年来伊朗取代了沙特，和哈马斯关系越发密切。

（来源：半岛电视台8月5日讯；《哈马斯高级代表团访问伊朗》；

Senior Hamas Delegation Arrives in Iran. Al－Araby Al－Jadeed－UK. 5 August 2017.）

印度在印巴边界部署以色列的轻便型防护系统

据《印度报业托拉斯》报道，印度在印巴边界引入部署以色列的轻便型防护系统。报道称，这套系统可以快速识别各种潜在的袭击，对来自陆地和空中的打击实施有效监测。

（来源：《印度报业托拉斯》8月15日讯；《印度在印巴边界引入以色列的轻便型防护系统》；

India Deploy Israeli－Made Smart Fence on Border with Pakistan. *Press Trust of India*. 15 August 2017.）

土耳其与伊朗加强军事交流合作

据路透社报道，伊朗军方首席执行官穆罕默德·巴卡里于8月16日在安卡拉会见了土耳其总统埃尔多安。报道称，这次会谈的重点是反恐合作，特别是在叙利亚共同遏制和打击“伊斯兰国”的军事行动，土总统发言人称此次访问是“富有成果和成功的”。评论称，这是自1979年伊朗伊斯兰革命以来，伊朗军队参谋长首次访问土耳其。

（来源：路透社8月18日讯；安·索菲·博尔顿：《土耳其与伊朗加强

军事合作》；

Terror Attack in Barcelona Kills 14, Injures 80; Second Attack Foiled. Anne Sophie Bolon. 18 August 2017.）

叙库尔德武装更加倾向俄罗斯

华盛顿近东政策研究所撰文分析了叙利亚库尔德民主联盟党靠向俄罗斯的远景（PYD）。文章称，“伊斯兰国”的垮台已经可以望见，叙利亚库尔德人的民主联盟党认为在后“伊斯兰国”时代，俄罗斯在叙利亚的存在和可靠性更胜美国。评论称，对比叙库尔德武装，西方毫无疑问将倾向于土耳其，这也是叙库尔德人长期的担忧。

（来源：华盛顿近东政策研究所 8 月 18 日撰文；法布里 - 巴兰切：《库尔德人害怕在拉卡击败“ISIS”后西方的背叛》；

Kurds Fear Western Sellout after They Defeat ISIS in Raqqa. Fabrice Balanche. Washington Institute for Near East Policy. 18 August 2017.）

美国中断对埃及的援助

据《华盛顿邮报》报道，美国国务院拒绝向埃及提供 1.95 亿美元的军事援助，并已完全取消了 9600 万美元的其他援助。报道称，由于美国国会通过的新法律，将美国对埃及的援助和埃及的人权事宜相关联，美国国务卿雷克斯·蒂勒森于 8 月 15 日通知埃及外长萨米·舒凯里（Sameh Shoukry），将中断和取消部分援助，扣留的部分数额与埃及议会最近决定限制民间社会非政府组织的活动有关。评论称，在过去的 30 年里，埃及已经获得了美国 800 亿美元的军事和经济援助。

（来源：《华盛顿邮报》8 月 18 日讯；卡罗尔·莫雷洛：《美国因人权问题中断对埃及提供军事援助》；

U. S. Holds Up Military Aid to Egypt over Human Rights Concerns. Carol Morello. *Washington Post*. 23 August 2017.）

埃及对美国政府推迟和削减援助表示愤怒

据《华盛顿邮报》讯，埃及对美国特朗普政府以人权为理由削减和推迟 3 亿美元的军事和经济援助表示愤怒。据报道，埃及外长于 8 月 22 日称美国此举“欠缺考虑”且对埃及的经济和稳定造成了“严重影响”。

（《华盛顿邮报》8 月 23 日讯；作者：哈姆扎·亨德维、马修·李：《埃

及对美国削减援助表示愤怒》;

Hamza Hendawi and Matthew Lee. Egypt Angered by U. S. Aid Cut over Human Rights Concerns. *Washington Post*. 23 August.)

美国对埃援助举措

华盛顿近东政策研究所于8月23日发布了埃里克·泰格的评论文章，文章指出，美国政府于8月22日推迟或取消3亿美元的对埃援助令埃及感到震惊。埃及政府认为，在埃及近年来经历三次政府更迭后，美国总统特朗普和埃及总统塞西的良好关系可以确保两国的双边关系保持友好。文章认为，大部分被推迟的援助最终应该都会继续发放给埃及，但该举措无疑严重伤害了埃及政府对特朗普政府的信任。

(华盛顿近东政策研究所8月文章；作者：埃里克·泰格：《美国对埃援助的举措》;

Eric Trager. Washington's Decision on Aid to Egypt. Washington Institute for Near East Policy. 23 August.)

中国驻吉布提基地的建立

巴伊兰大学贝京萨达特战略研究中心于8月23日发布了基迪恩·埃里萨尔的评论文章，介绍了中国在吉布提建立的首个海外保障基地。文章强调，该基地可以帮助中国行使官方任务，例如在西亚和非洲执行护航、维和与人道援助等任务，同时保护全球战略航道的安全。中国超过一半的石油进口要通过曼德海峡，同时中国运往欧洲的出口产品也主要通过亚丁湾和苏伊士运河，该航道对中国来说至关重要。根据中国和吉布提签订的双边协议，在2026年有效期到期之前，该基地可能拥有1万名士兵。中国在吉布提基地的建设无疑是保护其在中东和非洲利益的关键举措，同时，中国媒体也谨慎地称该基地并不是中国寻求世界霸权的尝试。文章特别指出，中国的吉布提基地距离美军基地只有8英里，该基地是美国在该地区最大的基地和在非洲唯一的常设基地。

(巴伊兰大学贝京萨达特战略研究中心8月文章：作者：基迪恩·埃里萨尔：《中国在红海伸张权力》;

Gideon Elazar. China Projects Its Power in the Red Sea. Begin-Sadat Center for Strategic Studies – Bar – Ilan University. 23 August.)

伊朗在叙利亚的7万名战士

以色列《国土报》于8月27日发布了泽维·伯瑞尔的评论文章，介绍了伊朗在叙利亚军事人员的问题。文章称伊朗在叙利亚拥有7万名战士，包括伊朗正规军和其控制的武装人员。该消息来源于伊朗的一个反对派组织——圣战者里哈克（Mujahedeen-e-Khalq），该组织曾经提供过伊朗核计划的关键情报。这些战士包括黎巴嫩真主党、伊拉克的什叶派民兵、来自阿富汗、巴基斯坦的志愿者以及被伊朗组织起来的叙利亚士兵。文章强调，伊朗部队和民兵获准可以使用叙利亚军队的基地和设施，例如大马士革附近的大学场地和其南边由伊朗安装的SAM防空系统。

（以色列《国土报》8月27日文章；作者：泽维·伯瑞尔：《叙利亚的7万名伊朗战士》；

Zvi Bar'el. Iran Commands 70，000 Combatants in Syria. *Ha'aretz*. 27 August.）

真主党在叙利亚东部的重要作用

中东新闻网Al－Monitor于9月22日发布了针对黎巴嫩真主党高级指挥官的采访文章，分析了真主党在叙利亚东北部代尔祖儿省的重要作用。该指挥官说，如今有超过8000名真主党士兵分布在叙利亚东部，而且真主党部队是成建制的完整军队，包括作战和后勤部队，在伊朗的协调领导下，真主党负责军事进攻，叙利亚政府军负责稳定治安。文章强调，真主党强化了其在叙利亚南部的侦察力量，可从叙南部远程发射攻击以色列的火箭。评论称，该地区油气储藏丰富，与伊拉克接壤，是伊朗和真主党联系的重要交通枢纽。

（来源：中东新闻网Al－Monitor 9月22日采访文章；作者：莫娜·阿拉米：《真主党在叙利亚东部发挥重要作用》；

Mona Alami. Hezbullah Playing Prominent Role in Eastern Syria. Al－Monitor. 22 September.）

如何减少恐怖主义

以色列《今日以色列报》发布了评论文章，阐述了欧洲打击恐怖主义需要解决的三个问题。首先，如何在法律上定义恐怖主义并在行政、逮捕、拘留和审问恐怖分子的行动中予以便利；其次，加强对网络社交平台的管理和信息搜集，根据数据算法对针对性人群加强管控；最后，训练和提高普通民众面对恐怖行动时的应对能力，以色列民众因为可以持枪而使其效果显著。评论称，即使这些方法都不能彻底消灭恐怖主义，但它们可以显著减少恐怖分子的恐袭行为，以及恐怖袭击造成的损伤。

（来源：《今日以色列报》9 月 5 日评论文章；作者：亚安库·阿米德：《如何遏制恐怖主义》；

Yaakov Amid. How to Reduce Terrorism. *Israel Hayom*. 5 September 2017.）

以色列袭击叙利亚科学研究中心

据以色列新消息报网报道，以色列于 9 月 7 日轰炸了叙利亚哈马市附近的科学研究中心。报道称，哈马市负责研究和发展核、生物、化学和导弹技术和武器。以色列军事分析家露·本·伊莎（Ron Ben Yishai）说，该中心是伊朗计划建造的精确导弹工厂的潜在基地，将提高真主党的武器装备水平。报道强调，以色列此前警告称不会容忍在叙利亚领土上建立这样的设施。

（来源：新消息报网 9 月 7 日评论文章；作者：鲁利·凯斯和侥武·兹顿：《以色列的目标是叙利亚科学研究中心》；

Roi Kais and Yoav Zitun. Israel Targets Syrian Scientific Research Center. Ynet News. 7 September 2017.）

美国参议院 Taylor Force 行动的进展

据以色列《国土报》报道，美国参议院拨款委员会 7 日通过法案削减对巴勒斯坦权力机构的资助。报道称，美国认为巴权力机构向恐怖分子及家属提供资金，所以美国削减援助，而西岸和东耶路撒冷的医院等民间机构将继续获得资助。这项法案名为 The Taylor Force Act，被附在参议院的 2018 年《对外行动预算》（Foreign Operations Budget）上，这意味着该法案将从 2018 年起在美国实施。评论称，这项立法旨在削减美国对巴勒斯坦权力机构的资助，以阻止其同时继续资助被定罪的恐怖分子及其家人。

（来源：《国土报》9 月 8 日评论文章；作者：阿米尔·蒂邦：《美国参议院 Taylor Force 行动的进展》；

Amir Tibon. Taylor Force Act Advances in U. S. Senate. *Ha'aretz*. 8 September 2017.）

如何理解以色列对叙利亚的打击

美国《纽约时报》于9月11日发布文章称，以色列袭击叙利亚境内一个生产先进导弹的军事基地。这是以色列对叙利亚政策的重要变化，以色列正在扩大其行动的范围，以防止其主要对手制造或获取先进武器。这实质上是贝京总理倡导的先发制人原则，以阻止其敌人建造核浓缩工厂以及先进常规武器的生产设施。以色列通过此举向华盛顿和莫斯科发出的信息是，如果大国未能考虑到其在叙利亚的关键利益，以色列将采取独立行动保护自己。评论称，以色列声称被击中的设施制造了化学武器、炸弹等各种武器。

（来源：《纽约时报》9月11日评论文章；作者：阿莫斯·亚地利：《如何理解以色列对叙利亚的打击》；

Amos Yadlin. How to Understand Israel's Strike on Syria. *New York Times*. 11 September 2017. ）

国际原子能机构被禁止视察伊朗的军事基地

据伊朗 Press TV – Iran 报道，伊朗最高领袖哈梅内伊（Ayatollah Ali Khamenei）的高级顾问阿里·阿克巴尔·韦拉蒂（Ali Akbar Velayati）于12日表示强烈反对外国的要求，即以实施2015年的核协议为由，要求对伊朗的军事基地进行检查。此前国际原子能机构总干事天野之弥（Yukiya Amano）11日在维也纳说，国际原子能机构在检查中没有区分民用或军事地点。韦拉蒂强调，伊朗和国际原子能机构之前达成的协议没有包括任何访问伊朗军事基地的许可，并补充说伊朗不会签署任何这样的协议。

（来源：Press TV – Iran 9月13日报道；作者：蒂姆·阿兰戈：《哈梅内伊顾问：国际原子能机构被禁止视察伊朗的军事基地》；

Tim Arango. For Iraq's Long-Suffering Kurds, Independence Beckons. Press TV – Iran. 13 September 2017. ）

“伊斯兰国”残余分子试图前往土耳其

据英国《卫报》报道，有数百名来自“伊斯兰国”的残余分子聚集在叙利亚的伊德利卜省试图穿越边境进入土耳其。报道称，最近几周已经有数十名武装分子越过了重重巡防的边境，今年9月初有四名沙特阿拉伯极端分子通过走私蛇头抵达土耳其南部。报道强调，有多达300名前“伊斯兰国”成员（其中许多是沙特人）在伊德利卜市北部建立了一个小型据点，并由“基地组织”的附属机构控制。

（来源：英国《卫报》9 月 13 日评论文章；作者：马丁·查洛夫：《数百名“ISIS”叛逃者在叙利亚边境集结，希望逃离》；

Martin Chulov. Hundreds of ISIS Defectors Mass on Syrian Border Hoping to Flee. *Guardian*. 13 September 2017. ）

伦敦地铁爆炸事件

据美国《华盛顿邮报》报道，9 月 15 日英国伦敦帕森格林（Parsons Green）地铁站发生爆炸。报道称，犯罪嫌疑人在地铁内引爆了一枚自制炸弹，造成至少 29 人受伤。英国媒体称，犯罪嫌疑人使用的原油爆炸装置是由计时器引爆，表明恐怖分子掌握相关的炸弹理论，极端组织“伊斯兰国”宣布对此事负责。评论称，伦敦地铁的爆炸引发了一场关于英国是否对恐怖主义采用了足够强硬打击的辩论。

（来源：《华盛顿邮报》9 月 15 日评论文章；作者：威廉·布斯、卡拉·亚当：《伦敦地铁爆炸事件被警方宣布为“恐怖事件”》；

William Booth and Karla Adam. Explosion in London Subway Declared “Terrorist Incident” by Police. *Washington Post*. 15 September 2017. ）

印度与以色列在安全方面的合作

美国战略之页网于 9 月 15 日发布了文章，阐述了印度长期以来采纳以色列的安全技术和边境安全建议。文章称，印度向以色列购买地面雷达、热成像和其他电子设备，有效加强了印巴边境的安全，而这些设备系统的关键是以色列人首创的新型视频和传感器分析软件。评论称，基于印巴边境不同层次的复杂性和军队巡逻的成本状况，以色列建议印度大批量地在边境地区采用相关设备构筑安全防护体系。

（来源：战略之页网 9 月 15 日评论文章；《反恐：印度、以色列和边境安全》；

Counter - Terrorism：India，Israel and Border Security. Strategy Page. 15 September 2017. ）

美国国务卿称伊朗核协议需要重新审视

据美国福克斯新闻报道，美国国务卿雷克斯·蒂勒森（Rex Tillerson）于 19 日表示，2015 年达成的伊朗核协议需要重新审视。报道称，蒂勒森强调该协议的关键症结在于所谓的“日落条款”，即到2030年解除伊朗核项目的大部分关键限制。他认为“特朗普总统对伊朗核协议的评估是，这不是一份足够强硬的协议，也不会让伊朗核计划放慢。”特朗普总统在联合国大会发表讲话几小时后，蒂勒森对福克斯新闻发表讲话并敦促世界各国制止伊朗的核项目进展。

（来源：福克斯新闻9月20日评论文章；作者：塞缪尔·张伯伦：《美国国务卿蒂勒森说，伊朗核协议“必须重新审视”》；

Samuel Chamberlain. Secretary of State Tillerson Says Iran Nuclear Deal “Really Has to Be Revisited”. Fox News. 20 September 2017.）

埃及在西奈半岛的反恐困境

美国《华盛顿邮报》于9月20日发布了文章，阐述了埃及在西奈半岛反恐行动的困难。文章称，尽管美国在反恐方面向埃及提供了数十亿美元的援助，但埃及依然越来越难以支撑在西奈半岛围剿“伊斯兰国”分支的行动。根据塔里尔中东政策研究所（Tahrir Institute for Middle East Policy）的数据，自2013年7月以来，至少有1000名埃及安全部队战士在恐怖袭击中丧生，其中包括2017年的200多人。

（来源：《华盛顿邮报》9月20日评论文章；作者：苏丹善·拉格哈万：《埃及与伊斯兰国在西奈的长期血腥战斗》；

Sudarsan Raghavan. Egypt’s Long, Bloody Fight Against the Islamic State in Sinai. *Washington Post*. 20 September 2017.）

巴勒斯坦的最新民调

巴勒斯坦政策和调查研究中心于9月20日发布了文章，阐述了新的民调状况。巴勒斯坦政策和调查研究中心19日公布的一项调查显示，约旦河西岸60%的巴勒斯坦民众和80%的加沙民众希望阿巴斯总统辞职，如果举行新的立法选举，29%的人表示他们将投票给哈马斯，36%的人表示将投票给法塔赫。在对巴勒斯坦权力机构的看法方面，一半的公众（50%）认为巴勒斯坦当局是一个负担，77%的人认为巴当局存在严重腐败问题，73%的人支持阿巴斯暂停与以色列的安全合作。在对美国的看法方面，如果与以色列的谈判在美国的支持下恢复，83%的人认为特朗普政府会偏袒以色列，10%的人认为美国将是一个诚实的中间人，2%的人认为美国会偏袒巴勒斯坦一方。大部分人认为在未来五年内，建立一个独立的巴勒斯坦国的机会微乎其微。

（来源：巴勒斯坦政策和调查研究中心9月20日评论文章；作者：哈利勒·什卡基：《巴勒斯坦民意调查：3/4支持阿巴斯中止与以色列安全合作的决定》；

Khalil Shikaki. Palestinian Poll：3/4 Support Abbas' Decision to Suspend Security Coordination with Israel. Palestinian Center for Policy and Survey Research. 20 September 2017.）

以色列与库尔德人的友好关系

法国法新社于9月20日发布了文章，阐述了以色列作为唯一一个公开支持库尔德建立独立国家的原因。文章称，库尔德人多年来从未被反以色列或反犹太复国主义吸引，与犹太人和以色列保持着良好的关系。在特拉维夫大学（Tel Aviv University）领导一个库尔德研究项目的奥夫拉·本乔（Ofra Bengio）指出，在1965年至1975年，以色列向库尔德斯坦提供了秘密的军事、情报和人道主义援助。前库尔德领导人穆斯塔法·巴尔扎尼（Mustafa Barzani）访问过以色列，他的儿子、伊拉克库尔德斯坦地区现任总统马苏德·巴尔扎尼（Massud Barzani）也访问过以色列。

（来源：法新社9月20日评论文章；作者：乔纳·曼德尔：《以色列从独立的库尔德人身上看到了好处》；

Jonah Mandel. Israel Sees Benefits in an Independent Kurdistan. AFP – Arab News – Saudi Arabia. 20 September 2017.）

埃及希望哈马斯切断与“ISIS”在西奈的联系

据以色列新消息报网报道，埃及举行了调解哈马斯和巴勒斯坦权力机构的谈判。报道称，哈马斯希望从巴勒斯坦权力机构那里重新获得经济援助，但对巴勒斯坦权力机构的相关条件不满。埃及要求哈马斯切断与西奈半岛“伊斯兰国”的联系，并与埃及合作打击“伊斯兰国”武装分子，否则将不会开放埃及和加沙地区的拉法过境点。评论称，此前16名埃及警察在西奈被谋杀后，从埃及到加沙的燃料供应中断了三天。

（来源：新消息报网9月25日评论文章；作者：埃里克·菲斯曼：《埃及希望哈马斯切断与“ISIS”在西奈的联系》；

Alex Fishman. Egypt Wants Hamas to Cut Ties with ISIS in Sinai. Ynet News. 25 September 2017.）

美媒：美国应该支持库尔德独立

美国《纽约时报》于9月26日撰文阐述了支持库尔德人独立的正确性和战略价值。文章称，伊拉克库尔德人是美国对抗极端伊斯兰主义和打击“伊斯兰国”的坚定盟友。此外，在过去的三年里，库尔德斯坦等地区涌进了近二百万名难民，包括亚述人、土库曼人等，在库尔德人的管理下，该地区建立了一个经济上独立、拥有议会和自由媒体的社会，并有能力抵抗“伊斯兰国”。评论称，在反对极端主义方面，库尔德人是一个更有价值的和建设性的盟友。

（来源：《纽约时报》9月26日评论文章；作者：罗恩·泊瑟：《支持库尔德独立》；

Ron Prosor. Support Kurdish Independence. *New York Times*. 26 September 2017.）

伊拉克库尔德人公投

据英国路透社报道，援引库尔德 Rudaw 电视台的消息，在9月25日的公投中绝大多数库尔德人支持独立。报道称，27日公布的最终结果显示，近93%的人赞成独立。选举委员会统计，超过330万人，即72%的合格选民参加了25日的投票。美国、欧洲主要国家、伊拉克、土耳其和伊朗强烈反对公投。公投引发了各国对新的地区冲突的担忧，伊朗和土耳其在伊拉克库尔德斯坦边界附近开始了联合军事演习，外国航空公司暂停飞往库尔德机场的航班。

（来源：路透社9月27日评论文章；作者：马赫尔·沙马太利、艾哈迈德·拉舍德：《超过90%的伊拉克库尔德人投票支持脱离伊拉克》；

Maher Chmaytelli and Ahmed Rasheed. Over 90 Percent of Iraqi Kurds Vote to Secede from Iraq. Reuters. 27 September 2017.）

伊朗库尔德人游行支持伊拉克库尔德人公投

据英国路透社报道，数千名伊朗库尔德人于9月27日走上街头公开支持在伊拉克举行的库尔德独立公投。报道称，伊朗官员和媒体谴责伊拉克库尔德人25日的投票是对地区稳定的威胁，且其面临来自伊拉克政府、伊朗和土耳其的威胁，伊朗国内现在有800万～1000万库尔德人。

（来源：路透社9月27日评论文章；《伊朗库尔德人游行支持公民投票》；Iranian Kurds March in Support of Referendum. Reuters. 27 September

2017.）

叙利亚库尔德人要求自治

据英国路透社报道，叙利亚政府于9月27日表示愿意与国内库尔德人就其在叙境内的自治要求进行谈判。叙外交部部长表示，在叙利亚东部地区的军事局势恶化之际，希望叙库尔德人维持现状。自2011年叙利亚战争开始以来，叙利亚库尔德族民兵（YPG）长期控制着叙利亚北部的大片地区，主要的库尔德人党（PYD）及其盟友已经建立了事实自治。同时叙利亚库尔德人表示，他们愿意作为叙利亚的一部分保持自治地位，并不会效仿伊拉克库尔德人进行独立公投。

（来源：路透社9月27日评论文章；作者：汤姆·皮特、罗宾·普迈锐：《大马士革说，叙利亚库尔德人的自治是可以谈判的》；

Tom Perry and Robin Pomeroy. Damascus says Syrian Kurdish autonomy negotiable. Reuters. 27 September 2017.）

沙特阿拉伯放松对女性驾驶的限制

据美国有线电视新闻网（CNN）报道，沙特于9月26日颁布法令，允许该国妇女开车。沙特阿拉伯驻美国大使哈里德·本·萨勒曼（Khaled bin Salman）26日在记者会上表示："这是我们王国一个历史性的重大时刻。"美国国务院发言人希瑟·诺特表示，美国"欢迎这一消息"，而联合国秘书长安东尼奥·古特雷斯在他的官方推特上写道，这是"朝着正确方向迈出的重要一步"。

（来源：CNN 9月27日评论文章；作者：尼克·噶欧特：《沙特阿拉伯正在放松对女性驾驶的限制》；

Nicole Gaouette. Saudi Arabia to let women drive at last. CNN. 27 September 2017.）

新的哈马斯领导人改变了军事策略

据以色列《耶路撒冷邮报》报道，哈马斯领导人亚哈·西瓦尔（Yayha Sinwar）于9月28日宣布削减军事部门的预算。报道称，哈马斯将军事预算从2014年的2亿美元减少到2017年的5000万美元，主要用于在加沙修建更多的防御性地下掩体和隧道，而不是建造进攻以色列的隧道。

（来源：《耶路撒冷邮报》9月28日评论文章；作者：安娜·阿赫伦海

姆：《新的哈马斯领导人改变了军事战略》；

Anna Ahronheim. New Hamas Leader Shifts Military Strategy. *Jerusalem Post*. 28 September 2017.）

伊拉克什叶派民兵串联“什叶派”弧线

英国路透社于9月28日撰文，阐释了伊拉克什叶派民兵组织对伊朗的重要意义。文章称，伊拉克什叶派民兵组织拥有1万余名战士，和伊朗关系密切，是联通伊朗和叙利亚的重要力量。近期，该组织不断向靠近美军基地的叙利亚东南部推进，这将有利于伊朗和黎巴嫩真主党路上通道的建立。此外，该组织还密切关注叙利亚的战事，并于3月宣布成立一个“戈兰”旅，要将以色列从戈兰高地驱逐出去。

（来源：路透社9月28日评论文章；作者：巴巴克·德赫干皮舍赫：《伊拉克民兵帮助伊朗开辟通往大马士革的道路》；

Babak Dehghanpisheh. The Iraqi Militia Helping Iran Carve a Road to Damascus. Reuters. 28 September 2017.）

第四季度

库尔德自治触犯了伊朗的利益

以色列贝京—萨达特战略研究中心9月30日撰文称，库尔德独立公投触犯了伊朗的利益。文章称，伊朗的库尔德人约有750万人，如果受到伊拉克库尔德人独立公投的影响催生自治甚至独立诉求，将严重影响伊朗的国家完整统一。此外，伊朗的影响力已经渗透到伊拉克的政治、外交和安全等诸多领域，其资助的伊拉克什叶派民兵组织是稳定伊拉克局势的重要势力，一个独立库尔德人国家的出现将破坏伊朗构建的“什叶派弧线”。

（来源：贝京—萨达特战略研究中心9月30日撰文；多伦·伊特查克博士：《库尔德自治触犯了伊朗的利益》；

Dr. Doron Itzchakov. Kurdish Autonomy Contravenes Iran's Interests. BESA Center for Strategic Studies – Bar – Ilan University. September 30 2017.）

俄罗斯空袭叙利亚

据俄罗斯塔斯通讯社10月3日报道，俄罗斯在两天内空袭消灭了叙利亚境内的300名武装分子。俄罗斯国防部发言人科纳·申科夫（Igor Konashenkov）10 月 3 日宣称，在过去两天里，俄罗斯航空部队消灭了位于叙利亚幼发拉底河东部的 304 名“伊斯兰国”武装分子。此外，空袭还摧毁了外国雇佣军的训练中心，其中包括来自北高加索的近 40 名武装分子。

（来源：俄罗斯塔斯通讯社 10 月 3 日讯；《俄罗斯在两天内空袭消灭了叙利亚境内的 300 名武装分子》；

Russia：Airstrikes Wipe Out 300 IS Militants in Syria in Two Days. TASS – Russia. 3 October 2017. ）

民调：沙特国内逊尼派和什叶派的分歧

据美国华盛顿近东政策研究所 10 月 3 日撰文，民意调查显示沙特国内逊尼派和什叶派的分歧。一个阿拉伯商业市场调查公司 9 月对 1000 名沙特公民进行了调查。该调查提供了有关沙特教派分歧的确凿数据，在沙特 90% 的人为逊尼派，10% 的人为什叶派。当被问及伊朗最近的政策时，46% 的沙特什叶派表达了良好的意见，而沙特逊尼派只占 3% 。57% 的沙特什叶派对真主党有积极的看法，而逊尼派只有 4% 的人持积极看法。

（来源：华盛顿近东政策研究所 10 月 3 日撰文，作者：大卫・波洛克：《沙特的民意调查显示国内逊尼派和什叶派有分裂》；

David Pollock. Saudi Poll Shows Domestic Sunni-Shia Split. Washington Institute for Near East Policy. 3 October 2017. ）

“伊斯兰国”在叙利亚发动反攻

据美国《军事时报》报道，10 月 4 日俄罗斯和叙利亚的军队遭受了“伊斯兰国”在德伊勒祖尔省内外发起的大规模反攻。“伊斯兰国”声称，在一次袭击中，其部队杀死了 65 名俄罗斯和叙利亚政府军士兵，同时绑架了两名俄罗斯士兵。“伊斯兰国”的宣传机构阿玛克通讯社（Amaq）还发布了相关的视频，但俄罗斯国防部却否认俄军被抓获。

（来源：美国《军事时报》10 月 4 日讯；作者：肖恩・伊诺；《俄罗斯和叙利亚军队正受到“伊斯兰国”发起的大规模反攻》；

Shawn Snow. ISIS Launches Counter – Offensive in Syria. *Military Times*. 4 October 2017. ）

叙利亚化武问题的调查报告

据英国路透社 10 月 4 日报道，禁止化学武器组织的调查结果显示，3 月叙利亚政府军曾使用沙林毒气。报道称，3 月 30 日叙利亚政府军在北部城市拉坦纳姆发生的空袭中使用过沙林毒气，造成 70 人出现恶心、口吐白沫和肌肉痉挛的症状。此外，根据禁化武组织 6 月份的报告，4 月 4 日沙林毒气被用于袭击汗谢赫洪镇，造成数十人死亡，并促使美国在叙利亚空军基地发射导弹。联合国战争罪调查人员 9 月表示，叙利亚军队已使用化学武器超过二十次。

（来源：路透社 10 月 4 日讯；作者：安东尼·多伊奇、米歇尔·尼科尔斯：《化学武器看门狗监视器监测到叙利亚曾使用化学武器作战》；

Anthony Deutsch and Michelle Nichols. Chemical Weapons Watchdog Found Sarin Used in March Syria Attack. Reuters. 4 October 2017. ）

叙利亚战场的 9 月损失

据以色列《国土报》报道，9 月份叙利亚战场战争死亡人数再攀新高。叙利亚人权观察组织称，2017 年 9 月叙利亚有 3055 人遇难，其中至少三分之一是平民，是 2017 年死亡人数最多的一个月。死亡人数主要由在拉卡和幼发拉底河谷的战斗造成。

（来源：以色列《国土报》10 月 5 日讯；作者：安舍利·费弗尔《战争还远未结束》；

Anshel Pfeffer. The War in Syria Is Far from Over. *Ha'aretz*. 5 October 2017. ）

沙特阿拉伯购买俄罗斯 S－400 防空导弹系统

据英国路透社报道，10 月 5 日沙特阿拉伯签署购买俄罗斯 S－400 防空导弹系统的合约。在沙特国王萨勒曼访问莫斯科期间，双方签署了武器购买合同。

（来源：路透社 10 月 5 日讯；《沙特阿拉伯购买俄罗斯 S－400 防空系统导弹》；

Saudi Arabia to Buy Russian S－400 Air Defense Systems. Reuters. 5 October 2017. ）

“伊斯兰国”呼吁女性发动恐怖袭击

据英国《独立报》10 月 6 日报道，“伊斯兰国”呼吁女性发动恐怖袭击。报道称，“伊斯兰国”在其阿拉伯语报纸的新版本中告诉女性支持者，拿起武器发动“圣战”是一种“义务”。新版本报纸强调，如今在“伊斯兰国”的战争中，女性穆斯林必须在各个方面履行自己的职责，并且应该为其信仰的宗教做准备，为真主牺牲自己。值得注意的是，“伊斯兰国”此前曾禁止女性在战场上作战，但越来越多的报道显示这一禁令已成为过去式。

（来源：英国《独立报》10 月 6 日讯；作者：丽齐・迪尔登：《“伊斯兰国”呼吁女性发动恐怖袭击》；

Lizzie Dearden. ISIS Calls on Women to Launch Terror Attacks. *Independent*. 6 October 2017.）

埃及扩建靠近加沙的安全缓冲区

据埃及《今日埃及报》10 月 7 日报道，埃及正在扩建靠近加沙的安全缓冲区。

埃及西奈半岛北部州长阿卜杜勒・法塔赫・哈吉特（Maj. -Gen. Abdel Fattah Harhour）10 月 6 日表示，目前正在进行的工作是将加沙缓冲区的埃及一侧扩大到 1500 米，其中新扩建部分估计有 1220 处的建筑将被拆除，并为居民提供补偿。评论称，自 2014 年 10 月以来，埃及一直努力在靠近加沙的边境地区建立一个缓冲地带，以防止物品走私和武装分子的非法通行。

（来源：《今日埃及报》10 月 7 日讯；《埃及向加沙延伸安全缓冲区》；

Egypt to Extend Security Buffer Zone with Gaza. *Al-Masry Al-Youm-Egypt*. 7 October 2017.）

法塔赫和哈马斯签署新的和解协议

据以色列新消息报网报道，10 月 12 日法塔赫和哈马斯签署新的和解协议。报道称，这是双方六年来签署的第三次和解协议，由法塔赫全面接管加沙地区的事务。双方决定，由巴勒斯坦权力机构主席阿巴斯率领的联合政府将于 12 月 1 日前负责处理加沙的电力、道路建设、污水处理、教育、福利和旅游等多项事务。

（来源：以色列新消息报网站 10 月 12 日讯；作者：埃里诺・利维：《法塔赫和哈马斯签署新的和解协议》；

Elior Levy. Fatah and Hamas Sign New Reconciliation Agreement. Ynet News. 12 October 2017.）

特朗普对伊朗的新表态

据美国白宫发布消息，美国将对伊朗采取新的战略。美国总统特朗普 10

月 13 日在白宫的讲话中阐明了美国对伊朗的态度和战略。他表示，伊朗仍是世界上主要恐怖主义国家的赞助者，还向基地组织、塔利班、真主党、哈马斯和其他恐怖组织提供援助，并且发展、部署和扩散威胁美军和盟国的导弹，并对以色列和美国怀有极大恶意。鉴于伊朗所构成的日益严重的威胁，特朗普宣布了一项新战略来对抗和遏制伊朗。首先，美国将与盟国一道，打击影响地区稳定的活动和支持恐怖分子的代理人；其次，美国将对伊朗政权进行更多的制裁，以阻止其融资；最后，美国将会阻断伊朗发展核武器的所有道路。

（来源：美国白宫 10 月 13 日讯；《美国应对伊朗破坏性行动的新战略》；

President Donald Trump. A New U. S. Strategy to Address Iran's Destructive Actions. White House. 13 October 2017. ）

伊拉克军队进攻库尔德人控制的基尔库克地区

据美国《纽约时报》报道，10 月 15 日伊拉克军队开始攻击库尔德人控制的基尔库克地区。报道称，伊拉克此次军事行动的目标是夺取库尔德人控制的基尔库克市及其周边油田，这是自 9 月 25 日伊拉克库尔德人进行独立公投以来，伊拉克政府针对其发动的首次军事行动。

（来源：《纽约时报》10 月 15 日讯；作者：大卫·祖奇诺：《伊拉克军队开始攻击库尔德人控制的城市基尔库克》；

David Zucchino. Iraqi Forces Begin Attack on Kurdish-Held City of Kirkuk. *New York Times*. 15 October 2017. ）

美国：伊拉克进攻库尔德人将影响美国的军事援助

据美国《国防新闻》讯，10 月 16 日美国表态反对伊拉克军队进攻库尔德人。美国五角大楼发言人曼宁（Rob Manning）10 月 16 日宣称，如果伊拉克军方继续对伊拉克北部的库尔德人发动攻势，美国可能会考虑暂停对伊拉克军队的列车及装备的训练计划。美国参议院军事委员会主席约翰·麦凯恩（John McCain）表示，美国向伊拉克政府提供装备和训练是为了打击“伊斯兰国”，而不是进攻美国的盟友。

（来源：美国《国防新闻》10 月 16 讯；作者：乔·古尔德：《伊拉克持续攻击库尔德人会影响美国对伊拉克部队的支持》；

Joe Gould. Pentagon Says Support for Iraqi Forces Could End If Attacks on Kurds Continue. *Defense News*. 16 October 2017. ）

"伊斯兰国"在叙利亚的"首都"拉卡被收复

据英国路透社报道，10 月 17 日叙利亚民主军宣布（Syrian Democratic Forces，SDF）收复"伊斯兰国"在叙利亚的"首都"拉卡。报道称，叙利亚民主军是由美国支持的库尔德人和阿拉伯民兵联盟组成。

（来源：路透社 10 月 17 日讯；作者：约翰·戴维森：《"伊斯兰国"在叙利亚的"首都"拉卡已被收回》；

John Davison. *Raqqa*, ISIS Capital in Syria, Falls to U. S. -Backed Militias. Reuters. 17 October 2017.）

英国情报机构发布恐怖主义威胁的严重警告

据英国广播公司（BBC）报道，英国情报机构军情五处负责人警告称英国正面临"恐怖主义"的强烈威胁。军情五处处长安德鲁·帕克（Andrew Parker）说，目前英国的"恐怖活动越发频繁、迅速且隐蔽"。评论称，英国 2017 年遭受了五次恐怖袭击，军情五处追踪了 3000 名参与极端主义活动的人。

（来源：英国广播公司 10 月 18 日讯；作者：戈登·科雷拉：《英国情报机构发布恐怖主义威胁的严重警告》；

Gordon Corera. UK Intelligence Chief Warns of "Intense" Terror Threat. BBC News. 18 October 2017.）

叙利亚名将阵亡

据英国《每日电讯报》报道，叙利亚名将伊萨姆·扎赫拉丁于 18 日（Issam Zahreddine）在代尔祖儿阵亡。报道称，扎赫拉丁是叙利亚军队著名将领，在收复代尔祖儿市的军事任务中碰触地雷而亡。叙利亚反对派指责扎赫拉丁对 2012 年大马士革郊区的大屠杀负有责任，卡塔尔半岛电视台则称扎赫拉丁以残忍著称。

（来源：《每日电讯报》10 月 18 日讯；作者：乔西·安森：《叙利亚名将阵亡》；

Josie Ensor. Top Syrian General Killed. *The Daily Telegraph*. 18 October 2017.）

伊拉克库尔德人逃离家乡

据美国《华尔街日报》报道，伊拉克北部有数千名库尔德平民于近日逃离家园。报道称，伊拉克政府军用装甲车辆拦截了位于伊拉克基尔库克省南部的图兹古尔马托市数百辆汽车，小镇很多地方遭到洗劫和烧毁。这一行为导致大量库尔德人为了躲避政府军和什叶派民兵的骚扰逃离家园。

（来源：《华尔街日报》10 月 18 日讯；作者：伊莎贝尔·科尔斯、阿里·纳巴汉：《随着伊拉克政府巩固对北方的控制，库尔德人逃亡》；

Isabel Coles and Ali A. Nabhan. As Iraqi Forces Consolidate Control of North, Kurds Flee. *Wall Street Journal*. 18 October 2017. ）

伊拉克什叶派民兵组织的崛起

美国《外交政策》杂志于 10 月 18 日发布了安纳克·沃赫拉的评论文章，阐释了伊拉克什叶派民兵的崛起。文章称，随着 2014 年伊拉克“阿亚图拉（什叶派宗教领袖）”西斯塔尼发布“费特瓦（宗教法令）”呼吁伊拉克人拿起武器对抗“伊斯兰国”和伊朗提供武器和军事训练以来，伊拉克的什叶派民兵组织“人民动员力量”（PMF）在战胜“伊斯兰国”后获得了前所未有的政治权力。文章强调，什叶派民兵组织在安全部门和政府机关中拥有大量职位，通过控制基尔库卡附近的油田获得大量资金，其权力伸张也得到了伊朗的坚定支持。

（来源：《外交政策》杂志 10 月 18 日文章；作者：安纳克·沃赫拉：《伊拉克的什叶派民兵已经开始崛起》；

Anchal Vohra. Iraq's Shiite Militias Are Just Getting Started. *Foreign Policy*. 18 October 2017. ）

民调显示法塔赫支持率走高

据巴勒斯坦安纳贾大学有线广播报道，民调显示在加沙地带法塔赫比哈马斯更受欢迎。根据安纳贾大学于 2017 年 10 月 12 日至 14 日进行的对西岸和加沙 1862 名巴勒斯坦成年人的新调查，38% 的人支持法塔赫，11% 的人支持哈马斯，其余中立。当加沙人被问及他们将在选举中为谁投票时，41% 的人表示投法塔赫，8% 的人表示投哈马斯。

（来源：安纳贾大学有线广播；《民意调查显示在加沙法塔赫比哈马斯更受欢迎》；

Poll Shows Fatah More Popular than Hamas in Gaza. An-Najah University-PA. 19 October 2017. ）

美国在阿富汗击毙巴塔分支头目

据美国《长期战争》杂志报道，巴基斯坦塔利班分支组织“自由者大会（Jamaat-ul-Ahrar）”头目奥马尔·哈立德·霍拉萨尼于19日被证实死亡。报道称，19日他本人在阿富汗和巴基斯坦边境地区遭到美军无人机轰炸，伤重而亡。此外，该组织还有9名成员在轰炸中死亡。报道强调，该组织曾多次在巴基斯坦发动恐怖袭击事件，其于2016年复活节在拉合尔发动的自杀炸弹袭击造成72人死亡，300余人受伤，其中多为妇女和儿童。

（来源：《长期战争》杂志10月19日文章；作者：比尔·罗根：《美国在阿富汗击毙巴基斯坦塔利班头目》；

Bill Roggio. U. S. Kills Pakistani Taliban Leader in Afghanistan. *Long War Journal*. 19 October 2017. ）

美国公司向韩国推荐“铁穹”反火箭弹系统

美国《福布斯》杂志于10月19日发布评论文章。文章称，美国雷神公司在华盛顿的美国陆军协会年度会展上展示了其投资的以色列“铁穹系统”，并向韩国提供了快速部署以缓解其所遭遇军事威胁的方案。韩国此前部署的“萨德”反导系统并未配置相关炮弹，且无法防御低空火箭弹进攻，以色列的“铁穹系统”作为防御黎巴嫩火箭弹的短程空中反火箭弹系统可以同时追踪超过1000个目标的轨迹，效果显著且拦截率较高，雷神公司提出可将这一系统部署在韩国。

（来源：《福布斯》杂志10月19日文章；作者：洛伦·汤普森：《雷神公司可能迅速改善首尔在朝鲜进攻中的脆弱性》；

Loren Thompson. Raytheon May Have A Quick Fix For Seoul's Vulnerability To North Korean Attack. *Forbes*. 19 October 2017. ）

美国对伊朗革命卫队发起新制裁

美国民主卫士基金会发布评论文章，称美国对伊朗革命卫队发起新制裁。文章称，该举措并未添加额外的法律限制，但表示了美国对伊朗革命卫队的批判。评论称，虽然美国国务院并未将革命卫队列入外国恐怖组织名单，但财政部的举措依然可以制裁与革命卫队开展合作的个人、公司和金融机构。

（来源：民主卫士基金会 10 月 20 日文章；作者：安妮·菲克斯勒：《对伊朗革命卫队的新制裁的启示》；

Annie Fixler. Implications of the New Iran Revolutionary Guard Sanctions. Foundation for Defense of Democracies. 20 October 2017.）

埃及警方在反恐行动中伤亡惨重

据美国《华盛顿邮报》报道，埃及警方于 10 月 20 日的反恐行动中阵亡了 55 名警察。报道称，此次反恐行动是进攻埃及西部沙漠巴哈伊绿洲附近的一个极端分子据点，警方在进攻中遭到炸弹伏击，有 55 名警察死亡。埃及安全机构称，这些武装分子隶属于埃及穆兄会的作战组织。

（来源：《华盛顿邮报》10 月 21 日讯；作者：苏达桑·拉格哈文、赫巴·法鲁克·马福兹：《数十名埃及警察在打击涉嫌极端分子的基地中阵亡》；

Sudarsan Raghavan and Heba Farouk Mahfouz. Dozens of Egyptian police are killed in raid on suspected militant base. *Washington Post*. 21 October 2017.）

民调显示美国国内广泛支持重启与伊朗核谈判协议

据美国山丘（The Hill）网站报道，民意调查显示 70% 的美国人支持重启与伊朗的核谈判。报道称，此次民调由哈佛大学和哈里斯公司于 10 月 14 日至 18 日进行。其中 70% 的受访者表示 2015 年伊朗协议应由国会重新核实与谈判，这些人中包括 85% 的共和党人、71% 的独立人士和 57% 的民主党人。

（来源：山丘网站 10 月 23 日报道；作者：乔纳森·伊斯利：《民调显示与伊朗重启核谈判协议获得广泛支持》；

Jonathan Easley. Poll finds broad support for renegotiating nuclear deal with Iran. The Hill. 23 October 2017.）

德国情报机构发布德国极端分子回流的风险警告

据德国之声报道，德国情报机构联邦宪法保卫局（BfV）局长汉斯格·奥尔格马森（Hans-Georg Maassen）于 10 月 18 日表示，在叙的德国籍极端分子的回流风险巨大。奥尔格马森说，目前有超过 950 名德国人在叙利亚和伊拉克，“他们被极端组织灌输思想，被宗教组织网络化，很快将返回德国”。

（来源：德国之声10月24日报道；作者：迈克尔·弗斯图恩：《德国国内情报机构警告“伊斯兰国”同情者》；

Marcel Furstenau. Germany's domestic intelligence agency warns of IS sympathizers. Deutsche Welle-Germany. 24 October 2017.）

5000余名“伊斯兰国”极端分子回流母国

据英国广播公司（BBC）报道，至少有5600名“伊斯兰国”的支持者已经回流母国。该数据来源于搜帆中心（Soufan Center）智库的一份报告，其中包括400余名俄罗斯人，760余名阿拉伯人，800余名突尼斯人和271名法国人。

（来源：英国广播公司10月24日讯；《报告：5600名“伊斯兰国”海外战士回流母国》；

IS foreign fighters：5，600 have returned home-report. BBC News. 24 October 2017.）

沙特王储承诺更温和的宗教

据美国有线电视新闻网（CNN）报道，沙特王储穆罕默德·本·萨勒曼（Mohammed bin Salman）于10月24日宣称要将宗教温和化。他说要摧毁“极端主义思想”，寻求重塑“温和的”宗教，并向外界保持开放的姿态。

（来源：美国有线电视新闻网10月25日；作者：埃利奥特·麦克劳林：《沙特王储承诺更温和的宗教》；

Eliott McLaughlin. Saudi Crown Prince Promises “a More Moderate Islam”. CNN. 25 October 2017.）

伊拉克政府军及民兵进攻重要石油枢纽费什哈布尔地区

据美国路透社报道，伊拉克政府军及什叶派民兵于10月24日继续进攻库尔德武装占领的费什哈布尔（Fish-Khabur）地区。报道称，该地区位于伊拉克、土耳其和叙利亚三国交界区域。伊拉克政府控制的部分石油和北部库尔德武装控制的石油都从这里通过管道进入土耳其，具有重要的战略意义，对于缺乏出海口的库区武装尤为重要。

（来源：路透社10月25日讯；《亲政府的伊拉克民兵持续对库尔德人发动攻势》；

Pro – Government Iraqi Militias Continue Offensive Against Kurds. Reuters. 25

October 2017.）

俄罗斯否决叙利亚化武调查决议草案

据美国路透社报道，俄罗斯于10月24日在联合国安理会投否决票，拒绝延长调查叙利亚境内化学武器袭击责任方的任务期限。此外，中国投下弃权票。

（来源：路透社10月25日讯；作者：罗德里戈·坎波斯：《俄罗斯否决叙利亚化武调查决议草案》；

Rodrigo Campos. Russia vetoes extension of mission probing chemical weapons use in Syria. Reuters. 25 October 2017.）

"伊斯兰国"武装分子将继续作战

据美国《纽约时报》报道，打击"伊斯兰国"的反恐联军指挥官保罗·方科（Paul E. Funk）中将称"伊斯兰国"分子依然威胁巨大。他在10月25日接受采访时表示，在"伊斯兰国"实控面积仅为三年前5%的情况下，其武装分子继续保持"地下式"作战，其中伊拉克西部有1500～2500名武装分子，叙利亚东部有2500～5500名武装分子。

（来源：《纽约时报》10月25日讯；作者：大卫·祖卡诺：《美军司令："伊斯兰国"在逃跑》；

David Zucchino. Islamic State Is 'On the Run,' U. S. Commander Says. *New York Times*. 25 October 2017.）

美国通过对伊朗弹道导弹计划的新制裁议案

据美国《华盛顿邮报》报道，美国众议院于10月26日以压倒性票数通过了针对伊朗弹道导弹计划的新制裁议案。报道称，这份议案扩大了对伊朗的制裁范围，还将对支持伊朗发展弹道导弹计划的个人、公司和政府进行制裁，以423∶2的票数在众议院通过。评论称，美国国会通过对伊朗的新制裁案并不包括完全退出伊朗核协议。

（来源：《华盛顿邮报》10月27日讯；作者：珍妮弗·鲁宾：《最近的伊朗议案投票告诉我们什么》；

Jennifer Rubin. What the latest Iran vote tells us. *Washington Post*. 27 October 2017.）

美国要求盟友加紧对伊朗的制裁

据美国《华尔街日报》报道，美国财政部部长史蒂芬·努钦（Steven Mnuchin）于10月30日接受采访时表示，希望与地区盟友合作加强对伊朗的制裁。报道称，在此前沙特阿拉伯、以色列、阿联酋和卡塔尔召开的会议上，努钦希望盟友加大对伊朗的制裁压力并打击相关的融资活动。美国财政部制裁事务主任西格尔·曼德尔克（Sigal Mandelker）强调，任何银行、公司和个人，与伊朗保持联系都会招致制裁。

（来源：《华尔街日报》10月30日讯；作者：伊恩·塔利：《史蒂芬·努钦要求盟友加紧对伊朗的制裁》；

Ian Talley. Steven Mnuchin Presses Allies to Tighten Iran Sanctions. *Wall Street Journal*. 30 October 2017.）

纽约遭遇“伊斯兰国”恐袭

据美国国家广播电台报道，11月1日“伊斯兰国”恐怖分子在纽约曼哈顿制造卡车袭击，造成8人死亡。报道称，“伊斯兰国”恐怖分子在纽约曼哈顿区开车冲到闹市区并扫射人群，造成八人死亡、十余人受伤，制造袭击的其中一名恐怖分子甚至冲到校车上杀死了两名成人和两名儿童。恐怖分子在袭击之后留下字条表示此次袭击是“伊斯兰国”所策划的。

（来源：美国国家广播电台11月1日讯；作者：克罗基·谢马什科：《“伊斯兰国”支持恐怖分子在曼哈顿制造卡车袭击 致8人死亡》；

Corky Siemaszko. ISIS-Inspired Terrorist Kills 8 in Manhattan Truck Attack. NBC News. 1 November 2017.）

俄罗斯开始在伊朗建设布什尔2号核系统

据今日俄罗斯电视台报道，11月1日俄罗斯开始在伊朗建设布什尔2号核系统。俄罗斯原子能署10月31日宣布，这项工程将花费数十亿美元和十几年时间。报道强调，俄罗斯和伊朗早在2014年就达成了这项协议，该协议还包括建立6个核反应堆。

（来源：今日俄罗斯电视台11月1日讯；《俄罗斯开始在伊朗建设布什尔2号核系统》；

Russia Starts Building Bushehr 2 Nuclear Power Plant in Iran. RT-News. 1 November 2017.）

“伊斯兰国”在围攻摩苏尔期间杀害数百平民

据美国《纽约时报》报道，11 月 3 日联合国称“伊斯兰国”在围攻摩苏尔期间杀害数百平民。报道称，“伊斯兰国”在重新夺回摩苏尔期间杀死了 741 名平民，这些人包含了一些妇女和儿童，此外他们还绑架了一些平民并且在与伊拉克士兵作战过程中使用平民做肉盾。

（来源：《纽约时报》11 月 3 日讯；作者：瑞克·格兰德森：《联合国称“伊斯兰国”在围攻摩苏尔期间杀害数百平民》；

Rick Gladstone. UN Says Islamic State Executed Hundreds during Siege of Mosul. *New York Times*. 3 November 2017.）

世俗主义思潮在阿拉伯世界的蓬勃兴起

据英国《经济学人》11 月 3 日报道，世俗主义在阿拉伯世界蓬勃兴起。阿拉伯一项民意调查显示，自 2011 年“阿拉伯之春”以来，阿拉伯世界民众的思维发生了很大变化。在埃及，支持加强伊斯兰教教法的民众从 2011 年的 84% 降低到了 34%，在黎巴嫩听《古兰经》的人比之前减少了一半。

（来源：英国《经济学人》11 月 3 日讯；《世俗主义在阿拉伯世界的蓬勃兴起》；

Secularism Surges in the Arab Would. *Economist*. 3 November 2017.）

以色列完成对于四十名接待中国游客的导游的培训

据中国《新华日报》报道，11 月 3 日以色列完成对专门接待中国游客的导游培训。这类型培训在以色列是第一次，培训人数为四十人，培训的目的是解决以色列境内接待中国游客的导游严重短缺的问题。报道称，2017 年的前八个月到以色列旅游的中国游客增加了 60%。

（来源：《新华日报》11 月 3 日讯；作者：薛全：《以色列完成对于四十名接待中国游客的导游的培训》；

Xue Quan. Israel Complete Training Course for Chinese Tour Leader. *Xinhua – China*. 3 November 2017.）

黎巴嫩总理萨阿德·哈里里表示反对伊朗干涉

据卡塔尔半岛电视台报道，11 月 6 日黎巴嫩总理萨阿德·哈里里（Saad Hariri）表示反对伊朗干涉。黎巴嫩总理萨阿德·哈里里在访问沙特期间宣布辞职，并且含蓄地表达了对于伊朗及其盟友的谴责。此外他还表示，怀疑伊朗正在实施一系列针对自己的秘密计划。

（来源：卡塔尔半岛电视台 11 月 6 日讯；《黎巴嫩前总理萨阿德·哈里里表示反对伊朗干涉》；

Lebanese PM Saad Hariri Resigns Citing Iranian Meddling. Al Jazeera. 6 November 2017. ）

沙特王储欲加强王权限制宗教

据美国《纽约时报》11 月 6 日报道，沙特王储正在加强王权限制宗教。报道称，沙特王储穆罕默德·本·萨勒曼（Mohammed bin Salman）正在试图解决沙特国内权力向宗教势力倾斜的现状，并以此加强对于王室的控制，沙特王储希望阿拉伯世界更加具有包容性，为此已有几十位持极端思想的宗教人士被拘留。

（来源：《纽约时报》11 月 6 日讯；作者：本·哈伯德：《沙特王储加强王权限制宗教》；

Ben Hubbard. Saudi Prince, Asserting Power, Brings Clerics to Heel. *New York Times*. 6 November 2017. ）

伊朗最高领袖哈梅内伊替换了三名高级军官

据沙特《中东日报》报道，11 月 7 日伊朗最高领袖哈梅内伊替换了三名高级军官。报道称，替换原因是这三名军官擅自修改了国防预算。哈梅内伊表示，国防预算的削减是为了支持革命卫队的建设，这三名军官的行为是对政权的威胁。

（来源：《中东日报》11 月 7 日讯；作者：阿道尔·萨尔米：《伊朗领导人哈梅内伊替换了三名伊朗高级军官》；

Adel Salmi. Khamenei Replace Army Commanders Who Challenged Defense Budget Shift to Revolutionary Guards. *Asharq Al-Awsat*. 7 November 2017. ）

沙特阿拉伯的王位之争

据美国《纽约时报》11 月 7 日报道，沙特阿拉伯正在进行一场王位之争。本周，沙特王储穆罕默德·本·萨勒曼（Mohammed bin Salman）对外宣布他已经逮捕了十几名王室的表兄弟，他们之中大部分从事商业活动。评论称，在过去的两年中，沙特王储控制了沙特经济领域的很多关键环节并拉拢了大量政府要员。

（来源：《纽约时报》11 月 7 日讯；作者：埃利奥特·艾布拉姆斯：《沙特阿拉伯的王位之争》；

Elliott Abrams. “Game of Thrones” Comes to Saudi Arabia. *New York Times*. 7 November 2017.）

埃及警告伊朗停止宗教干涉

据美国《纽约时报》报道，11 月 9 日埃及警告伊朗停止宗教干涉。埃及总统塞西日前表示：“伊朗应该立刻停止对于中东地区的干涉，海湾国家的安全不应该被威胁，沙特阿拉伯也应努力缓和与伊朗之间的紧张关系。”

（来源：《纽约时报》11 月 9 日讯；《埃及警告伊朗停止宗教干涉》；

Egypt Warns Iran to Stop Regional Meddling. *New York Times*. 9 November 2017.）

美国表示：俄罗斯同意限制伊朗在叙利亚的军事力量

据美国国务院 11 月 13 日撰文，俄罗斯同意限制伊朗在叙利亚的军事力量。特朗普与梅德韦杰夫在菲律宾会面之后，美国国务院一位高级官员表示：“俄罗斯将会对叙利亚境内的外国武装实施限制，这其中既包括伊朗军事力量，也包括伊朗支持的黎巴嫩真主党。”

（来源：美国国务院 11 月 13 日讯；《美国表示：俄罗斯同意限制伊朗在叙利亚的军事力量》；

U. S Says Russia Agrees to Elimination of Iranian – Backed Militias from Syria. U. S. State Department. 13 November 2017.）

伊朗和土耳其正分裂沙特领导的联盟

据英国广播公司（BBC）11 月 20 日报道，伊朗和土耳其正分裂沙特领导的联盟。调查显示，在阿拉伯国家中，沙特和巴林认为，伊朗是中东地区和波斯湾最大的威胁，土耳其则是必须合作的伙伴。而埃及则认为土耳其是恐怖主义的一大来源，阿拉伯国家对伊朗和土耳其的不同看法正在成为其联盟分裂的重要原因。

[来源：英国广播公司（BBC）11 月 20 日讯；作者：乔治·卡菲罗《伊朗和土耳其正分裂沙特领导的联盟》；

Giorgio Cafiero. Iran, Turkey Divide Saudi – Led Bloc. BBC News. 20 November 2017.]

沙特阿拉伯的改革

据美国《纽约时报》11 月 23 日报道，沙特阿拉伯的“阿拉伯之春”进入了尾声。报道称，中东地区正在进行的最重要的改革进程发生在沙特阿拉伯，这一改革进程由该国 32 岁的王储穆罕默德·本·萨勒曼（Mohammed bin Salman）领导，如果成功，它不仅会改变沙特阿拉伯本国的社会特征，还会改变伊斯兰教在全球的形象。

（来源：《纽约时报》11 月 23 日讯；作者：托马斯·弗里德曼：《沙特阿拉伯进行的阿拉伯之春进入了尾声》；

Thomas L. Friedman. Saudi Arabia's Arab Spring, at Last. *New York Times*. 23 November 2017.）

以色列和沙特阿拉伯正在促成秘密“联盟”

据英国广播公司（BBC）11 月 22 日报道，沙特阿拉伯和以色列实际上是对抗伊朗的盟友。一位前以色列军方高级官员在伦敦说，他最近与沙特高级官员举行了两次会晤，他们双方都不再认为对方是自己的敌人。报道称，出于相同的意图和目的，沙特阿拉伯和以色列联合起来对抗伊朗在该地区不断上升的影响力。由于政治文化和体制的区别，以色列相比沙特更倾向于公开地谈论这段关系。

[来源：英国广播公司（BBC）11 月 22 日讯；作者：乔纳森·马库斯：《以色列和沙特阿拉伯：什么正在促成秘密的“联盟”》；

Jonathan Marcus. Israel and Saudi Arabia: What's Shaping the Covert “Alliance”. BBC News. 22 November 2017.]

英国训练的沙特军队被派往也门作战

据英国《周末邮报》11 月 26 日报道，英国训练的沙特军队将被派往也门作战。报道称，多达 50 名英国陆军人员一直在向沙特阿拉伯军队传授作战技能，这些英国军人包括皇家后勤部队的爆炸物处理人员，他们指导沙特军队如何拆除路边炸弹，而这些被训练过的沙特军队将部署在也门。

（来源：《周末邮报》11 月 26 日讯；作者：马克·尼科尔：《英国训练的沙特军队被派往也门作战》；

Mark Nicol. Britain Training Saudi Troops to Fight in Yemen. *Mail on Sunday*. 26 November 2017.）

俄罗斯情报部门负责人访问以色列

据《以色列时报》报道，俄罗斯对外情报局局长谢尔盖·纳雷什金（Sergey Naryshkin）于2017年11月23日访问了以色列。报道称，在这次访问中谢尔盖·纳雷什金向以色列安全官员重申了叙利亚冲突方面的问题。以色列官员表示，以色列不受本月早些时候在叙利亚南部达成的停火协议的约束，将继续采取军事行动，以确保其安全利益。与此同时，以色列总理内塔尼亚胡通过第三方对叙利亚总统阿萨德发出警告，称如果阿萨德以任何形式的协议邀请伊朗军队在叙利亚建立基地，以色列将对叙利亚进行军事干预。

（来源：《以色列时报》11月26日讯；《俄罗斯情报部门负责人访问以色列以敦促叙利亚停火协议》；

Russian Spy Chief Said to Visit Israel for Briefing on Syria Ceasefire. *Times of Israel*. 26 November 2017.）

朝鲜与伊朗的高层接触暗示更深层次的军事合作

美国华盛顿近东政策研究所11月27日撰文称，朝鲜与伊朗的高层接触暗示更深层次的军事合作。文章援引有关官员的消息称，朝鲜和伊朗双方已经表示将共同开发弹道导弹系统以及其他军事科学领域的项目。在过去的一年，朝鲜大幅提高了其核能力和远程导弹能力，开发了射程可能到达美国西岸的洲际弹道导弹。评论称，美国和韩国情报机构一直在跟踪伊朗和朝鲜官员的互访活动，伊朗和朝鲜正在计划共同开发他们的防御系统。

（来源：华盛顿近东政策研究所11月27日讯；作者：杰·所罗门：《朝鲜与伊朗的高层接触暗示更深层次的军事合作》；

Jay Solomon. High – Level Contacts between North Korea and Iran Hint at Deeper Military Cooperation. Washington Institute for Near East Policy. 27 November 2017.）

叙利亚库尔德人表示美国将“调整”武器交付

据法国新闻社11月27日报道，美国将“调整”对叙利亚库尔德人的武器交付。库尔德官员于2017年11月27日表示，华盛顿将对向叙利亚库尔德武装提供武器的计划进行调整。叙利亚北部库尔德政府官员阿卜杜勒·卡里姆·阿姆鲁（Abdel Karim Amr）表示：“很明显，在消灭‘伊斯兰国’后，美国将对武器交付进行调整，但在协调政策方面没有变化。”

（来源：法新社 11 月 27 日讯；《叙利亚库尔德人表示美国将“调整”武器交付》；

Syria Kurds Say U. S. to “Adjust” Weapons Deliveries. AFP. 27 November 2017. ）

以色列是中国投资者的新乐土

据中国《南华早报》11 月 27 日报道，越来越多的中国投资者认为以色列是投资的新方向。报道称，随着中国对先进技术需求的不断上升，以及中国和以色列之间的关系回暖，中国企业对以色列企业的投资将是一个明智的选择。去年，中国在以色列的投资总额上涨了近两倍，达到 160 亿美元，其中很大的投资都流向了以色列的高科技产业。

（来源：《南华早报》11 月 27 日讯；作者：可可·刘：《以色列是中国投资者的新乐土》；

Coco Liu. Israel Is the New Promised Land for Chinese Investors. *South China Morning Post*. 27 November 2017. ）

埃及在西奈半岛陷入困境

美国《纽约人》杂志撰文称，埃及在西奈半岛的战斗陷入了困境。文章指出，“伊斯兰国”在伊拉克和叙利亚的哈里发政权已经被摧毁，而现在埃及成了打击圣战组织的第一线。总部位于华盛顿的塔里尔中东政策研究所（Tahrir Institute for Middle East Policy）的数据显示，自 2013 年以来，埃及发生了 1700 多起袭击事件，近 1000 名埃及警察和士兵在打击极端分子和反叛分子的过程中丧生。另外，伍德罗·威尔逊中心（Woodrow Wilson Center）的一份关于西奈省的报告称，在埃及的外国武装分子主要来自利比亚、马格里布地区和欧洲，到 2017 年中期，他们在西奈半岛的战斗力量增长了 80%。

（来源：《纽约人》杂志 11 月 28 日文章；作者：罗宾·莱特：《埃及在西奈半岛陷入困境》；

Robin Wright. Egypt Is in Trouble in Sinai. *New Yorker*. 28 November 2017. ）

埃及总统下令镇压西奈半岛的叛乱

据美国《纽约时报》11 月 29 日报道，埃及总统下令镇压西奈半岛的叛乱。报道称，在西奈半岛北部苏非清真寺发生了埃及现代历史上最严重的恐怖袭击后，总统塞西（Abdel-Fattah el-Sissi）要求安全部队三个月内镇压西奈半岛的叛乱，以恢复应有的安全与稳定。

（来源：《纽约时报》11 月 29 日讯；《埃及总统下令镇压西奈半岛的叛乱》；

Egypt President Gives Forces 3 Months to Calm Restive Sinai. *New York Times*. 29 November 2017.）

俄罗斯与埃及达成基地使用协议

据英国路透社报道，11 月 30 日俄罗斯军方与埃及空军达成基地使用协议。报道称，俄罗斯政府于 2017 年 11 月 30 日公布了一份俄罗斯和埃及之间的协议草案，允许两国各自的军用飞机使用对方的空军基地。

（来源：路透社 11 月 30 日讯；《俄罗斯军方与埃及达成空军基地使用协议》；

Russian Military Working on Deal to Use Egyptian Air Bases. Reuters. 30 November 2017.）

美国：伊朗赢得了争夺中东控制权的战争

美国《外交政策》12 月 1 日撰文称，伊朗赢得了争夺中东控制权的战争。文章表示，伊朗在中东地区取得了一系列胜利：黎巴嫩真主党击败了由沙特领导的“3 月 14 日”政治团体联盟，并限制了该联盟。在叙利亚，伊朗向叙政权提供财政和技术，并动员相关武装力量对叙利亚进行支援。在巴格达，执政的伊斯兰达瓦党传统上是亲伊朗的。评论称，在中东地区，由伊朗领导的“什叶派弧线”发展形势非常良好。

（来源：《外交政策》12 月 1 日讯；作者：乔纳森・斯派尔：《德黑兰赢得了对中东控制权的战争》；

Jonathan Spyer. Tehran Is Winning the War for Control of the Middle East. *Foreign Policy*. 1 December 2017.）

美国中央情报局局长对伊朗将军发出警告

据英国路透社 12 月 3 日报道，美国中央情报局局长迈克・庞培（Pompeo）对伊朗将军苏莱曼尼（Soleimani）介入伊拉克的行为发出警告。美国中央情报局局长迈克・庞培于 2017 年 12 月 2 日表示他已经向伊朗少将致函，明确表示希望伊朗革命卫队负责境外作战的“圣城旅”指挥官卡西姆・苏莱曼尼明白，如果他的部队攻击驻伊美军，那么伊朗将付出代价。

（来源：路透社 12 月 3 日讯；《美国中央情报局局长迈克·庞培对伊朗将军苏莱曼尼侵略伊拉克的行为发出警告》；

CIA Chief Pompeo Warns Iranian Gen. Soleimani over Iraq Aggression. Reuters. 3 December 2017.）

也门前总统萨利赫被胡塞武装杀死

据美国有线电视新闻网（CNN）报道，12 月 4 日也门前总统萨利赫（Ali Abdullah Saleh）被胡塞武装杀死。报道称，2017 年 12 月 2 日，也门前总统萨利赫宣布结束与伊朗支持的胡塞武装的联盟，4 日萨利赫在试图逃离首都萨那时被胡塞武装杀死。

（来源：美国有线电视新闻网 12 月 4 日讯；《也门前总统萨利赫被胡塞叛军杀害》；

Yemen's Former President Saleh Killed by Houthi Rebels. CNN. 3 December 2017.）

以色列袭击了叙利亚军事研究中心

据以色列新消息报网报道，12 月 4 日以色列袭击了叙利亚军事研究中心。报道称，2017 年 12 月 4 日晚间，以色列袭击了位于叙利亚首都大马士革郊区的一个军事科学研究中心，该中心包括许多军事设施，还是一个化学武器的生产和储存点。

（来源：新消息报网 12 月 5 日讯；作者：瑞伊·凯斯：《以色列袭击了叙利亚军事研究中心》；

Roi Kais. Report：Israel Attacks Military Research Center in Syria. Ynet News. 5 December 2017.）

美国将为黎巴嫩提供武器

据英国路透社 12 月 5 日报道，美国将为黎巴嫩提供武器。报道称，五角大楼官员表示美国计划向黎巴嫩武装部队提供 6 架轻型攻击直升机和一架侦察机。报道强调，在过去的三年里，美国向黎巴嫩运送了近 3.5 亿美元的武器，其中包括布莱德利战车、机关枪和夜视镜等装备。然而，批评者担心黎巴嫩军队并不像它宣称的那样独立于真主党，并担心这些武器可能落入真主党甚至伊朗的手中。

（来源：路透社12月5日讯；作者：杰克·德奇：《美国武器涌入黎巴嫩》；

Jack Detsch. U. S. Weapons Pour into Lebanon. Reuters. 5 December 2017. ）

以色列、塞浦路斯等国签署东地中海天然气管道谅解备忘录

据法国《新欧洲报》报道，12月6日希腊、塞浦路斯、意大利、以色列签署了东地中海天然气管道谅解备忘录。备忘录的内容为从东地中海地区到希腊和意大利修建一条海底输气管道，这将使塞浦路斯和以色列新发现的天然气可以输送到欧洲大陆。

（来源：《新欧洲报》12月6日讯；作者：考斯特斯·纪普鲁斯：《希腊、塞浦路斯、意大利、以色列签署了东地中海天然气管道谅解备忘录》；

Kostis Geropoulos. Greece, Cyprus, Italy, Israel Sign MoU for East Med Gas Pipeline. *New Europe*. 5 December 2017. ）

土耳其对美国的审判表示不满

据美国《华盛顿邮报》报道，12月5日土耳其总统埃尔多安（Erdogan）称美国对土耳其银行家的审判是针对土耳其的阴谋。报道称，埃尔多安于2017年12月5日表示，土耳其银行家哈坎·阿提拉因被指控帮助伊朗逃避美国的制裁而受到审判，美国对哈坎·阿提拉（Mehmet Hakan Atilla）的审判是“勒索”和“玷污”土耳其的阴谋。

（来源：《华盛顿邮报》12月6日讯；《埃尔多安称美国的审判是针对土耳其的阴谋》；

Erdogan: U. S. Trial Is Conspiracy Against Turkey. *Washington Post*. 6 December 2017. ）

美国正式承认耶路撒冷为以色列首都

据美国白宫12月7日发文称，美国正式承认耶路撒冷为以色列首都。文章称，1995年，国会通过了《耶路撒冷大使馆法案》，敦促联邦政府将美国驻以色列大使馆迁至耶路撒冷，并承认这座城市是以色列的首都。在过去的20多年里，每一位美国总统都行使了这项法律的豁免权，拒绝将美国驻耶路撒冷的大使馆搬迁到耶路撒冷，也拒绝承认耶路撒冷为以色列的首都。而现在美国总统特朗普表示，经过20多年的尝试，美国与以色列和巴勒斯坦之间的持久和平协议并没有达成，因此美国现在决定正式承认耶路撒冷为以色

列首都，并且指示国务院开始准备把美国大使馆从特拉维夫搬到耶路撒冷。不过，特朗普表示这个决定并没有背弃持久和平协议。

（来源：美国白宫 12 月 7 日文章；《美国正式承认耶路撒冷为以色列首都》；

It is Time to Officially Recognize Jerusalem as the Capital of Israel. White House. 7 December 2017. ）

美国：耶路撒冷问题遵从美国人民的意愿

据美国国务院 12 月 8 日发文称，在耶路撒冷问题上特朗普遵从了美国人民的意愿。美国国务卿雷克斯·蒂勒森（Rex Tillerson）于 2017 年 12 月 7 日表示，美国 1995 年的法律要求美国承认耶路撒冷是以色列的首都，并且搬迁美国的大使馆。所以现在美国决定正式承认耶路撒冷是以色列的首都仅仅是遵从美国人民的意愿。蒂勒森还强调将维持圣地的现状，保留周围各国在耶路撒冷的正当作用。与此同时还重申，美国依旧支持两国解决方案，并发表了一份声明表示，每个国家都有权决定其在以色列的大使馆是否搬迁。

（来源：美国国务院 12 月 8 日文章；《蒂勒森：在耶路撒冷问题上特朗普遵从了美国人民的意愿》；

Tillerson：On Jerusalem，Trump is Obeying the Will of the American People. U. S. State Department. 8 December 2017. ）

哈马斯：美国有关耶路撒冷的决定是宣战信号

卡塔尔半岛电视台 12 月 8 日报道，哈马斯方面表示美国有关耶路撒冷的决定是一种宣战信号。报道称，哈马斯领导人伊斯梅尔·哈尼亚（Ismail Haniya）于 2017 年 12 月 7 日在加沙城表示，美国承认耶路撒冷为以色列首都的决定是“对巴勒斯坦人的宣战”，并呼吁发动新的“起义”。伊斯梅尔·哈尼亚表示“耶路撒冷”是巴勒斯坦不可改变的首都。

（来源：卡塔尔半岛电视台 12 月 8 日讯；《哈马斯表示美国有关耶路撒冷的决定是一种宣战信号》；

Hamas：U. S. Decision on Jerusalem Is a Declaration of War. Al Jazeera. 8 December 2017. ）

欧盟在耶路撒冷问题上声援巴勒斯坦

英国路透社 12 月 8 日报道，欧盟认为耶路撒冷仍是以色列和巴勒斯坦两国的首都。报道称，欧盟外交政策负责人莫盖里尼（Federica Mogherini）于

2017 年 12 月 7 日承诺，欧盟将调整外交政策，以确保巴勒斯坦人仍然拥有耶路撒冷。她说："我们认为，解决巴以冲突的唯一现实方案是'两国方案'，而耶路撒冷是两国的首都。"欧盟认为，作为巴勒斯坦最大的援助国和以色列的最大贸易伙伴，它有责任在耶路撒冷问题上支持巴勒斯坦。

（来源：路透社 12 月 8 日讯；作者：罗宾·埃默特：《欧盟认为耶路撒冷仍是以色列和巴勒斯坦两国的首都》；

Robin Emmott. EU Vows Push to Make Jerusalem Capital for Palestinians Too. Reuters. 8 December 2017. ）

叙利亚的美军人数

美国《纽约时报》12 月 8 日报道，美国有 2000 名军人在叙利亚作战。报道称，五角大楼发言人于 2017 年 12 月 6 日表示，大约有 2000 名美国军人在叙利亚与"伊斯兰国"（ISIS）作战，这一数据几乎是此前披露总数的四倍之多。

（来源：《纽约时报》12 月 8 日讯；作者：约翰·伊斯梅：《美国有 2000 名军人在叙利亚作战》；

John Ismay. U. S. Says 2，000 Troops Are in Syria. *New York Times*. 8 December 2017. ）

特朗普的耶路撒冷之行并没有引发一场暴动

美国国家广播公司新闻网 12 月 10 日报道，特朗普的耶路撒冷之行并没有引发一场暴动。在特朗普总统决定承认耶路撒冷为以色列的首都后不到一个星期的时间，巴勒斯坦的抗议活动基本上都以失败告终。2017 年 12 月 8 日，不到 20 名示威者聚集在美国驻耶路撒冷的领事馆周围，高呼支持巴勒斯坦的口号，但最终被驱散。

（来源：美国国家广播公司新闻网 12 月 10 日讯；作者：雷切尔·埃尔鲍姆：《特朗普的耶路撒冷之行并没有引发一场暴动》；

Rachel Elbaum. Trump's Jerusalem Move Hasn't Sparked an Intifada. NBC News. 10 December 2017. ）

印度、中国和俄罗斯避免表态支持将东耶路撒冷作为巴勒斯坦的首都

据印度《德干先驱报》12 月 10 日报道，印度、中国和俄罗斯避免表态支持将东耶路撒冷作为巴勒斯坦的首都。报道称，2017 年 12 月 8 日，三国

外长在新德里会晤，达成一致意见表示印度、俄罗斯和中国避免寻求将东耶路撒冷作为巴勒斯坦的首都。会后发表的联合声明呼吁"旨在建立一个独立的、可行的、领土相连的巴勒斯坦国，并在双方同意的、国际承认的边界内与以色列保持和平与安全。"

（来源：《德干先驱报》12 月 10 日讯；作者：阿纳尔班·巴霍米克：《印度、中国和俄罗斯不寻求将东耶路撒冷作为巴勒斯坦的首都》；

Anirban Bhaumik. India, China and Russia Refrain from Seeking East Jerusalem as Palestinian Capital. *Deccan Herald – India*. 10 December 2017.）

巴勒斯坦人在边界内举行抗议活动

美国《华盛顿邮报》12 月 11 日报道，巴勒斯坦人在边界内进行抗议。报道称，尽管在此之前有一些激烈的言辞，但此次在边界内举行的反对特朗普针对耶路撒冷宣言的示威活动规模空前，涉及了约旦河西岸和加沙地带的几千人。报道称，这次示威活动是巴勒斯坦当局所引导，并非自发性示威活动。

（来源：《华盛顿邮报》12 月 11 日讯；《巴勒斯坦人在边界内进行抗议》；

Palestinians Keep Protests within Bounds. *Washington Post*. 11 December 2017.）

阿拉伯世界对于耶路撒冷问题没有产生强烈反应

美国《纽约邮报》12 月 12 日报道，阿拉伯世界对于耶路撒冷问题没有产生预期的强烈反响。报道称，在特朗普总统承认耶路撒冷为以色列首都之后，有"专家"预言大规模、暴力的抗议活动和一波恐怖浪潮将席卷伊斯兰世界。然而，阿拉伯国家仅仅发布了对该决定不赞成的声明，却并无其他大规模行动。报道强调，美国方面认为，如果阿拉伯领导人拒绝让"巴勒斯坦问题"影响他们的政策，美国也无须调整自己的政策。

（来源：《纽约邮报》12 月 12 日讯；作者：拉尔夫·彼得斯：《阿拉伯世界对于耶路撒冷问题没有产生预期的强烈反应》；

Ralph Peters. Why the "Arab Street" didn't Explode. *New York Post*. 12 December 2017.）

沙特阿拉伯取消了对电影院的禁令

据美国《华尔街日报》12 月 12 日报道，沙特阿拉伯取消了对电影院的 35 年禁令。报道称，沙特阿拉伯文化和信息部于 2017 年 12 月 8 日表示，商业影院将于2018年初开始运营，这一举动结束了从20世纪80年代初开始的对电影院的禁令。

（来源：《华尔街日报》12月12日讯；作者：尼考拉斯·帕瑞斯：《沙特阿拉伯取消了对电影院的35年禁令》；

Nicolas Parasie. Saudi Arabia Lifts 35-Year Ban on Movie Theaters. *Wall Street Journal*. 12 December 2017.）

美国称卡塔尔和土耳其是激进意识形态的新支持者

据阿布扎比《国家报》12月13日报道，美国称卡塔尔和土耳其是激进意识形态的新支持者。在2017年12月12日华盛顿举行的政策交流会上，美国国家安全顾问麦克·马斯特（H. R. McMaster）表示卡塔尔和土耳其成了资助极端主义意识形态方面的“新玩家”。

（来源：阿布扎比《国家报》12月13日讯；作者：乔伊斯·卡拉姆：《美国称卡塔尔和土耳其是激进意识形态的新支持者》；

Joyce Karam. U. S. National Security Adviser: Qatar and Turkey Are New Sponsors of Radical Ideology. *The National-Abu Dhabi*. 13 December 2017.）

伊朗、土耳其发出反对耶路撒冷宣言的最强音

据以色列《耶路撒冷邮报》12月13日报道，伊朗、土耳其发出了反对耶路撒冷宣言的最强音。对于特朗普在耶路撒冷问题上的宣言，最强烈的反应来自伊朗和土耳其而不是阿拉伯国家。例如，许多巴勒斯坦青年冒着面对以色列国防军的危险去对抗以色列，而巴勒斯坦权力机构和哈马斯则不然，巴勒斯坦权力机构和哈马斯都在克制他们的军队，而不是浪费力量去对抗以色列。与此同时，土耳其和伊朗的领导人都在外交场合表达了对于特朗普举动的强烈反对和反制措施。

（来源：《耶路撒冷邮报》12月13日讯；作者：希勒尔·弗里希：《对于特朗普在耶路撒冷的宣言最强烈的反应来自伊朗和土耳其而不是阿拉伯国家》；

Hillel Frisch. Strongest Reaction to Trump's Declaration on Jerusalem is from Iran and Turkey rather than Arab States. *Jerusalem Post*. 13 December 2017.）

沙特外长表示美国在努力推进和平进程

据英国路透社12月15日报道，沙特外长公开表示美国正在为和平进程做出实质性努力。报道称，沙特外交大臣阿德尔·朱拜尔（Adel al-Jubeir）

于 2017 年 12 月 13 日公开在法国电视台表示，沙特相信特朗普政府是在认真努力推动以色列人和阿拉伯人之间的和平，美国正在研究各种推动和平的途径，并与包括沙特阿拉伯在内的所有各方协商，将各方合理的观点纳入其中，虽然问题最终的解决还需要很长的时间。

（来源：路透社 12 月 15 日讯；《沙特外长公开表示美国正在为和平进程做出努力》；

Saudi Foreign Minister：U. S. “Serious” about Peace Efforts. Reuters. 15 December 2017. ）

以色列：中国欲在重建叙利亚中发挥作用

据以色列贝京-萨达特战略研究中心（BESA）12 月 15 日发文称，中国试图在叙利亚重建中发挥重要作用。文章称，2017 年夏天，中国主办了“叙利亚重建项目第一次贸易博览会”，在此期间，中国官员承诺向重建项目投入 20 亿美元。2017 年 3 月，叙利亚总统阿萨德也在接受中国记者采访时表示，他强烈支持国内关于中国的研究，并指出中叙关系正在迅速发展。

（来源：以色列贝京-萨达特战略研究中心 12 月 15 日讯；作者：吉迪恩·埃拉扎：《中国重建叙利亚》；

Gideon Elazar. The Chinese Rebuilding of Syria. BESA Center for Strategic Studies-Bar-Ilan University. 15 December 2017. ）

卡塔尔正在进行大规模的军事建设

据美国国防新闻网 12 月 19 日报道，卡塔尔正在进行大规模的军事建设。报道称，2017 年 12 月 17 日英国与卡塔尔签署了一项协议，向卡塔尔提供 24 架“台风战斗机”。业内人士指出，卡塔尔的空军现在配备有 96 架新型飞机。另据斯德哥尔摩国际和平研究所（SIPRI）高级研究员彼得·魏泽曼（Pieter Wezeman）表示，卡塔尔如何能够将这些武器转化为有效的武力，以及它们将多大程度上依赖外国的援助，包括雇佣军，这一系列问题还有待观察。

（来源：国防新闻网 12 月 19 日讯；《卡塔尔正在进行大规模的军事建设但谁会是这个系统的主人》；

A Huge Military Buildup Is Underway in Qatar. But Who Will Man the Systems. Defense News. 19 December 2017. ）

美国否决联合国关于谴责美国承认耶路撒冷的决议

据美国哥伦比亚广播公司（CBS News）12 月 19 日报道，美国否决联合国安理会关于谴责美国承认耶路撒冷的决议。报道称，2017 年 12 月 18 日，美国否决了由埃及提出，其他 13 名安理会成员批准的联合国安理会决议草案，决议内容为要求推翻特朗普总统承认耶路撒冷为以色列首都的决定。美国驻联合国大使妮基·黑利（Nikki Haley）在表决后表示，所有国家要吸取过去的教训，努力把以色列和巴勒斯坦人民带入和平的谈判桌前。

（来源：美国哥伦比亚广播公司 12 月 19 日讯；作者：帕梅拉·法尔克：《美国否决联合国关于谴责美国承认耶路撒冷的决议》；

Pamela Falk. U. S. Vetoes UN Resolution Condemning U. S. Recognition of Jerusalem. CBS News. 19 December 2017. ）

叙政府军严重依赖民兵武装

美国中东研究所 12 月 19 日撰文称，叙利亚总统阿萨德（Bashar Al-Assad）已将大量关键军事行动转交给民兵组织。文章称，到 2013 年中期，即内战开始两年后，叙利亚政府军就失去了一半的兵力，从 22 万减少到 11 万。目前，政府直接控制下的阿拉伯军队估计仅为 2 万 ~2.5 万名，与此同时，为阿萨德政权而战斗的民兵人数目前为 15 万 ~20 万。评论称，这事实上引发了人们的质疑，即叙利亚政权未来是否具有稳定国家的能力。

（来源：中东研究所 12 月 19 日文章；作者：查尔斯·利斯特、多米尼克·纳尔逊：《阿萨德在叙利亚的民兵组织》；

Charles Lister and Dominic Nelson. Assad's Militiafication of Syria. Middle East Institute. 19 December 2017. ）

沙特拦截胡塞武装发射的导弹

据英国路透社 12 月 20 日报道称，沙特空中防御系统拦截了胡塞武装向利雅得发射的导弹。报道称，2017 年 12 月 18 日沙特的防空导弹击落了也门胡塞武装向利雅得发射的弹道导弹。胡塞武装表示，他们把导弹对准了沙特阿拉伯王宫的沙特王室，那里正在举行一场沙特领导人会议。美国驻联合国大使妮基·黑利（Nikki Haley）表示，胡塞武装所使用的导弹具有以前伊朗提供的武器的所有特征。

（来源：路透社 12 月 20 日讯；作者：凯蒂·保罗、拉尼亚·埃尔贾马尔：《沙特空中防御拦截了胡塞发射向利雅得的导弹》；

Katie Paul and Rania El Gamal. Saudi Air Defenses Intercept Houthi Missile Fired toward Riyadh. Reuters. 20 December 2017. ）

以色列埃尔比特系统公司与北约签订 4600 万美元合同

据英国路透社 12 月 22 日报道，以色列的埃尔比特（Elbit）系统公司与北约签订了价值4600 万美元的合同。报道称，以色列国防承包商埃尔比特系统公司于 2017 年 12 月 19 日表示，该公司将为北约的空中 A330 加油机提供直接的红外对抗自我保护系统，以及被动机载预警系统，该系统将保障飞机在恶劣环境下更安全地行驶。

（来源：路透社 12 月 22 日讯；《以色列的埃尔比特系统与北约签订 4600 万美元的合同》；

Israel's Elbit Systems Gets ＄46 Million NATO Contract. Reuters. 22 December 2017. ）

美国在叙利亚追捕“伊斯兰国”残余势力

据美国《纽约时报》12 月 26 日报道，美国在叙利亚继续追捕“伊斯兰国”残余势力。报道称，随着美国军事行动进入最后阶段，美国派遣了无人驾驶飞机和监视飞机继续对 3000 名“伊斯兰国”武装分子进行打击，这些武装分子躲藏在叙利亚的幼发拉底河附近和周围的沙漠地带。美军中央司令部司令约瑟夫·沃特尔（Joseph L. Votel）将军表示，“伊斯兰国”仍具有恐袭和作战的组织能力，剩余的“伊斯兰国”武装分子将采用他们非常擅长的游击战术。

（来源：《纽约时报》12 月 26 日讯；作者：埃里克·施密特：《美国在叙利亚继续追捕“伊斯兰国”残余势力》；

Eric Schmitt. U. S. Hunts Remaining Pockets of ISIS in Syria. *New York Times*. 26 December 2017. ）

主　编：李　玮

副主编：刘　博

编　辑：线凤阳、刘亚萍、霍思瑶、任　琳、闫泽晶、汪志远

2017年中东形势综述

田文林*

摘　要：2017年，中东局势呈现四大基本趋势：一是经济转型依然“在路上”；二是中东地区格局呈现多极化态势；三是“伊斯兰国”气数将尽，但反恐形势依然严峻；四是美国中东政策日趋功利化。

关键词：中东格局　格局重组　地区性问题　美国中东政策

中东是世界上政治生态最复杂、最脆弱的地区。2011年席卷阿拉伯世界的“中东剧变”，极大破坏了中东原本脆弱的政治生态环境，由此引发持续数年的中东大乱局。截至2017年，中东格局仍在动荡中调整，并呈现出若干趋势性态势。

一　中东经济转型依然“在路上”

中东国家在世界经济产业链中总体处于中低端位置。以埃及为代表的中东非产油国，主要依靠旅游、侨汇、运河通行费等“靠天吃饭”的行业；以沙特为代表的中东产油国，则主要依靠出口石油等自然资源。中东经济日趋落后于世界的整体发展水平。2011年“中东剧变”很大程度上就是对这种落后生产方式的反抗，同时也包含了实现经济转型、重启工业化的内在要求。换言之，这场剧变又是阿拉伯国家进行政治经济转型的新尝试。

然而，数年来的实践表明，中东国家转型之路曲折坎坷，中东国家依然面临经济困境，其中既有周期性危机的外因，也有结构性危机的内因，要想实现转型升级绝非易事。

（一）从外因看，截至2017年，国际金融危机并未真正过去，影响了阿拉伯国家的经济振兴。中东经济与国际经济体系“与损与荣”，且处在产业链下游位置。2008年美国爆发金融危机，却使经济链条最脆弱的中东国家最

---

* 田文林，中国现代国际关系研究院副研究员。

先受害：金融危机爆发后，美国对外转嫁危机，推行“量化宽松”政策，增发美元，由此导致石油、粮食、矿产等国际大宗商品价格大涨。突尼斯、埃及等中东非产油国进口费用大增，导致入不敷出，最终在2011年这些国家的政权相继垮台。2013年5月以来，美联储停止“量宽”政策，并进入加息周期，由此使发展中国家借贷美元成本上升。埃及等国再度面临外债激增、货币贬值、资本外流等问题。

美元升值引发的油价暴跌，还使中东产油国损失巨大。国际油价已由2014年6月每桶最高115美元跌至最低30美元以下（目前为每桶50美元左右）。据估算，仅2015年，低油价就令中东财富蒸发3600亿美元。海湾国家预算大多基于油价80～90美元/桶，油价暴跌使这些产油国财政赤字骤增。据科威特财政中心报告，2015～2016年，海湾六国财政缺口大约为3180亿美元。到2020年，这些国家需借贷2850亿～3900亿美元。① 2016年2月18日，标准普尔下调沙特、巴林、阿曼等产油国主权信用评级：沙特从“A+”降至“A-”；巴林从“BBB-”下调至“BB”；阿曼下调两级至“BBB-”。中东产油国“资源诅咒”凸显。

沙特的经济困境最典型。据国际货币基金组织称，沙特实现预算平衡，油价需在106美元/桶，目前低油价使沙特石油收入锐减。2016年，沙特财政赤字超过1000亿美元，预算赤字占GDP的17.8%，2017年这种局面仍未缓解。据沙特统计局2017年6月30日透露，该国第一季度GDP总值为6430亿里亚尔，同比下降0.5%，油气领域萎缩2.4%。

（二）从内因看，中东国家普遍缺乏经济转型升级的自主能力。对埃及等非产油国来说，这些国家没有实现工业化，由此导致其经济普遍缺乏“造血能力”，而实现“再工业化”非短期所能奏效。在此背景下，埃及等国为避免外汇流失，被迫于2016年11月实行浮动汇率，埃镑贬值超过48%。进入2017年，埃及经济环境看似有所改善：埃及营商环境从2016年的129位升至2017年的88位；外汇储备升至310亿美元（2017年5月数字），接近动荡前水平；外国直接投资上升12.3%，达到66亿美元（2017年3月数字）；股市资金净流入38亿美元。② 但埃及必须为储备外汇提供高额利息，由此其经济不啻是“饮鸩止渴”。长远看，由于埃及、突尼斯等国安全形势不佳、海湾国家外援减少、国际经济持续萧条、国际竞争激烈等因素，加之政府继续推行新自由

① “Gulf States to Borrow Billions to Plug Budget Deficits：Report”，Middle East Eye，10 April 2016.

② “Sherine Abdel-Razek，are the Reforms Paying Off?”，*Ahram Weekly*，26 June，2017.

主义政策，埃及经济转型升级难度极大。

对沙特等石油生产国来说，情况同样不甚乐观。为缓解经济困难，沙特于2016年4月启动“2030愿景”，谋求经济转型升级。2017年10月24日，沙特王储穆罕默德宣布将花费5000亿美元，在沙特、约旦和埃及接壤处建立一个类似迪拜的高度自由的经济特区。但沙特经济转型并非易事。一是威胁沙特原有统治模式。沙特统治模式建立在“福利换稳定”基础上，政府无须向人民征税，反向民众提供经济福利，民众“不纳税，无代表”，由此使沙特王室安然维系君主统治。但随着沙特削减福利，开征消费税，沙特原有统治模式面临挑战。二是“2030愿景”可行性存在疑问。IMF认为，沙特在短短14年时间内设置了一个大胆而遥不可及的经济多元化转型。劳动密集型制造业的低工资，对习惯了高收入的沙特人几乎没有吸引力，而且沙特的石化、采矿业已过度发展，没有空间吸收更多劳动力。沙特谋求成为中东医疗中心，但面临黎巴嫩、约旦等国的竞争；发展金融业则面临卡塔尔、阿联酋等国的竞争。三是沙特传统价值观也束缚了经济改革。要实现“2030愿景”，沙特必须吸收温和、宽容、纪律、平等和透明等价值观，但沙特高度封闭，强调特权，部落和地区纽带胜于国家认同，满足这一条件几乎不可能。[①] 有分析认为，沙特生存有三大支柱：宗教、部族主义和石油。瓦哈比教义一直反对现代性事业，认为发展生产力会导致阶级分化，削弱部族主义。“2030愿景”实际是解构沙特政治体系的传统支柱。[②] 历史上，沙特在二十世纪五六十年代就曾制订工业发展计划，减少对石油生产的依赖，但最终效果有限。这次沙特能否摆脱历史宿命，仍很难料定。

二　中东权力格局呈现群龙无首、群雄割据的多极化状态

传统上，阿拉伯国家一直处在中东政治舞台中央，是中东地区政治的绝对主角。然而，2011年“中东剧变”以来，阿拉伯世界整体衰落趋势持续加剧，非阿拉伯国家影响力凸显，并积极参与地区主导权竞争，由此导致中东地区格局出现多极争霸的格局。

（一）阿拉伯世界衰落趋势持续加剧

在阿拉伯世界，埃及过去一直是阿拉伯世界公认的“领头羊”，一直占据中东舞台的中央。但2011年“中东剧变”后，埃及、利比亚、叙利亚等

---

① Hilal Khashan, “Saudi Arabia's Flawed ‘Vision 2030’”, *Middle East Quarterly*, Winter 2017.

② Hilal Khashan, “Saudi Arabia's Flawed ‘Vision 2030’”, *Middle East Quarterly*, Winter 2017.

世俗阿拉伯共和国元气大伤。在此背景下，以沙特为代表的地区保守力量乘机崛起，并成为阿拉伯世界新的“领头羊”。沙特外交也变得更加咄咄逼人。

然而，沙特诸多举动导致阿拉伯世界更趋动荡。一是贸然出兵也门导致双方两败俱伤。2015 年 3 月 26 日，沙特公开出兵也门，直接对也门胡塞武装发动军事打击，并借机在中东“立威”。然而，这场战争使沙特付出了巨大的人力、物力和财力成本。即便如此，这场战争也未达到预期效果。面对装备落后的胡塞武装，装备优良的沙特军队作为有限，始终未能将胡塞武装赶回北部，由此暴露出沙特军力孱弱的“纸老虎”本质。同时，这场战争还使也门人道主义灾难持续加剧。联合国称，也门面临 1945 年以来世界上最严重的人道主义灾难。① 二是高调与卡塔尔断交导致海合会内部分裂。2017 年 6 月 5 日，沙特以卡塔尔埃米尔在内部讲话中亲伊朗为由，携手 7 个阿拉伯国家同时与卡塔尔断交。但这种做法“为渊驱鱼”，促使卡塔尔与伊朗全面恢复外交关系，并加强了与土耳其的军事合作。此外，沙特与卡塔尔断交还使一向以“团结”著称的海合会公开分裂，从而削弱了沙特的外交影响力。总之，沙特作为阿拉伯世界新的“领头羊”，其种种政策导致阿拉伯世界内部动荡和分裂加剧，由此加快了阿拉伯世界的衰落趋势。

（二）以色列乘势坐大

以色列长期生活在阿拉伯世界的敌对包围中，一直渴望改变不利局面，其战略选择有二：“A 计划”就是中东国家发生政权更替，出现亲以政权；“B 计划”就是使中东“巴尔干化”，无力反抗以色列。2011 年阿拉伯世界陷入乱局，由此使以色列成为最大受益者。哈马斯就感叹：“中东地图正在重划。以色列是中东教派战争的唯一受益者。”② 阿拉伯世界反以阵营极大削弱，以色列地缘生存环境极大改善。与此同时，沙特等国为遏制伊朗，与以色列暗通款曲，将以色列视为应对伊朗威胁的潜在盟友，③ 部分海湾国家甚至期待由以色列提供安全保护，弥补美国撤离中东后引发的安全担忧。④

---

① Bruce Riedel, “The Long-term Cost of Saudi Succession Shake-up”, Al-Monitor, June 21, 2017.

② Ali Hashem, “Hamas and Iran: New Era, New Rules”, Al-Monitor, February 19, 2016.

③ Alon Ben-Meir, “Trump and Netanyahu: Embracing Illusions, Ignoring Reality”, Middle East Online, 2017 - 02 - 24.

④ Rami G. Khouri, “The Real Threat to Arab Countries is from Within”, Middle East Online, 2016 - 02 - 21.

2017年11月19日，以色列能源部部长尤瓦尔·施泰尼茨首次公开承认，以色列与包括沙特在内的许多阿拉伯国家保持“秘密联系”。

阿拉伯世界四分五裂，使以色列在阿以冲突中更加“任性”。在叙利亚问题上，以色列借叙利亚陷入内战、无暇他顾之际，频频侵犯叙利亚合法权益。2016年4月，以色列史无前例地在占领的戈兰高地举行内阁会议，内塔尼亚胡高调宣称，戈兰高地将“永远留在以色列手中”。[①] 同时，以色列军队频频对叙利亚目标发动空袭。据以色列空军司令阿米尔·埃森勒称，自2012年以来，以色列已经在叙利亚进行了100多次空袭。[②] 2017年10月16日，以色列空军还摧毁了叙利亚的一个防空炮兵连。此外，法尔斯通讯社2017年10月16日报道称，叙政府军在占领的反对派武装营地发现了大量以色列生产的武器和弹药。

在巴以问题上，以色列的态度更加强硬。近年来，以色列曾关闭阿克萨清真寺、拆毁被认为参加恐怖袭击的嫌疑人住所、数次批准新建犹太人定居点。据以色列《国土报》2016年2月21日报道，过去两年来，以色列军队强闯西岸地区原来属于巴勒斯坦居住的地区，并将200多栋房屋夷为平地，大约480人（包括220名儿童）失去家园。以色列对这些巴勒斯坦人断水断电，以便将其从家园驱赶出去。[③] 2016年12月23日，安理会高票通过2334号决议，要求以色列全面停止在被占领土上开展定居点建设，裁定以色列行为“无合法性”，甚至连美国也投了弃权票。但以色列态度强硬，内塔尼亚胡宣布与12个参与投票的国家暂停外交工作关系，并下令将向5个联合国机构提供的资金削减3000万新谢克尔（约合800万美元）。2017年1月23日，以色列决定批准在东耶路撒冷占领区兴建数百个犹太人定居点。2月2日，以色列宣布向约旦河西岸迁入5500户以色列公民，这是近20年来以色列首次公开在该地区展开定居行动，这实际是以色列非法占领属于巴勒斯坦的领地。2月6日，以色列议会通过将约旦河西岸犹太人定居点合法化法案，并将巴勒斯坦8万平方公里私人土地收归以色列。以色列“家园党”等右翼党派领导人宣称，其下一步就是吞并整个约旦河西岸。

以色列对待哈马斯控制的加沙举措更加严酷。自2007年6月起，以色列全面封锁加沙地带，禁止当地民众与外界接触（包括旅行、教育、治病），

---

① Sophia Marchesin, “Golan Druze Hang On”, Middle East Online,: 2016 - 10 - 12.

② Ed Blanche, “Iran's ‘Land Corridors’ to Syria Heighten Prospect of War with Israel”, Middle East Online, 2017 - 09 - 11.

③ Daoud Kuttab, “Is the Two-state Solution Dead?”, Al-Monitor, February 25, 2016.

并禁止外部商品流入。加沙地区实际成为世界上最大的露天监狱。[①] 据报道，在加沙地区，65%的人口陷入贫困，72%的人口面临食品短缺，80%的人口依靠国际援助生存，43%的人口面临失业等经济和社会负担。[②] 2014 年 7 月，以色列在加沙展开“护刃行动”，造成5000 多人伤亡，大量基础设施被毁，使当地民生状况雪上加霜。据报道，因缺乏相关设备和燃料短缺，当地唯一一家污水处理厂污水处理能力严重不足，每天约有 1.1 亿升未经处理的生活和工业污水流入地中海。2017 年 4 月中旬，加沙唯一一家发电厂在耗尽备用燃料后关闭，当地供电时间由每天 6 小时缩短为 2 ~4 小时，当地居民的生活和生产更加困难。

以色列频频使用惩罚性手段教训巴勒斯坦人，目的就是让其明白：反抗以色列得不偿失，支持哈马斯将付出惨重代价。[③] 民调显示，约旦河西岸，55%的民众认为哈马斯应该与以色列停火，加沙地区这一数字达到80%。多数巴勒斯坦民众希望在以色列找到工作（约旦河西岸为63%，加沙地带为70%），半数以上民众赞成与以色列人直接交流和对话（约旦河西岸为55%，加沙地带为57%）。[④]

重压之下，哈马斯被迫改变强硬政策。2017 年 5 月 1 日，哈马斯发布新的《纲领文件》以代替 1988 年哈马斯刚成立时的《宪章》。《纲领》剔除了诸多“伊斯兰极端主义”言辞，不再提“消灭以色列”，明确接受“以 1967 年边界为基础建立独立的巴勒斯坦国”。相对温和的哈尼亚取代强硬的迈沙阿勒，成为哈马斯政治局领导人。2017 年 9 月，哈马斯被迫同意巴勒斯坦和解政府接管加沙，使巴勒斯坦在分裂 10 年后实现和解。

哈马斯是巴勒斯坦乃至整个阿拉伯世界反以最坚定的政治军事力量。但在阿拉伯世界四分五裂的情况下，它就像独战风车的堂吉诃德，非但没有得到来自阿拉伯世界的广泛支持，反而成为各方打压和嘲讽的对象，最终只能全面屈服。哈马斯立场后退，也是巴勒斯坦整体立场的后退。没有了哈马斯的掣肘和坚守，在未来的巴以和谈中，以色列只会得寸进尺，提出更加严苛

① “Israeli Closure of the Gaza Strip: A Crime Against Humanity”, Global Research, November 24, 2016.

② “100, 000 Hours of Isolation: Gaza Blockade Enters its 12th Year”, Global Research, January 28, 2017.

③ Efraim Inbar, “Gaza in the Dark is not so Terrible”, *BESA Center Perspectives*, June 18, 2017.

④ David Pollock, “Palestinian Public are Tactical Moderates, but Strategic Militants: Where Does that Lead?”, The Washington Institute for Near East Policy.

的条件，使“公平的和平”越发不可能。

巴勒斯坦信息部外媒局局长马哈尔·阿瓦德赫认为，以色列在西岸、耶路撒冷和加沙地区的政策表明，其唯一目标就是将巴勒斯坦人从土地上赶走。由于得到美国和西方国家支持，以色列漠视国际法。它是世界上唯一公然驱赶和杀死平民、在未获土地所有者同意情况下强占领土、公开建立隔离墙、禁止巴勒斯坦人使用通信工具、强行关闭加沙地带、镇压巴勒斯坦人还期待获得感激的国家。①

（三）土耳其谋求在中东扩大势力范围

近年来，土耳其因其亲西方政策屡屡受挫，外交重心日趋转向东方。尤其2011年“中东剧变”发生后，中东出现巨大“权力真空”，土耳其借机积极在中东扩大影响，谋求在“新中东”秩序中占据一席之地。有学者指出，土耳其的地区政策目标包括：推翻巴沙尔政权；将叙利亚变成伊斯兰议会共和制；在叙利亚议会发展亲土势力（至少占30%席位）；形成由亲土总理组成的内阁，并使其符合卡塔尔、沙特和以色列的利益；最大限度防止叙利亚库尔德势力参政；重启卡塔尔-土耳其管线项目。如不能完成这些目标，土耳其至少要在叙北部建立由其控制的准国家，并有可能兼并该地区。②

土耳其对叙利亚事务的介入最为典型。2011年叙利亚陷入动荡后，土耳其积极充当推翻巴沙尔政权的急先锋，为叙境内反政府武装提供资金、武器和训练。但是，土耳其这种高调政策负面效果太大：叙利亚动荡导致难民涌入、土耳其国内恐怖袭击升温、库尔德问题凸显等多重问题。土耳其高调介入阿拉伯国家事务，还导致土耳其与埃及等中东邻国关系恶化，“零问题”变成“零朋友”。

在此背景下，土耳其中东政策适度微调。尤其2016年7月土耳其未遂政变后，埃尔多安“大彻大悟”，日渐与美欧拉开距离，转而与俄罗斯、伊朗加强地区合作，启动阿斯塔纳会谈机制。在叙利亚问题上，土耳其不再要求巴沙尔下台，转而谋求扩大势力范围。2016年8月24日开始，土耳其军队发起代号“幼发拉底河盾牌”的军事行动，越境进入叙北部，依靠“叙利亚自由军”共同打击“伊斯兰国”，并阻止叙库尔德势力坐大。到2017年3月

① Edu Montesanti and Maher Awawdeh, “For Israel, The Solution is the Land without Palestinians”, Global Research, March 24, 2017.

② Geopolitical Standoff in Post-ISIS Middle East, 16.03.2017.

军事行动结束时，土耳其及其支持的武装力量已控制叙北部西起阿扎兹（Azaz），东到杰拉布鲁斯（Jarabulus），南到巴卜（Al-Bab）的至少3000平方公里的叙利亚领土。据估计，目前叙境内有4000名土耳其士兵，7000名亲土耳其军事武装。2017年2月12日，埃尔多安宣布：土耳其军事行动的最终目标，是在叙北部建立一个面积5000平方公里的"无恐怖区域"，同时在该区域内建立"安全区"。① 根据阿斯塔纳会谈成果，土耳其与俄罗斯、伊朗达成一致将在叙利亚设立4个冲突降级区。但土耳其此举并未获得叙利亚官方支持。2019年9月16日，叙外交部公开称，阿斯塔纳协议不能使土耳其在叙军事存在合法化。2017年10月，土耳其军队进入叙利亚伊德利卜省并建立监视点。另据土耳其媒体报道，土耳其已经在叙利亚北部建立了8个军事基地。②

此外，2017年6月卡塔尔断交风波后，土耳其借机向卡塔尔增派大约3000人驻军，在卡塔尔设立军事基地。埃尔多安还亲自出访海湾国家，扩大在海湾地区影响力。事实表明，土耳其虽然是中东地区大国，并持续加大介入中东事务的力度，但其塑造中东秩序的实力和经验明显不足，由此其未来可能继续犯战略性错误，使中东格局充满不确定性。

（四）伊朗重点经营"什叶派新月地带"

伊朗原本就是中东地区大国。近些年中东地缘格局重组，使伊朗相对崛起态势明显：2001年阿富汗战争和2003年伊拉克战争，"帮助"伊朗清除两大地区宿敌，使中东隐然出现"什叶派新月地带"；2011年阿拉伯剧变后，埃及等阿拉伯传统强国自顾不暇，由此留出巨大权力真空，伊朗乘机在也门、叙利亚、黎巴嫩等地扩张影响力。叙利亚动荡本来使伊朗在中东遭遇重大挑战，但伊朗力挺巴沙尔政权并使其转危为安，彰显伊朗塑造地区战略格局的能力、意志和地区影响力，同时极大扩大了在叙利亚的军事存在。可以说，当前的伊朗自1979年以来影响力最盛。

但必须指出的是，伊朗地区影响力扩大之路并不容易。从地区层面看，伊朗是什叶派/波斯人的国家，无论宗教还是民族在中东都是少数派，因此其地区影响力的扩大只能局限于"什叶派新月地带"，且面临来自沙特等逊

---

① South Front, "Turkey's Euphrates Shield Military Intervention, Towards the Division of Northern Syria?", Global Research, March 4, 2017.

② "Turkey to Establish Eight Military Bases in Syria's Idlib Province", *South Front*, 23 October 2017.

尼派国家根深蒂固的疑惧和遏制。伊朗质疑沙特王室的政治合法性，以及沙特作为两大圣寺监护人的地位。伊朗最高领袖哈梅内伊还称沙特是“魔鬼的仆从”，并宣称世界穆斯林必须重新考虑两大圣寺和朝觐的管理问题。[①] 沙特对此高度紧张，反应强烈。2017 年 11 月 25 日，沙特王储穆罕默德·本·萨勒曼甚至将哈梅内伊说成“中东的新希特勒”。

从国际层面看，美国始终将伊朗视为死敌。2017 年特朗普上台后，美国不断加大对伊朗的“敲打”力度。2017 年 5 月特朗普在访问沙特时，谴责伊朗是这个星球上最恶毒的力量。[②] 美国国防部部长马蒂斯也称伊朗是“中东最大破坏性力量”，认为特朗普政府应该挫败伊朗的地区霸权目标，“伊斯兰国”不过是伊朗扩大地区影响力的马前卒。[③] 2017 年 10 月中旬，特朗普公开表示，不承认伊朗遵守核协议，并继续对伊朗加强制裁，伊朗外部环境并未因 2015 年 7 月签署伊核协议而根本好转。2017 年 10 月 22 日，美国国务卿蒂勒森在访问沙特和卡塔尔时，要求那些在伊拉克作战的伊朗人“回家去”，这显然是美国大力排挤伊朗之举。总之，美国不承认伊朗遵守伊核协议、宣布伊朗伊斯兰革命卫队为恐怖组织、加强对伊朗制裁，并试图把伊朗的势力从叙利亚、伊拉克和也门“推回去”。在重重阻力下，伊朗在中东拓展影响力，将引发更多对抗和冲突，使中东局势持续动荡紧张。

三　“伊斯兰国”气数将尽，但恐怖威胁依然严峻

2014 年 6 月“伊斯兰国”异军突起后，恐怖与反恐矛盾一度成为地区主要矛盾。数年来，在国际社会联手打击下，“伊斯兰国”在正面战场节节败退。在伊拉克，伊政府军接连攻占辛贾尔、拉马迪、费卢杰等军事重镇，2017 年 7 月 9 日正式收复伊拉克第二大城市摩苏尔。摩苏尔陷落前，“伊斯兰国”炸毁了有千年历史的努里清真寺，表明其已到了丧心病狂的地步。在叙利亚，叙政府军 2016 年 12 月拿下阿勒颇，2017 年 5 月收复霍姆斯，并在 2017 年 5 月发起代号“伟大黎明”的军事行动，在哈马省、霍姆斯省和拉卡

---

① Dina Esfandiary Ariane Tabatabai, “Saudi Arabia Cares more about Iran than Iran does about Saudi Arabia”, *The National Interest*, October 18, 2016.

② Hooman Majd, “Iran just proved Trump Wrong”, *Foreign Policy*, May 24, 2017.

③ Tom Eley, “Dangerous Crossroads: Trump's Defense Nominee General James “Mad Dog” Mattis Outlines Plans for Global War”, Global Research, January 13, 2017.

省取得阶段性胜利，收复9000平方公里土地，首次打通叙伊边境。10月17日，“叙利亚民主军”攻占“伊斯兰国”自封的“首都”拉卡，打击“伊斯兰国”的斗争取得决定性胜利。11月8日，叙政府军及其盟友武装攻下“伊斯兰国”在叙最后一座主要据点——阿布卡迈勒。11月21日，伊朗与伊拉克同日宣布：极端组织“伊斯兰国”已经被剿灭。

其他国家的反恐斗争也颇有进展。在利比亚，利比亚亲政府军攻陷“伊斯兰国”控制一年多的苏尔特；在土叙边境，土耳其军队及其支持的叙反对派武装夺取“伊斯兰国”最后几个据点，关闭了该组织的人员和武器运输通道；在阿富汗，2017年3月以来，至少有750名“伊斯兰国”成员被击毙，三分之二的占领区被收复；黎巴嫩军队也从2017年8月19日展开军事行动，彻底清剿了盘踞在黎叙边界的“伊斯兰国”武装分子。“伊斯兰国”的覆灭为期不远。

“伊斯兰国”受挫无疑是中东反恐斗争的一大胜利，但这并不意味着反恐斗争可以“刀枪入库，马放南山”。相反，中东反恐形势正在呈现长期化趋势。

首先，“伊斯兰国”产生的社会经济根源依然存在。“伊斯兰国”的出现本质上是全球经济结构失衡的产物。在西方主导的美式全球化中，发达国家越来越富，而中东许多国家则日趋衰败、动荡乃至成为“失败国家”。即使在发达国家，穆斯林也大多生活在社会底层，就业比例明显偏低。据统计，英国只有19.8%的16~74岁穆斯林能找到全职工作（全国平均数字是34.9%），只有6%的穆斯林能获得管理者和教授级职位（全国平均数字为10%）。[①] 在此背景下，许多穆斯林丧失了依靠自身摆脱困境的信心，陷入无助、绝望和极端情绪之中。某种程度上，“伊斯兰国”就是这种反全球化力量的产物和体现。该组织抓住广大穆斯林普遍存在的反抗和求变心态，为那些渴望摆脱“奴役的受压者”提供了有效宣泄渠道。由此不难理解，该组织明明成为国际社会的众矢之的，全球极端分子仍纷至沓来。目前，尽管有形的“伊斯兰国”渐被消灭，但导致该组织产生的结构性社会经济矛盾继续存在，滋生极端思想的土壤依然存在。

其次，“伊斯兰国”具有极强的意识形态属性，战场失利并不会使其自动消除。“伊斯兰国”对世界的威胁不仅仅是该组织本身，还包括其极端思想外溢，以及在全世界不断出现的“加盟连锁店”。某种程度上，“伊斯兰

---

① Mahmud el-Shafey, “Muslims Face Rising Suspicion in UK following Terrorist Attacks”, Middle East Online, 2017-09-18.

国”已经成为一种意识形态，成为全世界极端恐怖势力的“共有品牌”。这些特性决定了该组织将“形散神不散”，其危害性不会因控制面积缩减而降低。相反，随着“伊斯兰国”正面战场失利，该组织可能化整为零，“打一枪换一个地方”，由此使各国反恐机构防不胜防。据法新社报道，瑞典安全局局长安德尔·松柏格2017年7月3日表示，由于“伊斯兰国”精细而复杂的宣传机器，瑞典境内的伊斯兰极端分子人数在10年内增加10倍，达到2000多人。

历史表明，极端恐怖分子在正面战场被遣散后，很可能回流作案。20世纪80年代，许多在阿富汗参与抗苏斗争的阿拉伯志愿者，在战争结束后摇身变成了跨国恐怖分子。当前“伊斯兰国”拥有数万名极端分子。随着该组织在叙伊战场陷入颓势，这些极端分子可能返回国内，成为主要安全威胁。[①] 据估计，至少有5600名来自33个国家的“伊斯兰国”分子已返回本国，包括900名土耳其人，800名突尼斯人，760名沙特人，20%～30%的欧洲圣战分子已经回国。[②] 另据欧盟反恐报告估计，约有1500名接受过“伊斯兰国”训练的极端分子已回到欧洲。[③]

这些极端分子的潜在破坏能量不容低估。据德国安全部门称，极端分子从叙利亚政府机构盗走1.8万张空白护照，其中“伊斯兰国”就拥有1.1万张。[④] 这意味着该组织可以通过合法渠道前往第三国。俄联邦安全局局长称，部分“伊斯兰国”恐怖分子还学会制造和使用化学武器，这些极端分子回流可能使相关国家面临化武袭击威胁。

随着“伊斯兰国”在正面战场失利，世界各地“独狼式”恐怖袭击日趋增多。2017年3月以来，英国连续发生多起恐袭事件；瑞典首都斯德哥尔摩4月7日发生卡车冲撞人群事件，致死4人、致伤15人；5月23日，“伊斯兰国”分子在菲律宾马拉维市攻占多处据点，与警方持续交火；5月24日，印尼首都雅加达一个公交站发生自杀式爆炸袭击，5人死亡、10人受伤；5月31日，阿富汗首都喀布尔使馆区发生爆炸，至少90人死亡，400多人受伤，为近年来该国最严重恐袭；6月7日，伊朗议会大楼和霍梅尼陵墓外分别发生恐

---

① “Returnee Foreign Fighters Pose Major Threat Say US Experts”, Middle East Online, 2016-12-16.

② Rashmee Roshan Lall, “It’s not enough to wish ISIS fighters Dead”, Middle East Online, 2017-10-30.

③ Matthew Levitt, “Shutting the Door to the Islamic State”, *Alhurra*, September 9, 2017.

④ “Germany Thinks IS Holding 11, 100 Blank Syrian Passports”, Middle East Online, 2017-09-10.

怖袭击，至少 17 人死亡、52 人受伤；8 月 17 日，西班牙巴塞罗那发生货车撞人事件，14 人死亡，上百人受伤。埃及在 2017 年接连发生重大恐袭事件：4 月 9 日，埃及北部城市坦塔和亚历山大同时发生爆炸袭击，44 人死亡、100 余人受伤；7 月初，23 名埃及士兵在西奈半岛一检查站遭袭身亡；10 月 20 日，埃及警方在执行抓捕任务时遭恐怖分子伏击，16 名警察殉职，路透社和美联社报道死亡人数超过 50 人。所有这些恐袭都与“伊斯兰国”有关。

2017 年 10 月 17 日，英国国家安全局（MI5）局长安德鲁·帕克表示，“伊斯兰国”在叙利亚和伊拉克的军事失败，并不代表恐怖主义威胁会消失，英国有超过 3000 名极端主义分子，英国正面临史上最严重的恐怖威胁。两天后（10 月 19 日），美国代理国土安全部部长伊莱恩·杜克发出警告，“伊斯兰国”和“基地”组织正策划发动超过“9·11”事件的恐怖袭击。据“简氏恐怖主义与叛乱中心”（JTIC）的数字，2016 年 10 月至 2017 年 9 月期间，“伊斯兰国”在世界范围内共制造了 5349 起恐袭事件，造成 8139 名非军人人员死亡，恐怖袭击次数同比增加了 38.3%。①

四 “后美国时代”加速来临

（一）美国中东政策日趋功利化

2017 年 1 月，美国新任总统特朗普正式上台执政。受“商人思维”影响，特朗普政府将与地区盟友的特殊关系，当作美国借机牟利的对象。2017 年 5 月 19 日，特朗普上台后首次出访就选择中东，沙特是首个外访国家。访问期间，美沙签署 1100 亿美元的前所未有的军售大单。2017 年 10 月，沙特又花费 150 亿美元从美国购买萨德反导系统。不少人认为，特朗普访问沙特实际是替军工复合体推销军火。

2017 年 6 月 5 日，也就是特朗普访问沙特后不到一个月，沙特等国突然宣布与卡塔尔断交。事后，特朗普在推特上公开表示，围堵卡塔尔的计划是他 5 月访问沙特时确定的，并宣称断交事件是自己中东之行的杰作，目的是让卡塔尔从中受到教育。卡塔尔为赢取美国支持，在 2017 年 6 月 16 日花费 120 亿美元向美国购买 F－15 战斗机。两艘美国战舰在协议签署当天抵达卡

① Simon Speakman Cordal，“Long Shadow of the Islamic State's Crumbling Caliphate Falls Upon Egypt”，The *Arab Weekly*，2017/11/26，Issue：133，p. 4.

塔尔，与卡塔尔进行联合军演。美国在断交风波中的表现，给人以“吃了原告吃被告”的印象。

美国对土耳其同样是利用为主。土耳其一直自视为西方盟友，积极配合美欧地区政策，不惜与俄罗斯公开叫板，在 2015 年 11 月 24 日击落一架俄罗斯战机。但土耳其惹怒俄罗斯后，美国却没有“担当”，急于与土耳其撇清关系。美国还涉嫌卷入 2016 年 7 月土耳其未遂政变，在背后给埃尔多安“捅刀子”。特朗普上台后，埃尔多安期待土美关系好转，表示愿意帮助美国遏制伊朗“地区扩张”，但特朗普执意支持库尔德武装“人民保卫军”，令美土关系持续恶化。2017 年 10 月 8 日双方爆发“签证战”。

特朗普政府这种“商人思维”特色，使其不愿在中东加大投入力度，同时又不愿放弃地区主导，甚至有意在中东制造不和，以从中获利。这种功利化政策使美国短期内获得诸多看得见的实际好处，同时也使其忽视长远利益，由此造成“短期受益，长远受损”的状况。这主要体现在两大方面。

一方面，美国在阿以关系上因小失大。长期以来，美国在以色列与阿拉伯世界之间力图扮演“公正的掮客”角色。尤其奥巴马执政时，努力与以色列拉开距离，并竭力修补与伊斯兰世界的关系。但特朗普总统却反其道而行之，不加掩饰地表现出强烈的反穆斯林倾向。2017 年 1 月 27 日，也就是特朗普刚上台不久，就签署了一份名为“阻止外国恐怖分子进入美国的国家保护计划”的政令（俗称“禁穆令”），未来 90 天内，禁止伊拉克、叙利亚、伊朗、苏丹、索马里、也门和利比亚等七国公民入境美国。此举引发相关国家强烈反应。因各方反对，这项禁穆令被联邦法院否决，特朗普又在 3 月份发布修订版。修订后的禁令在 9 月经过漫长法庭争辩后，被现在的版本所取代，并在 2017 年 12 月 4 日获得最高法院批准生效。来自伊朗、利比亚、叙利亚、也门、索马里和乍得的旅行者将无法进入美国。这项禁令同年初的禁穆令的初衷一样，都显示出对穆斯林群体的公然歧视。特朗普这种反穆斯林倾向，无疑会激化美国与伊斯兰世界的关系。

与此同时，特朗普推行“大尺度”的亲以政策。2017 年 1 月 22 日，即特朗普就职总统第三天，特朗普就与内塔尼亚胡通话。2 月 14 日，特朗普暗示美国不再支持“两国方案”，放弃了美国延续数十年的传统政策。2017 年 5 月特朗普首次出访中东，第一站是沙特，第二站就是以色列。2017 年 10 月，美国退出联合国教科文组织，原因之一就是该组织接纳巴勒斯坦为成员国并谴责以色列。2017 年 12 月 6 日，特朗普打破美国数十年来的谨慎政策，承认耶路撒冷为以色列首都，并要求美国国务院启动美国驻以色列使馆搬迁计划。由此在中东乃至国际社会引发轩然大波。特朗普推行更加鲜明的“亲以反阿”政策，毫不顾忌广大中东穆斯林的民族感情，这使奥巴马时期好不容易缓解的双方关系再度紧张，由此可能对美国利益构成长期损害。

另一方面，美国国际威望明显受损。特朗普的商人特性使其习惯于“漫天要价，就地还钱”。这种交易型外交政策，使特朗普的诸多外交表态真假难辨，朝令夕改，由此极大损害了美国作为世界性大国的国际信用和国际威望。这在伊朗核协议问题上体现得十分明显。2015 年 7 月达成的伊核协议，是伊朗与包括美国在内的六国共同达成的具有法律约束力的国际条约。迄今为止，伊朗一直认真遵守协议，而且国际原子能机构的监督也一再表明，伊朗遵守和执行了伊朗核协议。然而，美国从一己私利考虑，单方面诋毁乃至破坏伊核协议，这种不讲信用的单边主义做法，极大损害了美国的国际威望。

第二部分

2017年中东战略

20世纪以来中东格局的演变及影响

黄民兴

摘　要： 两次大战期间，中东从传统的多民族帝国为主演变为众多现代民族实体。二战后中东地区格局的变化分为三个阶段：1944～1967年，英法旧殖民主义衰落，中东国家先后独立，同时卷入冷战并形成了亲美国家和亲苏国家两大集团，阿拉伯民族主义进入高潮；1967～1990年，美国逐渐取得优势，苏联影响下降，中东的冷战对立开始减弱，产油国的经济调整启动，伊斯兰复兴运动进入高潮。1990年以后，冷战结束，美国成为影响中东的主要外部势力，而中东的地区矛盾激化。海湾战争后，极端宗教势力崛起，并发动了“9·11”袭击，美国发起的反恐战争和伊拉克战争使中东进入了新一轮动荡，中东剧变则推动地区国家彻底陷入了大动荡。

关键词： 20世纪　中东　格局演变　海湾战争

一个地区的格局即该地区不同国家实力的对比及其联盟关系。决定地区格局形成的主要因素包括：本地区的国家、民族、宗教、教派演变历史，自然资源、人口和经济发展模式，地区和国家的文化，外来势力的影响等。中东作为世界上一个十分重要且邻近欧洲的地区，其地区格局的演变值得关注，本文主要分析20世纪以来中东格局的演变及其地区影响。

一　一次大战前传统的中东地区格局特点（1914年以前）

18世纪晚期，中东的主要国家和政治实体包括奥斯曼帝国、波斯的恺加帝国、阿富汗、阿曼，因此，奥斯曼帝国是上述实体中实力最为强大的，该帝国具有如下特点。

（1）一个拥有辽阔领土的多元化帝国——奥斯曼征服了巴尔干、埃及、西亚和除摩洛哥以外的整个马格里布，建立了一个庞大的帝国，而借助于帝国的统治，伊斯兰教传播到了巴尔干地区和塞浦路斯，改变了当地的宗教和民族结构。帝国的统治民族是土耳其人，但其人数有限，境内的主要民族包括阿拉伯人和库尔德人；主要宗教是伊斯兰教和基督教，逊尼派是穆斯林的主要教派。因此，奥斯曼是一个多民族、多宗教、多教派的帝国，它主要依靠武力和中央集权的政府维持统治。

（2）以伊斯兰教为主导——伊斯兰教是帝国维持统治的另外一支力量，素丹（皇帝）兼任哈里发职位。伊斯兰教的影响主要表现在：

第一，真主主权论。即人间的一切权力来自真主，君主只是真主在人间的代治者，而穆斯林必须服从君主。

第二，乌玛观念。乌玛有两种含义，即宗教社团和政治社团（伊斯兰国家），它具有唯一性。早期的阿拉伯帝国是一个乌玛，由此形成了“一个帝国、一个宗教、一个君主（哈里发）”的观念。从阿巴斯王朝开始，统一的乌玛不复存在，但它在穆斯林的心里依然存在，即“天下穆民是一家”的泛伊斯兰主义思想。

第三，政教合一观念。传统的伊斯兰政治体制具有政教合一性，哈里发兼任世俗国家和宗教界的首脑，而乌里玛则垄断了司法、教育等重要领域。同时乌里玛负责解释《古兰经》和圣训、发展教法，君主则制定有关土地、税收、行政管理和刑罚的法律。

第四，宗教自治的米列特体系（millet system）。在这一制度下，不同的宗教社团（米列特）享有自治，但穆斯林占有优越地位，非穆斯林必须交纳人头税。

第五，“伊斯兰家园”的国际观。穆斯林把整个世界划分为“伊斯兰家园”（伊斯兰国家）和“战争家园”（异教徒国家），认为后者最终将被前者取代。但在实践中，奥斯曼国家与邻近的奥匈帝国和什叶派的波斯经常发生战争，而与天主教的法国却建立了联盟（对付奥匈帝国）。

（3）拥有强大的中央集权——奥斯曼人建立了强大的近卫军（加尼沙里），拥有精锐的骑兵和炮兵及海军。在政治上，其中央集权的程度超过阿拉伯帝国。奥斯曼皇帝兼任素丹及哈里发的职位，在某种程度上恢复了阿拉伯帝国的哈里发职务的政教合一性。而且，政府控制了乌里玛（宗教阶层），实行宗教法庭和经学院的等级制，政府任命的大穆夫提（法典说明官）成为宗教界的领袖。政府也向苏菲派教团提供捐赠，并通过它们影响军队和行会。

（4）属于欧洲强国——帝国在军事上无往不胜。1453年，苏丹穆罕默德二世攻占君士坦丁堡，灭拜占庭帝国，之后该城成为帝国的首都，更名伊斯坦布尔。由于在巴尔干和黑海地区拥有领土，以及帝国强大的军事力量，奥斯曼与奥地利哈布斯堡王朝、俄国、波兰和法国均有频繁的战争和外交交往，成为参与欧洲事务的重要大国。

16 世纪以来，奥斯曼经受了明显的衰落：首先，作为帝国军队基础的近卫军和封建骑兵西帕希日趋腐败、解体。素丹对近卫军的偏爱和军事变革降低了骑兵的重要性，由此，帝国政府把收回的采邑等国有土地以包税制的形式出让，从而形成了新的包税人地主阶层。16 世纪末以后，近卫军的战斗力不断下降，其官兵经常与宫廷贵族联合发动叛乱，干预苏丹的废立。其次，素丹的统治日趋无能。由于新任素丹多半在后宫长大，缺乏治国经验，也很少过问政治，导致后宫和宦官专权。再次，地方贵族的势力不断发展，经常犯上作乱，一些地方总督建立了事实上的独立政权。最后，包税制度等措施加重了农民负担，大批民众破产，乡间匪盗横行，城市也经常发生平民暴动，国际贸易线路的转移和给予欧洲商人的优惠权妨碍了本国商业的发展。此外还存在诸如通货膨胀、瘟疫、食品短缺、城市人口膨胀、失业等问题。

除了奥斯曼以外，波斯号称是近代世界三大伊斯兰帝国之一（另外一个是莫卧儿帝国），它以什叶派为主要教派，但中央集权远远弱于奥斯曼。埃及经济发达，是奥斯曼的一个省份，但被英法控制。阿曼曾经拥有广阔的领土，但在英国的控制下失去了其在东非的领地，本身也被英国控制。阿富汗是部落社会，其近代国家直到18 世纪中叶才建立，中央集权相当薄弱。至于阿拉伯半岛和海湾地区，均为部落社会，不存在国家。

18 世纪以后，欧洲国家对中东地区展开了积极的扩张：（1）夺取中东国家的领土，这方面尤以沙俄最为积极，后者通过一系列战争打击奥斯曼、波斯和阿富汗，蚕食其领土，吞并其周边的弱小汗国。英国、法国、意大利则在北非夺取奥斯曼的省份。英国还积极在海湾地区控制当地的酋长国（科威特和特鲁西尔国家）。（2）鼓动奥斯曼的巴尔干地区独立，吞并帝国的领土。19 世纪初以后，巴尔干地区的基督教民族在西方的支持下先后获得独立或自治，包括塞尔维亚、希腊、马其顿、波黑、保加利亚和阿尔巴尼亚。（3）通过不平等贸易、买办、国债、筑路等方式掠夺中东的资源，控制中东国家的财政、内外贸易和交通，从而损害了中东本地商人的利益。随着新航路的开辟，奥斯曼对印度洋和地中海东部贸易的控制也告结束。（4）向奥斯曼境内的基督教各派提供保护，干预帝国的内政。奥地利、俄国先后获得对于在奥斯曼境内东正教徒表示关心和举行天主教仪式的权力，法国则获得了对黎巴嫩天主教的马龙派的保护权。这些保护及基督徒地位的提高引发了穆斯林的不满，19 世纪发生了多起针对基督徒的骚乱。（5）划分势力范围。在阿富汗，英国经过两次战争，使该国成为其半殖民地，并把阿富汗东南方的大片领土划入英属印度。1907 年，英俄签订协约，确定了两国在波斯的势力范围。[①]

18 世纪以后，奥斯曼、伊朗、阿富汗和半独立的奥斯曼省份（埃及）君主开始了现代化改革。改革的特点如下：自上而下进行，目标首先在于确保王朝统治；改革是世俗性的；改革早期以军事、行政为主，后期则涉及文教、社会、经济等领域；改革在后期常常蜕变为帝国主义经济政治渗透服务；改革以失败告终，但促进了社会经济的变动。

但是，中东国家并没有完成改革而成为强国。同时，针对泛突厥主义的兴起，寻求自治的阿拉伯民族主义和库尔德民族主义开始兴起，进一步削弱了奥斯曼帝国。在波斯，国王寻求现代化的努力遭到了本国宗教阶层和商人阶层的反对，被迫谋求外国的支持。

总之，20 世纪初的中东国家和政治实体，或者在政治经济上处于衰败地位并在一定程度上为欧洲国家所操控（奥斯曼及其领地埃及、塞浦路斯），[②] 或者本身的中央集权薄弱却被欧洲国家控制（阿曼、伊朗、阿富汗），或者是欧洲国家的殖民地（亚丁保护地和特鲁西尔阿曼），阿拉伯半岛的腹地则不存在国家。上述国家之间存在矛盾：奥斯曼作为逊尼派强国与什叶派的波斯敌对；波斯与阿富汗存在领土争端。同时，欧洲也在中东相互竞争：英俄争夺波斯和阿富汗；奥斯曼受英法影响，后期则日益受到德国影响；英国影响最大，它控制了从地中海到红海、波斯湾的一系列战略要地（塞浦路斯、埃及、亚丁保护地和特鲁西尔阿曼）。

但奥斯曼仍然有与欧洲国家周旋的实力。不过，青年土耳其党人最终将帝国拖入大战，大战导致奥斯曼帝国的全面崩溃。大战期间，昔日坚决反对俄国全面肢解奥斯曼帝国的英法，改而暗中策划了瓜分奥斯曼的计划（赛克斯—皮科协议），[③] 从而导致了战后中东格局的重大变化。

二　两次大战间中东地区格局的变化（1918 ~1944 年）

两次大战期间，影响中东格局变化的主要原因包括：奥斯曼帝国的崩

---

① 详见黄民兴：《中东历史与现状十八讲》，陕西人民出版社，2008，第 16 ~ 17、19 页。

② 19 世纪中叶，奥斯曼帝国进入中兴，中央集权再度加强，但这最终并没有使其免于崩溃。

③ 经过英国代表 M. 赛克斯和法国代表 G. 皮科的秘密谈判，两国于 1916 年 5 月在伦敦签署了有关瓜分奥斯曼帝国的阿拉伯领土的协议。此协议违反了此前英法与阿拉伯民族主义者的约定。

溃；欧洲对奥斯曼阿拉伯领土及其他地区的殖民化；中东民族主义的兴起，包括泛突厥主义、阿拉伯民族主义、库尔德民族主义和犹太复国主义等。

1. **中东从传统的多民族帝国为主演变为众多现代民族实体**

传统的奥斯曼、波斯和阿富汗等国家均为多民族国家，不过波斯和阿富汗各有一个主导民族（波斯人和普什图人），而土耳其人在奥斯曼并非人数上的主体民族。一次大战后的现代民族实体包括现代土耳其和英法委任统治下的阿拉伯各国，以及伊朗、阿富汗、北也门、沙特等。①

它们的演变路径如下：第一，奥斯曼帝国的崩溃，其领土成为现代土耳其和英法委任统治下的阿拉伯各国，阿拉伯民族主义者统一新月地带的梦想宣告破产。此后，各委任统治地普遍发生了反对殖民当局的起义，其结果是伊拉克和埃及获得形式上的独立，英国从巴勒斯坦划出外约旦；法国将其托管地划为叙利亚和黎巴嫩两个委任统治地。在巴勒斯坦，建立了犹太“民族家园”。而土耳其也通过民族革命战争避免了列强分割的前途，建立了以土耳其民族为主体的现代土耳其国家。

第二，一批版图居中的政治实体通过不同方式实现了独立：波斯宣布成立巴列维王朝并改名伊朗；阿富汗通过对英战争实现了完全的独立；北也门脱离奥斯曼宣布独立；阿曼与英国签署条约实现独立。

第三，沙特家族与瓦哈比派相结合，以武力统一了权力分散的阿拉伯半岛，建立沙特阿拉伯。

第四，英国统治下的埃及、塞浦路斯、南也门和作为保护地的海湾各酋长领地（科威特、特鲁西尔阿曼）依旧处于大英帝国版图内。

第五，库尔德地区因为土耳其革命的胜利未能获得协约国主张的独立，被划入4国：土耳其、叙利亚、伊拉克、伊朗。

2. **中东从传统的政治体制向现代国家缓慢演变**

第一，独立的各国开始了现代化改革，如土耳其、伊朗、阿富汗这三个北层国家②和沙特。就北层三国而言，其改革的特点是世俗化。③

---

① 参见黄民兴《论20世纪中东国家的民族构建问题》，《西亚非洲》2006年第9期。

② “北层”概念其实是20世纪50年代初美国提出的，指位于阿拉伯地区以北的非阿拉伯国家，其特点是历史上受俄国侵略而怀有厌俄情绪、对巴以冲突缺乏兴趣，从而可能加入西方的军事集团。

③ 有关三国的现代化改革，参见彭树智：《现代民族主义运动史》，西北大学出版社1987年版，第2~4章。

第二，殖民地半殖民地国家开始建立议会等现代机构。如埃及、伊拉克、叙利亚等。

第三，独立国家和未独立的殖民地半殖民地国家均出现主体民族的民族主义高涨现象，包括政治、经济和文化方面，民族主义成为国家意识形态的基础。如土耳其（土耳其族）、伊朗（波斯族）、阿富汗（普什图族）和阿拉伯委任统治地（阿拉伯族）。其中，阿拉伯人自10世纪中叶以来，第一次成为本国的统治者，尽管仍然受制于西方势力。

第四，民族主义内部存在矛盾。[①] 首先是同一民族内部的。在西亚各阿拉伯委任统治地，民族主义分裂为两派，即温和派和激进派。温和派包括各国王室、贵族、地主及其政党。它们主张把新月地带的统一作为长远目标，而当前目标是争取当局的让步以实现渐进的独立，进行温和的社会经济改革，在委任统治地的范围内巩固形成中的民族国家。但是，它们都一致支持巴勒斯坦人反对犹太人的斗争。激进派包括中下级军官、知识分子和少数宗教人士等。它主张对英国采取强硬政策，积极支持巴勒斯坦事业，尽快实现叙、黎、巴三地的统一。双方发生了武装冲突。英法殖民当局为笼络温和派，在委任统治地建立了议会，但议会往往为保守的军人和地主及宗教界所控制。加上欧洲法西斯主义的崛起，所有这一切都使西方的民主制度在中东声誉扫地，从而促进了激进的民族主义力量的兴起，后者把德国、意大利视为可以借助的力量。

其次是宗教与世俗的不同政治取向。宗教的民族主义包括泛伊斯兰主义、伊斯兰民族主义，世俗的包括泛阿拉伯主义、国家民族主义、阿拉伯社会主义等。

最后是不同民族间的矛盾。阿拉伯人、土耳其人与库尔德人、犹太人及其他少数民族的矛盾逐渐激化。巴勒斯坦问题成为阿拉伯民族主义关注的中心问题之一。

3. 欧洲列强主导中东格局

第一，英法是中东主要的殖民大国，尤其是英国和法国控制了叙利亚和黎巴嫩。两国还垄断了当地的石油资源，同时维持了与中东温和派民族主义者的良好关系。

第二，新兴资本主义国家（美国、德国、意大利、日本）力图向中东渗

① 有关中东民族主义，参见黄民兴：《中东民族主义的源流和类型探析》，载肖宪主编《世纪之交看中东》，时事出版社，1998年版。

透。美国在中东的势力主要限于传教、办学，后来开始勘探石油。二战期间，美军进驻中东地区，通过租借法案提供物资援助，到1944年它控制了中东42%的石油。①

德国、意大利则利用中东民众对英法殖民主义的憎恨积极进行渗透，尤其加强了与北层三国政府和阿拉伯国家激进的民族主义（如埃及自由军官组织、穆斯林兄弟会和伊拉克的金四方）的关系。但德国势力在二战中受到沉重打击。意大利、日本也积极向北层三国扩张。

第三，俄国重回亚洲国际关系的中央舞台。十月革命后，西方排斥苏俄，但此后逐渐接纳它。苏俄则发展与反对西方的土耳其和阿富汗的关系，并逐渐与伊朗建立关系。二战的开始使苏联与西方的关系最终正常化，它甚至与英国共同出兵伊朗，确立了其在中东的地位。

第四，独立的中东国家加强团结。北层三国发展外交关系，相互借鉴现代化经验。它们还于1937年签订萨阿达巴德条约，共同应对世界大战和库尔德民族主义的威胁。② 阿拉伯各国在巴勒斯坦问题上团结起来向英国施压。

亨廷顿认为，文明的集团包括核心国家、成员国、毗邻国家中文化相似的少数民族人口以及核心国家希望控制的邻国中其他文化的民族。单一的核心国家或几个核心国家是文明集团的中心，反映了它们对该文明的认同程度以及融入该文明集团的程度。③

总之，两次大战期间，中东失去了一次大战前奥斯曼那样的核心大国，从而失去了与西方博弈的中心力量。新出现的众多政治实体仍然处于变化中，不具备强大的政治力量，而内部的多种矛盾预示着战后中东的发展困局。从影响中东的外部力量看，仍然是欧洲列强一统天下，并且保持了英法对德国的局面。

三　二战后中东地区格局的变化（1944年至今）

二战以后，中东的地区格局发生了重大变化。中东国家纷纷独立，而美苏两个超级大国取代英法成为中东的主要地缘政治玩家。就苏联而言，中东

---

① 彭树智：《二十世纪中东史》，高等教育出版社，2002年第1版，第334页。

② Michael M. Gunter, "Iraq, Syria, ISIS and the Kurds: Geostrategic Concerns for the U. S. and Turkey", *Middle East Policy*, Vol. XXII, No. 1, 2015.

③ 塞缪尔·亨廷顿：《文明的冲突与世界秩序的重建》，周琪等译，新华出版社，2002年第3版，第167页。

对其具有极其重要的战略地位，因为后者是苏联唯一与非社会主义国家的接壤地区，从而构成其“柔软的下腹部”。同样，这里也因此成为美国构建对社会主义阵营的军事包围圈的重要一环。就中东自身而言，当地石油的大量开采和价格飙升促成了中东产油国的迅速崛起。

笔者把二战后中东地区格局的变化划分为以下三个阶段。

1. 地区民族主义从兴起走向全盛及冷战的高峰（1944～1967年）

第一，中东国家大批独立。战后，一系列国家宣告独立：叙利亚、黎巴嫩于二战结束前，塞浦路斯、科威特于20世纪60年代前期。这样，尚未独立的少数国家主要分布在海湾地区和阿拉伯半岛。但是，巴勒斯坦因阿、犹对立而实行分治，以色列国宣告成立，随后爆发了阿拉伯国家针对以色列的第一次中东战争。因此，中东的泛民族主义（阿拉伯民族主义）不得不让位于务实的国家民族主义，即从事现有边界内的民族国家建构。

第二，独立的中东国家呈现出集团化和碎片化并存的趋势。集团化主要是1944年建立的阿拉伯国家联盟，但阿拉伯国家围绕着阿盟主导国家的地位开展了斗争，出现了亲英的哈希姆家族的伊拉克、外约旦与反对哈希姆家族的埃及、沙特及中立的叙利亚、也门两大集团，后者最终主导了阿盟的建立。阿拉伯国家的其他矛盾包括意识形态（君主制、共和制）、外交政策（亲西方、亲苏）、财富（产油、非产油）等。1962年，沙特倡议成立了伊斯兰世界联盟，以对抗埃及等国的阿拉伯社会主义。

阿拉伯国家与非阿拉伯的北层国家也存在芥蒂。土耳其奉行“脱亚入欧”政策，在政治、军事、经济、文化上都无意与“落后的”阿拉伯国家为伍。伊朗也与阿拉伯国家来往较少，以色列与阿拉伯国家更是死敌。因此，中东国家难以形成强大的凝聚力和共同的价值观，从而在地区和国际事务上发挥重要作用。

第三，东西方推动冷战在中东的发展，从而形成两大集团对立。中东是冷战起源地，因为与苏联存在领土、意识形态和历史纠葛的北层国家（包括巴基斯坦）推动了杜鲁门计划的出台，其中的土耳其和巴基斯坦分别加入了北约和东南亚条约组织。北层只有阿富汗维持中立。50年代初，美国在阿拉伯国家的南层组建中东军事集团的计划宣告破产，因为阿拉伯国家视以色列为主要敌人，不认为苏联构成威胁。然而，土耳其、伊朗、伊拉克和巴基斯坦加入西方倡导的军事联盟中，即1955年建立的巴格达条约组织。相反，阿拉伯国家（包括保守的沙特阿拉伯）立即将巴格达条约组织视为对手。

激进的阿拉伯民族主义展开了反对西方和保守的本国政权的斗争，一些国家先后通过革命建立了共和国：埃及，1952年；伊拉克，1958年；也门，

1962 年。1954 年，激进的民族主义者也控制了叙利亚的政权。其中，伊拉克革命终结了巴格达条约组织，后者更名为中央条约组织。在国内政治方面，1963 年和 1968 年，阿拉伯复兴社会党分别在叙利亚和伊拉克通过政变上台，开始推行激进的内政外交政策。1964 年，中央条约组织国家成立了地区发展合作组织开展经济合作。

在中东，逐渐形成了两大集团的对立：亲西方的土耳其、伊朗、以色列、沙特奉行倾向于市场经济的体制，大量接受美国的军事和经济援助；亲苏的“阿拉伯社会主义”国家埃及、叙利亚和伊拉克奉行苏联的经济模式，接受苏联集团的军事和经济援助，军事上成为对抗以色列的前线国家的核心。但沙特等以君主制为主的阿拉伯产油国，受制于阿拉伯民族主义观念，与美国保持某种疏离，并支持巴勒斯坦人民的斗争。海湾地区的伊朗和沙特成为美国在中东的两大支柱。

第四，英法老牌殖民主义逐渐衰落。英法由于力所不及，不得不允许殖民地独立。英国也请求美国介入土耳其和伊朗事务，抵制苏联的非分要求。20 世纪 50 年代中东的共和主义浪潮进一步打击了英国的势力，而美苏两国不断渗入中东，从经济和政治上削弱了英国的影响。1956 年苏伊士运河战争中英法的失败，成为旧殖民主义在中东由盛而衰的转折点，阿拉伯民族主义由此达到了高峰。1958 年，埃、叙合并，成立阿拉伯联合共和国（但 1961 年两国再度分离）。

第五，冷战在中东演变为持续而激烈的代理人热战，即阿以冲突。60 年代前期，美国与以色列建立了同盟关系，并利用其对抗激进的“阿拉伯社会主义”国家埃及、叙利亚和伊拉克，后者得到苏联的大力支持。1967 年的第三次中东战争成为阿以之间的大对决。在战争中，埃及和叙利亚遭受重大损失，而以色列则夺取了约旦河西岸、加沙地带、戈兰高地和西奈半岛。战争给阿拉伯国家带来了心理上的深深的创伤，阿拉伯民族主义从此走向衰落，而伊斯兰主义开始兴起。

本阶段，中东国家先后独立，英法老牌殖民主义衰落。同时，中东在世界上最先卷入冷战，并形成了亲美国家和亲苏国家两大集团，以及与西面的北约和东面的东南亚条约组织相衔接的巴格达条约组织。两大集团的对抗从意识形态扩展到发展模式，甚至演变为地区热战，阿拉伯民族主义进入高潮。

2. 新泛伊斯兰主义崛起和冷战走向高峰的时期（1967～1990 年）

第一，民族独立斗争基本完成。1967 年，南也门宣告独立。1971 年，英国撤出海湾，其控制下的特鲁西尔诸国独立，分别成立阿拉伯联合酋长国、巴林和卡塔尔，除巴勒斯坦外中东国家的独立大业全部完成。1990 年，南北也门宣告统一。

第二，阿拉伯民族主义走向低潮。第三次中东战争结束后，埃及缓和了与君主制的沙特的关系。1972 年，埃及驱逐了苏联军事顾问。沙特成为新泛伊斯兰主义的倡导者，[①] 在它主导下于 1970 年成立了伊斯兰会议组织，致力于促进伊斯兰国家在政治、经济、外交、文化等领域的广泛合作。

同步崛起的还有更为激进的巴勒斯坦民族主义。阿拉法特领导下的法塔赫开展了对以色列的武装斗争，并逐步控制了巴解；少数激进的巴勒斯坦人更以恐怖行动反对保守的阿拉伯政权和以色列。

1973 年 10 月 6 日，十月战争爆发。埃及和叙利亚军队出其不意地向以色列发起进攻，收复了大片失地。十月战争打破了以色列“不可战胜”的神话和中东不战不和的局面，迫使超级大国正视阿拉伯各国的要求。

第三，中东产油国崛起。以往中东经济实力最强的是历史悠久、拥有丰富的、较高水平人力资源的非产油国（埃及、叙利亚、土耳其等）。但随着十月战争的开始，情况发生了根本性变化。战争开始后，阿拉伯各产油国统一实行减产、提价、禁运和国有化，引发了西方世界的第一次能源危机。此后，产油国通过不同形式完成了石油国有化，为发展民族经济奠定了基础，富裕的产油国走上了经济迅速现代化的道路，中东地区的经济重心发生了重大变化。在伊朗，巴列维开始了以白色革命为名的大规模社会经济改革，大量购买军备，国力明显加强。

石油财富的增加为阿拉伯产油国发挥地区作用奠定了基础。沙特等海湾产油国大力支持伊斯兰教在海外的传播，促进了伊斯兰复兴运动。它们也向埃及等前线国家、巴解和也门等落后的阿拉伯国家提供财政援助，从而对中东地区格局产生了巨大影响。产油国的大量海外资产和石油以美元计价改善了美国的国际收支和美元地位，而严重依赖中东石油的欧洲和日本则开始重视阿拉伯国家对巴勒斯坦问题的诉求。

第四，一些中东国家出现严重动荡，波及整个地区，冷战达到高峰。塞浦路斯在新中国成立后，土、希两大民族冲突频繁，1974 年有关国家签署协议，确认塞岛实行分治。1973 年，阿富汗发生反君主制的政变，建立共和国；1978 年再度发生政变，建立亲苏的人民民主党政权。1975 年，黎巴嫩发生内战，国家陷入无政府状态。1980 年两伊战争爆发，战争双方势均力敌，

① “新泛伊斯兰主义”指二战后的泛伊斯兰主义，是战前泛伊斯兰思想的延续和发展。参见金宜久《新泛伊斯兰主义》，《世界宗教研究》1995 年第 4 期。

战事陷入胶着状态。伊朗伊斯兰革命的爆发和两伊战争意味着海湾成为与巴勒斯坦并行的阿拉伯世界的两大热点。伊拉克在战争中得到了阿拉伯国家和西方国家的大力支持。1988 年 8 月，两伊实现停火，长达 8 年的战争结束。战争给伊拉克带来严重影响。1979 年 12 月，苏联入侵阿富汗，扶植建立卡尔迈勒政权。苏联入侵引起了阿富汗全民抵抗，促成了伊斯兰组织的崛起，后者得到了伊斯兰世界和西方国家的大力支持。1989 年，苏军全部撤离阿富汗，美国开始主导中东局势，而阿富汗陷入了全面内战。

第五，伊斯兰主义全面崛起。它反对世俗的民族国家，主张实施伊斯兰教法。一方面，伊斯兰主义的崛起是对民族国家世俗化政策的反动，如土耳其 1950 年后的情况。另一方面，它也是各国民众对本国政府现代化政策失望、在对以色列的战争中接连遭到失败和保守的海湾产油国不断推动的结果。因此，1967 年成为伊斯兰主义崛起的分水岭，伊斯兰组织成为各国反政府的重要力量。伊朗伊斯兰革命于 1979 年爆发，导致巴列维王朝的垮台。这一革命标志着伊斯兰复兴运动取得突破性成就，开始了通过伊斯兰模式改造国家的尝试。霍梅尼提出“既不要东方，也不要西方，只要伊斯兰”的口号，使美国在海湾的“两根支柱”（伊朗和沙特）宣告崩溃，而输出伊斯兰革命的政策更使西方和海湾君主制国家感到不安。阿富汗战争更使阿富汗成为世界“圣战”的主战场，刺激了极端伊斯兰主义的发展。

第六，中东的民主政治进一步发展。独立初期，中东的民主国家只有以色列和黎巴嫩。在土耳其，1950 年开始实行多党制；1980 年的军人政变后，逐步还政于民，恢复了大选和多党政治。在伊朗，革命后建立了共和国，颁布了新宪法，总统由民选产生。在埃及，萨达特上台后，逐步允许反对派和伊斯兰组织开展活动。穆巴拉克政府释放了萨达特时期被捕的反对派人士，恢复了新华夫脱党等反对党的合法地位，开放言论自由，允许无党派人士参加选举。

第七，阿以开始寻求政治解决的途径。1973 年 12 月，日内瓦国际和平会议召开。会后在美国斡旋下，埃及和叙利亚开始与以色列举行外交谈判，于 1974 年签署了埃以和叙以军事脱离接触协议。这在事实上标志着中东和平进程的开始，阿以冲突从军事解决进入政治解决的轨道。[①] 1978 年 9 月，萨达特和贝京签署了戴维营协议。根据协议，埃以双方承认联合国安理会第

---

① 一般认为中东和平进程始于戴维营协议。有关本文的观点，参见黄民兴《试析中东和平进程的起点和分期》，《中东研究》2007 年第 2 期。

242 号决议是和平解决中东问题的基础，中东各国有权在安全和公认的边界内和平地生活；以军分阶段撤出西奈半岛；两国最终建立正常的外交关系。1979 年 3 月，萨达特和贝京在白宫签署埃以和约。同时，埃及等非产油国开始摸索经济和政治改革，向市场经济和多党制的方向发展，在事实上放弃了阿拉伯社会主义的政策。

戴维营协议遭到阿拉伯世界的抵制，埃及因此被开除出阿盟，阿拉伯世界出现分裂，叙利亚和其他激进阿拉伯国家组成反对埃及的拒绝阵线。1981 年 10 月，埃及总统萨达特被伊斯兰极端分子刺杀身亡。1982 年，以色列入侵黎巴嫩，迫使巴解总部撤出贝鲁特。黎巴嫩战争促使世界各国提出解决阿以冲突的各种方案，阿拉伯国家提出了非斯计划，暗示承认以色列的生存权。

第八，中东的地区合作加强。阿盟建立后，开展了成员国之间的经济文化合作，但经济合作成效不显著。[①] 1981 年，成立了海湾合作委员会，包括除两伊以外的海湾六国，均为产油的君主国，主要以经济合作为主，政治和外交合作为方向。它发展成为阿拉伯世界最有活力的地区组织。

从冷战角度看，本阶段美国取得明显优势，苏联影响下降。80 年代，中东进入大分化、大改组阶段。最突出的特点是冷战的对立减弱，意识形态淡化，阿拉伯世界对阿以冲突的立场更加实际；产油国的经济调整开始启动；同时，伊斯兰复兴运动进入高潮，而中东的战乱加剧，地区热点增加。

3. 地区和平与动荡交织的时期（1990 年至今）

本阶段冷战宣告结束，世界进入全球化时代，中东也发生了新的重大变化。

第一，海湾地区成为中东动荡的主要发源地。1990 年 8 月，为了挽回两伊战争的损失，伊拉克悍然入侵科威特，从而引发了海湾危机。在美国统率下的多国部队于 1991 年 1 ~ 2 月先后进行了对伊空袭战和地面进攻，解放了科威特。海湾战争成为一超主导下的后冷战世界中美国打击地区霸权国家的重要案例。战争结束后，伊拉克蒙受了重大损失，并遭受了联合国的制裁和对大规模杀伤性武器的核查。美国因此在包括伊斯兰圣地在内的海湾地区驻留了地面部队和装备，埋下了“9 · 11”事件的伏笔。

第二，中东和平进程的高潮和衰落。美国于 1991 年 10 月召开了马德里中东和会，与会的有苏联、阿拉伯国家、以色列和联合国、欧共体等国际组

① 参见彭树智《二十世纪中东史》，高等教育出版社，2001 年第二版，第 239 ~ 240 页。

织。会议启动了阿以的双边谈判和多边谈判。此后，巴以经过秘密谈判，于1993年8月在奥斯陆草签了《加沙和杰里科先行自治协议》，9月正式签署了《奥斯陆协议》。1994年7月，巴自治领导机构开始在加沙和杰里科行使权力。1996年1月，巴勒斯坦举行首次大选，阿拉法特当选巴民族权力机构主席。然而，1995年拉宾遇刺和利库德集团上台后，和平进程基本停滞。2000年7月，美国主持了由阿拉法特和以色列工党领袖巴拉克总理参加的戴维营谈判，但双方无法达成协议，巴建国日期无限期推迟。同年9月，巴勒斯坦发生第二次起义，中东和平进程从此走向衰落，巴勒斯坦问题也逐渐不为人所关注。

第三，阿富汗与伊拉克成为新的地区和世界热点。在阿富汗，各抵抗组织之间为争夺地盘展开内战。1996年，极端的伊斯兰主义组织塔利班占领喀布尔，北方联盟退居北方。海湾战争后，本·拉登领导的基地组织加强了反美活动，美国指责其策划了1998年美国驻肯尼亚和坦桑尼亚大使馆爆炸事件和2000年10月也门美军科尔号军舰爆炸事件。由于塔利班收容了基地组织，美国于1998年用导弹袭击了基地组织在阿的营地。2001年，美国遭受“9·11”恐怖袭击，随即发动阿富汗战争，一举推翻了塔利班政权，此后阿富汗进入重建。

美国于2003年再次发动伊拉克战争，顺利推翻了萨达姆政权。出乎意料的是，伊拉克出现了广泛的反美武装斗争，其中不但有残余的复兴党人和基地组织，还有本地的伊拉克居民，美国陷入了越南式的陷阱。

第四，海湾战争从外部促进了中东国家民主的发展。埃及、黎巴嫩和约旦允许一些政党和个人参加市政和议会选举；1992年，沙特颁布基本法，它和巴林均成立协商会议，科威特恢复了解散多年的国民会议。2000年，巴林宣布废除《国家安全法》，2001年授予妇女以选举权，并经全民公决通过《巴林国民宪章草案》，规定在2004年建立君主立宪制，恢复1975年被解散的国民议会。卡塔尔于2003年通过宪法，授予妇女选举权。科威特则于2005年授予妇女选举权。2005年，埃及第一次通过直选选举总统，并允许多位候选人参选。但无论是共和制国家还是君主制国家，中东的民主化实际上都存在着种种问题。

第五，地区合作有喜有忧。海合会的经济合作不断深入，六国已实现了签证互免，自2003年1月1日起成员国实行统一关税，2001年12月起也门获准加入海合会卫生、教育、劳工和社会事务部长理事会等机构。1997年12月，阿盟成员国决定开始在相互贸易中减少关税，10年内免除关税。1998年

1月，阿盟宣布成立大阿拉伯自由贸易区。

1992年，由伊朗、土耳其和巴基斯坦三国组成的经济合作组织接纳乌、塔、吉、土等中亚四国及阿塞拜疆和阿富汗为会员国。此外，1995年欧盟正式提出新地中海战略并付诸实施，其内容是支持南地中海国家的经济转轨，到2010年建立欧洲—地中海经济区，但成效不明显。

第六，土耳其与伊朗从不同角度改变地区秩序。1989~1993年任土耳其总统的厄扎尔开始关注中亚，他的政策以“新奥斯曼主义”（Neo-Ottomanism）闻名。“新奥斯曼主义”的概念反映出知识分子的新思想，这一思想已经偏离了凯末尔主义，它主张土耳其应当寻求穆斯林和突厥世界领袖及欧亚大陆中心强国的地位，奉行基于奥斯曼历史传统和积极主动、多样化的外交政策。[①] 由此，土耳其也开始发展与高加索国家和阿拉伯国家的关系，提出“零问题”的睦邻政策，同时疏远与美国和以色列的关系。

伊朗自两伊战争以后在中东的影响不断扩大。一方面，它的实力迅速上升；另一方面，伊朗积极支持什叶派的叙利亚复兴党政府和黎巴嫩真主党，甚至与美国推翻萨达姆后建立的伊拉克什叶派政府和也门的什叶派胡塞武装组织关系密切。逊尼派的阿拉伯君主国对伊朗势力的扩散忧心忡忡，提出了“什叶派新月”的说法，中东的教派对抗隐然成型。此外，伊朗的核工业也受到美国的关注，伊朗核问题成为中东的新热点。

第七，“阿拉伯之春”颠覆整个地区秩序。尽管中东国家在各方面取得了一些进展，但进入21世纪以后，除了以色列、土耳其和海湾国家等少数国家外，以阿拉伯非产油国为主的多数中东国家开始面临种种问题，包括经济社会改革停滞、社会两极分化、政治体制僵化等，2008年开始的国际金融危机进一步促成了矛盾激化。在热点方面，中东和平进程陷入停滞，美国的奥巴马政府开始致力于从伊拉克和阿富汗撤军，但阿富汗的局势持续恶化，伊朗核危机延续。金融危机引发的全球性衰退促成国际能源价格下降，削弱了中东产油国的影响，欧佩克地位不稳，而中东地区除海合会以外的地区合作成效不彰。

战后阿拉伯国家孕育的种种问题于2010年底全面爆发，即中东剧变，西方称之为“阿拉伯之春”。这一时期中东形势具有如下特点：[②]

---

① 参见黄民兴《历史的轮回与帝国情结——战后土耳其外交的三次转型与“阿拉伯之春”》，《西北大学学报》2014年第1期。

② 参见黄民兴《再论中东剧变的背景、发展阶段和主要特点》，《史学集刊》2016年第3期。

（1）阿拉伯国家从全面动荡演变为三大地区热点持续高烧。2010 年 12 月，突尼斯的一个失业大学生自焚事件迅速演变为大规模的民众示威，进而发展为推翻政府的行动。这场声势浩大的政治运动很快波及 22 个阿拉伯国家和地区，成为阿拉伯国家历史上规模最大的政治运动之一。到 2012 年 6 月，突尼斯、埃及、利比亚和也门 4 国实现了政权更迭，不过运动很快在多数国家结束，但叙利亚卷入了持续的血腥内战，利比亚和也门也先后陷入内战。

（2）温和伊斯兰势力的全面崛起及各国激烈的政治博弈。中东剧变后，阿拉伯国家的伊斯兰政党很快就从运动开始的沉默转为积极参政，在埃及、摩洛哥、科威特、约旦等国家，它们均成为议会第一大党，一些国家还新建了较为保守的萨拉菲派政党。在突尼斯，“茉莉花革命”后的过渡时期建立了由三党组成的联合政府，而作为第一大执政党的是伊斯兰政党复兴运动。2012 年 6 月，埃及穆斯林兄弟会的穆尔西赢得埃及总统选举，至此“阿拉伯之春”演变为“伊斯兰之春”，宗教议题成为各国议会讨论的重要事项。然而风云骤变。在埃及，总统穆尔西于 2013 年 7 月 3 日被军方废黜，传统的世俗政治势力最终结束了兄弟会的统治。在突尼斯，世俗派各党派联合要求现政府下台并解散议会，复兴运动领导的政府被迫于 2014 年 1 月辞职。因此，与伊朗和土耳其不同，阿拉伯国家的伊斯兰政党掌权的尝试仅仅是昙花一现。

（3）极端伊斯兰势力大举扩张。2013 年 4 月，原基地组织的伊拉克分支宣布成立“伊拉克和大叙利亚伊斯兰国”（ISIS），即后来的“伊斯兰国”（IS）。2014 年 6 月，巴格达迪宣布在伊拉克和叙利亚建立“哈里发国”，其控制地域迅速扩大，而“伊斯兰国”更是在两国攻城略地，建立了拥有独立的政权和军队的政治实体，严重威胁到两国政府的稳定和人民的生命财产安全。而且，“伊斯兰国”的影响扩展到北非、南亚、东南亚和高加索地区，从而震惊了整个世界。在也门等地，基地组织也乘机积极活动，扩大势力。

（4）叙利亚、伊拉克、利比亚和也门的动荡加剧，在中东形成了逊尼派和什叶派两大地区联盟的对决。叙利亚和也门处于持续的内战中，在叙利亚是政府军对决反动派，而政府一方得到黎巴嫩真主党、伊朗特种部队和也门胡塞什叶派武装等什叶派地区力量的援助，以及俄罗斯、伊拉克的外部支持；反对派一方参战力量包括基地组织、“伊斯兰国”等武装组织和库尔德武装，并得到美国等西方国家、土耳其、海湾国家的外部支持。也门是什叶派的胡塞武装与前总统萨利赫的部队对决总统哈迪的部队，前者得到伊朗支持，后者则得到沙特、埃及、卡塔尔和美国支持。中东因此正式形成逊尼派和什叶派两大集团公开对抗的局面。此外，伊拉克北部和中部受到“伊斯兰国”崛起的猛烈冲击，而利比亚在卡扎菲总统被推翻后同样陷入了持续的动荡。

（5）剧变对中东少数族群产生重大影响。一些国家的少数族群积极参加了反政府运动。在利比亚，当地的柏柏尔人大规模地参与运动，以致有人称其为“柏柏尔人之春”。①伊拉克、叙利亚的库尔德人在剧变中发挥了重大的地缘政治作用。伊拉克北方的库尔德地区计划举行独立公投，只是因“伊斯兰国”崛起而暂时放弃了这一设想。在叙利亚，库尔德人开始建立武装，并首次实现了自治，而伊、叙两国的库尔德武装成为反对“伊斯兰国”的主要力量之一。

（6）中东动荡的外溢效应加剧。叙利亚、伊拉克、利比亚的动荡对周边地区形成了强烈冲击。大批叙利亚难民进入土耳其、约旦、黎巴嫩，并经由这些国家流入欧洲。利比亚的武器、伊斯兰组织和原先为卡扎菲政权服务的一些非洲人返回所在国，造成了这些国家的动荡，如马里。同时，动荡的利比亚也成为向欧洲输出难民的重要跳板。来自中东的恐怖主义也成为欧洲的新麻烦。难民潮和恐怖主义加剧了本来就不稳定的欧盟内部的动荡，促进了脱欧思潮和民粹主义的兴起。

（7）外部势力的干预加强。中东剧变开始后，西方国家和俄罗斯分别开始大力干预热点国家的局势，努力施加影响。欧盟和美国积极推翻了利比亚的卡扎菲，支持叙利亚反对派对抗巴沙尔，要求后者下台。美国也支持沙特干预也门政局。此外，美国还组建联盟对“伊斯兰国”进行空中打击。俄罗斯则大力支持巴沙尔，并直接出动海空力量发动对“伊斯兰国”和反对派的打击。美俄还围绕着叙利亚化武与和谈问题展开博弈。

（8）外部势力在中东的博弈格局发生重大变化。首先，美国的传统盟国对美出现疏离。由于美国的能源实现了自给并开始出口，对中东油气的依赖下降，甚至双方在国际市场上出现竞争，而奥巴马推动从伊拉克和阿富汗的撤军进一步引发了沙特等亲美产油国的不满。美国“撤出中东”的政策还表现在前者在应对中东乱局时有意让欧盟打头阵。同时，奥巴马政府对以色列的内塔尼亚胡政府十分冷淡，时常抨击后者的定居点政策。另外，2015 年 4 月，欧洲国家和美国与伊朗就伊核问题达成框架协议，这更加剧了沙特、以色列与美国的矛盾，从而促成了海合会国家和以色列“自力更生”和“向东看”的政策出台。相比于美国，俄罗斯却积极介入叙利亚内战，把中东作为

① “Arab Spring”, 31 December 2015, http://en.wikipedia.org/wiki/Arab_Spring.

俄美全球博弈的重要棋子，其地区影响不断扩大。

（9）阿拉伯产油国出现动荡预兆，海合会瘫痪。在中东剧变中，阿拉伯产油国总体保持稳定，但近年来国际油价的下行对产油国财政造成巨大压力。到 2015 年 9 月，沙特拥有的海外资产已经减少了 728 亿美元。[①] 同年 10 月 30 日，美国标准普尔公司把沙特的长期主权信用评级从 AA - 调为 A +，评级展望为“负面”。据沙特政府估计，该国 2015 年的财政赤字可能超过 1000 亿美元。[②]此外，沙特国内的失业率也居高不下。另外，2015 年 1 月，萨勒曼·本·阿卜杜勒·阿齐兹·沙特继任沙特国王。此后，沙特新政府奉行了强势的对外政策，组织联盟干预也门内战。2017 年 6 月 5 日，沙特、巴林、埃及和阿联酋四国以支持恐怖主义为由，以最后通牒的形式要求卡塔尔限制与伊朗的关系，切断与“恐怖组织”的一切联系等，并立即终止了与卡塔尔的外交关系并切断与卡塔尔的海陆空联系。四国的上述行动使海合会出现了严重分裂，科威特、阿曼均未追随沙特，而卡塔尔拒绝了四国的要求，并由此加强了与伊朗、土耳其的关系。海合会已经处于瘫痪状态，面临分裂的危险。

总之，本阶段冷战彻底结束，美国成为影响中东的主要外部势力，而中东的地区霸权国家兴起，地区矛盾日益显现。海湾战争粉碎了伊拉克的霸权势力，也使西亚阿拉伯国家的极端宗教势力迅速崛起，最终发展为“9·11”恐怖袭击，而美国发起的奥斯陆协议却在执行几年后宣告停滞。此后，美国发起反恐战争，打败了阿富汗的塔利班政权，随后开始的伊拉克战争更使中东进入了新一轮动荡，伊拉克局势持续混乱，伊朗和“什叶派新月”的形成促成了中东两大教派联盟的对峙。“中东剧变”推动地区国家彻底陷入了大动荡，形成了叙利亚、利比亚、也门和伊拉克几大地区热点，“伊斯兰国”的兴起更使得一战以来的“赛克斯 - 皮科”体系出现了动摇，两大教派联盟开始了公开的武装对抗，阿拉伯国家进一步碎片化。

四　20 世纪中东地区格局变化的基本特点

综上所述，20 世纪中东地区格局变化具有如下特点。

---

① “Saudi Arabia withdraws overseas funds”，*Financial Times*，click time：2017 - 12 - 19，https：//www. ft. com/content/8f2eb94c - 62ac - 11e5 - a28b - 50226830d644.

② 《低油价致沙特出现创纪录财政赤字》，新华网，2015 - 12 - 29，http：//news. xinhuanet. com/fortune/2015 - 12/29/c_ 1117611004. htm。

（1）随着一次大战中帝国体系的崩溃，中东从近代全球政治的主要玩家之一沦落为现代全球大国争夺的对象。综观东亚、南亚、西亚即亚洲大陆的三大板块，近代存在过基于三大文明的三大帝国，即奥斯曼帝国、莫卧儿帝国和中华帝国，最终后两大帝国成功地转变为近代民族国家，尽管它们失去了部分领土；进入21世纪，印度与中国迅速崛起成为世界主要大国。但奥斯曼帝国完全崩溃，其地缘政治意义极为重大，取而代之的是脆弱的“赛克斯—皮科”体系。中东自古以来就是全球政治的主要玩家之一，此后永久失去了这一地位，沦落为现代全球大国争夺的对象，内部分裂动荡。尽管有些国家的独立大大提高了它们的国际地位，但并没有从根本上改变这一状况。

（2）中东的社会特点影响了本地区的现代化进程。中东是世界文明的发源地之一，拥有悠久的历史和辉煌的文明。但中东地处干旱半干旱地区，是历史上农耕文明与游牧文明冲突的典型地区，直到近代为止的游牧民族的反复入侵造成了部落社会在本地区的长期延续和广泛影响，而部落社会的影响是中古以后中东文明发展迟滞和暴力频繁的重要原因。其结果是中东地区的现代化发展受阻，无论是非产油国还是产油国。其表现之一是古老的教派冲突始终存在，甚至在21世纪以后进一步恶化，如当前叙利亚、伊拉克、也门的教派冲突以及两大教派联盟的对立。这与其他发展中地区形成了鲜明对比。2017年世界“和平指数”最差的国家是叙利亚、阿富汗、伊拉克、南苏丹和也门。①

（3）中东错失了世界现代化发展的机遇，依旧依赖原料的经济模式面临着危险的前景。除了以色列和土耳其，其他中东国家的经济都面临着各种问题。非产油国没有形成有竞争力的合理的经济体系，产油国（尤其是沙特这样的产油大国）依然在整体上依赖石油及其产品（油品和石化产品）以及来自这些产品的石油美元和外汇储备，还有外国技术人员和劳工，从而面临着世界油价波动的不确定因素。当前，不依赖化石能源的新能源技术的迅速发展和美国成为油气出口大国的现实对未来国际市场的油价和油气资源的前景构成严重威胁。未来中东主要产油国的国际经济和政治地位必然受到严重影响。

（4）中东国家之间矛盾重重并产生严重影响。这些矛盾涉及领土、意识形态、民族、家族、教派、领导人的个人恩怨、经济差距等。其结果，首先

① “Global Peace Index 2017”, Institute for Economics & Peace, June 2017, click time: 2017 - 12 - 19, http: //visionofhumanity. org/app/uploads/2017/06/GPI17 - Report. pdf.

是中东成为二战后世界有限战争爆发最为频繁的地区。这些战争包括阿以之间的四次中东战争、黎巴嫩内战、黎巴嫩战争、两伊战争、伊拉克入侵科威特、海湾战争、阿富汗抗苏战争、阿富汗内战、美国的阿富汗战争、两次也门内战、叙利亚内战、海合会对也门胡塞武装的战争等。其次是中东国家难以像欧洲、东南亚那样形成有凝聚力的地区组织。阿盟内部矛盾重重，土耳其与伊朗同样关系不睦，阿拉伯国家仇视伊朗，海合会最近则因卡塔尔而公开分裂。最后，以“赛克斯—皮科”体系为标志的现代中东国家体系面临分崩离析的前景。塞浦路斯刚一建国就陷入了希、土两族冲突，国家接近瓦解。黎巴嫩于 1975 年陷入内战。阿富汗于 1979 年遭受苏联入侵，此后动乱不断。在 2010 年开始的中东剧变中，叙利亚、也门陷入内战，伊拉克产生“伊斯兰国”组织。

（5）当代中东再未出现实力雄厚的稳定的核心国家。亨廷顿分析了当代的有关情况，指出此后伊斯兰世界再也没有出现有足够的力量和足够的宗教和文化合法性的国家胜任核心国家的角色，并得到其他伊斯兰国家和非伊斯兰国家的认可。他认为具有潜力的 6 个国家即印度尼西亚、埃及、沙特、巴基斯坦、伊朗和土耳其，它们都有各自的问题。[①]因此，当代的伊斯兰世界“正在强化共同意识，但迄今为止只形成了一个初级的共同政治结构”。[②]

（6）中东成为世界上反西方情绪最为强烈的地区。如果说，世界其他地区的反西方情结主要表现在政治方面，而中东的反西方情结既有政治方面又有文化方面。事实上，伊斯兰教与基督教均属于“亚伯拉罕系宗教”，[③] 但宗教的同源性和历史上中东伊斯兰国家与毗邻的欧洲基督教国家的激烈冲突[④]导致双方的冲突从隐性走向显性，西方的反恐战争成为其突出例证。一战后美国在中东的形象从民族自决的倡导者、民主自由的捍卫者沦落为二战后以色列的守护神、独裁者的捍卫者、虐囚和酷刑的实施者，即使是美国的盟国如沙特、约旦，也有大批民众持强烈的反美情绪。

（7）中东对外部世界具有密切的影响。经济上，中东是世界能源的主要供应者，也是影响世界油价、美元地位和海外投资的重要地区。在国际关系方面，中东的伊斯兰国家政府和民间组织对本地区和其他地区涉及穆斯林的

---

① 亨廷顿：《文明的冲突与世界秩序的重建》，第 193 ~ 195 页。

② 亨廷顿：《文明的冲突与世界秩序的重建》，第 167 页。

③ 秦家懿、孔汉思著《中国宗教与基督教》，吴华译，三联书店，1997，序。

④ 关于十字军东侵对阿拉伯人造成的伤害，参见法籍黎巴嫩裔学者阿敏·马洛夫《阿拉伯人眼中的十字军东征》，彭广恺译，河中文化实业有限公司，2004，第 XIII 页。

问题十分敏感，并积极干预，包括阿富汗、伊拉克、波黑、车臣等，中东的极端主义也影响到南亚、东南亚、中亚、东亚、非洲等地区。中东的难民严重影响到欧洲的稳定。

从世界范围看，20 世纪以来中东格局的变化是非常有特点的，上述变化对这一时期的世界历史产生了深远影响。

Changes of the Configuration of the Middle East and their Influences since the 20th Century

Huang Minxing

Abstract: Between the two world wars, the traditional multi-ethnic empires became modern political entities in the Middle East. After World War II, changes of the configuration of the Middle East can be divided into three stages: in 1944-1967, the British and French colonialism declined; Middle East countries gained independence, were involved in the Cold War then and formed pro-American and pro-Soviet countries, and Arabia nationalism climaxed. In 1967-1990, the US gradually replaced Soviet influence as the dominant force, the Cold War confrontation began to weaken, the economic adjustment in oil producing countries started, and the Islamic Revival Movement climaxed. After 1990, the Cold War ended, The US became the main external force affecting the Middle East, and the regional contradictions there were intensifying. After the Gulf War, the rise of extremist religious forces led to the "911" attack; the War on Terrorism and the Iraq War launched by the US have resulted a new round of turmoil, and the upheaval of Middle East have promoted regional countries completely into big turmoil.

Key words: the 20th Century; Middle East; Pattern Evolution; The Gulf War

低烈度冲突：当前中东地区的动荡与战争

田文林*

摘　要： 近年来，中东地区冲突与战争此起彼伏。2017年，主要有四大冲突与战争：教派冲突引发的叙利亚内战；地区霸权导致的也门战争；打击“伊斯兰国”引发的反恐战争；库尔德分离运动引发的反分裂战争。导致中东冲突与战争不断的原因有三个方面：地缘版图碎片化导致中东国家内耗不止；经济发展不平衡、不充分，导致民众“穷则思变”；外部霸权干涉导致中东“失败国家”增多。战争与冲突产生多重负面影响。一是中东经济发展受到严重影响；中东人道主义灾难深重；中东成为恐怖主义重灾区和全球难民输出地。

关键词： 中东　低烈度冲突　负面影响

中东是世界上战争频率最高的地区。二战结束以来，中东始终没停止过战争与冲突。冷战期间曾爆发过5次中东战争，此外还有持续8年之久的两伊战争。冷战结束后，以美国为首的西方国家共发动了5场地区战争（海湾战争、科索沃战争、阿富汗战争、伊拉克战争和2011年的利比亚战争），其中4场在伊斯兰世界，3次直接针对阿拉伯国家。2011年“中东剧变”以来，中东进入新一轮动荡期，战争与冲突更是此起彼伏，由此产生多重负面影响。

一　低烈度冲突：2017年中东地区的动荡与战争

2011年“中东剧变”打破了原本脆弱的政治生态格局，各种次生性矛盾相继迸发，由此导致中东冲突与战争层出不穷。截至2018年初，中东仍面临四场不同类型的战争与冲突。

（一）教派冲突导致的“代理人战争”——叙利亚内战

中东是伊斯兰世界核心地带，逊尼派与什叶派之间的教派矛盾一直时隐

---

* 田文林，中国现代国际关系研究院副研究员。

时现。2011 年中东剧变以来，中东主权国家意识淡化，部族教派等原生性矛盾凸显。尤其沙特与伊朗地区影响力凸显，使中东教派矛盾空前加剧。

叙利亚内战就是典型的带有教派色彩的“代理人战争”。叙利亚 2300 万人口，其中逊尼派占 65%，阿拉维派（什叶派分支）至多占 15%，此外还有相当数量的基督徒、德鲁兹派、伊斯玛依派、库尔德人等。巴沙尔政权属于占人口少数的阿拉维派。因此，叙利亚堪称中东教派矛盾的“交汇点”和“辐射源”，并因 2011 年叙利亚危机而日趋白热化、公开化：什叶派背景的巴沙尔政府得到伊朗、黎巴嫩真主党等什叶派力量力挺；叙利亚反对派则得到沙特、土耳其等逊尼派国家支持。由此使叙利亚危机日趋演变为持续数年的血腥内战。截至 2017 年底，在叙利亚肆虐的“伊斯兰国”被完全击溃，持续数年的叙利亚内战首次出现明显降温态势。不过，因外部势力竞相插手，且各方立场和诉求各异，因此叙利亚危机看似缓解，实则新一轮博弈才刚刚开始。

（二）地区霸权导致的侵略战争——也门战争

中东地区小国林立，没有哪个国家具有绝对支配权，因此争夺地区主导权的博弈十分激烈，经常“城头变幻大王旗”。沙特是世界最大产油国，同时是“两大圣寺监护者”，加之有沙美特殊关系做后盾，沙特在中东一直举足轻重。2011 年“中东剧变”后，沙特凭借“福利换稳定”，成功躲过政权更替潮，并取代埃及成为阿拉伯世界新的“领头羊”。新背景下，沙特地区野心膨胀，将“遏制伊朗”和什叶派阵营扩张作为核心目标。

也门战争就是这种背景下的产物。2011 年也门萨利赫总统下台后，因新总统哈迪控局能力有限，原来盘踞在也门北部的胡塞武装乘机南下，2015 年初占领首都萨那。2015 年 3 月 26 日，沙特不宣而战，直接出兵也门，对胡塞武装发动军事打击，试图将其“推回”到北部山区。截至 2017 年底，也门仍是南北割据状态，沙特深陷战争泥潭无法自拔。而且，也门战争爆发后，胡塞武装频频越境袭击沙特的村庄和城市，还多次向沙特首都利雅得发射导弹，令沙特朝野震惊。目前，也门战场仍处在拉锯状态，前景和走向仍充满变数。

（三）打击“伊斯兰国”引发的反恐战争

中东一直是极端恐怖势力高发地带。尤其 2011 年“中东剧变”后，中东国家转型不畅，地区安全真空增大，为恐怖活动滋生蔓延提供丰厚土壤。“基地”组织原本已经元气大伤，但借这场地区危机日渐“东山再起”。2014

年6月异军突起的极端组织“伊斯兰国”，还积极封疆拓土，建立“哈里发国”，成为中东极端恐怖势力的新的“领头羊”。中东极端恐怖势力肆虐，尤其“伊斯兰国”兴起，使恐怖与反恐矛盾成为中东主要矛盾。美国、俄罗斯、沙特分别牵头组建了以自己为首的国际反恐联盟，并对“伊斯兰国”进行全面围剿。截至2017年底，“伊斯兰国”在主要活动区域——伊拉克和叙利亚均遭受重大损失。在伊拉克，该组织先后丢失辛贾尔、拉马迪、费卢杰、摩苏尔等重镇；在叙利亚，先后丢失阿勒颇、霍姆斯、“首都”拉卡、阿布卡迈勒等城市。2017年11月21日，伊朗与伊拉克同日宣布，“伊斯兰国”已经被剿灭。中东反恐取得重大胜利。然而，正面战场胜利，并不意味着极端恐怖主义势力已经根除，中东国家仍面临恐怖威胁，反恐战争短期不会停歇。

（四）库尔德分离运动引发的反分裂战争

库尔德人是仅次于阿拉伯人、土耳其人和波斯人的中东第四大民族，总人口约3000万，但始终没有自己的民族国家，因此一直谋求民族独立，但因相关国家高压严打，始终未能形成气候。2011年中东剧变后，中东地缘格局根基动摇，库尔德人独立迎来百年不遇良机。在叙利亚，库尔德人乘政府军收缩之际，实行高度自治，并建立了“人民保护军”（YPG）。此后，“人民保护军”借打击“伊斯兰国”之际，不断发展壮大。据报道，“人民保护军”有4万~5万人（一说1万~2万人），已成为叙利亚不容小觑的地方武装。

目前，“人民保护军”得到美国全力支持，并占据叙东北部地区。其在2017年10月20日攻占“伊斯兰国”老巢拉卡，夺取位于代尔祖尔东南部的奥马尔油田，使叙利亚库尔德武装地区影响力越来越大。俄罗斯担心，库尔德人把拉卡变成不受阿萨德总统控制的另一个首都。[①] 在伊拉克，北部的库区政府早已高度自治，拥有自己的政府、议会和军队。“伊斯兰国”兴起后，伊拉克库尔德人乘机扩大地盘，库区政府控制区扩大40%，库区武装从10万增至40万。2017年以来，库尔德独立运动增强。2017年9月25日，伊拉克库区政府强行举行独立公投，并以92%的高票获得通过。

---

① 杜鹃：《赶走“伊斯兰国”，美俄或在叙东部争地盘？》，http：//m. xinhuanet. com/mil/2017 - 10/26/c_ 129726928. htm，上网时间：2017年10月26日。

中东库尔德武装不断壮大，以及伊拉克库区独立公投，令伊拉克、伊朗、叙利亚、土耳其四个“利益相关方”高度紧张。伊拉克政府不仅三令五申强调公投违法，还直接出兵占领了基尔库克等库区政府控制区，使这场公投闹剧最终无疾而终。

在中东地区国家中，土耳其的反应最为强烈。土耳其境内有1/5的人口是库尔德人，因此十分担心中东库尔德独立引发连锁效应。针对伊拉克库区公投，土耳其不仅在土伊边境举行军演，还多次威胁要阻断库尔德斯坦对外输送原油的路径。在叙利亚，土耳其的政策重点，从谋求巴沙尔下台，转向扩大势力范围，遏制库尔德武装壮大。2016年8月24日，土耳其军队发起代号“幼发拉底河盾牌”的军事行动，越境进入叙利亚北部。到2017年3月军事行动结束时，土耳其及其支持的武装力量已控制叙北部至少3000平方公里领土。2018年1月20日，土耳其对叙利亚阿芙林地区发动代号“橄榄枝行动”的大规模军事行动，越境空袭阿芙林境内153个库尔德武装目标，甚至直接轰炸了美国为库尔德运输物资的明尼格机场，随后又出动地面部队，向该地区的库尔德武装发动全面进攻。在可见的未来，由于库尔德壮大势头不可避免，库尔德独立就像“定时炸弹”一样随时可能爆炸，由此意味着类似的反分裂战争也将继续出现。

二　中东动荡不断的深层根源

从表层看，当前中东战乱主要是由三大传统矛盾导致：由伊斯兰极端主义引发的极端恐怖主义；逊尼派与什叶派分野造成的教派冲突；民族混居与跨界民族造成的民族分离运动。但从深层看，导致中东战乱不断的原因主要有以下几方面。

（一）地缘版图碎片化导致中东国家内耗不止

按照亨廷顿的说法，文明集团往往要围绕一个“核心国家”，它能够行使维持秩序功能，就像家庭里一个年长的成员，为其他亲属提供支持和制定纪律。一旦缺少核心国家，文明内部或文明间建立秩序，就变得非常棘手。①

① 塞缪尔·亨廷顿：《文明的冲突与世界秩序的重建》，周琪等译，新华出版社，1998，第167～169页。

“核心国家的解体，一般都意味着混乱和灾难。”中东地区冲突不断，就与该地区缺乏“核心国家”的地缘版图碎片化格局直接相关。①

中东地缘版图本身就是西方殖民统治者人为制造的结果。一战爆发后，因奥斯曼帝国站到德国、奥匈帝国组成的同盟国一边，因此英国和法国将奥斯曼帝国视为削弱和瓜分的重点对象。英国中东政策的总政策就是“分而治之”：在土耳其人与阿拉伯人之间制造裂隙，削弱奥斯曼帝国与英国的作战能力；在阿拉伯世界内部，继续制造矛盾，借此实现将其纳入殖民地的设想。1915～1916 年期间，英国官员与阿拉伯领导人侯赛因达成秘密协议：阿拉伯人发动反对奥斯曼帝国的起义，英国则答应战后帮助阿拉伯人建立一个统一的民族国家。但英国很快背信弃义，与法国秘密达成《赛克斯－皮科特协定》，将阿拉伯世界划分为不同势力范围：法国得到叙利亚和黎巴嫩，波斯成了英国保护国，伊拉克和巴勒斯坦则成为英国势力范围。

此外，英国还鼓励犹太人向阿拉伯土地移民。1917 年 11 月 2 日，英国外交大臣贝尔福发表讲话，称乐意看到在巴勒斯坦地区建立一个“犹太人的民族之家”，这就是著名的《贝尔福宣言》。一战后，英法依据《赛克斯－皮科特协定》，在中东实行“委任统治”，将中东地缘版图肢解。阿拉伯民族人口众多，信仰一致，原本有潜质建立统一国家，成为世界性大国，但最终却被英法分裂为22 个阿拉伯国家。与此同时，以色列在中东搅局，使阿以之间多次爆发战争，最终使阿拉伯统一事业功败垂成。

阿拉伯世界地缘版图碎片化，使中东形成“谁也吃不掉谁，谁也不服从谁”的复杂均势状态。阿拉伯世界各国因政治制度、意识形态、外交政策乃至宗教教派差异甚大，各国间难以组建长久性联盟。相反，每个国家都唯恐地区局势不利于己，因此不约而同地采取“相互制衡”做法，导致地区内耗不断，地区安全困境加剧。二十世纪五六十年代，埃及在阿拉伯世界的权力鼎盛时期，曾经武装干涉也门内政；80 年代伊拉克实力强大时，曾在 1990 年武力吞并科威特；2011 年中东剧变后，沙特地区影响力上升，随即在 2015 年武力入侵也门。但由于这些地区强国均无足够实力消化战争成果，因此最终结果都是两败俱伤。

（二）中东经济发展不平衡、不充分，导致民众“穷则思变”

“经济基础决定上层建筑”，中东地区战乱不断，表面看是政治和社会领

① 北京大陆桥文化传媒编译《中东战火》，世界知识出版社，2005，第 129 页。

域出了问题，实则是发展不充分、不平衡造成的。

所谓“发展不充分”就是生产力不够发达。伊斯兰世界地处欧亚非三大洲交通要塞，“贸易立国”贯穿全部历史。但在工业化背景下，通过贸易获取财富的主客观条件已经发生根本性变化，但多数中东国家浑然不觉，从惯性思维出发，几乎不假思索地全盘接受了经济全球化倡导的自由贸易、市场竞争理念，而没有意识到这种看似公平的全球化背后暗含的不平等和残酷性，结果导致本土原本孱弱的民族工业日趋解体，中东几乎被锁定在全球产业链下游位置。据统计，到 2007 年时，阿拉伯世界的工业化程度竟不如 1970 年时期。[①]

正所谓“无工不富”，中东国家工业化进程的失败，给中东国家带来多重负面效果。1980～2004 年，阿拉伯世界实际人均 GDP 增长 6.4%，平均每年不足 0.5%。[②] 2004 年中东国家的实际工资和生产率水平与 1970 年时相同。[③] 另据世界银行估计，自 1960～1990 年以来，阿拉伯世界的劳动生产率以 0.2% 的速度逐年下降。目前阿拉伯世界 1/3 的人生活在贫困线以下。埃及 8000 万人口中近一半生活在贫穷线以下，每天生活费不足 2 美元。[④] 约旦约 1/4 的人口处于贫困线以下，失业率高达 14%；也门 230 万人口中近半数每天的生活费不超过 2 美元，1/3 的人长期挨饿。[⑤]

许多穆斯林丧失了依靠自身摆脱困境的信心，陷入无助、绝望和极端情绪之中。某种程度上，“伊斯兰国”就是这种反全球化力量的产物和体现。该组织利用广大穆斯林普遍存在的反抗和求变心态，为那些渴望摆脱“奴役的受压者”提供了有效宣泄渠道。由此不难理解，该组织明明成为国际社会的众矢之的，全球极端分子仍纷至沓来。目前，尽管有形的“伊斯兰国”渐被消灭，但导致该组织产生的结构性矛盾继续存在，滋生极端思想的土壤依然存在。

所谓“发展不平衡”，就是财富分配不公平。从生产关系角度看，生产资料归谁所有，直接决定财富如何分配。中东经济基本都是建立在私有制基

---

① Arab Human Development Report 2009：Challenges to Human Security in the Arab Countries，http：//www. arab. hdr. org/publications/other/ahdr/ahdr2009e. pdf'.

② Arab Human Development Report 2009：Challenges to Human Security in the Arab Countries，http：//www. arabhdr. org/publications/oth cr/ahdr/ah dr2009e. pdf.

③ Edited by Nora Bensahel and Daniel L. Byman，*The Future Security Environment in the Middle East：Conflict，Stability，and Political Change*，Rand Corporation，2004，p. 61.

④ Shawn Baldwin，“Egypt's Problem and its Challenge：Bread Corrupts”，*New York Times*，January 17. 2008.

⑤《阿拉伯“革命年”：经济是主因》，http：//roll. sohu. com/20110220/n303 371945. shtml。

础上，财富分配更多是按资分配，而不是按劳分配，因此这些国家贫富分化日趋拉大。与此同时，从政治制度看，中东国家大多奉行威权/强人政体，当初这些国家代表中下层民众利益，能够实现财富公平分配，政权也能赢得民众支持。但随着当权者服务对象由多数民众转向少数精英，国家权力便成为少数当权者谋利的工具。

据统计，在阿拉伯世界，5%的人支配80%的财富。在埃及，20%的富人占有社会财富的55%，而60%的穷人的社会财富拥有量只有18%。[①] 据维基解密文件称，突尼斯的本·阿里家族资产达35亿英镑（约366亿元人民币）；利比亚总统卡扎菲的子女分别涉足不同产业，每年有数百亿美元流入他们的私人腰包。埃及前总统穆巴拉克家族的资产据称达到400亿～700亿美元。[②] 经济不发展和分配不公正，导致中东国家阶级矛盾尖锐，政局不稳，社会矛盾激化。2011年中东剧变及其后出现的冲突乱象，说到底就是中东国家发展不充分、不平衡导致的问题。

（三）外部霸权干涉导致中东“失败国家”增多，“次生性灾难”层出不穷

中东是世界能源中心，同时也是地缘政治中心，这种“二合一”的地缘重要性，使中东历来是外部大国折冲樽俎和利益争夺的主战场。而中东小国林立，缺乏“核心国家”的地缘格局，这种分裂状况使中东缺乏集体安全机制，基本丧失了自我保护和反抗能力。这样，中东既无法实现自强，也无力阻挡外部势力进入中东，甚至主动邀请外部势力进入中东，因此很容易成为任人宰割的地缘博弈牺牲品。因此，在中东地区，外部霸权干涉几乎成了家常便饭。冷战结束至今，西方在世界上共发动了5场地区战争，其中4场在伊斯兰世界，3次直接针对阿拉伯国家。阿拉伯世界眼见西方大国横冲直撞，损害阿拉伯权益、地区稳定和国际道义，却难以做出有力回击。

2011年中东剧变以来，阿拉伯世界自乱阵脚，以美国为首的西方国家借机塑造有利于西方的“新中东”。针对埃及、突尼斯、也门等传统亲美国家，西方国家积极推动“民主转型”，使这些国家更加亲美，不料这些国家转型

---

① 《埃及社会贫富分化严重　两成富人拥有五成五社会财富》，http：//news. timedg. com/2011－01/27/content－1136139. htm。

② 刘长锋：《“阿拉伯革命”其实是一场反腐革命》，http：//www. yslzc. com/news/Class149/201102/2011021814323 4. html。

失败，使中东“大变局”变成“大乱局”；针对利比亚、叙利亚等不听美国号令的国家，西方国家乘机推波助澜，乃至武力推翻原有政权。在利比亚，西方国家发动军事打击，将执政42年的卡扎菲政权武力推翻；在叙利亚，西方国家积极策动“代理人战争”，为叙反政府武装提供资金、武器和训练，试图借其推翻巴沙尔政权。

需要指出的是，为削弱巴沙尔政权，西方国家还纵容和支持极端恐怖势力。据 Al-Masdar News 报道，在叙利亚北部，美国领导的反恐联军允许数百名“伊斯兰国”极端分子离开拉卡，前往叙政府军控制区。[1] 2017 年 11 月，据多家媒体报道，数千名“伊斯兰国”骨干分子及其家属，在美国空军掩护下，携带武器安全撤离“首都”拉卡。美国为实现地缘政治目标，不惜与极端恐怖势力为伍，由此使中东极端恐怖主义屡打不绝。

三 战争与冲突产生多重负面影响

有道是“合则两利，斗则两伤”，中东地区战争与冲突不断，且这些战争大多与“正义”无关，因此其外部影响总体是负面性的。

（一）中东经济发展受到严重影响

中东战乱不断对经济的影响主要体现在两大方面。

一方面，各国军费开支居高不下，挤占了原本用于发展和民生的开支。中东动荡持续不断，使中东始终处于“战争与冲突”状态，中东国家为自身安全，纷纷强化军力，掀起军备竞赛。斯德哥尔摩国际和平研究所数字显示，2005 年以来，中东地区军费开支增长 57%。其中，伊拉克增长 286%，阿联酋增长 135%，巴林增长 126%，沙特则为 112%。

沙特的情况最为典型。2011 年“中东剧变”以来，沙特推行“地区扩张”政策，军费开支居高不下。据统计，沙特花费 200 亿美元援助巴林和阿曼，花费 30 亿美元购买法国武器用于资助黎巴嫩军队反对真主党，花费几十亿美元支持埃及塞西政府，花费数十亿美元资助叙利亚进行政权更替。[2] 2015 年沙特出兵也门后，沙特军费负担更重。据统计，沙特出兵也门头 9 个

---

① Eric Zuesse，“Why is Trump Protecting ISIS?”，June 14，2017.

② Nicola Nasser，“Political Crisis in Saudi Arabia：Survival is the ‘Saudi Key Word’”，Global Research，April 18，2014.

月，其军事花费就超过500亿美元。此后，沙特每月花费超过7亿美元。[①]高峰期每天花费超过2亿美元。[②] 据美国国务院《2015年世界军事开支和武器转让》报告，2002～2012年期间，沙特年均军费开支占GDP比重为8.2%。2011年"中东剧变"以来，沙特军费连续增长：2013年为670亿美元，占当年财政预算支出总额的31%；2014年军费预算为808亿美元，占当年财政预算支出总额的35%，2015年国防支出为819亿美元，占预算支出总额的36%。[③]2016年，沙特削减预算300亿美元，但军费增加570亿美元（军费开支世界第三，仅次于美国和中国），占沙特政府支出的1/4。[④] 国际战略研究所研究表明，2016年沙特军费开支820亿美元，这还不包括沙特特种军事行动（如也门战事）的开支，其实际军费开支超过1000亿美元，相当于英国和法国军费开支的总和。而且，沙特国内只能满足2%的需求，其余都需要从国外进口。因此是世界上最大的军火进口商。[⑤] 在奥巴马政府执政期间，沙特共从美国购买了价值1150亿美元的军火，高于以往任何一届政府。[⑥] 2017年特朗普上台后，2017年5月首次出访第一站选择沙特，双方又签署了价值1100亿美元的军火大单。而沙特军费开支居高不下，直接影响到沙特"2030愿景"的实现。

忙于反恐的伊拉克同样面临巨额的军费开支。2014年"伊斯兰国"兴起后，伊拉克几乎倾其国力进行反恐，国内80万安全部队，10万民兵武装，以及40万库尔德武装全部投入战场，人力和财力消耗极大。据估计，伊拉克打击"伊斯兰国"每天大约消耗1000万美元，每年大约36.5亿美元。[⑦]2017年伊拉克安全部队在解放摩苏尔的战斗中损失巨大。据美国国防部统计，在摩苏尔战役中，伊拉克反恐部队损失了40%的军力。[⑧] 与此同时，伊

---

① Bruce Riedel, "Saudi King Shows No Signs of Slowing Aggressive Foreign Policy", Al-Monitor, July 9, 2017.

② Philip Calabro, "Saudi Arabia's Post-oil Plan Enters Slippery Slope", Al-Monitor, May 27, 2016.

③ 梅新育：《低油价重压》，《中国石油石化》2016年第5期，第60页。

④ Daniel Benaim, "How Cheap Oil is Changing the Gulf", *The National Interest*, April 20, 2016.

⑤ Sabahat Khan, "Challenges of Cultivating a Saudi Defence Industry", Middle East Online, 2017-07-09.

⑥ Seyed Hossein Mousavian, "Understanding Iranian Threat Perceptions", AI-Monitor, July 14, 2017.

⑦ Bruce Riedel, "The Year Saudi Arabia Wants to Forget", Al-Monitor, December 7, 2016.

⑧ Mustafa Saadoun, "Will Iraqi Government Employees Face More Wage Cuts in 2016?", *Al-Monitor*, February 23, 2016.

拉克战后重建费用高昂。据伊拉克计划部部长称，剿灭“伊斯兰国”后，伊拉克在被解放地区的重建费用至少需要1000亿美元。仅费卢杰重建就需要100亿美元，摩苏尔则需要200亿~250亿美元。[①] 很显然，中东国家消耗大量财力增强军备，意味着政府财政负担加重，原本用于民生领域的资金被挤占，使其日趋偏离经济发展的主航道。

另一方面，安全形势恶化经济发展的外部环境。安全与稳定是经济发展的前提条件。2011年“中东剧变”以来，中东日趋进入新一轮动荡期。安全形势不佳直接恶化了经济发展的外部环境，使相关国家本就萧条的经济状况更加雪上加霜。

从国家层面看，埃及外汇储备从剧变前的360亿美元降至160亿~170亿美元，债务总额达2400亿美元，仅年息就达282亿美元，国际信用等级5次下调，埃及社会至少倒退15~20年。[②] 利比亚居民收入减少84%，由非洲最富裕的国家一跃成为“半失败国家”，石油出口大幅减少。突尼斯原来是“非洲经济优等生”，剧变后经济持续下滑。据Focus-Economics统计，2012年至2016年期间，突尼斯人均GDP由4178美元下降到4000美元以下，经济增速由3.9%下挫至1.0%，消费指数由4.4%下降至3%左右，公共投资由6.1%急速下降到-0.5%（2015年），外债由2010年占GDP的39.2%增至2016年的60.6%。[③] 近两年来，每逢“茉莉花革命”爆发周年之际，突尼斯均爆发大规模抗议活动，主要就是对经济现状不满。

从地区范围看，中东乱局使地区经济整体形势变糟。据国际劳工组织数字，2011年中东剧变时，中东地区失业率为25%，目前已升至30%，是世界平均失业率的数倍。[④]“阿联酋战略论坛”根据世界银行、联合国和世贸组织的数据得出结论：“阿拉伯之春”及随后政局动荡，使相关国家付出8300亿美元的代价。[⑤] 埃及总统塞西2017年称，“阿拉伯之春”给阿拉伯国家造成1万亿美元损失。总之，中东安全形势不佳，直接影响地区经济发展，相关国家陷入“越穷越乱，越乱越穷”的恶性循环。

---

① Tom Engelhardt, “Failed States and States of Railure”, Middle East Online, 2016-01-25.

② David P. Goldman, “Egypt's Looming Economic Ruin”, May 30, 2013, http://www.meforum.org/3527/egypt-economic-ruin.

③ 马晓霖：《七年之痒：令人失望的突尼斯“茉莉花革命”》，《华夏时报》2018年1月18日。

④ “The Arab Winter”, *The Economist*, January 9' 2016.

⑤ Christopher L. Brennan, “Fall of the Arab Spring: From Revolution to Destruction”, Global Research, February 2, 2016.

（二）弱国和小国沦为地缘博弈牺牲品，中东人道主义灾难深重

当前中东战乱不断，呈现出“弱肉强食”的无政府状态，弱国和小国日益沦为地缘博弈的竞技场和牺牲品，普通民众遭遇前所未有的人道主义灾难。

叙利亚原来是中东政局最稳定的国家，但旷日持久的血腥内战造成数十万死伤（叙利亚智库统计为47万），一半以上人口沦为难民。据“叙利亚政治研究中心”报告，自2011年以来，叙利亚已有400万栋建筑被毁，3000所学校，70%的医院和卫生机构、60%的基础设施、数以千计的工厂和上万家小企业被毁，很多城市几乎完全瘫痪。2011～2016年，叙利亚直接经济损失超过680亿美元。2011～2015年叙利亚GDP年均缩减16%，2016年缩减4%。累计下来，这场战争使叙利亚经济比战前的2010年损失了三倍。叙利亚由此还失掉了300万个工作机会。在武装冲突地区，85.2%的人口生活在贫困线以下，缺乏基本生活品。除了物质损失外，叙利亚冲突还造成巨大的人道主义灾难。据估计，战争期间，至少有46万人被杀，110万人受伤，1150万无家可归，相当于该国人口一半以上。其中280万儿童辍学，由此使叙利亚人力资本损失达105亿～165亿美元。这场战争可以说是数十年来中东最惨烈的战争。①叙利亚经济要想恢复到2010年前水平，至少需要30年时间。叙利亚战乱还使全球“圣战分子”纷至沓来，包括“伊斯兰国”在内的各种极端组织层出不穷，叙利亚由中东“稳定绿洲”变成“恐怖天堂”。

也门本来就是中东最贫穷的国家。2015年沙特出兵也门，导致该国基础设施遭受严重破坏，人道主义灾难日趋深重。据统计，战争使也门经济损失达到150亿美元。2015年，也门GDP缩减28.1%，2016年缩减4.2%，也门大约35%的服务企业，29%的工业企业和20%的商业企业停止运转。②截至2017年3月，也门战争造成巨大人道主义灾难：1880万人需要人道主义援助；1480万人得不到医疗服务；1450万人缺乏饮用水；2100万人流离失所；357处农田被毁；274家医疗机构被破坏。③联合国也门问题特使宣称，也门

① Hussein Suleiman，“Costs of Conflicts in the Middle East”，*AlAhram Weekly*，Issue 1383（1－7 March 2018）.

② Hussein Suleiman，“Costs of Cunflicts in the Middle East”，*AlAhram Weekly*，Issue 1383（1－7 March 2018）.

③ Yuram Abdullah Weiler，“Yemen：All but Forgotten in the West”，*Tehran Times*，June 17，2017.

2500万人口中，有2000万人受到战争影响，大部分缺乏饮用水、医疗和食物，其中700万人（包括230万5岁以下儿童）极度饥饿。[①] 据联合国估计，2015年3月沙特入侵也门以来，共造成7600名平民死亡，4.2万人受伤。[②] 也门22个省份中，20个省份出现霍乱。2017年4～8月，也门感染霍乱的人数已突破50万人，感染霍乱死亡人数将近2000人。也门平均每10分钟就有一名儿童死亡。联合国称，这是自1945年以来世界上最严重的人道主义灾难。[③] 也门战争还使"基地"和"伊斯兰国"在也门乘机壮大，使中东反恐形势不断出现反复。

利比亚原本是非洲最富裕的国家。联合国人类发展指数（2010）显示，在所有非洲国家中，利比亚生活水平最高，婴儿死亡率最低，人均寿命最长，营养不良人口不到5%（比美国还少），贫困人口比例比荷兰还要低。但2011年3月英法主导的北约军事力量推翻卡扎菲政权后，利比亚陷入武装割据、经济停滞、极端恐怖势力丛生的混乱局面。战乱发生后，利比亚原油出口量从2010年的每天150万桶，降至2016年的每天39万桶，利比亚因减少石油出口造成的经济损失超过1000亿美元，利比亚其他经济部门因石油出口中断而濒临倒闭。此外，利比亚还有240万人需要人道主义援助，其中100万儿童严重营养不良。[④] "伊斯兰国"等境外极端分子乘机在利比亚安营扎寨，并多次针对油田设施、哨所、加油站等目标发动袭击。[⑤] 由于"伊斯兰国"在叙、伊受到挤压，该组织正有计划转移至北非及西非地区。据美方估计，利比亚效忠"伊斯兰国"的武装人员已由1500人扩展至约6000人。利比亚成为极端恐怖势力在非洲扩张的桥头堡。

据估计，中东地区这三场战争的经济损失达到3000亿美元，这些国家要想恢复到战前水平，至少需要同等数额的经济重建费用。这一数额相当于这三个国家2010年战前GDP总量的2～3倍。[⑥]

---

① Vijay Prashad, "The World's Largest Humanitarian Crisis is basically being Blacked out by Western Media", Global Research, July 26, 2017.

② Al-Ashkar, "New Suffering in Yemen", *AlAhram Weekly*, 17 November, 2017.

③ Bruce Riedel, "The Long-term Cost of Saudi Succession Shake-up", Al-Monitor, June 21, 2017.

④ Hussein Suleiman, "Costs of Conflicts in the Middle East", *AlAhram Weekly*, Issue 1383 (1－7 March 2018).

⑤ Colum Lynch, "The Islamic State will Survive America's Military Onslaught", *Foreign Policy*, February 11, 2016.

⑥ Hussein Suleiman, "Costs of Conflicts in the Middle East", *AlAhram Weekly*, Issue 1383 (1－7 March 2018).

（三）中东成为恐怖主义重灾区和全球难民输出地

近年来，西亚北非地区的极端势力趋于连点成面：自东向西，出现了阿富汗塔利班、巴基斯坦塔利班、也门“基地组织阿拉伯半岛分支”；黎凡特地区的“伊斯兰国”、北非“马格里布基地组织”，利比亚“利比亚伊斯兰战斗团”、尼日利亚“博科圣地”和索马里“伊斯兰青年党”等恐怖极端组织。西亚北非地区由此成为恐怖袭击重灾区。2011 年以来，随着围剿“伊斯兰国”的斗争取得决定性胜利，相关国家安全形势有所缓解。据英国一家研究机构 2017 年 11 月 22 日公布的研究报告，随着恐怖分子在伊拉克掌控版图缩小，伊拉克境内攻击事件数量降到 2014 年 6 月以来最低。该机构表示，10 月发生了 126 起攻击事件，数量几乎是 1 月攻击高峰时的一半。死亡人数也减少至 102 人，较 2016 年 11 月减少 80%。另据统计，2017 年，伊拉克有 36898 人被杀，8753 人受伤。作为对比，2016 年伊拉克死亡 52369 人，受伤 21795 人。①

然而，“伊斯兰国”受挫并不意味着反恐形势的根本缓解，相反，中东恐怖袭击威胁呈现长期化态势。一方面，“伊斯兰国”具有极强的意识形态属性，战场失利并不会使其自动消除。“伊斯兰国”对世界的威胁不仅是该组织本身，还包括其极端思想外溢，以及在全世界不断出现的“加盟连锁店”。某种程度上，“伊斯兰国”已经成为一种意识形态，成为全世界极端恐怖势力的“共有品牌”。这些特性决定了该组织将“形散神不散”，其危害性不会因控制面积缩减而降低。只要滋生“伊斯兰国”的社会经济土壤存在，极端恐怖分子就不会消除。据法新社报道，瑞典安全局局长安德尔·松柏格 2017 年 7 月 3 日表示，由于“伊斯兰国精细而复杂的宣传机器，瑞典境内的伊斯兰极端分子人数在 10 年内增加了 10 倍，达到 2000 多人”。

另一方面，极端恐怖分子可以“化整为零”，继续发动非对称袭击。随着“伊斯兰国”正面战场失利，该组织可能化整为零，“打一枪换一个地方”，由此使各国反恐机构防不胜防。20 世纪 80 年代，许多在阿富汗抗苏的阿拉伯志愿者在战后摇身变成跨国恐怖分子。当前“伊斯兰国”在叙伊战场陷入颓势后，许多极端分子可能返回国内，成为主要安全威胁。② 据估计，

① Margaret Griffisc, “36, 898 Killed in Iraq during 2017”, Global Research, January 2, 2018.

② “Returnee Foreign Fighters Pose Major Threat Say US Experts”, Middle East Online, 2016 - 12 - 16.

至少有5600名来自33个国家的“伊斯兰国”极端分子已返回本国，包括900名土耳其人，800名突尼斯人，760名沙特人，20%～30%的欧洲“圣战分子”。① 另据欧盟反恐报告估计，约有1500名接受过“伊斯兰国”训练的极端分子已回到欧洲。② 这些极端分子的潜在破坏能量不容低估。2017年以来，英国、瑞典、西班牙、菲律宾、印尼、阿富汗、伊朗、埃及等多个国家均发生“独狼式”恐袭事件。美国代理国土安全部部长伊莱恩·杜克发出警告，“伊斯兰国”和“基地”组织正策划发动超过“9·11”事件的恐怖袭击。

此外，中东乱局还导致大量民众伤亡，或者流离失所，沦为难民。据统计，在历时数十年的阿以冲突中，死亡总人数12.5万人，这一数字仅相当于2011年3月以来中东死亡人数的一半。③ 阿拉伯地区人口只占世界总人口的5%，但来自阿拉伯世界的难民人数却占世界难民总数的53%以上。据估计，目前北非和西亚内部流离失所者接近1200万人，是2005年的5倍。部分难民涌向欧洲，造成欧洲二战以来最大难民潮。中东成为世界最大难民输出地，最主要根源就是中东战乱不断。

（四）阿拉伯世界“鹬蚌相争”，导致“仇快亲痛”

当前中东伊斯兰世界频频上演“兄弟阋于墙”的内耗场景，一方面使自身两败俱伤，另一方面也使以色列和美国等“异己”力量从中获益。

从地区层面看，以色列地缘环境明显改善，在地区事务中更加强势。以色列长期生活在阿拉伯世界的敌对包围中，一直渴望阿拉伯世界陷入“分裂”。二战以来，1978年埃及与以色列单独媾和、1990年伊拉克入侵科威特、2003年伊拉克入侵科威特等事件均使以色列大获其益。2011年中东剧变以来，沙特等海湾国家联手西方，共同打击利比亚、叙利亚等阿拉伯邻国，使阿拉伯世界内部空前分裂。另外，沙特为遏制伊朗，甚至与以色列暗通款曲，部分海湾国家甚至希望以色列提供安全保护，弥补美国撤离中东引发的安全担忧。④

---

① Rashmce Roshan Lall, “It's not Enough to Wish ISIS Fighters Dead”, Middle East Online, 2017-10-30.

② Matthew Levitt, “Shutting the Door to the Islamic State”, *Alhurra*, September 9, 2017.

③ Robert Satloff, “U.S. Policy Toward the Dual Threats to the Arab State”, The Washington Institute, April 3, 2015.

④ Rami G. Khouri, “The Real Threat to Arab Countries is from Within”, Middle East Online, 2016-02-21.

这种局面使以色列安全环境极大优化，并使其对外行动更加咄咄逼人。2006 年，以色列大举入侵黎巴嫩，造成黎 5000 多人伤亡，100 万人流离失所；2008 年和 2014 年，以色列两次入侵加沙，给加沙造成极大人员和财产损失。同时，以色列在巴以谈判中表现强硬。尤其 2017 年 11 月特朗普同意将美国使馆迁至耶路撒冷，使以色列腰杆更硬，巴以实现“公正的和平”几乎不可能。

同时，中东动荡还使美国从中获益。从安全角度看，美国在中东的主要政策就是保护以色列安全、防止地区大国崛起：从经济角度看，随着美国能源自给度提升，美国在中东的经济动力从确保“中东石油稳定低价流出”，转为向中东国家兜售军火。换言之，只有中东保持战争与冲突状态，美国军火商才能大获其利。因此，当前中东陷入“可控混乱”，客观上有利于美国的战略利益实现。

从全球层面看，中东动荡使美国火中取栗。从安全角度看，美国在中东的主要政策就是保护以色列安全、防止地区大国崛起。从经济角度看，随着美国能源自给程度提升，美国不再追求“中东石油稳定低价流出”，而是积极向中东国家推销军火，为军工复合体牟利。换句话说，只有中东始终保持战争与冲突状态，美国军火商才能大获其利。因此，当前中东陷入“可控混乱”，客观上有利于美国战略利益实现。一则阿拉伯世界陷入战乱，使以色列安全环境得到优化：二则沙特等国积极充当遏制伊朗的马前卒，使美国可以充当“离岸平衡手”角色；三则中东国家内部不和，使美国可以乘机推销军火。2017 年 5 月 19 日，特朗普上台后首次出访就选择沙特，双方主要结果就是签署了 1100 亿美元的军售大单。2017 年 10 月，沙特又花费 150 亿美元从美国购买萨德反导系统。美国还挑唆沙特与卡塔尔于 2017 年 6 月断交，而卡塔尔为赢取美国支持，于 2017 年 6 月 16 日花费 120 亿美元向美国购买 F－15 战斗机。美国的做法明显是“吃了原告吃被告”。

长远看，美国这种充满“负能量”的地区政策，不仅搅乱了中东，也使美国长远利益面临损害。一是美国借盟友渔利的政策，令美国中东盟国离心倾向日增。2017 年，土耳其、沙特、以色列等美国传统盟友均不断加强与俄罗斯的合作，美国苦心经营多年的地区格局根基动摇。二是特朗普“漫天要价，就地还钱”的“交易型外交政策”，极大损害了美国作为世界性大国的国际信用。

余　论

2011 年中东剧变以来，中东各种矛盾相继迸发，几乎所有国家和团体都卷入其中，各种类型的战争与冲突成为家常便饭，暴力成为塑造中东格局的主要力量。这种局面短期不会缓解。那么，中东如何才能破解战乱不断的“中东之谜”，最终走上和平与发展道路呢？在笔者看来，一是加强伊斯兰世界内部团结，对外用一个声音说话；二是将发展作为第一要务，努力构筑“中东命运共同体”；三是坚定反对霸权主义，强化与非西方国家的政治联合。

Low Intensity Conflict: Current Turmoil and War in the Middle East

Tian Wenlin

Abstract: Confrontations in the Middle East have been worsened in recent years. Four major conflicts and wars were occupying the region in 2017, namely, the Syrian civil war caused by sects conflict, the war in Yemen caused by regional hegemonic struggle, the war on terror targeting ISIS, and the anti – separatist war caused by the Kurdish separatist movement. Consequently, these confrontations can be explained in three aspects, the geopolitical fragmentation of Middle East states resulted internal conflicts never end, the imbalanced and unequal development resulted changing of people's mind from poverty, and the external power intervention resulted the failed states increasingly emerged throughout years. Negative influence also has been post to the region in many ways. The economy has been dramatically influenced with the disaster of humanitarian crisis, making the region became the origin of terrorists and refugees across the world.

Key words: Middle East; Low Intensity Conflict; Negative Influence

萨勒曼继位以来的沙特改革问题

刘经纬*

摘　要： 自萨勒曼继任沙特国王王位以来，随着国际政治、经济形势、沙特国内形势以及伊斯兰世界不断发生变化，其推动沙特国内全面改革的意图日趋明显。全面改革，已经成为沙特政府治理国家必须迈出的一步。本文以萨勒曼继位以来进行的一系列改革动作为主线，试图勾勒出沙特改革的大体轮廓，并以此剖析沙特改革对中东地区局势及对中国中东利益特别是"一带一路"倡议的影响。

关键词： 沙特改革　2030 愿景　中东局势　"一带一路"倡议

引　言

萨勒曼继任沙特国王后，因势利导，扶植其子穆罕默德为王储，继而推出一系列改革举措，意图将沙特这个以石油立国的资源经济依赖型国家转变为多领域发展的经济可持续发展型国家。这是一次涉及沙特国内政治、经济、宗教等一系列领域的全方位改革，无论成败，都将对沙特本国乃至整个中东地区未来的走势产生深远的影响。沙特位于中国"一带一路"倡议的重要节点上，对中国国家利益有着非同寻常的影响，研究沙特国内改革形势，分析沙特未来走向，非常必要。

一　沙特发动改革的原因

沙特阿拉伯的改革是一场自上而下的改革。涉及沙特国内政治、经济、文化、宗教等各个方面。这场改革是以沙特国王为总舵手，以新任王储为主要执行人的决定沙特未来的重大国家计划。

沙特是一个典型的政教合一的君主制国家，《古兰经》和穆罕默德的圣

* 刘经纬，西北大学中东研究所国际关系专业硕士研究生，现任中国建设银行总行战略客户部业务经理，经济师。

训是国家执法的依据。国王亦称“两个圣地（麦加和麦地那）的仆人”。国王行使最高行政权和司法权，有权任命、解散或改组内阁，有权立、废王储，解散协商会议，有权批准和否决内阁会议决议及与外国签订的条约、协议。由此可以看出，国王在沙特具有至高无上的地位。因此，涉及沙特未来走向的全面改革必然要有国王的大力支持才具备最基本的政治条件。

现任国王为萨勒曼·本·阿卜杜勒阿齐兹·阿勒沙特。生于1935年，自幼接受伊斯兰正统教育。多年来担任利雅得省长，2011年11月被任命为国防大臣。2012年6月18日任王储兼副首相和国防大臣。曾于1999年4月、2014年3月访华。2015年1月23日，沙特国王阿卜杜拉·本·阿卜杜勒－阿齐兹病逝，萨勒曼随即继任为国王。

如果说国王是沙特改革的基石，那么，现任王储穆罕默德·本·萨勒曼·本·阿卜杜勒阿齐兹·阿勒沙特则是改革运动的操盘手。穆罕默德，王储继承人兼第二副首相、国防大臣。他生于1985年，是萨勒曼国王之子。2014年4月任国务大臣、内阁成员。2015年1月被任命为国防大臣、王宫办公厅主任、国王私人顾问，并担任新成立的经济与发展事务委员会主席。2015年4月被任命为王储继承人兼第二副首相、国防大臣。

萨勒曼国王在即位后，做出了一系列人事变动安排，指定第二王储穆克林成为王储。2015年4月29日沙特国王萨勒曼废除穆克林的王储以及副首相职务，并指定纳伊夫王子为新王储。2017年6月21日，萨勒曼国王又宣布废黜原王储穆罕默德·本·纳伊夫，将原副王储穆罕默德·本·萨勒曼改立为新王储。原王储穆罕默德·本·纳伊夫是萨勒曼国王的侄子，新王储穆罕默德·本·萨勒曼则是萨勒曼国王的亲儿子，萨勒曼将自己的儿子立为王储，两年内第二次打破了沙特立国王位“兄终弟及”的传统。

从国王的一系列动作看，起用年轻且富有改革意识的儿子作为王储，显然是为了推动在艰难环境中启动的沙特改革计划并使之尽快驶入快车道。事实上，随着国际局势的变化和沙特国内发展困局的逐步显现，萨勒曼国王清楚地意识到唯有进行全方位的改革才是继续维持沙特家族统治，确保沙特中东地区大国地位和伊斯兰世界领袖地位的出路。

1. **经济原因**

世界格局正在发生重大变化，中东地区作为国际政治的传统博弈热点，更是从2010年起一直动荡不安。2008年以来，以美国次贷危机为导火索，经济危机在全球范围内爆发，世界经济动力明显下降，随之而来的是包括石油在内的大宗商品的价格波动。而随着美俄在中东和东欧地区力量碰撞的加剧以及美国欲摆脱石油对美国国家安全的影响继而推出的以页岩气和电能为代表的新能源技术的不断发展，石油价格在过去三年间呈现断崖式下跌（见图1）。石油属于不可再生资源，随着新能源技术的不断完善，以及西方世界出于战略考量造成的石油价格波动，已经让对石油极为依赖的沙特经济体会到了“强烈地震”的危机感。自2014年年中以来，国际基准布伦特原油期货价格大幅下挫，对沙特财政造成了重大影响。沙特政府2015年财政赤字占国内生产总值（GDP）的比例为15%，外汇储备减少了16%，降至6164亿美元。2016年4月，沙特25年来首次向世界银行借款100亿美元。除在财政方面出现问题外，沙特在就业等涉及民生保障的领域也显现出疲态。当前，沙特全国人口中，有大约三分之二的人口在30岁以下，属于青年型国家，这本是经济社会发展的有利条件，但是，由于沙特长期以来依靠石油出口的暴利为国民打造超级福利社会，致使国内年轻劳动力就业热情不高，很多岗位依靠国外雇用工人。随着经济形势转差，沙特政府难以继续为国民提供福利保障，需要适龄劳动力进入市场自食其力，但是，缺乏培训、工作动力不足等原因导致劳动力并不能在短期内迅速进入市场，导致沙特目前的失业率超过11%。这迫使沙特王室已经将创造就业岗位、加强劳动力专业培训作为当前社会治理的主要任务。

图1　全球基准的布伦特原油期货价格近三年走势

资料来源：http：//www. jiemian. com/article/625649. html。

2. **国际政治原因**

沙特阿拉伯是世界上第二大产油国，石油出口占该国 GDP 的 73%，第二次世界大战后，沙特依赖石油出口，迅速发展成中东地区极具分量的国家（沙特是阿拉伯国家唯一的 G20 成员国）。国民经济的快速发展使得沙特阿拉伯产生了要拥有与其经济体量（而非经济实力）相适应的政治影响力的想法，1973 年，第四次中东战争爆发，以沙特为首的石油输出国组织（OPEC）发动对西方国家的石油禁运行动，极大地震撼了西方世界，对整个世界的经济也造成了一定的影响，这让沙特尝到了甜头。伊朗爆发伊斯兰革命后，沙特在中东地区的作用更为凸显，美国也因此加大了对沙特阿拉伯的拉拢，沙特阿拉伯获得了美国在政治、经济和军事上的大力支持，成为美国在中东地区制衡埃及、伊朗和伊拉克的重要力量，也成为美国影响国际石油价格的一个有效手段。但是“9・11”事件后，随着美国方面的调查逐步深入，沙特政府与“基地”组织千丝万缕的联系令美沙关系受到一定程度的冲击，在整个奥巴马执政时期这一表现尤为突出。这一时期，美国政府执行中东地区力量收缩以及与伊朗的和解政策，令沙特感到如鲠在喉，美沙两国开始将不愉快抬上桌面，其中一个重要表现为：在奥巴马对沙特展开的所谓任期内的“告别访问”过程中，沙特通过一系列细节向世人展现两国之间关系的冷淡，包括萨勒曼国王罕见的没有亲自去机场接机，沙特电视台没有播放奥巴马与海湾合作委员会六国领导人的合影画面等。但是沙特政府十分清楚，长期以来美国方面没有对沙特进行意识形态输出，并且长期给予沙特巨额军售都是基于沙特作为美国中东代理人这一出发点的，因此，与美国真正闹僵对沙特来说无论从哪个方面来讲都是不可接受的。另外，沙特政府也清楚地看到，执行对美一边倒外交策略也将使主动权丧失殆尽，沙特必须开辟新的外交路线以平衡美国对沙特的影响。基于美沙关系的微妙变化，让沙特政府意识到重新修正与美国的关系的极端重要性以及开展平衡外交的极端迫切性。而通过改革吸引各国特别是大国资本进入沙特，将大国利益与沙特本国利益深度捆绑，则可以起到力量平衡器的作用。

3. **国内政治、宗教原因**

作为支撑沙特国家机器左膀的石油产业出现问题，那么作为右臂的宗教力量呢？显然也显现出不利的迹象。自冷战结束后，因东西方对抗而被埋藏起来的民族矛盾和宗教矛盾一下子爆发出来。以“基地”组织为代表的极端宗教势力成为许多国家的不稳定因素，并被视为“非传统安全”的重要内容。“9・11”事件后，美国发动了针对伊斯兰极端势力的多场行动，并一举推翻萨达姆政权，击毙“基地”组织头目拉登。而这一组织，正是当年由美国和沙特支持赞助的。

沙特阿拉伯是一个典型的政教合一的国家，伊斯兰教是该国国教，伊斯兰教圣地麦加就在沙特境内。因此，沙特在全世界穆斯林群体中有着很大的影响力，称其为伊斯兰世界领袖应不为过。沙特奉行的是四大教法学派之一罕百里派的支脉瓦哈比学说，没有瓦哈比就没有今天的沙特。当年老国王阿齐兹是依靠瓦哈比主义这种意识形态约束各部落，才统一了阿拉伯半岛。王室所到之处，推广瓦哈比主义并打击异端，而瓦哈比主义为国王的征战、统一、扩张及立国后的政令提供合法性保护。随着近年来伊斯兰复兴思想的回潮，沙特抓住这一机会，大力对外输出宗教思想，意图巩固和发展沙特对于伊斯兰世界和非伊斯兰世界穆斯林群体的影响力。瓦哈比主义本身并不是罪，它的诉求就是要回到正统的伊斯兰，但在具体执行的过程中却越来越向着极端的道路发展，对社会生活干预、限制过多甚至要求苛刻，严重禁锢了民众的自由选择，与现代社会发展要求出现了严重的脱节，特别是在互联网时代背景下这个问题更显突出，由此带来的社会问题也令沙特政府重新审视瓦哈比派宗教思想这一作为沙特继石油后的又一对外施展影响力的意识形态领域重器。

诚然，“伊斯兰国”极端组织的发展有大国博弈的因素，但仍然要看到，带有国家背景的宗教支援力量在其中也起到了十分关键的作用。在各国饱受极端宗教势力困扰的当下，沙特也看到了宗教输出行动的前景并不乐观。

总体来看，沙特改革的动力主要来自石油经济的不可持续性和其作为商品的价格脆弱性。但是我们一定要看到沙特作为一个典型的政教合一国家，宗教在其国内各方面所起到的作用是无比强大的。任何一个方面的改革，都离不开宗教的影子。因此本次沙特改革，必须触及宗教范围，否则前景堪忧。

二　改革举措

在国内外局势都面临巨大困难的时刻，萨勒曼国王起用年富力强且认同自身政治方向的儿子展开旨在帮助沙特走出发展困局并在政治和经济方面成功转型的改革，本身就具有一种壮士断腕的悲情。因此，改革注定是艰难的。

1. **反腐行动，整肃官场**

2017 年 1 月，石油价格跌至每桶不足 30 美元，沙特经济面临巨大挑战。11 月 4 日，沙特国王萨勒曼宣布成立以王储穆罕默德·本·萨勒曼为主席的最高反腐委员会，严厉打击贪污腐败和侵吞国家财产的行为。随后，沙特掀起了一场史无前例的反腐风暴。在这场反腐风暴中，包括一批王子在内的数百名沙特政军商界高官显贵被捕。11 月 9 日，沙特政府给出的数据显示，有超过 200 人被捕，估计涉案金额达 1000 亿美元。从公布的被捕人士名单中可以看出这次行动的严厉程度是沙特国内罕见的，名单中包括现任经济和计划大臣、前财政大臣、前皇家典礼局局长、前沙特航空公司总裁、前沙特电信公司总裁等。其中最显眼的是两个名字：瓦利德·本·塔拉勒，沙特亿万富翁，老国王阿布杜·阿齐兹的直系孙子；穆塔布·本·阿卜杜拉，沙特国民卫队队长，前国王阿卜杜拉第三子。被捕的政商界高官都被临时关押在首都利雅得的五星级酒店丽思卡尔顿大饭店内。随后，另一波针对宗教人士、法官和学者的逮捕行动迅即展开，他们中既有极端保守主义者也有自由主义者。被捕的人士包括学者萨勒曼·奥达、阿艾达·盖尔尼、阿里·欧麦里等，诗人齐亚德·本·纳赫特和经济学家伊萨姆·扎米尔，他们中间有人在社交软件推特（twitter）上的关注者多达 1700 万（这是一个可怕的数字，标志着该账号拥有者在全世界具有强大的影响力，其言论、观点甚至生活模式有可能对关注者产生极大的影响）。这些人士对于精英阶层和年轻人都具有很强的影响力。在持续 3 个月的反腐行动中，部分嫌疑人在同意交出 1000 亿美元以及部分资产后被释放。①

这场持续时间不长但是迅速且涉及面很广的扫除行动，目的非常明确，一是要向民众表明以国王为首的沙特新政府整肃官场、励精图治的决心，二是扫除改革路上一些具有阻碍能量的反对者。这一快刀斩乱麻的行动，至少让世界看到了沙特政府进行改革的决心以及改革派掌控局势的能力。对内对外都起到了稳定局面、展现实力的作用。

2. **改革规划**

跨年之际，伊朗社会抗议迭起，其内在原因是鲁哈尼政府的经济改革进入了攻坚期，触及居民分配等关键问题。无独有偶，作为伊朗的老对头，沙特阿拉伯 2018 年也将进入一个改革攻坚期，其内在问题和压力比伊朗更大。对本地区其他国家而言，沙特阿拉伯的经济严重依赖石油生产，政府收入的

---

① http：//finance. ifeng. com/a/20180312/16022975_ 0. shtml.

80%、国内生产总值的45%和出口收入的90%来自石油行业。沙特政府在经济发展中担任重要角色，沙特工业发展基金会负责向国家支持的工业项目提供贷款。沙特阿拉伯的私营经济长期得到政府的扶持，竞争活力低下，特别是在建筑和房地产领域，主要被欧拉延和扎米勒等大型公司所垄断。这些公司的运营依赖政府保护，并且严重依赖于政府的石油收入。2012 年以来，国际市场的石油价格进入下行区间，沙特经济受到极大冲击。2014 年开始，沙特阿拉伯出现财政赤字，财政赤字在可预见的将来持续存在，因此，沙特经济领域陷入系统性困局。

2017 年 4 月 26 日，沙特王储穆罕默德・本・萨勒曼公布了旨在打造全新沙特的以“沙特阿拉伯 2030 愿景”为主题的改革方案。方案包括以下三个方面，亦即所谓的“三大支柱”。

第一个支柱，维护和完善“沙特在阿拉伯和伊斯兰世界的中心地位”。即通过发扬阿拉伯民族认同和伊斯兰宗教认同，修复阿拉伯和伊斯兰文化遗迹，提升朝觐和伊斯兰文化研究相关的服务产业。这既是对沙特政体本身的尊重，起到稳定基本面的作用，又能利用沙特得天独厚的宗教优势（麦加、麦地那两大圣城）进一步确立自身的宗教优势地位。这一支柱的提出，不意味着沙特在执行宗教保守道路上越走越远，相反，其可能在伊斯兰教改革上率先迈出一大步。这在穆罕默德王储身上也得到了体现，诸如他的改革计划迎合了沙特国内年轻人的心理诉求，例如开放妇女驾车权利、允许妇女进入体育场观赛以及鼓励更多的娱乐休闲活动。他甚至称，回到“温和的伊斯兰教”是沙特现代化的必经之路。2017 年底，沙特公开与以色列的官方联系，商讨两国军方共同打击伊朗，其在叙利亚境内的实力可见一斑。这是有史以来阿拉伯国家首次与以色列建立官方联系，这完全可以被视为沙特为推行改革弱化以宗教利益为代表的意识形态斗争最明显的表态。而从 2018 年初伊朗街头爆发示威游行且有很多伊朗女性摘掉头巾参与的情况看，伊斯兰世界要求世俗化改革的呼声渐高，沙特改革如能顺应趋势，无疑会对整个伊斯兰社会产生巨大而深远的影响。但是，我们也应该清楚地看到，沙特是一个宗教立国的国家，其对意识形态工作相当重视，在执行宗教改革的过程中，一定会遇到相当大的阻力，这种阻力，有来自国家上层机构的，也有来自社会底层的。因此，宗教改革绝不是一朝一夕可以完成的，甚至可以说，宗教改革关系到整个改革的最终成败。

第二个支柱，“发展成为全球投资强国，使公共投资基金成为世界最大的主权财富基金，鼓励大型企业向海外扩展”。长期以来，以沙特阿拉伯货币局外国控股公司为首的投资集团利用富余的石油收入进行海外投资，主要是针对发达国家与物价指数挂钩的稳健投资，以及相对成熟的西方房地产业，目的是形成在一定时期内可持续发展的新食利经济。沙特将以强大的石油美元储备为基础，建立巨型主权财富基金，扩大对外投资，特别是与沙特先进的石化技术相关的产业，以推动经济发展，使收入来源多样化。这是沙特本轮改革中最重要也是最容易实现的一个改革目标。

第三个支柱，“成为连接亚洲、欧洲和非洲三大洲的国际枢纽、贸易中心和世界门户”。发挥年青一代的潜能，重点发展现代贸易方式和电子商务，成为区域性甚至全球的物流枢纽和金融枢纽。“2030 愿景”的核心目标是推进经济多样化和私有化进程，目前正在推进的内容包括出售阿美石油公司股权，实现阿美石油公司从石油生产企业向全球化产业集团的转型，发展基础工业和军工产业的进口替代战略，在开拓自然资源并进一步发展石油以外的矿藏开采，特别是在开采铝、磷酸盐、金、铜和铀等矿产资源的基础上，推动基础建材、电力设备、通信设备和军需用品等多个涉及可持续发展经济领域的改革。相关经济改革还包括拉动国内消费的诸项计划，包括发展房地产业，增加房屋市场供给；发展公共服务行业和大规模基础设施建设，包括水、电等民生服务设施改扩建工程以及公共交通、道路等基础设施改造升级计划等；发展文化休闲娱乐行业和旅游业，拉动国内消费以及吸引国外游客增加收入等。

石油经济时代，沙特在油田所在地建立石化城，以石油工业带动石化产业和建筑业的发展；随着石油经济的成熟，沙特建立新的“经济城”，包括海港和工业区，大力吸引外国直接投资，旨在以石油加工和出口为基础，发展以制造业为核心的石油综合体；2017 年 10 月 24 日，王储穆罕默德·本·萨勒曼宣布建造“未来城”，采用国内外私人投资、公共投资基金和公私合资的方式，主要投资发展商业、金融业和高科技产业，重点包括新能源和海水淡化技术、交通运输、生物技术、食品工业、电子信息技术、先进制造业、媒体和娱乐业，以及机器人、可再生能源和未来物流解决方案等高技术、高附加值行业。

沙特的改革以巩固政治体制为核心目标，以经济多样化和私有化为核心内容，以开辟非石油经济为核心手段，以现代金融和科技产业为基础，大力发展非石油工业，寻找和制造新的经济增长点，符合石油经济时代以来沙特总体发展的宏观诉求，亦是石油价格低迷时期沙特经济复兴的战略决策。沙特阿拉伯的“2030 愿景”明确提出沙特未来 15 年的发展目标，“未来城”计划勾勒了沙特新经济特区的理想图景。从三大支柱的具体内容上看，第一支柱，即政治发展方向及宗教、文化事业发展思路，是沙特的立国之本，是统领整个改革的帽子；第二支柱，即金融体系与融资手段改革，是整个改革顺利进行的资金保障手段；第三支柱，即经济发展模式，是沙特未来发展的结构框架，三者有机结合，层层递进，相互支撑，从政策层面上看，是一个可行性比较高的改革计划。

“2030 愿景”计划显露出王储穆罕默德·本·萨勒曼发展沙特经济和社会的雄心壮志，毫不夸张地说，“2030 愿景”计划的新产业结构理念和开放趋势超越了沙特家族内部派系的政治分歧，是沙特国家发展的必由之路，是沙特家族生存的最大公约数。然而在具体政策的实施上则可能面临诸多挑战。首先，新产业结构的发展首先需要全球性的财力和人力资源；其次，需要沙特政府、公共基金和私人投资理念的革新，沙特年轻人知识技术能力的提高以及沙特国家食利经济模式和沙特国民食利心态的彻底转变；最后，需要地区合作层次的进一步升级和地区安全局势的进一步发展。这些都是沙特政府需要面对和解决的系统性、结构性和长期性问题。

3. 建立新型石油经济体系（“沙特阿美”首次公开募股 IPO）

沙特改革的核心内容就是摆脱过度依赖石油收入的旧经济体系，建立新型经济体系，使国家走上较为健康的可持续性发展道路。近年来，随着石油价格的大幅回落，沙特经济陷入衰退，政府开始想办法改变沙特最大，也是世界最大的石油公司——沙特阿拉伯国家石油公司（以下简称“沙特阿美”）的运转模式，以期通过改制来达到维持企业利润、巩固国家经济安全和打造全面改革急先锋的目的。因此，沙特政府决定对“沙特阿美”这一巨型石油公司进行私有化改制，将在全球范围内进行招标。“沙特阿美”计划在 2018 年进行首次公开募股（IPO），将释放出约 5% 的股份，由此可能创造出全球最有价值的能源公司，保守估值为 2 万亿~2.5 万亿美元（相当于全球上市油气公司市值的总和），目前上市地点尚未选定。①

“沙特阿美”是世界最大的石油生产公司和第六大石油炼制商，拥有世界最大的陆上油田和海上油田，拥有世界最多的剩余产能——超过 2600 亿桶的石油储量，相当于目前北美储量的总和及全球总储量的 16%。从产量上看，“沙特阿美”的原油日产量基本在 1000 万桶左右，超过美国所有石油公司的日产总量，也是全球第二大石油公司埃克森美孚的三倍，且去年原油日

① 《沙特国家石油公司》，石油网，http：//news. cnpc. com. cn/system/2018/01/16/001675273. shtml，2012－11－14。

产量同比增长仍然能达到约 3%，在原油出口方面，亚洲占到其总销售的 66.7%，远大于第二大输出市场美国的 15.8%。

阿美集团的历史可以追溯到 1933 年，当时沙特政府与雪佛龙公司的前身加利福尼亚州标准石油公司签订了一项特许协议，开始在沙特大部分地区进行石油勘探。同年，加利福尼亚阿拉伯标准石油公司成立。1944 年，加利福尼亚阿拉伯标准石油公司更名为阿拉伯美国石油公司（Arabian American Oil Co），简称阿美石油公司（Aramco），随后新泽西美孚石油公司和纽约美孚石油公司并入，再加上沙特境内的特大油田不断被发现，“沙特阿美”初成规模，但当时仍是一家美国公司。1976 年，在风靡阿拉伯世界的民族主义的压力之下，沙特政府与阿美公司达成了由沙特政府全部接管的基本协议，并在 1980 年正式完成了对公司资产的赎买，阿美石油公司也从一个美国公司转化成沙特国有石油公司，开始由沙特政府拥有和管理。由美国人建立的市场化的企业文化在“沙特阿美”得以传承，使其达到一定体量后选择上市成为一条必经之路，但以沙特王室作为大股东的股权结构却决定了“沙特阿美”很难把命运控制在自己手上。在沙特政府宣布阿美集团 IPO 的消息后，业界一直存在着对沙特王储给出的 2 万亿美元估值质疑的声音，甚至连“沙特阿美”内部的高管都曾表示，2 万亿美元的数字“不切实际，且令人震惊”。① 可见阿美集团上市是一个多么复杂的工程。

从阿美集团的组成和性质以及集团对整个世界石油体系的影响来看，其进行私有化上市会是一个相当复杂的过程。2017 年 3 月 8 日，随沙特王储穆罕默德·本·萨勒曼对英国进行正式访问的“沙特阿美”总裁兼首席执行官纳瑟尔表示，集团 IPO 的国内和国际相关事宜将可能推至 2018 年下半年，而沙特能源大臣法利赫则预测上市启动时间会推迟到 2019 年。造成 IPO 项目推迟的原因是“沙特阿美”的估值在短时间内很难达到穆罕默德王储所期望的 2 万亿美元规模，包括多家投资银行和咨询公司在内的金融机构认为，按照目前国际石油价格区间计算，沙特阿美的估值只有 1 万亿 ~ 1.5 万亿美元，要达到沙特政府所期望的 2 万亿美元，国际油价要稳定在 70 美元/桶的价格，现在，在经历了持续半年的增长后，原油价格已攀至 65 美元/桶左右，而相对于原油价格，沙特政府更加关注其发展的未来走势，认为只有未来一至两年的原油价格可以稳定在 70 美元/桶左右，才会启动“沙特阿美”的 IPO。②

① http://hk.stockstar.com/SS2018031300001302.shtml.

② http://finance.eastmoney.com/news/1365，20180313842889816.html.

而从目前的报价和2016年4月~2018年3月的历史数据（见图2）来看，达到这一目标并不乐观，2019年3月的布伦特原油期货现报价62.41美元，比3月12日的65.60美元低3美元左右，而2020年3月的布兰特原油期货现报价59.53美元，比3月12日低6美元左右，这表明市场对于石油价格短期内突破70美元关口并不看好，如果沙特政府贸然启动上市，则可能对市场造成更大的恐慌气氛，石油价格可能会进一步波动。

沙特政府之所以如此看重阿美集团的发行规模，在于阿美集团的IPO关系到沙特政府建立世界规模最大的价值3万亿美元的主权基金的成败，而主权基金的建立正是沙特全面改革中支撑经济改革最为重要的一步。

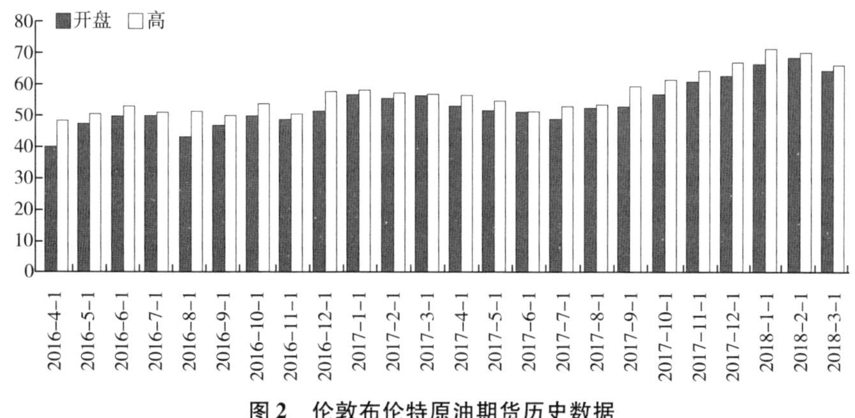

图2 伦敦布伦特原油期货历史数据

资料来源：https：//cn. investing. com/commodities/brent－oil－historical－data。

此外，阿美集团上市的另一大问题是上市地点的选择。目前普遍的看法是沙特政府将选择美国纽约、英国伦敦和中国香港三个地点中的一个或两个。从沙特王储首次出访选择英国这一动作来看，伦敦很有可能成为“沙特阿美”的上市目的地。除了伦敦之外，纽约也一直在积极争取“沙特阿美”的海外上市。在结束对英国的访问后，穆罕默德将于3月19日继续前往美国访问，预计会与美国总统特朗普会面讨论“沙特阿美”上市的话题。去年11月，特朗普公开呼吁，希望“沙特阿美”的股票能在美国上市，并将此列为华盛顿的优先事项。[①] 这也可以看出美国对于“沙特阿美”这头“石油巨兽”来美上市的渴望，也从侧面反映出市场对于沙特阿美集团上市表现的一种肯定。

虽然沙特政府倾向于在英美上市并派出王储出访两国进行实地考察，但是英、美两国的监管机构对披露规则要求严苛，而阿美集团在沙特乃至全球

① http：//www. eeo. com. cn/2018/0313/324395. shtml.

原油市场的重要战略地位决定了其相关数据对于油价有着直接的影响，因此公司具体的财务数据迄今为止仍然没有对外公布，这就使得“沙特阿美”想在英美两个看似理想的上市地点上市变得困难重重。此外，从上市地点所在国国内情况来看，伦敦受英国“脱欧”拖累，能否保住全球金融中心地位尚不得而知，同时伦敦证交所对最低公众持股水平要求较高，阿美公司恐难达标，而纽约由于美国政府的中东政策起伏不定以及纽交所较之伦敦交易所更为严格的规定，即石油公司上市需要报备石油储量等敏感数据导致阿美集团选择纽交所比伦敦交易所更加谨慎小心，而如果沙特政府为了在纽约上市采取在相关数据上做处理的方式，依照美国十分严格且成熟的金融管理办法，一经查实，则违规行为所导致的风险是沙特阿美集团乃至沙特政府都难以承受的。正如沙特能源大臣法利赫之前在接受美国有线电视新闻网（CNN）采访时强调：“诉讼和信息披露在美国是一大问题，阿美石油公司太重要，经受不起这种风险。”① 阿美集团上市关系重大，使得沙特政府在上市过程中经不起任何差错，同样，由于阿美集团对于石油走势的重大影响，也让本已因经济形势复杂而异常敏感的资本市场亦难承受非正常因素导致的原油数据波动。

从上述情况看，纽约、伦敦两大国际金融中心作为“沙特阿美”上市地都存在着极大的变数。这意味着，中国香港证券交易所迎来这个石油巨头首次公开募股（IPO）的可能性正在增大。基于上述原因并结合香港自身情况，港交所相关负责人去年曾对外界表示：“（沙特阿美）将会在国际性交易所上市，只是时间的问题。在我看来这是毫无疑问的。”② 以东方人特有的含蓄表达了希望争取“沙特阿美”赴港上市的期待。

必须强调的是，尽管美国国内对中东和沙特的政策存在一定变数，但是美国从没有将与沙特疏远作为其长期政策来执行。尽管奥巴马政府在其任期内出于自身外交政绩考量改善与伊朗关系和为达到打击宗教极端势力的目的而对美沙关系采取了较为冷淡的处理手段，但是自特朗普政府上台以来，一改上届政府的中东政策，又将拉拢沙特和维护与以色列的关系作为其中东政策重要手段。这些手段包括重新加大对伊朗的压力，不顾西方盟友反对，首次打破美国历届政府惯例，承认耶路撒冷为以色列“首都”并计划将美国驻以色列大使馆由特拉维夫迁往耶路撒冷，并以此为契机加强与以色列的关

---

① http：//stock. hexun. com/2018 - 03 - 13/192610502. html.

② http：//finance. eastmoney. com/news/1365，20180313842889816. html.

系，上台后首访沙特并与沙特签订总价为1100亿美元的历史最大数额的军售协议，再次将美沙传统关系从萎缩状态拉回来，等等。穆罕默德王储更是以“剃须”这一惊人的个人行为出现在欢迎特朗普的仪式上，这不仅向外界展示了他个人甚至萨勒曼国王推动改革的决心，更是以改革者的面貌出现在特朗普及其团队面前，赢得了美国方面的极大好感。加之1100亿美元的巨额“保护费”式的军售协定的签署，更是夯实了美沙特殊关系的基础。由此来看，中国香港要想成为“沙特阿美”海外上市的唯一目的地，是不太现实的。但考虑到沙特推行的全面平衡外交路线，并结合萨勒曼国王访华期间与习近平主席愉快而富有成果的会谈成果（萨勒曼访华期间，与中国签署了价值660亿美元的涵盖多个合作领域的贸易协定），香港要想在“沙特阿美”海外IPO计划中分一杯羹也不是不可能的。因为按照计划，“沙特阿美”有可能在沙特和多个海外市场上市，以最大限度保障沙特资金安全并全力为国内改革提供强有力的金融支持。

综上所述，从国际政治角度看，沙特作为中东地区有着重要影响力的地区大国，是大国博弈过程中竞相争夺的对象，因此沙特阿美集团有着较为有力的外部上市环境。从国际资本角度看，沙特阿美上市及其背后的沙特国内改革是一块有着巨大吸引力的蛋糕，未来随着国内改革的逐步推进，沙特作为资本投资的处女地将成功吸引大规模的资金流入，有成为下一个迪拜的可能性，因此，“沙特阿美”上市的成功是可期的。

三　改革成功与失败的结果分析

沙特进行的国内改革无疑将把沙特阿拉伯这个以传统伊斯兰教石油经济国家推向一个新的发展阶段。任何事物都有至少正、反两个方面的表现，就国家改革而言，只有成功与失败的两种结果。对沙特改革结果进行分析，将有利于更深刻地提前认识沙特即将推行的改革运动。

1. 改革成功的结果前瞻

沙特改革的成功将极大增强沙特的综合国力和地区影响力，也必将给周边国家和整个伊斯兰世界带来正面的辐射作用。

（1）国内角度

经济方面：沙特将进入一个新的发展阶段。由于过去长期从石油产业中获取巨额利润，沙特依赖售油收入向国民派发高福利，结果社会活力急剧下降，虽然沙特年轻人占总人口的70%，但是沙特却成为一个消费型而不是生产型社会。埃及、叙利亚等国没有多少石油资源，因此这些国家政府必须建立生产型社会以提供足够的就业岗位，民众也靠自身劳动获取生活所需。反观沙特民众，基本无须付出劳动就可获得不菲的收入，体力劳动很多外包给来自印度、巴基斯坦、埃及、巴勒斯坦等国家的劳动力。沙特王室实际上是以向民众派发福利的方式购买沙特民众对其家族统治合法性的支持。随着石油价格下跌，民众福利在削减，不满在增加。基于这样的现实威胁，穆罕默德王储在国王父亲的支持下，决心将改革进行到底，彻底改变沙特的经济结构，要大幅提高其他产业在沙特 GDP 中的比重，解决 3000 万人的就业难题。未来，通过工业园区建设和制造业的引入，给沙特适龄人口提供足够的就业岗位，使他们劳动起来，自力更生、掌握技能、创造财富、确保收入。这是对维系政权统治最为有效的措施。此外，沙特政府如果能将阿美集团成功上市，并以此为基础设立主权基金，以沙特国家主权为担保，将吸引大量投资进入沙特市场，充足的现金流转动起来，以满足改革所需的大量投资资金。

改革顺利进行后，石油业虽仍然是占其经济总量一半以上的产业，但是如新能源、化工、生物医药、金融、房地产、民用和军用工业、旅游业、娱乐业、体育、教育、医疗卫生、矿产和环境保护等一系列非石油产业的发展将得到充足的资金保障并因此得以在沙特这片处女地开花结果，成为沙特经济新的增长点，从而成功摆脱石油价格波动以及石油业枯竭给沙特经济发展带来的毁灭性打击。

政治（宗教）方面：改革的成功将大幅提升沙特社会的开放程度，最为明显的是女性地位将得到空前提高，这方面的改革力度很大，去年已经允许女性单独开车，单独去体育馆的特定区域看比赛。今年则允许女性参军，对女性开办公司也做了试点。这些措施都是试图打破过去束缚在女性身上的禁锢，在可容忍的范围内做到男女平等，解放了相当一部分生产力，令女性占据优势的行业，如教育、卫生、服务等行业迸发出本应具备的社会活跃度，从而直接促进沙特社会的转型进步。沙特政府也将因为从保守转变为开明而受到拥抱互联网思维的占沙特人口 70% 的年轻人的支持，政权将进一步巩固。这样的类似于宗教改革式的变化将使沙特成为引领中东地区社会变革的领军国家，促进地区乃至世界范围内穆斯林民族的世俗化发展，这也将极大压缩宗教极端势力的生存发展空间，直接打击该股势力赖以生存的土壤，至少能够阻挡其野蛮生长的现状。

（2）国际角度

一直以来，沙特凭借其无与伦比的石油储备量成为西方国家竞相追逐的地区强国。但是，随着新能源技术的日趋成熟以及以美国为首的西方国家转换外交思路，沙特越来越感受到来自外界的威胁。沙特改革如果得以顺利实施，将使其获得空前的政治资本，作为地区经济发展动力的沙特将备受世界青睐，这将会对沙特的老对手——伊朗产生极大冲击，伊朗政权将因此受到更大的国际国内压力，这也是西方国家乐于看到的。此外，沙特与以色列的关系已经并将继续得到缓和，这有利于中东整体安全环境的改善。

2. 改革失败的结果前瞻

如果这场声势浩大、目标宏伟的改革最终失败，沙特将失去政治、经济转型的最后机会，“阿拉伯之春”的多米诺骨牌效应极可能传入沙特，其对地区乃至伊斯兰世界的负面影响也将会随着沙特国内局势的变化逐渐显现出来。

（1）沙特国内角度

政治（宗教）方面：政治领域将重归保守，由于之前的思想开放，一些符合时代潮流的思想不容易被重新压缩回政治保守的盒子中，因此会出现较大的冲突事件，甚至威胁到沙特政教合一的君主制政体，极端保守思想回潮，为保障政权稳定重新向外加大极端思想输出。

经济方面：其可能因为失败的经济政策陷入社会动荡，社会改革将出现倒退，石油价格因国内政治动荡出现下滑，国外资本迅速流出，沙特政府进行干预，导致外部势力的经济制裁，大量建设陷入停滞并因此带来大规模的失业，经济陷入无法自拔的困境，这又将导致政治动荡进一步加剧，国家进入恶性循环。

（2）国际角度

由于改革失败，将导致沙特对外政策同样陷入混乱，国际地位迅速下滑，伊朗将从中获利，沙特为遏制伊朗势力的扩张，不致将其在中东的地区大国地位特别是逊尼派领头羊地位丢失，并为防止霍梅尼主义渗透，维持王权和家族统治的牢固，可能会做出类似于干涉也门内政，封杀卡塔尔，先后把过去长期资助的哈马斯、黎巴嫩真主党定性为恐怖组织等有病乱投医的举动，为转移国内矛盾，沙特可能会贸然发动对外战争，与以色列关系可能会重新恶化，由于石油价格剧烈波动给世界经济复苏带来不利影响，美国可能因此选择抛弃沙特转向埃及甚至伊朗，这些都将加剧地区复杂局势，给本已混乱不堪的中东地区再添上一把火。

以上，为沙特改革结果的两方面展望，从中可以看出，改革不是进行不进行的问题，而是何时进行，如何进行，效果怎么样的问题。

四　沙特改革与中国的机遇

沙特是中国在中东地区的重要邦交国，是我国主要石油进口国，两国自1990年建立正式外交关系以来，双边关系发展顺利，各领域合作取得显著成果。自建交以来，两国高层互访频繁，沙特现任国王萨勒曼分别以王储和国王的身份访问中国。特别是他在2017年对中国的国事访问，极大增进了两国之间的友谊。中沙两国在经贸合作领域取得巨大成果，2016年，两国贸易总额达424亿美元。目前，有100多家中国企业在沙开展投资和工程合作，项目涉及石化、铁路、港口、电站、通信等领域。沙方企业在华投资的石化等领域的项目也取得了良好的经济效益。访问期间，中沙两国签署了高达650亿美元的双边合作文件，涉及能源、教育、经贸、产能、科技等多个领域。中沙此次签署的合作协议涉及领域相当广泛，除了沙特阿拉伯的老本行——石油能源，沙特还将与中国合作生产无人机，参与中国的“嫦娥四号”登月项目。这是萨勒曼国王2015年1月即位以来首次访华，也是对习近平去年1月对沙特进行国事访问的回访。巧合的是，在习近平主席上次对沙特的访问期间，中国和沙特也是签署了14项协议和谅解备忘录，包括在贸易、卫星导航技术、可再生能源和石油等领域的合作、研究、投资和开发。从合作项目上可以看出，中国已经开始着手深度参与到沙特的经济改革中去。

沙特进行包括经济改革在内的全面改革，是与中国提出的“一带一路”倡议高度契合的。作为“一带一路”重要节点国家，沙特既可以成为中国同欧亚腹地开展互联互通的重要环节，又可以成为连接非洲广阔市场的重要枢纽。众多中国企业实施“走出去”战略有了明确而环境稳定的目标国。目前，已经有包括中国铁建、中国交建、中国电建等多家中国明星企业深度参与到沙特的基础设施建设当中，实实在在地为沙特国内的经济建设提供着中国方案、中国技术和中国效率。同时，这也是加强中国在中东地区存在，增强中国在中东影响力的绝佳机会，对于提升中国全球竞争力，深度参与全球治理，维护和拓展中国海外利益有着重要的推动作用。但是，对于目前沙特国内的政治、宗教改革，中国不宜参与过多，要把主要精力、财力、物力、人力放在参与经济改革上面，放在实现“一带一路”倡议的根本目标上，这既是沙特政府希望看到的外资参与改革的模式，也是中国贡献给世界的完全不同于西方的政治治理方式，是提高中国国家形象和软实力的绝佳机会。

从上述分析不难看出，沙特政府因石油经济难以为继而做出改革决定的举措是没有回头路可以走的，且必须走好。改革失败，是沙特政权不能承受之重。因此，沙特改革必然会以“稳”字为先，从最容易也是最迫切的经济领域下手，逐步发展到包括宗教改革在内的政治领域。

Saudi Reform since Salleman Succeeded

Liu Jingwei

Abstract: Since salman succeed to the throne of the king of Saudi Arabia, based on the international political and economic situation, Saudi domestic situation and the islamic world constantly changes, Saudi drive forward to domestic comprehensive reform will become increasingly obvious. Comprehensive reform has become a step that the Saudi government must take. This paper will with salman since the succession of a series of reform movement as the main line, trying to draw the outline of the Saudi reform, and to analyze the Saudi reform especially to the situation in the Middle East and the Middle East to China interests "The Belt and Road Initiative".

Key words: Saudi Reform; Vision 2030; Middle East Situation; BRI

2017 年也门局势发展报告

张金平　任　华*

摘　要： 2017 年，也门总体形势不断恶化。政治上，也门三个主要政治力量重新分化组合，萨利赫与胡塞武装的同盟破裂、南部分离主义势力与哈迪政府的联盟分裂和极端组织在东部继续招兵买马导致也门局势持续动荡并长期化；经济上，原本就十分落后的也门经济雪上加霜，陷入实际上崩溃的状态；在社会层面，由于战乱和政局动荡，造成也门人道危机日益严重，瘟疫流行、缺水短粮、基础设施遭受战争的破坏等因素导致也门社会发展步履维艰；在对外关系上，也门成为大国的博弈场，也门各派势力成为沙特、伊朗、美国等国的代理人，而极端组织也在各派力量的博弈中，在也门东部地区继续稳固势力，很可能成为后“伊斯兰国”时代恐怖主义新的策源地。由于 2017 年的严峻形势及一系列复杂变数，2018 年的也门面临重重挑战。

关键词： 胡塞武装　萨利赫　国际社会　极端组织　也门

2017 年的也门局势延续了 2014 年 9 月胡塞武装南下后的混乱局面。也门国内各派政治力量因萨利赫被胡塞武装打死、南部分离主义势力重新抬头、国内民生状况继续恶化、外部力量介入以及极端组织在也门的重新活跃等因素而重新分化组合，他们之间的矛盾进一步激化，分离主义、极端主义和暴力恐怖主义在也门再度活跃，使也门局势的动荡程度进一步加深。2017 年的也门继续演绎着国家的分裂与战乱，南北对峙、南部与北部的内部纷争、多股极端组织在活动，且短期内看不到这种局面改变的可能性。在这样的背景下，也门政治和经济形势一片混乱，不仅经济与国家建设无从谈起，更因为战乱导致民生问题突出、外国援助难以进入也门，使也门发生了严重的人道主义危机并不断加深。也门战局成为“静默的杀手”。

---

* 张金平，西北政法大学教授；任华，上海外国语大学中东研究所博士研究生。

一　也门政治力量重组加剧政局动荡

2017 年 12 月，萨利赫在逃跑中被胡塞武装打死；南部分离主义势力与也门政府之间的同盟破裂，也门政治力量重组，加剧了局势的动荡。2017 年的也门局势，是对也门“和平转型”道路的又一次沉重打击。2011 年以来的“阿拉伯之春”也波及也门，但也门是唯一一个通过和平方式实现政治过渡的国家，与突尼斯、利比亚、埃及、叙利亚和巴林等国通过流血冲突和内战等方式实现政治过渡形成了明显的对照，也门各方政治力量在海合会的调解下签订了和平交权协定，实现了妥协，成为“阿拉伯之春”中最早完成转型的国家之一，一度成为西方媒体眼中政治转型的典范。2014 年发生的内战，2017 年也门南、北内部的兵戎相见，导致也门严重偏离了国家“和平转型”的道路。

（一）萨利赫之死与也门政治力量重组

2017 年 12 月 4 日，多次声称在也门执政就像“在蛇头上跳舞”的萨利赫终被蛇咬，在逃离萨那的过程中被胡塞武装击毙。在萨利赫被打死的当天，其所属政党全国人民代表大会的总书记祖卡、副总书记阿瓦迪以及萨利赫的侄子塔里克也被打死。萨利赫在被胡塞武装击毙前，曾发表电视讲话谴责胡塞武装，这赢得了哈迪政府和沙特的支持，这对萨利赫联盟其他成员在萨利赫死后的选边站队具有重要影响。

2018 年 3 月 20 日，萨利赫的兄弟阿里·萨利赫·艾哈迈尔被哈迪政府任命为也门预备役部队的指挥官，萨利赫阵营的人与哈迪有可能形成新的同盟；但是控制也门最大部落哈希德部族（Hashid tribe）的艾哈迈尔（al - Ahmar）家族（属于北方政治势力）依然没有明确站队，也门的政治局势依然充满很大的变数。

2017 年，胡塞武装与萨利赫的恩怨暂时以胡塞武装的胜利告一段落，萨利赫与胡塞武装有长期积怨，双方的关系分分合合；由于在人员任命等方面的矛盾不断扩大，双方的联盟出现了裂痕，并最终火并。

萨利赫阵营的力量因为萨利赫之死被削弱，但其影响仍将存在一段时间。从北也门时期，萨利赫就长期担任北也门总统和其所属的全国人民大会的总书记，执掌北也门和统一后的也门最高领导权长达 33 年。其亲属和亲信不仅遍布朝野，而且掌握了大量的政府和军队要职，其家族也积累了巨额的人脉和财富。[①] 在萨利赫下台后，萨利赫及其亲信获得了豁免权，但是其亲属并没有完全交权，他们抵制了哈迪政府要求他们辞职的命令，继续掌控着一部分军事力量。

胡塞武装所属的什叶派分支的栽德派历来能征善战，胡塞家族作为也门第三大什叶派部落，长期受到伊朗什叶派的影响。早在16世纪，胡塞武装所属的栽德派武装就与奥斯曼帝国军队作战，终于在1635年将奥斯曼帝国的军队驱逐出境。1918年，在奥斯曼帝国崩溃之际，北也门共和国在也门北部地区建立。北也门建立后的1962年，胡塞家族就开始了反对也门政府的武装斗争，其前三任领导人都曾经在伊朗库姆神学院（Qom Seminary）学习，是坚定的反瓦哈比和萨拉菲主义者。此后，胡塞武装不断扩展力量，自20世纪90年代初就一直盘踞在北部地区，并稳定下来，萨利赫政府曾多次围剿胡塞武装，虽然取得了一些进展，但是始终不能完全消灭胡塞武装；相反，却使胡塞武装在与也门政府的斗争中积累了丰富的斗争经验，当然胡塞武装也对中央政府构不成致命威胁，双方长期处于一种对立状态。2004年，胡塞武装第二代领导人谢赫·侯赛因·巴德丁·胡塞（Sheikh Hussein Badreddin al-Houthi）宣布在萨达省建立伊斯兰政府，但随后被萨利赫政府打死。其侄子巴德·艾丁·胡塞（Badr Eddin al-Houthi）继任胡塞武装领导人后，也在2010年被萨利赫政府消灭。此后，亚哈·巴德丁·胡塞（Yahya Badreddin al-Houthi）一直担任胡塞武装领袖。2010年2月，萨利赫曾允许胡塞武装在萨达省建立伊斯兰地方政府，双方关系一度缓和。“阿拉伯之春”后，萨利赫下台后，也门各派力量重组，胡塞武装虽然受邀参加全国对话会议，但处于边缘地位，其要求自治等一些诉求未能受到重视，便借哈迪政府取消石油补贴的契机南下，一举占领萨那，造成也门政治力量再次重组，也门问题进一步复杂化。

胡塞武装占领首都萨那后，处于政治旋涡中的萨利赫选择与胡塞武装暂时结盟。胡塞武装之所以选择与萨利赫结盟，也是有着多方面的原因。一方面，胡塞武装占领的这些地区都不是胡塞武装传统的活动范围，稳固后方，巩固已有成果，防止后院着火是其必须重视的问题；而且胡塞武装控制区域

① 萨利赫担任总统的时候，萨利赫家族许多成员都担任了国家的重要职务：他的长子艾哈迈德是特别部队和共和国卫队指挥官；空军司令和陆军第一炮兵指挥官都是萨利赫的同父异母兄弟；负责国家安全的副指挥官阿马尔是萨利赫的大侄子；中央安全部队兼反恐机构指挥官亚哈亚是他的二侄子；他的另一个侄子塔里克则是总统卫队指挥官。另外，国家重要经济机构也都控制在萨利赫家族手中，如武器、石油公司、航空公司、建筑公司等，也门军报《九月二十六日报》也由萨利赫儿子主管。

并不稳固，以艾哈迈尔家族为代表的西北传统精英集团从政治权力中心跌落，但仍然保留着重要的影响，其与胡塞武装的矛盾和冲突并没有化解，胡塞武装占领萨那后，他们被赶出了首都，被驱逐出了“中央政府”，但他们仍然伺机卷土重来；另一方面，胡塞武装与萨利赫的结盟使其受益匪浅。胡塞武装南下后，其面临着从反叛武装到“执政者”的身份转化，采取了与前敌人萨利赫结盟的策略，同时建立的“最高政治委员会”的合法性也已经在2016年8月13日的也门议会上获得了确认，一定程度上弥补了其执政经验和政治合法性不足的缺陷。从胡塞武装方面来看，胡塞武装与萨利赫结盟后期力量有所增强，在军事上势如破竹，其控制的区域迅速扩大，与哈迪政府形成了分庭抗礼之势。胡塞武装一度推进到南部城市亚丁附近，甚至一度迫使哈迪政府流亡沙特；在沙特等国的援助下，哈迪政府顶住了胡塞武装的进攻并重返亚丁，继续保有南部地区；在后期的军事斗争中，胡塞武装与哈迪政府基本上形成了均势，双方互有攻守。

（二）南部分离主义势力与哈迪政府决裂加剧也门的分裂

2017年，南部地区也有重大事件。2017年后，南部的分离主义开始建立独立的机构。2017年4月，哈迪罢免了南部分离主义领导人祖贝迪的亚丁省省长职务。5月，作为还击，祖贝迪则联合南部地区26名高级部落、军事和政治领导人成立南方过渡委员会，以对抗哈迪政府。到了10月14日，南方过渡委员会更进一步，在亚丁宣布成立“国民大会”代表南方各省，并择期进行南方独立公投。祖贝迪成立的南方过渡委员会得到了南部各派势力的支持。2018年1月29日，南方过渡委员会的武装人员进攻政府军的时候，多支南方分离主义武装奔赴亚丁，与过渡委员会武装人员并肩作战，并带来了坦克、大炮等重型武器。

也门南部的分离主义势力是也门统一后对国家整合不充分的后遗症。在萨利赫时期，南部的分离主义势力也经常活动，但是萨利赫政府都给予了强力镇压，南部分离主义势力一度陷入低潮。哈迪上台后，对国内局势的掌控远远不及萨利赫，南部分离主义势力再次兴起。

2014年后，南部分离主义势力在哈迪政府与胡塞武装的冲突中逐渐坐大，[①] 并成立了组织。2011年，也门国内爆发动乱，南部地区分裂势力趁哈

---

① Economist Intelligence Unit N. A. Incorporated, “Southern Separatists Gain Momentum from Houthi Advance”, *Country Report: Yemen*, Dec. 11, 2014.

迪政府立足未稳之际发展壮大，并再次提出独立要求。2014 年 2 月，也门各方提议国家改为联邦制，全国分为 6 个大区域，其中有两个位于南部地区，但是这个提议被北方的什叶派和南部的逊尼派同时拒绝。11 月 30 日，在南也门获得独立的这一天，南部的分离主义运动召集了一大批抗议者手持统一前的南也门国旗从南部各省份汇集到亚丁进行游行，再次发出了独立要求。

从外部环境来看，国际社会普遍支持一个统一的也门政府，沙特更是通过发动对胡塞的战争显示其对也门现政府保持统一的支持。南部分离主义的支持者除了南部地区的民众之外，只有阿联酋一个国家。在目前看来，南部分离主义势力虽然声势浩大，但是在力量对比上与支持也门统一的力量相差太大，其短期内会成为也门乱局的搅局者，但分裂也门仍然困难重重。[①] 南部分离主义势力与哈迪政府的决裂进一步加剧了原本就已经碎片化的也门，使未来也门局势更加扑朔迷离。

（三）未来也门政治力量的分化组合

在目前的形势下，也门各派胡塞武装、哈迪政府以及代表部落势力的艾哈迈尔家族等都无力改变当前也门“三足鼎立”的政治力量格局，各方争夺的焦点会更多地转向对政治合法性的争夺上。

胡塞武装从多方面着手削弱哈迪政府的合法性。胡塞武装与哈迪政府的关系仍然是解决也门问题最为重要的一环，其中政治合法性是双方争夺的一个焦点。胡塞武装在开始兴起的时候，就一直被萨利赫政府和哈迪政府视为反叛组织，而在占领萨那后，胡塞武装通过向民众保证要维护首都的秩序，加强对治安的管理，建立新的国家机器，逐渐转变角色，维护其统治区域的稳定；胡塞武装在首都组织武装人员统一换成政府军的服装，维护社会秩序；在严重缺水[②]缺电的萨那，胡塞武装修建了新的输水和电力设施，安抚民众。在胡塞武装的管理下，萨那社会秩序稳定，一定程度上使其“反叛”武装的色彩褪色。胡塞武装也着手建立新的国家机器，意图既主导政

① Leonardo G. Romeo，Mohaned EI Mensi，“The Difficult Road to Local Autonomy in Yemen”，*International Center for Public Policy*，Andrew Young School of Policy Studies，Georgia State University，2008.

② El-Mageed，Abdallah Ibrahim Abd；El-Kamel，Abd El-Hadi；Abbady，Abd El-Bast；Harb，Shaban；Saleh，Imran Issa，“Natural Radioactivity of Ground and Hot Spring Water in Some Areas in Yemen”，*Desalination*，15 July 2013，Vol. 321，p. 28.

治重建过程，又削弱哈迪政府的政治合法性。2016 年 7 月 28 日，胡塞武装和萨利赫在萨那宣布建立“总统委员会”（后称“最高政治委员会”），来管理也门的政治、经济、军事和安全事务，初步建立了国家机器，主导也门政治重建进程。2016 年 8 月 13 日，在内战中休会两年之久的也门议会举行特别会议，143 名议员一致投票通过并认可“最高政治委员会”的建立及其对也门全境的统治，这从法理上彻底否定了哈迪政府在国内的政治合法性。除此之外，对沙特的干涉，胡塞武装竖起了“反对外来侵略”和“保卫人民和国家”的大旗，甚至得到了一些逊尼派穆斯林的支持。胡塞武装控制下的萨那已经开始战后重建，这在一定程度上使胡塞武装反政府的色彩褪色。

2017 年，哈迪政府腹背受敌，处境危险。在哈迪政府方面，其政治合法性来源主要在于海合会方案成为国际共识。但是，由于其在上台后治国无方，经济形势不断下滑，又在与胡塞武装的军事斗争中一败涂地，其政治治理能力受到很大的削弱。在萨那被占领后，又长期流亡沙特，在国内的执政根基进一步动摇。哈迪政府逃亡南方后一度与南部存在的分离主义分子结盟，但是这个联盟十分脆弱。南方分离主义分子在 2017 年 4 月建立南方过渡委员会，该委员会的领导人是被哈迪解职的亚丁省省长埃达鲁斯·祖贝迪，他在被解职后联合了一批南方政治、军事和部落领导人组成“南方过渡委员会”，对抗哈迪政府并推动也门南方独立。2018 年 1 月 28 日，阿联酋支持下的南部分离主义的武装与哈迪政府在亚丁爆发大规模冲突，分离主义者意图推翻哈迪政府，可见现政府之窘境。

各方都为结束也门乱局进行过一些谈判，但基本无果而终。在胡塞武装占领北部大片领土和极端组织在东部地区强力渗透的情况下，哈迪政府有得有失，虽然失去了南部分离主义的支持，但是萨利赫一方的力量因为萨利赫之死而靠近哈迪政府，其力量也保持了一定的稳定。从根本上来讲，胡塞武装也没有完全关闭和谈的大门，而哈迪政府也没有找到将胡塞武装更好地纳入政治进程中的良策，双方围绕中央权力的争夺和博弈仍然是也门政局的主线。为此，胡塞武装和哈迪政府在 2015 年前后在瑞士（两次）和科威特（一次）进行了三次和谈，但是都无果而终。2018 年以来，胡塞武装和沙特进行了两个多月的秘密和谈，以便结束当前的也门内战，但现在看来双方仍然没有达成协议，而且也门政府并没有参与到这次和谈中。胡塞武装和美国的关系也没有改善迹象，美国认为胡塞武装反西方、反美国和反以色列的口号具有伊朗伊斯兰革命的意味，而哈迪政府甚至还推动美国将胡塞武装认定为恐怖组织，但是实际上胡塞武装并没有做太多反美、反西方的行动。①

也门爆发“阿拉伯之春”背景下的动荡后，哈希德部落联盟及其首领艾哈迈尔家族加入反政府阵营，也门局势随之发生巨大转变，政治动荡也逐渐演化为武装冲突，最终导致了当时萨利赫总统的下台。但2014年内战爆发后，艾哈迈尔家族一直保持低调，没有在内战中表现出其强大的传统影响力。也门的历史表明，艾哈迈尔家族的态度不明朗，也门的政局走势就不明朗。当前，艾哈迈尔家族及其控制的“改革集团”是也门反对派的主要势力。

哈希德部落是也门最有势力的部落，据说能够动员十万兵力，在某种程度上左右着也门的政局走向。1968年，在也门民主人民共和国保卫萨那的“70天战斗”中，哈希德部落大酋长艾哈迈尔亲率6000名部落兵组成的劲旅支持共和国，最终导致了王室的溃败。在1994年内战中，哈希德部落坚定支持北方军队，北方最后战胜南方。此外，哈希德部落的大酋长与萨利赫总统长期结成战略同盟，在南北也门统一后长期担任议长，使部落利益和国家权力基本平衡，正因如此，也门政府才能够应对北部宗教武装叛乱势力、南部分离主义和恐怖势力等各种挑战，从而维持了基本的稳定。

分布在也门全国各地的各大部落，在也门冲突中也基本上未能参与到政治重建中，但这些部落对也门问题未来的走势有着重要的影响。哈佛大学研究人员欧卡拜·阿西尔（Orkaby Asher）认为胡塞武装和哈迪政府之间的斗争与其说是地区矛盾的产物，倒不如说是也门部落斗争的延续。② 一些部落也在胡塞武装和“基地”组织之间选边站队。部落地区对胡塞武装和“基地”组织的态度是复杂的。2016年9月，在也门中部的贝达省的一些部落地区，胡塞武装杀害了当地6名部落领导人，并在当地征收重税，强迫当地的清真寺使用他们的口号等行为激起了当地民众的反感，他们对胡塞武装发起了反击；这其中，“基地”组织也趁机施加影响，鼓动当地民众反抗胡塞武装，一些部落认为胡塞武装对他们的威胁比“基地”组织更甚，因为“基地”组织并没有通过武力让他们遵从某一种意识形态。③ 故在未来也门局势

---

① Orkaby Asher, “Yemen's Humanitarian Nightmare”, *Foreign Affairs*, Nov./Dec. 2017, Vol. 96 Issue 6, p. 99.

② Ibid..

③ “Our Common Enemy: Ambiguous Ties Between al-Qaeda and Yemen's Tribes”, Premium Official News, Jan. 20, 2018, http://carnegie-mec.org/2018/01/11/our-common-enemy-ambiguous-ties-between-al-qaeda-and-yemen-s-tribes-pub-75225.

中，部落的因素对解决也门问题至关重要。

二　也门经济与社会陷入崩溃边缘

“阿拉伯之春”前，也门政府进行了三个五年计划，经济获得了一定程度的发展。“阿拉伯之春”导致的也门国内局势动荡严重影响了也门经济的发展。胡塞武装与哈迪政府爆发战争后，也门经济发展停顿，2017 年更是在国内外一系列事件冲击下，陷入崩溃的边缘。

（一）经济发展遭受重创

2017 年，也门经济持续下滑，经济增长为负数，是 -2%；虽然这一下降比率比 2016 年（-9.8%）、2015 年（-28.1%）小，但考虑到经济持续下滑的累计，2017 年也门经济状况非常差。2017 年国家债务是 GDP 的 135.5%，比 2016 年的 119.1% 又有了大幅度增加；2017 年通货膨胀率（20%）是 2016 年（5%）的 4 倍。①

内战使原本就十分落后的也门经济雪上加霜。长期以来，也门是联合国认定的世界上最不发达的国家之一，被认为是阿拉伯世界的“失败国家”②。也门统一后，也门经济与社会发展仍然步履维艰。萨利赫政府执政多年，虽然实施了诸多的经济与社会发展计划，但是仍然经济危机频发，再加上国内政治腐败严重，失业率不断上升，油气资源和水资源也面临枯竭③。2012 年 2 月，联合国粮农组织（The Food and Agriculture Organization，FAO）的数据显示，也门有 500 万人遭受到长期的身体伤害，在一些地方，有 30% 以上的儿童严重营养不良，是联合国饥荒标准的两倍。④ 2011 年，受到国内局势动荡的影响，也门经济出现了负增长，实际 GDP 下降了 12.7%，通货膨胀率也从 2010 年的 11.2% 增长到 19.5%，政府的税收也大大减少⑤，经济形势十

① “Yemen Economy 2018”，2018 CIA World Factbook and Other Source，February 28，2018，https：//theodora. com/wfbcurrent/yemen/yemen_ economy. html.

② 可以参见：Noel Brehony，*Yemen Divided*：*The Story of a Failed in South Arabia*，London：I. B. Tauris& Co Ltd，2011.

③ Matalobos González De La Vega，Ignacio，“Yemen”，*Geopolitical Overview of Conflicts 2012*，p. 272.

④ Salisbury，Peter，“Infighting Hits National Dialogue”，*Middle East Economic Digest*（*MEED*），7/27/2012，Vol. 56 Issue 30，pp. 26 -27.

⑤ Ibid.，pp. 42 -43.

分严峻。2014 年后，由于战乱，世界银行甚至都没有搜集到关于也门经济的一些关键数据，如 GDP、外国直接投资等。①

战乱对也门经济的影响是十分明显的。第一，由于战乱，许多反映经济发展的指标甚至都无人统计。比如农业增加值、工业增加值、服务业增加值等，附加值、货物和服务出口、货物和服务进口、资本形成总额、收入、现金盈余或赤字的比例等指标都无法统计②。第二，从可以统计的年份来看，随着 2014 年以来，胡塞武装攻占首都、基地组织和“伊斯兰国”在也门活动加剧等事件的影响，也门政府被迫流亡沙特，对经济的统计更是无从谈起。第三，也门经济受到“阿拉伯之春”的影响，尚未恢复到“阿拉伯之春”之前的状况。单就 GDP 而言，“阿拉伯之春”的第一年，也门 GDP 下降了约 15%，2012 年和 2013 年虽然有所增长，但远远不能弥补 2011 年的下降。第四，也门局势的变化，也引起了外资的出逃。2011 年以来，也门的外国直接投资净流入都是负值，即净流出，且这个数额有不断扩大的趋势，说明外资流出呈增长态势，这可能进一步加剧也门经济建设的困难。

以也门石油产业发展为例。英国石油公司（British Petroleum，BP）资料显示，2015 年，也门的石油产量以每天 100，000 桶的速度递减，这使得也门每天的石油收入比 2014 年降低了 71.5%，直接导致了去往也门的运油船数量减少了 77.2%③。在天然气行业，受到也门国内局势动乱的影响，2015 年，也门的天然气产量比 2014 年降低了 71.5%④，也门天然气出口量降低了 3.6%⑤。2016 年的石油产品产量只有 2015 年的十三分之一。

---

① 世界银行网站：http：//databank. worldbank. org/data/reports. aspx? source = 2&country = YEM。关于也门的许多数据都是空白，可见战乱对也门经济的影响十分明显。

② 世界银行网站：http：//databank. worldbank. org/data/reports. aspx? source = 2&country = YEM。

③ 根据英国石油公司官方网站资料整理：BP – Statistical – Review，“Business Updates Features 65th Edition of BP Statistical Review Shows World Shifting to Lower – Carbon Fuels”，8 June 2016，http：//www. bp. com/en _ az/caspian/press/pressreleases/BP – Energy – Outlook. html。

④ BP：Statistical Review 2016，“The Middle East Energy Market in 2015”，p. 1，http：//www. bp. com/content/dam/bp/pdf/energy – economics/statistical – review – 2016/bp – statistical – review – of – world – energy – 2016 – middle – east – insights. pdf.

⑤ Ibid. .

表1 2006～2016年也门石油产业发展状况

年份	2006	2007	2008	2009	2010	2011	2012	2013	2014	2015	2016
产量	387	341	315	307	306	219	174	193	144	47	44
石油产品产量	18.1	15.9	14.8	14.3	14.3	10.1	8.0	8.9	10.5	10.5	0.8

注：产量单位是千桶/天；石油产品产量的单位是百万吨/年。

资料来源：BP，“BP Statistical Review of World Energy”，June 2017，pp. 14－16，https://www.bp.com/content/dam/bp/en/corporate/pdf/energy－economics/statistical－review2017/bp－statistical－review－of－world－energy－2017－full－report.pdf。

（二）社会发展步履维艰

在社会建设方面，长期以来，水资源是影响和制约也门和中东各国经济发展的重要因素之一。在地理环境上，也门一年四季交替受到副热带高压和西北信风的影响，绝大部分地区干燥少雨，境内无较大的常流河，属于典型的热带沙漠气候，天然的地理和气候条件使也门的水资源十分贫乏。更为严重的是，由于管理不善、腐败和浪费等原因，也门首都萨那在未来20年内很可能成为世界上第一个水资源枯竭的首都。①

“阿拉伯之春”后，随着也门局势的动荡，卡特在也门的种植又开始兴起。也门的农业几乎被卡特种植摧毁，因为卡特的种植几乎占也门农业用水量的40%，这些水原本是可以用到食物生产上的。② 卡特的种植造成了也门山区原本缺水和耕地破坏的状况进一步恶化。卡特也使也门民众把大约90%的闲暇时间花在嚼卡特上，③ 而不是去从事生产。卡特是也门重要的作物，也门政府曾数次做出努力，试图阻止卡特现象在也门的进一步发展，但均因遇到强大的社会阻力而不了了之，导致卡特现象愈演愈烈，成为也门社会的严重弊病。多年以来，世界银行等国际组织一直致力于帮助也门改变卡特种

① Jonathan Fried，“The Heart of Darkness：Attacking Yemeni Instability at its Core”，p. 2，http：//www.culturaldiplomacy.org/europeanamericanrelationship/content/articles/events/2010fofufp/participant－papers/The_ Heart_ of_ Darkness－_ Attacking_ Yememi_ Instability_ at_ its_ Core.pdf.

② George Joffé，“Something Wicked This Way Comes：Background to the New Extremist Challenge in the Middle East and North Africa：Case studies”，*Norwegian Peacebuilding Resource Center Report*，April 2015，p. 9.

③ Jonathan Fried，“The Heart of Darkness：Attacking Yemeni Instability at its Core”，p. 3，http：//www.culturaldiplomacy.org/europeanamericanrelationship/content/articles/events/2010fofufp/participant－papers/The_ Heart_ of_ Darkness－_ Attacking_ Yememi_ Instability_ at_ its_ Core.pdf.

植的现状。卡特在生长过程中需要大量的水资源，卡特在也门的大量种植对于也门这样一个水资源贫乏的国家是一个灾难性的破坏。在胡塞武装占领萨那后，许多士兵在进攻政府军和日常巡逻过程中仍然不忘嚼卡特，可见卡特对也门社会的影响。

除此之外，在也门社会发展步履维艰之际，也门精英人才流失也非常严重。以前，一些在西方受过高等教育的年轻人和精英以返回也门为傲，他们认为自己会成为未来也门的领导人，但是在过去十年间，大部分受过教育的精英们都离开了也门，他们批评也门政府不仅腐败透顶，而且由于其愚蠢的政策导致国内就业岗位缺乏，政治选举也充满了对部落裙带关系利益的认可，而不是真正要建立一个代表民众利益的专家型政府。[1] 也门精英人才的流失更加剧了也门社会发展的困难程度。

（三）也门日益严重的人道主义危机

2017 年，也门有 700 万民众处于饥荒状态，其罪魁祸首是内战。[2] 也门公务员的工资到 2017 年底已经停发了 14 个月，食物、工作是也门普通家庭的沉重压力。[3]战乱摧毁了民生基础设施，也门出现了世界上最大的食物安全危机。[4] 2017 年也门食物的对外依赖度达 90% 。[5] 内战爆发前，也门对国际援助的依赖程度一直较高。内战爆发后，以联合国机构为代表的国际组织开始组织对也门的援助，但由于战乱，援助不能及时到达，对也门的食品等援助则缺乏资金[6]。西方大国也忙于在叙利亚和伊拉克打击极端组织，而对也门关注较少，尤其是美国对也门的反恐援助减少，主要是武器援助减少。

---

① Orkaby Asher, “Yemen's Humanitarian Nightmare”, *Foreign Affairs*, Nov. /Dec. 2017, Vol. 96 Issue 6, p. 95.

② “Yemen's Economic Outlook”, World Bank, October 11, 2017, http://www.worldbank.org/en/country/yemen/publication/yemen – economic – outlook – october – 2017.

③ Mohammed Yahya Gahlan, “No light at end of Tunnel for Yemen's Economy”, al-monitor, March 8, 2018, https://www.al – monitor.com/pulse/originals/2018/03/yemen – war – houthis – economy – central – bank – salaries – government.html.

④ “Yemen Humanitarian Needs Overview”, Humanitarian Country Team and Partners, Dec. 4, 2017, p. 5.

⑤ “Yemen”, EIU-Country-Yemen-Economy, April 12th 2017, http://country.eiu.com/article.aspx? articleid = 455314829&Country = Yemen&topic = Economy&subtopic = Forecast&subsubtopic = Policy + trends&u = 1&pid = 1646392748&oid = 1646392748&uid = 1.

⑥ “Deepening humanitarian Crisis still Short of Funding”, EIU-Country-Yemen-Economy, January 11th 2017, http://country.eiu.com/article.aspx? articleid = 1094984693&Country = Yemen&topic = Economy.

也门人道主义危机表现在多方面。首先，在战乱中丧生的平民成为大国博弈的直接牺牲品。从内战爆发到现在，也门国内有超过 1 万人在地面战斗和空袭中丧生，其中许多人是平民，另有 4 万人受伤。也门原本就是世界上最穷的国家之一，内战爆发后，也门经济崩溃，国内安全局势恶化，大量基础设施在战火中遭到破坏，国际社会对也门的人道主义援助一度受阻。2017 年 3 月，联合国把尼日利亚、索马里、南苏丹、也门等国列为全世界人道主义危机最为严重的国家，其中也门局势最为严峻且继续恶化。

其次，也门的饥荒和因战乱导致的流行性疾病迅速蔓延。也门粮食生产因战乱大幅度减产造成了也门严重的饥荒。联合国粮农署认为："四分五裂的也门造成一半以上也门人的粮食安全无法保证。"① 许多在也门工作的医生和护士都大声疾呼："不要给我们钱，我们需要的是食物。"② 即使是在内战爆发前的 2014 年，也门也只有 53% 的人能享受到卫生系统的服务，55% 的人享受到清洁的饮用水。③ 到了 2017 年，2700 多万也门人中有 2100 多万急需饮用水、食物和医疗方面的援助，130 多万也门人无家可归。饥荒已经遍布也门 22 个省份中的 14 个。④ 与此同时，由于战乱造成大量人员伤亡和公共卫生设施的破坏，只有不到 45%⑤的医疗设施可以运转。更为严重的是原本就十分短缺的医疗人员也因为战争更加捉襟见肘，2016 年有 3 万多名医疗人员没有领到一整年的工资，他们中许多人可能都已经离开了也门⑥，医疗系统"几近崩溃"。⑦

也门暴发了 50 多年来最为严重的霍乱疫情。2016 年 10 月底以来，霍乱疫情涉及也门 22 个省市中的 15 个；2017 年 3 月，也门受到一股冷空气的影响，

---

① "More Than Half of Strife-torn Yemen's Population is Food-insecure: FAO", *Food & Beverage News*, Jan. 30, 2016.

② Devi, Sharmila, "Millions in Need of Humanitarian Assistance in Yemen", *The Lancet*, London Vol. 390, Iss. 10112, (Dec 9, 2017): e50.

③ Qadri, Firdausi, Taufiqul, Clemens, John, "Cholera in Yemen——An Old Foe Rearing its Ugly Head", *Boston: The New England Journal of Medicine*, Vol. 377, Iss. 21, Nov. 23, 2017, p. 2005.

④ Eshaq, Abdulaziz M; Fothan, Ahmed M; Jensen, Elyse C; Khan, Tehreem A; AlAmodi, Abdulhadi A, "Malnutrition in Yemen: an Invisible Crisis", *The Lancet*, London Vol. 389, Jan. 7, 2017, p. 31.

⑤ "Yemen's Silent Killers", *The Lancet*, 18-24 February 2017, Vol. 389 (10070), p. 672.

⑥ Qadri, Firdausi, Taufiqul, Clemens, John, "Cholera in Yemen——An Old Foe Rearing its Ugly Head", p. 2005.

⑦ Gavlak, Dale, "Health System in Yemen Close to Collapse", *Bulletin of the World Health Organization*, Oct. 2015, Vol. 93 (10), pp. 670 - 671.

霍乱疫情曾一度缓和，但是4月份之后气候转暖，霍乱疫情再度大规模暴发，到2017年8月14日，世界卫生组织公布的数字显示也门感染霍乱的人数为503484人，累计感染者达80多万人，其中50%以上的是15岁以下的儿童[①]，而且这个数字还以每天5000的数量增加[②]（见图1，该图反映的是也门2016年10月至2017年7月份感染霍乱的人数与对应的人口比例）。除霍乱外，白喉病（diphtheria）[③] 等疾病也在也门迅速蔓延。也门内战也造成基础设施遭受严重破坏，许多也门民众的基本日常生活都难以保障。也门成为现今世界上需要人道主义援助人数最多的国家，甚至被看作对“现代人道主义的考验”[④]。

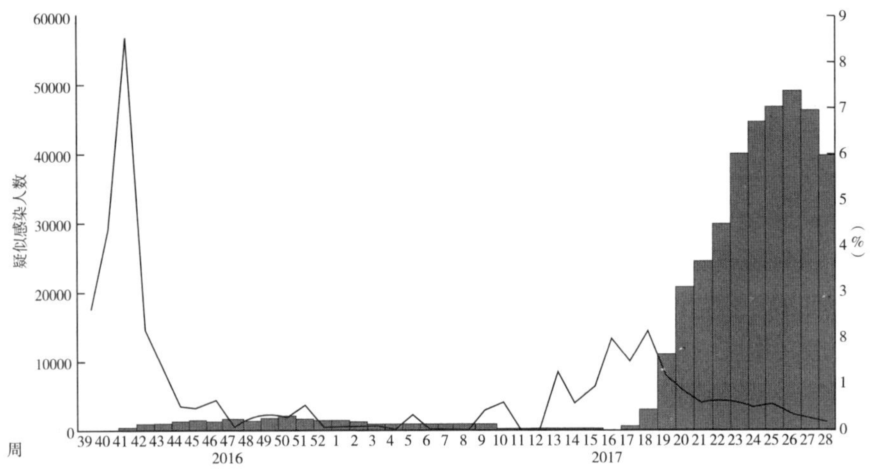

图1　2016～2017年也门的霍乱感染疫情状况

资料来源：WHO（World Health Organization，世界卫生组织），“Yemen Cholera Situation Report”，No 4，19 July 2017，http：//www.emro.who.int/images/ stories/20170719_ WHO_ cholera_ SitRep_ 4_ v2.pdf? ua=1，p.2。图中折线是霍乱疑似感染的总人数，柱状图是被感染霍乱人数在也门总人口中的比重。

---

① 《联合国：也门霍乱患者多达80多万 其中50%是儿童》，人民网，http：//world.people.com.cn/n1/2017/1019/c1002－29596510.html。

② WHO（World Health Organization），“Cholera Count Reaches 500 000 in Yemen”，http：//www.who.int/mediacentre/news/releases/2017/cholera－yemen－mark/en/。

③ WHO（World Health Organization），“WHO Delivers Medicines as Diphtheria Spreads in Yemen”，http：//www.who.int/mediacentre/news/releases/2017/medicines－diphtheria－yemen/en/.

④ “Yemen and Cholera：a Modern Humanity Test”，*The Lancet*，London Vol.390，Iss.10095，Aug.12，2017，p.626.

也门人道主义危机日益严重的原因是多方面的。第一，也门长期以来就是世界上最穷的国家之一，在“阿拉伯之春”前，也门经济发展虽然取得了一些成就，但是总体上经济依赖于不多的石油资源，产业结构单一，经济发展缺乏长远的发展动力，基础设施建设也十分落后；第二，沙特从海陆空封锁胡塞武装，同时国际援助被挡在了也门国门之外，这无疑加重了也门人道主义危机的严重程度。包括联合国也门人道主义协调处（the UN's Humanitarian Coordinator in Yemen）、联合国儿童基金会（UNICEF），国际红十字会（ICRC）、联合国世界粮食计划署（WFP）、无国界医生（Médecins Sans Frontières）、人权观察和大赦国际（Human Rights Watch and Amnesty International）等也门主要援助方都难以进入也门境内。2017 年斋月（Ramadan）期间，胡塞武装和联合国秘书长潘基文呼吁暂时停火，但是沙特置若罔闻，引起了也门人的愤怒，但他们也无可奈何。2017 年，也门只有一半的医疗设施和污水处理设施在运行。也门的人道主义危机导致也门一些地方的物价飞涨——面粉价格上涨了 30%，燃料的价格翻番，水价上涨了 600%。[①] 在这种情况下，2017 年 10 月 2 日，联合国呼吁沙特领导的联军为人道主义组织开放红海的也门口岸，甚至专门派出了一个工作组赶赴利雅得与沙特政府谈判，以便为人道主义物资进入也门提供通道。

最后，也门战争造成大量的外国记者和本地的记者离开也门，在一段时间内造成了也门人道主义危机不为外界所知。在也门的记者因为战乱，其生存状况也每况愈下，许多记者在人身安全受到战乱影响的情况下，不得不停止报道或者干脆离开也门。在也门的记者不仅要防范沙特盟军对胡塞武装的轰炸可能造成的误炸，还要防范武装分子把他们当作“肉盾”（Human Shields）[②]。2014 年 9 月，也门内战爆发后，更是有 80% 以上的记者离开了也门，有 160 多名也门记者被杀害、袭击和绑架[③]。也门记者们的遭遇不仅是也门内战对普通民众所造成伤害的缩影，更使外界对也门人道主义危机的严重程度认识不足，进一步加深了人道主义危机。

---

① UNICEF（United Nations International Children's Emergency Fund，联合国儿童基金会），“United Nations Leaders Call on the Saudi-led Coalition to Fully Lift Blockade of Yemeni Red Sea Ports”，https：//www. unicef. org/media/media_ 101758. html。

② Laura Silvia Battagliai，“Yemen：‘Nobody is Listening to Us’：A Yemeni Journalist Discusses the Time He was abducted for 15 Days and other Dangers for Reporters”，*Index on Censorship*，2017，Vol. 46（2），p. 71.

③ Ibid. .

三　也门的代理人战争

在也门外部，伊朗和沙特各自支持也门内战中的一方，也门内战也演变为大国争夺地缘政治和宗教利益的代理人战争。而在伊朗和沙特背后，则分别是俄罗斯和美国，也门内战的代理人性质在2017年表现得更为明显，也门和平遥遥无期。人祸与天灾如气候变化，让也门处于经济、政治、社会全面崩溃的状态。①

（一）俄进美退背景下的也门内战

域外大国在中东地区的博弈也对也门局势产生了重要影响。俄罗斯通过叙利亚内战和打击极端组织等方式强力介入中东局势，其在中东的影响力与日俱增，俄罗斯通过加强与叙利亚和伊朗等国的战略协调等方式，意图重回中东。2015 年 2 月，胡塞武装代表秘密访问俄罗斯，提出以其当时还未占领的马里卜省的石油开采权换取俄方对胡塞武装的支持；2015 年 4 月，俄罗斯在撤侨中向胡塞武装运送了三天的武器，后来沙特也宣布已经发现了胡塞武装使用俄制的喀秋莎火箭攻击其境内目标。俄罗斯通过其地区盟友叙利亚和伊朗介入也门问题的可能性在增加。也门内战在这种情况下可能会演化为“双重代理人”战争。

美国对也门援助和支持不断减少，更多的是退居幕后。美国推行“亚太再平衡”战略以来，由于战略中心的转移，对中东地区的投入不断减少，显得力不从心。美国对也门的反恐援助不断减少，手段也逐渐功利化。原因有三，其一，美国一直帮助也门反恐，但是对也门反恐的支持力度大不如从前；也门内战后，美国的选择是撤出了其在也门的全部外交人员，表明了美国政府无意再强力支持也门政府；其二，美国仍然保留对也门的关注度一定程度上是出于对伊朗在该地区影响力扩大的防范，而不是反恐的实际需要，②虽然美国还支持沙特在也门的军事行动，那是因为美国认为反美反以（以色

① Ms. Hadil Mohamed, “Yemen between the Impact of the Climate Change and the Ongoing Saudi-Yemen War: A Real Tragedy”, GPBC and CIDIN, Sana'a: Radboud University, November 2017.

② Carney, Jordain, “Obama Offers Few New Military, Vet Proposals in SOTU? Yemen Violence Raising U. S. Concerns”, *Hampton Roads International Security Quarterly*, Portsmouth (Oct 1, 2015), p. 83.

列）的胡塞武装在未来可能建立起一个政教合一的也门，这对美国利益构成了潜在的威胁；其三，美国退居幕后，支持胡塞武装和哈迪政府进行谈判，主要通过后勤和培训人员来支持也门反恐。美国在也门的反恐行动造成了大量的平民伤亡，这引起了也门国内的抗议和也门政府的反感，2017 年 2 月 8 日，也门政府宣布，不允许美国地面部队在也门境内进行反恐行动，使用无人机打击也门境内的极端组织也要事先与也门政府协商。因此，美国更多通过支持沙特对胡塞武装进行打击而宣示其在也门问题上的存在。

美国在也门的影响也随着胡塞武装不断挤压其支持下的哈迪政府的生存空间而被压缩。2015 年 2 月 11 日，胡塞武装抢夺了停在萨那机场上的大使馆车辆，并夺取了正在撤离的美国海军陆战队的武器，而美国对此也无可奈何。但是在战略上，美国已经逐渐把俄罗斯和伊朗视为自己在也门的竞争对手，[①] 这种情况有可能将也门引入双重代理人的战争旋涡中，使也门未来局势不仅超出了地区影响，也具有了世界意义。

（二）沙特与伊朗在也门的博弈

扼守曼德海峡的也门具有重要地缘政治地位，历来被视为大国博弈的舞台。在冷战时期，也门分裂为北也门和南也门，苏联和美国各自支持一国。也门统一曾使这种局面一度结束。2014 年 9 月以来爆发的也门内战也同样具有十分浓厚的大国博弈的代理人战争色彩。伊朗和胡塞武装虽然都否认彼此之间的联系，但是在沙特看来，胡塞武装多次发射导弹与伊朗在背后的支持不无关系，也门仍然是伊朗和沙特争夺地缘政治优势和教缘优势的重要国家。沙特等国不能容忍一个与伊朗有联系的集团控制曼德海峡，特别是在伊朗已基本控制了霍尔木兹海峡的情况下。

作为同样为什叶派的胡塞武装（胡塞武装属于什叶派中的栽德派）虽然与伊朗的关系尚不明朗，但是中东地区的什叶派－逊尼派的教派冲突有可能随着伊朗和沙特在也门的博弈而更加复杂化。也门北部和南部虽然分属不同的教派，但是也门历史上教派冲突一直不明显，而且胡塞武装所属的栽德派在教义等方面与逊尼派十分接近，沙特对也门的战争进一步把胡塞武装推向了伊朗方面，进而可能把也门冲突卷入中东地区什叶派和逊尼派冲突的旋涡，对也门问题的解决十分不利。胡塞武装占领萨那后，向南部亚丁推进，

---

① “Yemen is One of US Targets to Hold Putin in Check & Reverse Iran’s Expansions in the GME”, *APS Diplomat News Service*, April 10, 2017, Vol. 86, p. 15.

一度占领了哈迪政府的临时官邸，哈迪政府危在旦夕。2015 年 3 月 26 日，受到美国资金和武器资助的沙特联合阿联酋、科威特、巴林、埃及、约旦、苏丹和摩洛哥等国发起了针对胡塞武装的军事行动。沙特的行动实际上造成了阿拉伯世界在解决也门危机上的分裂：一派如沙特、埃及等赞成推进军事行动，另一派如叙利亚、伊拉克、黎巴嫩和利比亚等国则反对，还有一派如阿曼、阿尔及利亚、毛里塔尼亚、突尼斯巴勒斯坦吉布提、科摩罗等国则保持中立。①

伊朗和沙特对也门的地缘政治争夺开始出现。伊朗与沙特争夺地区地缘政治优势的博弈从 1979 年伊朗伊斯兰革命后就开始了，1979 年 11 月 20 日和 1987 年 7 月 31 日的两次“麦加清真寺”事件，代表着伊朗和沙特的政治博弈在世俗领域和精神领域的全面对抗。双方的博弈延续到了也门内战中，在沙特等国发起针对胡塞武装的军事行动后，伊朗最高领袖哈梅内伊和总统鲁哈尼认为沙特等国的行动是对也门的入侵，沙特也是美国的傀儡，他们的行为与以色列屠杀巴勒斯坦人别无二致。而沙特则认为伊朗支持胡塞武装是阴谋推翻哈迪政府，把也门置于其势力范围的举动。双方对也门的争夺目的在于争夺中东和伊斯兰世界的领导权，同时也掺杂了什叶派和逊尼派的教派之争。同时，伊朗强化与胡塞武装的关系也是其在核问题谈判中向超级大国施加压力的一张牌。

除了上述地区大国和域外大国在也门的博弈外，财力雄厚的阿联酋也卷入也门乱局中。由于沙特与有穆斯林兄弟会背景的也门革新党关系密切，而阿联酋恰恰抵制这一政党。阿联酋虽然与沙特在也门问题上翻脸的可能不大，但是阿联酋仍然通过帮助南部分离主义者武装训练，支持他们与哈迪政府对抗。也门的诺贝尔和平奖获得者塔瓦库·卡曼（Tawakkol Karman）在接受采访时称，“沙特和阿联酋在占领……背叛并利用了也门人……以实行丑陋的占领和提升影响力”。

（三）教派冲突日渐突出

在也门历史上，教派冲突一直不是也门的主要矛盾，各个政治力量之间的博弈才是也门政治的常态。2017 年，沙特和伊朗在也门的博弈使也门的教派冲突日渐突出。

---

① Dong Manyuan, “The Yemen Crisis: Impacts and Prospects”, *China International Studies*, September/October 2015, pp. 68 – 69.

随着域内外力量的互动，原本在也门并不突出的教派矛盾有可能被激化。也门什叶派和逊尼派人数相差不大，但是，在历史上也门的宗教关系相对和谐，基本上没有发生较为严重的教派冲突，也没有建立政教合一的国家，可以说，也门是中东少有的世俗化程度较高的国家。但是，在国家体制方面，胡塞武装从其兴起之日起就一直主张也门应当仿效伊朗，建立一个政教合一的政治体制，全面实行沙利亚法，反对逊尼派主导的世俗中央政府。胡塞武装控制萨那后，并没有完全实行其所主张的政教合一的政治体制。

也门的教派冲突因为部落和外部力量的加入等因素可能会更加严重。在也门国内，部落力量十分强大，现阶段也门的冲突不仅有部落的背景，更掺杂了什叶派和逊尼派的教派之争，部落因素与教派因素结合也使胡塞武装和哈迪政府的冲突有了更深层次的原因。在也门外部，伊朗和沙特的博弈历来被看作什叶派和逊尼派之间的教派之争，在当前什叶派新月之弧已在沙特北部初步形成之际，伊朗更成为沙特重点防范对象。伊朗和沙特在也门各自支持一派实际上已经是公开的秘密，未来在内有部落之争和外有伊朗和沙特博弈多重因素的影响下，也门的教派冲突可能愈演愈烈。

四　极端组织活动的新态势

胡塞武装和哈迪政府在也门西部地区的斗争，在也门东南部地区造成了巨大的政治真空地带，极端组织乘虚而入。“基地”组织和“伊斯兰国”是活跃在也门的主要极端组织，除此之外，也门南部和东部地区长期活跃着多种极端组织。“阿拉伯之春”后，“基地”组织和“伊斯兰国”在也门迅速发展，发起了针对政府目标、外国目标和平民的多起恐袭事件。① 2017 年，“基地”组织和“伊斯兰国”在也门继续积聚力量，也发动了一些恐怖袭击，但是总体上恐袭的频度、烈度和造成的人员伤亡不如 2016 年以前。

（一）“基地”组织的活动

长期以来，“基地”组织就在也门活动，尤其是在也门东部相对较为独

① 可以参见刘中民、任华《也门极端组织的演变、成因及其影响》，《阿拉伯世界研究》2017 年第 2 期，第 3～18 页。

立的哈德拉毛省地区，“基地”组织已经在这里建立了比较稳固的落脚点。

“9·11”事件后，在阿富汗战争中被国际反恐怖联盟打散的恐怖分子纷纷到也门聚集，使也门成为新的恐怖主义大本营。2006年后，“基地”组织在也门招兵买马，掀起了一系列恐怖袭击事件。2009年，“基地”组织在也门的分支机构改组升级为“基地”组织阿拉伯半岛分支，在2009年后掀起了第二次恐怖袭击的浪潮。在中东变局后，“基地”组织在也门深入发展，今天已经在亚丁和哈德拉毛省东部地区之间的广大地区安营扎寨，并与当地的部落首领结成了同盟，对抗国际反恐怖主义联盟。“基地”组织在也门建国，并扎根于东部的哈德拉毛省地区，并渐有分疆裂土之势；2014年“伊斯兰国”兴起后，也门的“基地”组织也不甘落后，在也门发动了多起恐怖袭击造成了惨重伤亡，但是其一些头目也在哈迪政府与美国的反恐行动中丧生。2015年6月17日，美国再次出动无人战斗机，在哈德拉毛省炸死了“基地”组织重要人物、“基地”组织阿拉伯分支头目纳瑟尔·乌海什（Nasir al-Wuhayshi）。2015年后，也门的“基地”组织更多采取了积聚力量的策略[①]，加强与部落地区实力派的合作，通过为当地的部落民众提供饮用水、设立伊斯兰法庭等手段实现本土化，提高其在地区的存在和生存能力。除此之外，“基地”组织也十分重视安抚其控制或者影响区域的民众，比如在中部的贝达省的一些部落地区，“基地”组织只是从当地招收武装人员，但是并不强迫当地人接受他们的意识形态，尽量避免同部落人员发生对抗，甚至多次表达对部落领袖的敬意，还帮助当地的部落一同抵制胡塞武装，当地的部落民众甚至认为：“‘基地’组织是明天的问题，而胡塞武装是他们现在必须面对的现实威胁。”[②]

2014年后，美国等国对也门的反恐支持力度大不如从前，但是，也取得了一些成果。2016年4月25日，阿拉伯联军在也门南部发起的军事进攻中至少消灭了800名“基地”组织武装分子，其中也包括一些头目。“基地”组织在也门的基地也遭到了美国无人机的袭击，损失惨重。2017年3月2日，美国无人机袭击了也门中部贝达省（Bayda）、舍卜沃省（Shabwa）和阿比扬省（Abyan）等地“基地”组织的六个据点，炸死了七名极端分子。5

① Malsin, Jared, “Al-Qaeda is Gathering Strength as Yemen Burns”, *Time*, 2/20/2017, Vol. 189 Issue 6, p. 11.

② “Our Common Enemy: Ambiguous Ties Between al-Qaeda and Yemen's Tribes”, Premium Official News, Jan. 20, 2018, http: //carnegie - mec. org/2018/01/11/our - common - enemy - ambiguous - ties - between - al - qaeda - and - yemen - s - tribes - pub - 75225.

月 21 日，又有 7 名极端分子在马里卜省（Marib）被美军炸死。[①] 2017 年 6 月 22 日，“基地组织阿拉伯半岛分支”头目，号称埃米尔的阿布卡塔布·奥拉基（Abu Khattab al Awlaqi）被美军用无人机炸死。[②]

“基地”组织在也门长期经营，虽然 2017 年其活动相对减弱，但是这更表明其在也门东部地区的渗透和本土化策略已经初见成效。未来，“基地”组织很可能会成为也门最为重要的极端组织。

（二）“伊斯兰国”的活动

“伊斯兰国”是也门重要的极端组织之一。2017 年，由于“伊斯兰国”在其“本土”遭到国际反恐联盟的合力打击，有一些极端分子从也门流向叙利亚和伊拉克等地驰援，造成“伊斯兰国”在也门的力量被削弱，发动的恐袭数量和造成的伤亡人数不如以前。2017 年 10 月 16 日，美国无人机袭击了“伊斯兰国”在也门的一个训练基地。

2017 年 11 月 21 日，伊朗总统鲁哈尼宣布“伊斯兰国”作为一个物理实体被消灭，但是其组织仍然没有被摧毁，其武装人员仍然四散逃跑。也门因为混乱的政局、部落众多等因素成为“伊斯兰国”武装分子理想的藏身之地。“伊斯兰国”在也门南部的亚丁和哈德拉毛省西部渗透，把也门变成了新的极端主义“策源地”[③]。在也门的“伊斯兰国”选择了东部地区作为自己的基地，未来，也门可能成为残余“伊斯兰国”极端分子回流的聚集地之一。“伊斯兰国”在叙利亚和伊拉克立国后，遭受了打击，其中许多恐怖分子逃到了也门。

从 2015 年元月开始，“伊斯兰国”开始在也门吸收新的成员，[④] 并逐渐站稳脚跟。此后，“伊斯兰国”迅速地“壮大了自己的势力范围”[⑤]。“伊斯兰国”也袭击胡塞武装和哈迪政府的目标，试图给本已十分混乱的也门局势

---

① Ryan, Missy, “U. S. Forces Kill 7 Suspected Al-Qaida Militants in New Yemen Raid”, *Washington Post*, 23 May 2017.

② “U. S. Airstrike Kills Senior Al-Qaida Leader in Yemen”, *US Fed News Service*, Washington, D. C. , 24 June 2017.

③ 刘中民：《中东变局与国际恐怖主义势力的新发展》，《世界知识》2013 年第 16 期，第 29 ~ 31 页。

④ American Security Project（ASP）, “Fact Sheet: Yemen, Sungtae Park”, February 2015, p. 1.

⑤ Johnsen, Gregory, “Al-Qa’ida and the Islamic State Benefit as Yemen War Drags on”, CTC Sentinel, 2016, Vol. 9（1）, p. 14.

火上浇油。

“伊斯兰国”组织进入也门后发动了多起恐袭事件，造成巨大伤亡的同时，也有意挑起什叶派和逊尼派的矛盾。“伊斯兰国”的精神领袖阿布·穆萨巴·扎卡维（Abu Musab al-Zarqawi）宣布其在也门发动恐袭的目的之一就是为了挑起也门的“教派斗争”（Sectarian strife）①。“伊斯兰国”认为，与“基地”组织相比，他们对什叶派胡塞武装的攻击更为猛烈，且“基地”组织并没有“尽全力去杀戮什叶派民众”②。2015 年 3 月 20 日，“伊斯兰国”在首都萨那的两座清真寺实施自杀式爆炸袭击，1 名武装人员在胡塞武装组织大本营萨达省省会萨达市实施自杀式爆炸袭击，总共造成了至少 137 人死亡，350 人受伤，这是“伊斯兰国”在也门发动的首次大规模恐怖袭击。不仅如此，政府目标也成为“伊斯兰国”的袭击对象。5 月 23 日，“伊斯兰国”又同时袭击了亚丁的政府军基地和军队征兵处，导致 40 余人遇难。6 月 20 日，“伊斯兰国”在萨那旧城外的一个清真寺发动了汽车爆炸袭击，造成 2 人死亡。9 月 2 日，“伊斯兰国”在萨那北部的清真寺门口制造了两起爆炸，造成至少 30 人死亡，近 100 人受伤。2015 年 11 月 20 日，“伊斯兰国”宣布对在哈德拉毛省两个边境检查站的自杀式爆炸案负责。2016 年 3 月 25 日，“伊斯兰国”几乎同时在亚丁检查站、亚丁周边的夏布（Shaab）地区和以沙特为首的联军基地附近发动了三起汽车自杀爆炸案，造成了包括检查站工作人员和平民至少 22 人死亡。5 月 12 日，“伊斯兰国”组织利用汽车炸弹突袭穆卡拉市的一个军队检查站，造成 10 名士兵死亡。与“基地”组织相比，“伊斯兰国”策动的这些恐怖袭击所造成的伤亡人数更多，影响更大。

（三）各方博弈下的也门极端组织

从胡塞武装的角度来看，胡塞武装目前的主要任务是在夺取中央政权后，消灭沙特等国支持下的哈迪政府，而对“基地”组织和“伊斯兰国”等极端组织在东部地区的发展进行遏制则不是其有限考虑的选项，且在某种程度上，胡塞武装打击极端组织也力不从心。哈迪政府在南部分离主义势力和

---

① Gregory D. Johnsen, “Al-Qa'ida and the Islamic State Benefit as Yemen War Drags on”, *Combating Terrorism Center*, January 19, 2016, https://www.ctc.usma.edu/v2/wp-content/uploads/2016/01/CTC-SENTINEL-Vol9Iss14.pdf.

② Hakim Al Masmari and Asa Fitch, “Yemen Division of Islamic State Claims Suicide Bomb Attacks that Killed Scores”, *Wall Street Journal*, March 20, 2015.

胡塞武装的打击下，对极端组织的打击能力有限，仅在 2017 年 10 月 11 日，在其控制的亚丁地区就抓获了 10 名与极端组织有关的武装分子，并缴获了大批弹药、爆炸装置和成套的军装①。但是，总体来看，2017 年，在也门打击极端组织基本上成了美国的独角戏。

也门乱局推动了极端组织在也门的发展，“基地”组织在也门东部地区不断扩展势力范围，控制了也门东部大部分领土。以胡塞武装和哈迪政府为代表的也门各派力量忙于在西部地区争夺，东部地区出现了权力真空的局面，极端组织在这些地方生根、发芽、成长，地位和影响日趋巩固，使也门成为未来中东恐怖主义活动重要的策源地。2011 年后，“阿拉伯半岛基地组织”在也门国内和地区动荡之际趁势崛起，甚至两度在也门南部地区建国，之后虽然其在美国和哈迪政府的反恐行动中遭到削弱，但仍然保有一定的实力；“伊斯兰国”组织也在东部的哈德拉毛等地区通过与当地部落首领结盟、建设基础设施、设立宗教法庭等措施实现了本土化，实力不断增强，频频发动对哈迪政府和胡塞武装的恐怖袭击，造成了重大伤亡。这样，也门国内实际上形成了胡塞武装、哈迪政府和极端组织三足鼎立的格局，也门问题的解决在这种背景下遥遥无期。

部落因素也成为未来也门反恐斗争中的重要因素。在哈德拉毛省的一些地区，长期以来，以血缘为纽带的部落地区对“自己人”的保护意识极强，甚至为极端分子提供保护。“基地”组织在部落地区的经营使其生存能力得到了很大的提高。巴基尔部落联合委员会主席哈德班就曾经公开表示，即使是敌人，部落的传统习惯也是不能交出庇护者的。在反恐战争中，许多部落对也门政府联合西方国家尤其是美国有着十分强的抵触和排斥心理，甚至还偷袭进入本部落范围内对极端组织实施清剿行动的政府军部队。由此可见，“基地”组织在部落地区的经营收到了实效，这对未来反恐十分不利。

结　语

2017 年对也门来说是混乱的一年。在政治上，胡塞武装和哈迪政府继续在西部地区对峙，东部地区留下的大片权力真空地带继续被“基地”组织等恐怖主义势力渗透。由于沙特、伊朗、美国等国对也门不同派别的支持，也

① “Yemeni Forces Capture 10 Militants in Anti-terror Operation in Aden”, Xinhua Agency, http://news.xinhuanet.com/english/2017-10/12/c_136672797.htm.

门内战的“代理人”性质的教派冲突的可能性进一步加大。在经济和社会方面，也门经济继续朝着完全崩溃的方向发展，基础设施遭到战乱的严重破坏，国内民生凋敝，出现了大规模的饥荒和霍乱疫情，成为世界上人道主义危机最为严重的国家之一。

在安全方面，“基地”组织和“伊斯兰国”组织在2017年虽然没有像以前那样发起大规模的恐怖袭击，但是他们在东部的哈德拉毛省等地区已经建立稳定的控制和影响，通过向部落地区提供公共产品等措施实现了与本地部落之间的“联姻”，增强了其本土化程度和抗打击能力，进一步增加了对其打击的难度。在哈迪政府与胡塞武装之间的冲突没有结束之前，打击东部极端组织很难成为也门各方的首要问题，预计在未来，极端组织在也门的控制会更加牢固，可能会发动更大规模的恐怖袭击。

总体来看，2017年也门问题继续呈现出长期化的态势。虽然胡塞武装和萨利赫联盟、哈迪政府与南部分离主义的联盟都破裂了，但是双方在军事上仍然保持了一定的均势。胡塞武装也仅仅通过向沙特的重要目标发射导弹等行为展现其实力，而沙特支持下的哈迪政府也无力发动对胡塞武装的反击，仍然是依靠沙特和美国对胡塞武装的轰炸。东部的极端组织虽然也发起了一些恐怖袭击，但是更加注重自己在也门长期的潜伏。在三方势力三足鼎立的情况下，也门经济和社会继续走向崩溃，成为世界上人道主义危机最为严重的国家。未来也门问题的解决，仍将取决于胡塞武装和哈迪政府这两大主要的政治力量；但部落因素逐渐开始显现其在对峙期间的重要作用，或成为未来也门政局变动的未知因素。

2017 Yemen Situation Development Report

Zhang Jinping, Ren Hua

Abstract: The overall situation of Yemen has been increasingly worsened in 2017. Politically, the three major political powers were redistributed. The alliance between Houthi Militias and Ali Abdullah Saleh, as well as the alliance between Southern separatists and Hady government were all broken, respectively. Meanwhile, extremist militias expanded their military capability in the east areas caused more hostilities across the country in the long run. Economically, the poor state has been facing dramatic down fall and the about to collapse. Socially, humanitarian crisis has been worsened since the war, plague followed by shortage of water and destruction of public facilities making the country in chaos. The foreign affairs of Yemen became an arena of global powers, proxies of Saudi, Iran and the US fought against each other, and those extremist militias benefited from the conflict, making Yemen a new center of terrorism in Post-ISIS era. In general, the hostile and complex situation post great challenges to Yemen toward 2018.

Key words: Houthi Militias; Saleh; International Society; Extremist Group; Yemen

中东变局以来海湾君主国的国家治理演进

——以阿曼变革为中心*

陈小迁**

摘　要： 中东变局对海湾君主国造成一定冲击，幸而政府应对举措果断得当，有效遏制了政治动荡的蔓延。此后，海湾君主国开启了国家治理变革进程，普遍体现出王权稳固、政府主导、危机回应以及渐进改革的特征，其中阿曼的治理变革具有代表性。在政治方面，政府扩大社会参与，加强治理者的自身治理，注重法治内涵建设，并取得公民参与效能提升、行政权力制衡力增强、司法与行政分离等成效。在经济方面，政府规范市场法律准则，推进经济机构改革，谋划中长期经济目标，提高市场自由度，增强经济驱动力。在社会方面，政府完善治理体系，强化宗教文化的宽容、中正原则，注重社会治理中的生态内涵。尽管阿曼的国家治理变革短期内取得了成效，但与其他海湾君主国相似，政治、经济及社会领域所遗留的结构性问题仍然较多，折射出了海湾诸国的国家治理困境与变革之艰难。总体而言，海湾君主国的国家治理变革是“阿拉伯剧变”后中东国家治理演进的五种模式之一，避免了政权倾覆与过度西方化的两个极端，同时也可视为民族国家建立以来的第四个治理演进阶段。面对“自上而下”与“自下而上”的变革道路之争，以及强政府弱社会的治理格局，海湾君主国仍需主动谋变以确保长治久安。

关键词： 国家治理　海湾君主国　治理变革　治理模式

“中东剧变”以来，地区政治形势动荡不安，突尼斯、埃及、也门等阿

---

* 本文受到伊朗马什哈德菲尔多西大学（Ferdowsi University of Mashhad）国际访问学者项目（IVSP2017 - 18）的支持，同时受到西北大学研究生院和国际交流与合作处“研究生访学项目”及中东研究所世界史重点学科经费的资助，特此感谢。本文部分内容发表于陈小迁、韩志斌：《中东变局以来阿曼国家治理转型述评》，《西亚非洲》2017 年第 4 期，第 106 ~ 126 页；韩志斌、陈小迁：《政治发展理论视域下的阿曼政治变局探究》，《国际论坛》2017 年第 4 期，第 74 ~ 78 页。

** 陈小迁，西北大学中东研究所 2016 级博士生。

拉伯共和制国家政权倾覆，叙利亚、利比亚、也门等国内战持续至今。在排山倒海的政治风暴中，西方所谓的“中东例外论”被证伪，“阿拉伯君主制例外论”（Arab Monarchical Exceptionalism）甚嚣尘上。海湾君主国（沙特阿拉伯、卡塔尔、科威特、阿联酋、巴林、阿曼）更是被称为中东政治是非浪潮中的稳定之锚。但是，它们仍然不可避免地面对着传统权威与现代权威如何协调的“国王的困境”（King's Dilemma）。此外，在推行政治现代化的同时，如何维持王族统治下的侍从主义（Clientelism）和裙带联系（*Wasta*）似乎是一道难解之题。① 向前追溯至民族国家建立之时，自那时起，大部分海湾君主国的国家治理的政治手段、经济模式就未曾发生根本性变化。

米格尔·C. 胡德森在《阿拉伯政治：对合法性的探求》中有言：在阿拉伯政治的各种层次上，家族都是重要的政治结构和社会结构；而在海湾君主国，家族与政治达到绝对一致的程度。与之相对应的经济基础则表现为，天赐而丰富的油气资源滋养着海湾君主国这朵绽开在现代国家花丛中的传统型奇葩。海湾君主国拥有近30%的全球石油资源，以及近20%的世界天然气储量。这些慷慨的馈赠以巨额财富的形式充实着海湾君主国的国库，同时塑造了它们与众不同的治理体制。② 意大利学者卢西亚尼（Luciani）在地租型国家的基础上，进一步划分“分配型国家”（Allocation States）和“生产型国家”（Production States）。③ 海湾君主国无疑属于地租分配型国家，即40%以上的收入来源于石油或外部资源，而开支占国内生产总值的比例较高，其国家形态的目标就是分配资源。

结合以上政治、经济条件，有些学者便判定：由于国家的主要收入不是生产活动所创造，也就不存在可转化为政治力量的社会－经济力量，传统政治形式不能被深刻触及。然而，从政治学角度看，任何一种国家形式的产生和确立都是由特定历史条件、经济形式和文化环境等因素所决定的。反之亦然，在不同的历史条件下，其政治形式必然会发生变化。第二次世界大战后，海湾君主国半个多世纪的发展历程表明，剧烈演变的社会结构、交往互

---

① Michael Hudson and Mimi Kirk, *Gulf Politics and Economics in a Changing World* (Hackensack and London: World Scientific Publishing, 2014), p. 2.

② Tareq Y. Ismael, Jacqueline S. Ismael and Glenn E. Perry, *Government and Politics of the Contemporary Middle East: Continuity and Change* (*Second Edition*) (New York: Routledge, 2016), p. 500.

③ Giacomo Luciani, "Allocation vs. Production States: A Theoretical Framework", in Giacomo Luciani ed., *The Arab State* (Berkeley and Los Angeles: The University of California Press, 1990), p. 71.

动的本土与外来文化矛盾，宏观经济动荡以及多元化转型乏力迟滞了海湾君主国的发展动力，削侵了社会稳定的根基。特别是冷战结束以来，在海湾战争、“反恐战争”、中东剧变等地区形势突变中，海湾君主国每十年左右便发生一次由外部力量催发的政治改革运动，其间伴随着宏观经济形势的震荡与国内社会政治诉求的高涨。在剧烈变动的政治、经济及社会形势下，海湾君主国越来越多地暴露出国家治理体系与能力不善的问题。当今世界和地区形势之下，石油财富、广布钱财、继承权威、精英联合与宗教文化支持越发不能应对渐次而起的政治、经济与社会等多层面尖锐矛盾，也越发不能保证政权合法性和国家的根本发展利益。

一　中东变局震荡下的阿曼抗议活动与政府回应

海湾君主国虽然在席卷阿拉伯国家的政治动荡中基本保持稳定，但巴林、阿曼、沙特等国仍然受到激烈民众运动的波及。除了巴林与沙特个别地区的抗议活动具有宗派主义色彩外，其他海湾君主国的震荡之源皆在于民众对政治体制僵化、经济分配不善及社会现状的不满。其中，阿曼的抗议示威活动具有较强的代表性。值得注意的是，相比于其他共和制国家，阿曼的抗议者自始至终的政治要求只是改革，而非推翻现政权，更不以颠覆卡布斯苏丹统治为目的。非颠覆性也成为除巴林以外的海湾君主国民众抗议诉求的主要特征。在突尼斯城和开罗街头流行的抗议歌曲“人民想要推翻政权”传唱到阿曼后，被民众去除了对卡布斯苏丹和政权不恭敬的词语，变成了“人民想要政权改革”和“人民想要根除腐败”。① 正如一名抗议民众所言：“我们只希望卡布斯苏丹能够倾听我们的呼吁，并做出改变。”②

总体而言，阿曼的抗议示威活动可以大致分为三个阶段：第一阶段（2011 年 1 月中旬至 2 月下旬）：抗议示威活动初现。第二阶段（2011 年 2 月下旬至 3 月上旬）：抗议示威活动由首都马斯喀特扩散到其他省份，并出现暴力活动。第三阶段（2011 年 3 月上旬至 5 月下旬）：政府采取紧急措施，抗议示威活动逐渐消失。此后，阿曼国内虽有零星的抗议示威活动，但主要

① Marc Valeri, Simmering Unrest and Succession Challenges in Oman（Carnegie Endowment for International Peace Publication Department, January 2015）, p. 9.

② Brian Murphy, “Oman Clashes Widen Protest Rumblings in Gulf”, *The Associated Press*, February 28, 2011, https://www.yahoo.com/news/oman-clashes-widen-protest-rumblings-gulf-20110227-101712-032.html.

集中在教育领域，而非全国范围内不分行业的抗议活动。与大多数海湾君主国一样，阿曼的抗议示威活动，并非由新的问题所导致，而是因为长久以来积聚的没能妥善解决的老问题再次爆发，阿曼抗议者所聚焦的核心诉求已经成为影响阿曼治理演进的结构性问题。

在经济方面，民众聚焦于解决失业和提高工资及各项补贴两类问题。就失业问题而言，尤其在苏哈尔地区，成了抗议者所关注的核心问题。相关数据显示，2011 年 1 月左右，阿曼国内失业率始终在 20% 左右，18 ~ 24 岁青年人的失业率达到了 25%，阿曼乡村地区的失业率则更高。① 与高失业率相对应的是，阿曼私营经济部门的工作岗位短缺和政府机构臃肿。国际货币基金组织估算，阿曼私营部门每年需要创造 45000 个新的就业岗位，这一数字超过了 2005 年 ~ 2010 年所创造的就业岗位总和。② 就工资和物价等因素看，抗议者要求给予更高的工资和补贴。如果从通货膨胀的角度考虑，阿曼 2011 年的通货膨胀率仅为 4.07%，远低于抗议风潮更胜的埃及的 10.05%。③ 但大约有 70% 的在私营部门工作的阿曼人所挣工资低于国家规定的最低工资标准。④

在社会方面，抗议者聚焦于三个问题，一是增加阿曼人的受教育机会，加大成人技能培训力度；二是减少南亚等外来劳动力的工作岗位比例以及外国人对经济的控制；三是增设伊斯兰相关服务。⑤ 其中最核心的便是增加教育机会，该问题也是关乎经济和就业的根本问题。2011 年，阿曼仅有卡布斯苏丹大学 1 所国立综合性大学，并且缺少多媒体教学设备及教职人员培训项目。⑥ 缺乏高质量和大规模的高等教育，以及实际所需的成人技能培训项目，导致阿曼的青年人不能完全胜任私营部门的工作要求，“造成了教育与生产技术之间的联系彻底切断的结果”⑦，最终逐渐丧失了与外来高素质劳动者竞

① Marc Valeri, Simmering Unrest and Succession Challenges in Oman (Carnegie Endowment for International Peace Publication Department, January 2015), pp. 6 – 7.

② James Worrall, “Oman: The ‘Forgotten’ Corner of the Arab Spring”, *Middle East Policy* 19 (2012): 104.

③ The World Bank, “World Development Indicators”, http://data.worldbank.org/indicator/FP.CPI.TOTL.ZG? locations = EG&view = chart.

④ James Worrall, “Oman: The ‘Forgotten’ Corner of the Arab Spring”, *Middle East Policy* 19 (2012): 104.

⑤ Ibid..

⑥ Ali S. Al-Musawi, “Current Status of Educational Technologies at Omani Higher Education Institutions and Their Future Prospective”, *Education Tech Research* 23 (2007): 409.

⑦ Linda Pappas Funsch, *Oman Reborn: Balancing Tradition and Modernization* (New York: Palgrave MacMillan, 2015), p. 182.

争工作岗位的能力。

在政治方面，抗议者的诉求有以下五点：一是反对政府腐败，反对官员经商，要求撤销贪腐的部长及政府官员；二是建立反腐败调查机构，并给予该机构以实际权力；三是扩大协商会议的权力；四是建立独立的司法体系，将法律制定权转移到协商会议；五是限制安全部门的权力。① 就贪腐问题而言，2010 年阿曼的贪腐指数居世界第 41 位，腐败程度远低于其他发展中国家。② 但是自 20 世纪 70 年代卡布斯苏丹上台以来，一直未能抑制政界精英商业化的问题，某些部长长期把控领导岗位，加剧了阿曼商业的不公平竞争。在缺乏政治监管的政治体系下，民众从反腐的角度出发，进而提出了强化治理机构、扩大民众监督等政治体制问题。

在阿曼国内抗议开始及之后时间里，卡布斯苏丹着力强化国家治理合法性，增加社会稳定性，回应抗议者的诉求。在经济治理方面，为平息民众的不满情绪，2011 年 2 月中旬，卡布斯苏丹宣布将私营部门中的国民最低工资水平增长 43%，达到 200 里亚尔（520 美元）③；为求职者提供每月 150 里亚尔（390 美元）的补贴；对贫困家庭的每月社会补助加倍；提高学校学生的奖学金水平。同年 4 月份，阿曼所有军事和安全部门职员的社会养老保险金增长 100%，退休金增加 50%。④ 2013 年 2 月，阿曼政府宣布自当年 7 月 1 日起，再次提高私营部门中的国民最低工资标准，使之达到 325 里亚尔（845 美元）。⑤ 除此之外，针对民众关心的就业问题，卡布斯苏丹承诺立即增加 50000 个新的工作岗位（主要集中在国防和安全部门）。⑥

---

① James Worrall, "Oman: The 'Forgotten' Corner of the Arab Spring", *Middle East Policy* 19 (2012): 105.

② John E. Peterson, "The Solitary Sultan and the Construction of the New Oman", in Abbas Kadhim ed., *Governance in the Middle East and North Africa* (New York: Routledge, 2013), p. 326.

③ Claire Ferris-Lay, "Oman Hikes Minimum Wage to $520 for Nationals", February 17, 2011, http://www.arabianbusiness.com/oman-hikes-minimum-wage--520-for-nationals-381382.html.

④ James Worrall, "Oman: The 'Forgotten' Corner of the Arab Spring", *Middle East Policy* 19 (2012): 106-107.

⑤ Sunil K. Vaidya and Bureau Chief, "Minimum Wage in Private Sector for Omanis Raised", February 4, 2013, http://gulfnews.com/news/gulf/oman/minimum-wage-in-private-sector-for-omanis-raised-1.1141735.

⑥ Marc Valeri, "Simmering Unrest and Succession Challenges in Oman" (Carnegie Endowment for International Peace Publication Department, January 2015), p. 11.

在社会治理方面，阿曼政府改革教育体制，提高教学水平，增加民众的高等教育学习机会。2011 年 5 月 15 日，阿曼学术认证局（Oman Academic Accreditation Authority）宣布实施制度标准审查和修订项目，旨在提升和完善阿曼高等教育的培养规范。[①] 针对成人技能培训不足的问题，阿曼人力资源部开展了多个成人培训项目，并取得了较为显著的成果。在阿曼“第八个五年发展计划”（2011 年至 2015 年）中，政府花费 7060 万美元用于落实现有培训计划，同时投资 6990 万美元用于建设新的技术学院和培训中心。[②] 就劳动力市场阿曼化问题，2013 年阿曼劳工部发布公告，从当年 11 月 1 日起，停止发放私营部门建筑劳务和保洁工人的入境签证 6 个月[③]；2014 年，阿曼政府实施限制外籍劳工人口比例措施，将外籍劳工限制在总人口的 33% 左右。[④] 针对宗教人士的意见，卡布斯苏丹准许建立了伊斯兰银行。2014 年阿曼伊斯兰银行部门建立了数家分支机构，总数达到 46 个；2015 年伊斯兰银行业务量为 18 亿里亚尔，比 2014 年增加了 7.5 亿里亚尔。[⑤]

在政治治理方面，卡布斯苏丹对于民众抗议呼声最大的官员贪腐问题迅速做出回应。2011 年 3 月上旬，卡布斯苏丹进行了 40 年以来阿曼内阁最大规模的改组，约三分之一的内阁成员被撤职或调任新岗位，其中商业和工业部部长马克布·本·阿里·本·素丹（Maqbool Bin Ali Bin al-Sultan）调任交通运输部部长；穆罕默德·本·纳赛尔·本·曼苏尔·库赛比（Mohammad Bin Nasser Bin Mansour Al Khusaibi）调任商业和工业部部长；谢赫·穆罕默德·本·阿卜杜拉·哈尔西（Shaikh Mohammed Bin Abdulaa Al Harthi）被任命为环境和气候事务部部长；赛义德·哈穆德·本·费萨尔·布赛迪（Sayyid Hamoud Bin Faisal al Busaidi）成为民事服务部部长。同时，卡布斯苏丹任命一名女性为教育部部长。[⑥] 改组内阁的决定彰显了国家上下团结一心与腐败做斗争的决心，并再次肯定了卡布斯苏丹作为国家政权核心人物对政治稳

---

① Globserver，“Oman：Taking Education Higher”，http：//globserver. cn/node/10438.

② Thomson Reuters ZAWYA，“Oman Targets Sustainable Education”，September 29，2015，http：//www. zawya. com/story/Oman_ targets_ sustainable_ education－ZAWYA20151005094716/.

③ Sultanate of Oman Ministry of Information，*Oman* 2016，p. 220.

④ Sultanate of Oman Ministry of Manpower，http：//www. manpower. gov. om/Portal/ServicesDirectory. aspx.

⑤ Sultanate of Oman Ministry of Information，*Oman* 2016，p. 281.

⑥ James Worrall，“Oman：The ‘Forgotten’ Corner of the Arab Spring”，*Middle East Policy* 19 （2012）：106.

定的掌控力。①

二　阿曼的国家治理变革：政府主导下的治理机制构建

论及“治理”一词，它主要包括政治治理、经济治理、文化治理、社会治理、生态治理五大体系，西方学术界主要将该术语运用于经济学、政治学和管理学领域。② 如果深究其源，以新古典经济学和制度分析方法相结合的新制度经济学派，聚焦于长期经济绩效中的制度因素；政治和治理成为阐释经济增长模式的要点。③ 经济合作与发展组织认为，好的治理对强化民主与人权，促进经济繁荣和社会凝聚，减少贫困，增强对政府和公共管理的信心具有益处。④ 有些西方学者则认为，治理涉及政府的产生与政策执行能力等。⑤ 就阿曼的国家治理而言，作为公共部门的政府虽然历经发展，但治理能力并不出众；私人部门处于较低的能力水平，基本无公民社会组织，政府与市场之间属于国家主导的制度化公私关系。因此，在治理类型上，阿曼的国家治理处于妨碍型管制向介入型管制发展的过程。针对不完善的国家治理体系和较弱的治理能力，阿曼国家治理变革以政府作为治理的主体，突出对治理者自身治理的路径，在现阶段强化政府治理体系构建，提升治理能力。

（一）政治治理变革：加强治理能力与机制建设

政治治理（Political Governance）是政府制定以及应用规则和公共服务的能力。⑥ 中东剧变之前，阿曼国内无政党组织⑦，公民社会和私营部门的力量

---

① Marc Valeri, Simmering Unrest and Succession Challenges in Oman（Carnegie Endowment for International Peace Publication Department, January 2015）, p. 11.

② 俞可平：《论国家治理现代化》，社会科学文献出版社，2015，第 18 页。

③ Rbert E. Looney, “Governance-constrained Growth in the MENA Region”, in Abbas Kadhim ed., *Governance in the Middle East and North Africa*（New York: Routledge, 2013）, p. 7.

④ Ibid., p. 8.

⑤ Kaufmann D. Kraay and Mastruzzi, “The Worldwide Governance Indicators: Methodology and Analytical Issues”, *Hague Journal on the Rule of Law*, Vol. 3, No. 2, 2011, 转引自田凯、黄金《国外治理理论研究：进程与争鸣》，《政治学研究》2015 年第 6 期，第 49 页。

⑥ Francis Fukuyama, “What is Governance?”, *Governance* 26（2013）: 67.

⑦ Bertelsmann Stiftung's Transformation Index, “Oman Country Report 2016”, http://www.bti-project.org.

较弱，政府治理能力较低、治理体系不完善。[①] 随着阿拉伯变局的冲击，卡布斯苏丹及政界精英意识到之前的规则制定和公共服务能力无法适应全球化时代民众互动性治理的发展要求。如同所有海湾国家一样，阿曼政府作为政治治理主体，在改革中发挥着引领和主导的作用，并且始终以政治稳定为中心。政治治理改革的核心是，强调治理能力与治理体系的发展，拓宽各方参与政治渠道，谋求提升政府治理能力，构建更加完善的治理机制。具体举措主要有以下四点：

第一，加强国家治理中的法治内涵建设，完善国内法律体系和司法机构职能。就法律体系而言，阿曼修订和颁布了诸多法律，弥补了治理中的某些法律空白，或针对新的政治、社会及经济治理形势加以适应补充。2011 年 10 月 19 日，阿曼对具有宪法功能的《国家基本法》进行了修改。修改后的《国家基本法》共有七部分，81 个条款[②]，最突出的特点是加强了协商会议和国家委员会两个机构的权力，强化了国家治理中阿曼特色的民主参与和协商原则的实践效用。[③]在司法机构建设方面，2011 年 2 月 28 日，阿曼公诉部被确定为独立机构，负责调查和处理相关法律事务。截至 2016 年 6 月份，公诉部有 158 名法务人员（含 26 名女性），36 个附属机构分布于阿曼各地。[④] 2012 年 2 月 29 日最高司法委员会进行改组，成为脱离司法部的独立机构，由苏丹担任委员会主席。[⑤] 阿曼最高司法委员会职权涉及制定一般司法政策；改革司法机构以保证法院及公诉部门顺利行使职能；提高司法部、行政法院和公诉部门的办事效率，保证法律章程符合皇家谕令要求；提出法律草案并对其进行解读；对阿曼与其他国家签署的司法合作协议在苏丹批准之前进行

① 克里斯托夫·尼尔（Christoph Knill）等人依据公共部门（政府）和私人部门（市场和社会）的治理能力，认为私人部门治理能力较低时，公共部门治理能力的低与高构成了妨碍型管制（Interfering Regulation）和介入型管制（Interventionist Regulation）两种治理类型。介入型管制（另有研究者译为“干预型的规制”，“Interventionist”具有干涉主义的含义，是西方出于自由市场过度崇拜心态，对国家主义治理的一种非公正话语；因此，依据具体概念，笔者将其译为“介入型管制”），指政府具有强大的治理能力，成为治理的主体。See ChristophKnill，Dirk Lehmkuhl，“Private Actors and the State：Internationalization and Changing Patterns of Governance”，*Governance* 15（2002）：49.

② Basic law of the Sultanate of Oman（as last amended by Royal Decree No. 99/2011），http：//www. wipo. int/wipolex/zh/text. jsp？file_ id = 269893.

③ Sultanate of Oman Ministry of Information，*Oman* 2016，p. 69.

④ Ibid.，pp. 102 – 103.

⑤ Marc Valeri，Simmering Unrest and Succession Challenges in Oman（Carnegie Endowment for International Peace Publication Department，January 2015），p. 16.

审核。[1] 同年，司法行政事务委员会作为司法部的下属单位成立，该委员会拥有司法权，可以对相关法律提出修改建议，其意见必须受到尊重。[2]

第二，完善国家治理体系建设，增设或改组众多行政机构，加强对治理者的治理。2011 年后，卡布斯苏丹着力治理贪腐，成立国家经济和行政审计署（SFAAI）。[3] 该署作为国家行政监督单位，负责监控国内审计体系流畅有效地发挥效力；保证政府机构财政和行政事务的透明度；确保政府机构职权限定在法律和相关规章制度框架内；审查财政和行政机关的不法行为，消弭二者之间的利益冲突；评估现有政府规划的进展情况；保证国家经济发展和资源的有效利用；调查政府行政能力或国家经济产能不足的原因，以适当方式指定责任方。[4] 为保持国家经济和行政审计署能够有效行使职权，2011 年 10 月和 2012 年 5 月，阿曼分别颁布了《国家经济和行政审计法》以及《公共基金保护和避免利益冲突法》（即“反贪污法”）。2016 年 1 月 15 日，卡布斯苏丹宣布将马斯喀特市政当局、内阁秘书处、行政审判法院和手工业总局纳入国家经济和行政审计署的监管范围之内，进一步扩大了该署的职权范围。[5]

第三，逐步扩大社会的参与作用，由内部治理转向民主化的“工具理性”。[6] 中东变局后，卡布斯苏丹扩大了协商会议（Majlis al Shura）的职责权限。[7] 根据 2011 年第 99/2011 号皇家谕令所公布的《国家基本法》修订版，以及 2013 年颁布的《协商会议成员选举法》规定，协商会议成员及主席须经选举产生，新时期的协商会议选举要在独立、公平的氛围下进行，并对选举过程是否透明和公正进行监督。[8] 有学者认为“这是从伊斯兰教‘舒拉’

① Sultanate of Oman Ministry of Information, *Oman* 2016, p. 76.

② Ibid. , p. 95.

③ Richard Schmierer, “Review Essay: Oman Today”, *Middle East Policy* 23 (2016): 161.

④ Sultanate of Oman Ministry of Information, *Oman* 2015, p. 77.

⑤ Sultanate of Oman Ministry of Information, *Oman* 2016, p. 78.

⑥ “工具理性”一词由法兰克福学派学者霍克海默在《理性的黯然失色》中提出，即一种限于工具而非目的之理性、追求工具的效率和各种行动方案的“正确”抉择。就阿曼而言，扩大民众参与的措施是国家治理的一种有效工具，虽然具有伊斯兰“舒拉”意义的最终目的，但有别于西方所谓的全民普选等民主形式，故在此暂定为一种“工具理性”。参见陈小迁、韩志斌《中东变局以来阿曼国家治理转型述评》，《西亚非洲》2015 年第 4 期，第 107 页。

⑦ Gulf News, “Oman Get Ready for Shura Council Elections”, October 23, 2015, http://gulfnews.com/news/gulf/oman/oman-gets-ready-for-shura-council-elections-1.1605750.

⑧ Basic law of the Sultanate of Oman (as last amended by Royal Decree No. 99/2011), http://www.wipo.int/wipolex/zh/text.jsp?file_id=269893.

原则中汲取传统治理的养分”。[①] 当前阿曼协商会议的权力与职责有以下八点：一是研讨五年发展计划和民众福利问题，与有关部长一起讨论一般性国家预算，在相关皇家谕令颁布前，部长们必须回应会议成员的任何疑问；二是审议的议题供卡布斯苏丹或内阁部长们参考；三是协商会议主席每年向苏丹提交活动报告；四是研讨法律草案和发展计划，以及政府准备批准的与经济和社会事务相关的协议草案，对于以上草案议定后再提交内阁会议讨论；五是国家财政和行政审计署必须向协商会议提供年度报告；六是有权要求各政府机构向其提供年度报告，有权约谈某些部门的部长并讨论他们职权范围内的任何问题；七是质询政府机构是否越权及违背法律；八是协商会议主席同时是五年发展计划最高委员会的成员，负责陈述发展计划并监督实施进程。[②]

阿曼市政委员会依据 2011 年第 116/2011 号皇家谕令建立，旨在拓展民众在新时期中的政治参与范围，将社会和政府整合为更加紧密的治理伙伴关系。市政委员会与协商会议一同拟定发展计划，整合不同地区的具体需要，打造整体的国家发展战略。根据市政委员会法案，以及 2012 年第 15 号政府行政令所制定的实施准则，市政委员会的 192 名代表由市民选出，分布于阿曼 11 个省份。[③] 除由市民选出的代表外，市政委员会还由各部门部长或与部长级别相当的政府代表组成。该委员会主要职责涉及建设、改善公共基础设施等；与市政委员会密切联系的政府部门主要有：地区市政和水资源部门；教育部；住房部；卫生部；社会发展部；旅游部；环境和气候事务部；皇家警察局等。[④]

第四，提升政治治理能力，强调治理的责任性、有效性、透明性和廉洁性，推进阿曼服务型行政能力建设。服务型行政要求阿曼行政机构肩负起提供社会公共产品的职责，为阿曼社会良好运转夯实治理基础。[⑤] 卡布斯苏丹认为，新时期的公务人员需要用科学和知识武装自己，在以人为本、负责高效的理念指导下参与到社会发展的进程中来。[⑥] 阿曼为建设服务型行政体系，概括起来有五个方面举措：一是颁布修订版《公务员法》，明确政府员工的

---

① Sulaiman H. Al-Farsi, *Democracy and Youth in the Middle East: Islam, Tribalism and the Rentier State in Oman* (London: I. B. Tauris, 2013), p. 71.

② Sultanate of Oman Ministry of Information, *Oman* 2016, pp. 122 - 123.

③ Ibid., p. 127.

④ Ibid., p. 128.

⑤ Thomson Reuters ZAWYA, “Government Introduce Reforms to Civil Service”, October 4, 2016, http://www.zawya.com/mena/en/story/Saudi_government_introduces_reforms_to_civil_service-ZAWYA20161004032319/.

⑥ Sultanate of Oman Ministry of Information, *Oman* 2015, p. 207.

职位级别和工资标准，提高工作积极性[①]；二是严控招聘入职流程，着力建设中央招聘系统，增加公务人员选聘环节的公开性和透明性[②]；三是开展公职人员行政能力测试工作，增加公务员培训项目；四是建设以“马瑞德系统”（Mawrid System）为代表的电子政务系统，将政府各部门信息进行整合，推进政府服务的高效化发展[③]；五是与私人部门合作开展政府机构声誉评估、高标准的审计人员培训、政府短期审计规划、领导及机构创新和出具其他行政机构研究报告等项目。

阿曼政治治理改革有效缓解了国内的政治体制矛盾，较大限度地激发了政府的治理效能。一是公民参与治理的意愿、效能均得以提升。协商会议主席由会议代表选举产生，标志着阿曼历史上新的政治参与和治理决策原则。针对协商会议的转型和市政委员会的建立，一些学者认为“这是从伊斯兰教‘舒拉’原则中汲取传统治理养分”[④]，增强了“舒拉”精神在民主和透明治理中的作用。二是政治治理中的行政权力制衡能力得以提升。阿曼国家经济和行政审计署等机构的成立和相关法律的颁布，为现阶段政治治理中政令不通、吏治腐败、公权力滥用等民众反映最强烈的问题，提供了体系性的监督和制衡框架。三是将私人部门引入行政体系建设中，强调公私部门整合，即建立公共部门与私人部门间合作的整体性治理路径。[⑤] 在提升政府治理能力的同时，构建了一种区别于以往统治的公私合作关系。四是法治内涵建设以法律的形式确定了阿曼政治治理的基本政策取向，即以政府为治理主体，增强公民的治理能力，确保政治稳定和发展。五是多个司法机构成为脱离司法部的独立部门，开启了阿曼政治治理中司法与行政体系的分离进程，尤其是公诉检察权力与司法行政管理权力的剥离，有利于政治治理框架的立体化发展。

（二）经济治理变革：调整发展政策与推进机构改革

经济治理是指政府、社会组织等社会主体通过一定形式的组织和制度安排，平等、共同地处理公共经济事务的过程。阿曼经济治理类似于发展型国家

---

① Sultanate of Oman Ministry of Information, *Oman* 2015, p. 208.

② Ibid. , p. 209.

③ Sultanate of Oman Ministry of Information, *Oman* 2016, p. 219.

④ Sulaiman H. Al-Farsi, *Democracy and Youth in the Middle East: Islam, Tribalism and the Rentier State in Oman* (London: I. B. Tauris, 2013), p. 71.

⑤ Perri 6, Leat, D. , Seltzer, K. and Stoker, G. , *Towards Holistic Governance: The New Reform Agenda* (London: Palgrave, 2002), p. 29.

主义（Development Statism）模式，强调政府宏观调控与市场经济相结合，政府与市场之间属于国家主导的制度化公私关系。但是，阿曼的经济发展长期受到资源型经济模式的制约，并没有形成比例合理的二、三产业支撑，导致国民经济易受国际市场价格变动的冲击，且国内民众的失业率居高不下。抗议发生后，阿曼政府立即采取措施，调整经济治理政策，注重经济开放和长远发展，加强经济治理机构和市场的透明度。同时，培育私营部门，特别是中小企业的健康发展，试图使经济资源合理化分配。经济治理的改革举措概括起来有以下方面：

第一，建立公正、透明的市场法律规范，打造良好的营商投资环境。2011年后，针对市场经济规则完善和公民经济权益维护等问题，阿曼颁布了《商业机构法》《保护竞争和防垄断法》和《消费者保护法》。2014 年 7 月修订的《商业机构法》旨在管理外国公司与本地代理商之间的关系，特别是禁止外国公司的商品及服务通过非注册的中间商销售和推广；代理商有权对外国资本无正常理由取消或不续约所造成的损失进行索赔。同年 11 月，阿曼首部《保护竞争和防垄断法》颁布，规定个人或集体所控制的市场份额不得超过 35%；该条款不适用于国营公司；公有或私营研究和发展型公司以及受政府补贴的公司可以向阿曼消费者保护总局提出申请，将市场最大占有份额限制提升至 50%。新修订的《消费者保护法》则力图加强对供货商、广告商及代理商市场活动的管理，赋予消费者保护总局以调查和处罚违反法律的公司及个人的权力。①

第二，加强经济治理的顶层设计，将国家经济机构统筹化、职能化改革向纵深推进。在统筹化方面，阿曼改组或成立了财政事务和能源资源委员会、最高规划委员会和“阿曼 2040 展望”委员会等。改组后的财政事务和能源资源委员会由卡布斯苏丹担任主席，负责处理与金融和货币体系有关的一切事务，并承担着制订国家年度预算和研究各项财政分配的职能。② 最高规划委员会负责谋划可持续国家发展的战略和政策，担负着起草“阿曼 2040 展望”的重任。③“阿曼 2040 展望”委员会职责为研究当前国家经济及社会现状，谋划未来 20 年的国家战略与社会经济发展计划。④ 在职能化方面，阿

① Marc Valeri, Simmering Unrest and Succession Challenges in Oman (Carnegie Endowment for International Peace Publication Department, January 2015), pp. 18 – 19.

② Sultanate of Oman Ministry of Information, *Oman* 2016, p. 73.

③ Ibid., p. 76.

④ Beatrice Thomas, “Oman Ruler Pushes Ahead with Blueprint for Future”, December 30, 2013, http://www.arabianbusiness.com/oman – ruler – pushes – ahead – with – blueprint – for – future – 532876.html.

曼成立了投资促进和出口发展总局（PAIPED）、杜库姆特别经济区管理局（SEZAD）、中小企业总局（SMEs）、民航总局、国家矿业总局和阿曼合作发展局（OAPD）。投资促进和出口发展总局的职责是促进非石化产业部门的出口，吸引外国资本对私营部门投资，驱动阿曼经济多元化的发展进程。① 杜库姆特别经济区管理局则负责监管特别经济区中公司和投资者的行为，提升技术、行政、金融及人力资源等服务能力。② 中小企业总局负责扶持阿曼中小企业的发展，加强私人部门在为阿曼青年人提供可持续就业岗位中的作用。③ 阿曼合作发展局隶属于商业和工业部，负责为拥有专业技能的国民提供培训机会，支持中小企业的发展，促进公有和私营部门中的技术应用。④

第三，谋划中长期经济治理目标，制订《第九个五年发展规划（2016～2020年）》和《阿曼2040愿景》计划。2016年1月1日，卡布斯苏丹批准并正式实施《第九个五年发展规划》。该规划聚焦于经济多元化战略，提升农业、工业、旅游业、渔业和矿业等部门对国内生产总值的贡献，在创造更多新就业机会的基础上拓展国家经济产能。⑤ 阿曼最高规划委员会秘书长苏尔坦·本·萨利姆·哈伯斯向阿曼官方报纸《阿曼报》表示，规划总体目标是未来5年实现国内生产总值达到3%的年均增长率，规划核心目标是实现真正意义上的经济多元化，同时，努力保持通货膨胀率的稳定，促进私有产业发挥效用，使投资在国内生产总值中所占比重达到28%。《阿曼2040愿景》旨在保证民众在国家经济发展中获得益处，促进经济结构多元化转型。新的愿景计划寻求扩大民众就业机会，巩固经济部门的发展基础，推进机场、海港、工业园区的建设和可利用资源的开发。《阿曼2040愿景》以不同社会群体间的互动为基础，建立各政府部门之间的合作机制，以期实现国家财政收入多元化并创造更多的“自主创业项目”。

阿曼政府采取的上述经济调整措施，取得了初步成效：一是国内失业率明显下降，由2011年的20%迅速下降至2014年的7.2%。⑥ 二是市场自由度获得显著提高。在美国传统基金会与《华尔街日报》共同编制的“2014经

① Sultanate of Oman Ministry of Information, *Oman* 2016, p. 84.

② Trade Arabia Business News Information, “Oman Floats Tenders for Giant Harbour Project”, January 11, 2016, http://www.tradearabia.com/news/IND_298398.html.

③ Sultanate of Oman Ministry of Information, *Oman* 2016, p. 88.

④ Ibid., p. 89.

⑤ Sultanate of Oman Ministry of Information, *Oman* 2015, pp. 257-258.

⑥ The World Bank, “World Development Indicators”, http://data.worldbank.org/indicator/SL.UEM.TOTL.ZS?locations=OM.

济自由度指数”排名中，阿曼全球排名列第48位，在中东地区排名第六，在海湾六国中位居第四。① 三是经济治理机构改革获得国际认可。在世界银行2017年全球商业环境报告的创业手续简便度排名中，阿曼从2015年第159位上升到第32位，在海湾地区排名第一；在营商便利度排名中，阿曼从2015年的第69位上升到2017年的第66位。阿曼这两项排名大幅提升，很大程度上归因于推出便利投资一站式在线服务窗口、取消企业合并三个月内必须支付一定费用的要求、提高企业员工注册手续效率等措施。② 四是以杜古姆经济特区为代表的经济开放窗口成为阿曼经济发展的推动器。杜古姆经济特区计划于2020年在工业园区中吸纳众多工业企业入驻，建成旅游度假区、中心商务区、居民生活区、休闲娱乐区、主要道路等项目，并吸引约150亿美元投资，创造20 000个直接或间接就业岗位。③ 2017年3月，据杜库姆经济特区管理委员会项目建设部主任侯赛因·宰德贾尼称，该经济特区相关的基础设施项目建设进展顺利，其中16%的项目已完工，48%的项目处于在建阶段，另有16%的项目正在进行招标，7%的项目处于运营维护阶段，仅有13%的项目尚处于筹备阶段。④

（三）社会治理变革：提升治理能力与加强宗教文化、生态内涵建设

社会发展包括教育、医疗、文化、生态等方面。它是一项具有复杂性、系统性、整体性和协同性特点的系统工程。⑤ 阿拉伯变局中所暴露出的阿曼社会治理问题主要有三点：一是包括教育、民生等社会发展治理体系不完善；二是在伊斯兰极端主义泛滥之时，对于宗教及文化领域的公正性原则有待重新伸张确认；三是唯增长优先的经济学理论给社会和环境带来了持久的危机⑥，也给阿曼的社会治理提出了一个基本命题，即不能重复走西方国家“先发展再治理”的老路，要将生态保护作为国家治理成功与否的重要标准。

① The Walls Street Journal，http：//wall－street. com/.

② Oman Observer，http：//omanobserver. om.

③ Sultanate of Oman Ministry of Information，*Oman* 2015，p. 279.

④ 中国驻阿曼经商处网站：http：//om. mofcom. gov. cn/article/jmxw/201703/20170302543729. shtml。

⑤ 范如国：《复杂网络结构范型下的社会治理协同创新》，《中国社会科学》2014年第4期，第99页。

⑥ 丹尼尔·A. 科尔曼：《生态政治：建设一个绿色社会》，梅俊杰译，上海译文出版社，2006，第85页。

阿拉伯变局发生后，阿曼社会治理政策以完善现有治理体系、提升治理能力为主，优先强调公民的生活与发展权力，强化宗教文化的中正原则，加大力度保护生态环境。

第一，就提升社会治理能力而言，阿曼从2011年开始共成立了4个政府机构，涉及民众关心的青年、教育、人力资源及市民保障等问题。2011年10月26日，根据第117/2011号皇家谕令，阿曼国家青年委员会成立。该委员会寻求建设性地拓宽国家与青年人交流和对话的渠道，增进青年人对国家及领导人的认同。[①] 2012年，为落实卡布斯苏丹关于稳步发展教育事业的承诺，阿曼教育委员会成立，其前身为1998年成立的高等教育委员会。2014年该委员会推出了卡布斯苏丹大学新的教育资格计划；为某些专业学科毕业的学生发放普通教育毕业证书等。[②] 2015年阿曼教育委员会将鲁斯塔格应用技术学院改建为教育学院，负责培训和提高阿曼教师质量；开展私立大学教师水平提升计划等项目。市民服务能力一直是阿曼国家治理体系中的短板，为增强此方面的服务能力，2013年1月8日，阿曼成立了阿曼民防和救护总局，该机构拥有独立的行政及相关物资使用权，并在阿曼皇家警察（ROP）的执法体系下行使司法权力。阿曼民防和救护总局的主要职责是，在火灾或营救（陆地和水上）中履行救护责任；在重大突发事件中搜寻和营救受伤者；处理危险物品。同年5月19日，根据第32/2013号皇家谕令，阿曼人力资源注册总局增加相关职能，负责建立包括政府各部门（市政、军事、安全）及私营部门在内的人力资源综合数据库。该数据库可统计和存储求职者的信息，并将这些信息传送到就业市场。职能经过强化后的人力资源注册总局不仅可以成为求职者和劳动力市场之间信息连接互通的桥梁，还将为国家就业决策提供重要数据依据。[③]

第二，强化宗教及文化领域的宽容和中正原则。目前，阿曼国内约有75%的民众信奉伊斯兰教伊巴德教派，有些学者将该教派称为一种“国家叙事”[④]。长久以来，宽容都是阿曼人的性格特征。阿曼社会尊重多元化的信仰和传统，这一原则成为阿曼与其他国家及社会各群体间良性互动的关键基

① Sultanate of Oman Ministry of Information, *Oman* 2016, p. 90.

② Sultanate of Oman Ministry of Information, *Oman* 2015, p. 78.

③ Ibid., pp. 87－88.

④ Justin Gengler, “The Political Economy of Sectarianism in Gulf”, August 29, 2016, http://carnegieendowment.org/2016/08/29/political－economy－of－sectarianism－in－gulf－pub－64410.

础。政府及民众对非穆斯林群体及伊斯兰教内部的不同派别采取宗教和文化宽容、对话和非暴力的态度。① 卡布斯苏丹曾在很多场合公开表达其尊重信仰自由的温和立场，其在 2011 年 10 月 31 日阿曼委员会开幕的演说中说道："这里的要旨是表达开放及多元的观点，它们不会被褊狭所侵染。我们要稳步且适当地沿着世世代代所走过的路，促进国家和社会的前进。"② 阿曼政府以法律的形式保证民众的文化和信仰自由，根据《国家基本法》第 28 条的规定"依照宗教习俗所举行的仪式，只要不危害公共秩序或与道德相抵触，是自由且受到法律保护的。"③ 阿曼《个人事务与家庭法》第 282 条规定，保证在不与阿曼传统相抵触的情况下，阿曼的非穆斯林有权建立自己的宗教场地。④

阿曼宗教基金和宗教事务部努力拓展对伊斯兰教开明旨意的认识，支持能够理解现代精神、对国家丰富历史遗产怀有敬意的伊斯兰机构及宗教学者。2011 年 4 月至 2015 年 7 月，阿曼在世界 20 个国家中的超过 66 个地方进行了宗教主题的巡回展览，总主题为"宽容、理解和共生：阿曼苏丹国的伊斯兰讯息"。这些展览加强了各群体之间的相互理解与尊重。宗教基金和宗教事务部还采用 8 种国际语言，设立了名为"阿曼的伊斯兰教"的网站；2014 年，该网站发布了 3 部纪录片，突出体现了阿曼在呼吁宽容、共存、伊斯兰艺术和宗教论述方面所做的努力。⑤ 为了贯彻宗教宽容与对话的原则，2015 年 4 月 5 日 ~ 8 日，宗教基金和宗教事务部举办了第 14 届伊斯兰教法学研讨会，其主题为"我们时代的法律体系：宗教和教义的方法革新"，来自阿拉伯及伊斯兰国家的众多学者、知识分子、专业研究者参加了此次研讨会。⑥ 2016 年 2 月 14 ~ 17 日，卡布斯苏丹高等文化和科学中心还举办了"人类和谐与和解周"活动。⑦

第三，将生态保护作为社会发展治理的政策基石，提升和增加生态保护能力与手段。阿曼政府将每年 1 月 8 日定为环境日，为鼓励对生态体系进行研究保护的相关人员，卡布斯苏丹在全球范围内设立环境保护奖，授予对环

① Giorgio Cafiero and Theodore Karasik, "Can Oman's Stability Outlive Sultan Qaboos?" (Middle East Institute, 2016), p. 2.

② Sultanate of Oman Ministry of Information, *Oman* 2015, p. 101.

③ Basic Law of The Sultanate of Oman (as last amended by Royal Decree No. 99/2011), http://www.wipo.int.

④ Sultanate of Oman Ministry of Information, *Oman* 2016, p. 107.

⑤ Oman's Message of Islam, http://www.islam-in-oman.com/interfaith-dialogue.html.

⑥ Sultanate of Oman Ministry of Information, *Oman* 2015, pp. 101-102.

⑦ Sultanate of Oman Ministry of Information, *Oman* 2016, p. 108.

境保护及管理做出突出贡献的个人、团队及社会组织。阿曼政府尤为重视气候变化问题，认为气候变化造成了气温升高和臭氧层受损，并对今日世界之经济和社会造成了极大的负面影响。因此，政府有必要快速采取解决方案应对气候变化所带来的挑战，这些措施宜早不宜迟。在国际合作领域，阿曼对《京都议定书》和《巴黎气候协定》都持积极支持的态度。阿曼环境与气候事务部签署了一系列有关环境、自然资源保护和生物多样性的协议，并与联合国工业发展组织签署气候变化框架协议，实施环境变化研究和改善战略，保护阿曼整体生态系统。此外，政府为保护环境和生物资源，建设了6个环境数据库：海洋污染、环境规划、空气和噪声污染、化工、水土污染和危险浪费及控制等。地方城镇、环境和水资源部是阿曼负责环保和维护自然环境的主要权力机构。隶属皇家法院的“迪万”设有环境保护顾问办公室，主要负责环保工作。阿曼环境与气候事务部基于国际通用的研究规范，评估气候变化的严重性，对臭氧消耗所造成的长期经济和社会发展问题进行评估。针对以上这些评估结果，阿曼环境和气候事务部将采取措施降低地方的温室气体排放量，并确定与自身发展战略相协调的减排计划。①

三　阿曼治理问题视角下的海湾君主国变革困境

阿曼的治理变革之所以在海湾君主国的国家治理演进中具有一定代表性，是因为在应对政局震荡的手段上，大多采取以钞票换稳定的政策。② 在变革过程中则体现出四个共同特征，即王权稳固、政府主导、危机回应以及渐进改革。不论是沙特阿拉伯的萨勒曼新政，还是卡塔尔的哈马德让位与塔米姆继续高举改革大旗，抑或是巴林的修宪谋变，归根结底是一种避免触及根本的治理变革，或者说是很难实现根本转变的细节性修正。尽管依前文所言，阿曼的国家治理变革取得了一定的成效，但政治、经济及社会领域的问题仍显而易见，并且是不易从根本上转变的。阿曼国家治理变革所遗留的结构性问题，可以折射出整个海湾君主国的国家治理困境与变革之艰难。

在政治方面，海湾君主国的政治底色是王族对国家的绝对掌控，这就在治理权力分配途径上，产生了社会参与机制不完善和顶层治理权力极化的问

① Sultanate of Oman Ministry of Information, *Oman* 2015, pp. 298 - 299.

② Yoel Guzansky and Mark A. Heller Edited, One Year of the Arab Spring: Global and Regional Implications (Institute for National Security Studies, March 2012), p. 47.

题，进而衍生出政府主体职能转型不足以及由统治向治理核心要素的转型力度不够的演进困境。例如阿曼分析人士艾哈迈德·阿里·穆克哈尼（Ahmad Ali Al-Mukhaini）认为，“阿曼协商会议无法进一步获得新的职权，因为政府在政治生活中处于领导地位”①。此外，协商会议职权经过一定弱化，不能质询国家重要部门的领导（包括外交、国防、财政、内政和石油部门），并且苏丹有权在任何时间、没有具体理由的情况下解散协商会议。② 就市政委员会而言，其主席和副主席由政府任命，不从市民代表中选择，③ 职责以协调各部门为主，不具有执法权力，且委员们分散于全国各省，缺乏统一的管理机制，没有独立的财政权。④ 在顶层治理权力方面，阿曼《国家基本法》第41条明确规定，苏丹是国家元首和武装力量最高司令，其人身神圣不可侵犯，尊敬他是公民的责任与义务，苏丹的命令必须服从⑤；根据1975年第26/75号皇家谕令，苏丹谕令是“一切法律之来源”（masdaral-qawanin）。⑥

就政治继承而言，海湾君主国的继承制度大多不完善，遗留了政治权力争斗的隐患，沙特、卡塔尔、阿曼等国家均有王族政变、废储另立的先例。特别是阿曼的继承制度更加复杂且不易操作，对政治治理的稳定不利。《国家基本法》第六条规定，阿曼王位悬虚三日内由皇室委员会决定下一任苏丹人选；如不能统一意见，阿曼国防委员会连同国家委员会（Majlis Al-Dawla）主席、协商会议主席、最高法院院长和两位最资深的副院长，依据苏丹给皇室委员会遗信中的名字任命继任者。⑦ 但卡布斯苏丹于1997年接受采访时表示已将写有两个名字的两封信件放置在国内的不同地方。现在仍不知信中的

---

① Gulf News, "Oman Get Ready for Shura Council Elections", October 23, 2015, http: // gulfnews. com/news/gulf/oman/oman - gets - ready - for - shura - council - elections - 1. 1605750.

② Bertelsmann Stiftung's Transformation Index, "Oman Country Report 2016", http: // www. bti - project. org.

③ "Omanis Vote in Municipal Elections", *The National*, December 25, 2016, http: // www. thenational. ae/world/middle - east/omanis - vote - in - municipal - elections.

④ Thomson Reuters ZAWYA, "Municipal Council Members Demand More Powers, Financial Independence", December 8, 2014, http: //www. zawya. com/story/Oman_ Municipal_ Council_ members_ ask_ for_ more_ financial_ independence - ZAWYA20141208051310/.

⑤ Basic Law of The Sultanate of Oman (as last amended by Royal Decree No. 99/2011), http: // www. wipo. int/wipolex/en/text. jsp? file_ id = 269893.

⑥ Marc Valeri, Simmering Unrest and Succession Challenges in Oman (Carnegie Endowment for International Peace Publication Department, January 2015), p. 5.

⑦ Basic Law of The Sultanate of Oman (as last amended by Royal Decree No. 99/2011), http: // www. wipo. int/wipolex/en/text. jsp? file_ id = 269893.

两个名字是否是同一人，如两个候任者的情况出现，将增加阿曼苏丹继承权的暗斗风险。[①] 此外，当前阿曼继承情况过于特殊：[②] 在未来候任者人数增加的情况下，必然面临着制度变革，届时仍有权力博弈的可能。

在经济方面，海湾国家经济虽然看似成功，却仍在全球经济趋势的影响下显得脆弱。[③] 除巴林石油资源几近枯竭外，海湾君主国现阶段大多属于“食利国家”，经济结构以石油、天然气等产业为主，油价受国际市场波动影响较大。[④] 对于沙特、卡塔尔、科威特此类石油资源丰富、国家储备金充足的国家而言，尚能在油价下跌的冲击下保有较多回旋余地。对于阿曼这样石油资源和储备金均不富足的国家而言，对抗经济危机的手段并不多，能源市场的价格变动将给国民经济带来巨大负面影响。

2015 年，阿曼石油业占国内生产总值中的比例为 33.9%[⑤]，是国家财政的主要来源。从 2014 年 6 月至 2016 年底，国际油价重挫 60 个百分点[⑥]，阿曼国内生产总值也从 2014 年的 314 亿里亚尔下降到 2015 年的 270 亿里亚尔，跌幅达到 14%。[⑦] 迫于严峻的经济形势和政府赤字压力，阿曼政府开始削减公民福利。2015 年，阿曼政府提供财政补贴 11 亿里亚尔，2016 年则降低到 4 亿里亚尔，降幅达 63.6%。[⑧] 一些学者由此认为，阿曼作为“福利国家”，财政支出削减力度相当大，其更应该通过改革机构等其他措施平衡财政收支。[⑨]

---

① Giorgio Cafiero and Theodore Karasik, Can Oman's Stability Outlive Sultan Qaboos? (Middle East Institute, 2016), pp. 4 – 5.

② 卡布斯苏丹是独子，其本人也膝下无子。Neil Quilliam, “The State of the Gulf Co-operation Council”, in T. P. Najem, Martin Hetherington ed., *Good Governance in the Middle East Oil Monarchies* (London: Routledge, 2003), p. 46.

③ Michael Hudson and Mimi Kirk, *Gulf Politics and Economics in a Changing World* (Hackenack and London: World Scientific Publishing Co. Pte. Ltd, 2014), p. 4.

④ HazemBeblawi and Giacomo Luciani, *The Rentier State* (London: Rouledge, 2015), p. 57.

⑤ Sultanate of Oman Ministry of Information, *Oman* 2016, pp. 269 – 271.

⑥ All Africa, “Tanzania: Why World Oil Price Has Fallen in the Recent Past”, http://allafrica.com/stories/201502160053.html, 2017 – 02 – 22; “World Bank Raises 2017 Oil Price Forecast”, http://www.worldbank.org/en/news/press – release/2016/10/20/world – bank – raises – 2017 – oil – price – forecast.

⑦ Sultanate of Oman Ministry of Information, *Oman* 2016, p. 271.

⑧ 资料参考中国国际贸易促进委员会驻海湾代表处，《世界银行报告预估阿曼财政补贴支出下降 64%》，http://www.ccpit.org/Contents/Channel_3920/2016/0807/680565/content_680565.htm。

⑨ Aasim M. Husain, Ford M. Fraker, Edward Burton, Karen E. Young, Ausamah Abdulla Al Absi, “Economic Reform and Political Risk in the GCC: Implications for U. S. Government and Business”, *Middle East Policy* 23 (2016): 27.

也许考虑到了社会的不满情绪，2017 年阿曼财政预算并没有采取削减工资的措施，而是以借款的方式弥补财政缺口，致使预计财政赤字达到 30 亿里亚尔，约占国民生产总值的 12%。[①] 近日，标准普尔宣布将阿曼的主权信用评级从 BBB + 降低到 BBB -；穆迪公司也将阿曼的信用级别降低两个档次，这象征着阿曼面临的财政压力加大。[②] 在经济形势没有根本好转的情况下，以借款方式弥补赤字有可能使阿曼经济治理陷入恶性循环。

此外，所有海湾君主国在经济转型的道路上也并非一帆风顺，始终无法摆脱资源型经济的发展模式。探其原因，除了过于依赖石油资源收益外，经济多元化转型内生动力不足也是症结之一。经济多元化转型是对经济类别与生产手段的变革进程，强调政策支持、产业联动与充沛的人力资源供给。然而，海湾君主国大多受制于两个方面的人力资源矛盾：一是人口匮乏，普遍存在着劳动力不足的羁绊。尽管海湾国家的人口出生率很高，但仍然无法满足庞大的社会生活保障需要。[③] 在此情况下，不得不依赖大量的外来劳工从事生产活动，引发较多的经济问题。从 2005 年到 2014 年，中东地区的国际劳工移民大致从 1900 万人增长到 3100 万人，其中海湾地区约占 79.4%。[④] 2015 年，沙特、阿联酋、卡塔尔、阿曼等海湾君主制国家的非政治性移民（Non-displaced Migrants）人数占中东地区总人数的十分之七以上，科威特、阿联酋、卡塔尔的外来劳动力甚至超过总劳动人口的 90%。[⑤] 二是外来劳工承担了大量的经济社会劳动，海湾君主国的民众反而形成了安逸享乐的习惯。海湾国民对工作环境挑剔，要求在有空调的条件下工作；不愿从事体力劳动，宁愿从事保安等工作。[⑥] 与此相对应的是，除少数精英外，海湾国民大多缺乏基本的劳动素质，不能满足私营部门的雇用需求，无法胜任技术及管理岗位的工作。在福利型国家的社会制度保障下，这些国家的国民逐渐退

---

① Fahad Al Mukrashi, "Oman's 2017 State Budget Focuses on Austerity, Spend Cuts", January 1, 2017, http://gulfnews.com/business/economy/oman - s - 2017 - state - budget - focuses - on - austerity - spending - cuts - 1.1954912.

② Giorgio Cafiero and Theodore Karasik, Can Oman's Stability Outlive Sultan Qaboos? (Middle East Institute, 2016), pp. 4 - 5.

③ Louay Bahry, "Qatar: Democratic Reforms and Global Status", in Abbas Kadhim ed., *Governance in the Middle East and North Africa: A Handbook* (New York: Routledge, 2014), p. 272.

④ Phillip Cnnor, Middle East's Migrant Population more than Doubles since 2005 (Pew Research Center, 2016), pp. 6 - 7.

⑤ Tareq Y. Ismael, J. S. Ismael and G. E. Perry, *Government and Politics of the Contemporary Middle East: Continuity and Change*, New York: Routledge, 2016, p. 509.

⑥ Ibid., p. 502.

出劳动力市场，最终导致海湾君主国至今基本上都未形成能够真正代表本国先进生产力的社会阶层或群体。

对于以上问题，海湾诸国的君主们也在寻求改变。因为，高福利制度并不能掩盖失业率的增加；相反，海湾国家背上了沉重的财政包袱。在 2011 年“阿拉伯剧变”后，迅速增长的财政赤字给海湾君主国的治理带来了更大的挑战。[①] 沙特、巴林、阿曼等国家相继采取本土化人口政策，如制订私营部门本国人口雇用比例，征收外籍劳工雇用税等。目的是挤压外籍人口的劳动空间，为本国民众就业创造条件。但是，海湾君主国的人力资源本土化政策并不能从根本上解决问题，并且在推行过程中遭到诸多批评和阻碍。在阿曼，政府官员私下承认，不能强迫私营公司雇用缺乏培训的阿曼人去代替印度人，并且前者的工资是后者的三到五倍。巴林的法赫鲁集团高层阿迪勒·法赫鲁（Adil Fakhro）则对于本土化政策抱怨道：“巴林人没有工作是因为没有技能。如果政府继续强行收取私营部门雇用外籍劳动力的税收，那么外籍劳工的工资将更加昂贵，但是接下来的问题是哪有巴林人可以胜任外国人的工作？即使像司机一样的工作都找不到人做。教育、培训和劳动力市场改革必须齐头并进才行。”[②]

在社会方面，海湾君主国无一例外地面临着青年人口激增的问题，不仅给国家财政背上了沉重的包袱，还以迅速提升的政治诉求冲击着君主制的合法性根基。目前，沙特、阿曼、科威特、卡塔尔的人口增长率已超过 2%[③]，预计 2035 年沙特的人口规模将超过 5000 万[④]，2050 年阿拉伯半岛的人口将增至 1.2 亿。[⑤] 过快的人口增长速度致使海湾君主国的人口年龄结构青年化（见表 1）。在育龄妇女生育率水平不变的情况下仍将在未来的一段时间内维持较快的人口增长速度，青年化比例还将升高。如果从社会经济的角度看，海湾君主国国民的福利水平较高，教育水平有限，劳动力水平较低，庞大的

① Ibid..

② Michael Hudson and Mimi Kirk, *Gulf Politics and Economics in a Changing World* (Hackenack and London: World Scientific Publishing Co. Pte. Ltd, 2014), pp. 67 - 71.

③ The World Bank, "Population Growth (annual %)", http://data.worldbank.org/indicator/SP.POP.GROW? locations = ZQ.

④ US. Population Reference Bureau, "2016 World Population Data Sheet: With a Special Focus on Human Needs and Sustainable Resources", http://www.prb.org/Publications/Datasheets/2016/2016 - world - population - data - sheet.aspx.

⑤ Farzaneh Roudi-Fahimi and Mary Mederios Kent, "Challenges and Opportunities: The Population of the Middle East and North Africa", *Population Bulletin* 62 (2007): 5.

青年人口数量没有产生更多的“人口红利”，而是加重了政府的财政负担。面对儿童抚养、少年教育、青年就业、成人住房等一系列社会问题，在经济形势波动的情况下，社会治理的压力增大。

表1　2016年海湾君主国人口年龄结构及数值

国　　家	老年人口系数（%）	儿童少年人口系数（%）	老少比（%）	年龄中位数
巴　　林	2.85	15.76	18.08	32.1
科 威 特	2.43	25.18	9.65	29.2
阿　　曼	3.43	30.14	11.38	25.4
卡 塔 尔	0.94	12.57	7.48	33
沙特阿拉伯	3.34	26.56	12.58	27.2
阿 联 酋	1.04	20.94	4.97	30.3

资料来源：Central Intelligence Agency，“The World Factbook”，https：//www.cia.gov/library/publications/the－world－factbook/geos.html.

再者，海湾君主国的青年人正处于全球化和信息化时代，对政治变革，甚至革命的诉求明显提升。“与安贫乐道、观念保守的老一代不同，新生代视野宽、束缚少，易被煽动和组织，加上谋生无路，因此不满现状，谋变的愿望最为强烈。”[①] 以阿曼为例，青年人普遍认为，他们迫切需要在国家政治和经济决策进程中发声。网络的普及为阿曼青年人提供了参与的平台。2011年12月阿曼互联网和Facebook用户分别为171.18万人和36.23万人，占人口总数的57.5%和12%[②]；2015年阿曼互联网和Facebook用户飞涨至243.8万人和120万人，分别占人口总数的74.2%和36.5%。[③] 不仅2011年阿曼政局动荡之时很多抗议示威活动是通过新兴网络工具组织，而且目前许多青年人在网络论坛上用自己的真实名字，公开讨论国家所面临的社会和政治治理问题。[④] 然而，从中东变局的经历中我们发现，青年人本身的政治视野并不成熟，从诉求手段上看更多的是无序参与，且受到西方思想的影响过深，对总体政治局势和转型过程缺乏恰当的把握，只会给政治及社会稳定带来更大

① 田文林：《对当前阿拉伯国家变局的深刻解读》，《现代国际关系》2011年第3期，第33页。

② James Worrall，“Oman：The ‘Forgotten’ Corner of the Arab Spring”，*Middle East Policy* 19（2012）：99.

③ Economic Watch，“Economic Statistics Database：Oman”，http：//www.economywatch.com/economic－statistics/oman/Facebook_ Penetration_ Rate/.

④ Marc Valeri，Simmering Unrest and Succession Challenges in Oman（Carnegie Endowment for International Peace Publication Department，January 2015），p.8.

的压力。

四 结论

2011 年后，在广大的中东地区，受政治动荡浪潮冲击的国家大多开启了国家治理的变革之路。概括起来，大致可分为五种模式[①]：一是以埃及为代表的“转圜模式”，从穆巴拉克倒台到穆尔西执政，再到塞西罢黜穆尔西后荣膺总统，埃及的政治钟摆历经政治伊斯兰后重回强人政治，其中军方势力独大，政治经济利益纠葛过多，在埃及政治变革过程中扮演了重要角色；二是以突尼斯为代表的“破立模式”，本·阿里政权倒台后，突尼斯经历四年的权争博弈，终于实现世俗势力与政治伊斯兰势力的和解与合作，完成政治过渡，在新旧政治的“大破大立”转变过程中“共识民主”理念发挥了重要作用；三是以利比亚为代表的“衰败模式”，强大的地方政治力量及割据军阀迟滞了这些国家的重建进程，国家权威失效，民众生活水平倒退；四是以海湾君主国为代表的“渐进模式”，这些国家在变局中保持政权稳固，面对抗议浪潮提速改革议程，进而推进治理变革进程，具有渐进性、延续性、修补性的特点，成功避免了国家政治、经济及社会动荡；五是以叙利亚为代表的“僵持模式”，成为大国角逐的竞技场，新旧政治势力间的博弈处于“热战”阶段，政治前景不甚明朗。

客观上说，得益于强大的石油财富支撑，无论是在“阿拉伯剧变”之中，还是剧变之后的变革过程中，海湾君主国避免了一些中东国家所落入的两个极端：其一，避免了国家大规模动荡，政权重建的极端。2011 年后至今中东地区有些国家政权消弭，有些国家民生困苦，有些国家仍旧烽火连天、归途无路。事实上，对于发展中国家的治理变革而言，它们往往陷入了国家机器失效的倒悬之苦。正如福山所言，“它们不需要什么都管的国家，但它们确实需要在有限范围之内具有必要功能、强有力并且有效的国家。”[②] 至于中东治理变革中的“政治衰败”则直接加剧了社会动荡与民生困苦。因此，实现“良治”比追求民主更紧迫，告别贫困比告别威权更重要。[③] 其二，避

---

① 参见陈小迁、王泰《中东“民主转型”中的美欧促进政策：逻辑、框架、效果及反思》，《中东问题研究》2018 年第 1 期。

② 弗朗西斯·福山：《国家构建：21 世纪的国家治理与世界秩序》，黄胜强、许铭原译，中国社会科学出版社，2007，第 115 页。

③ 王泰、陈小迁：《追寻政治可持续发展之路——中东现代威权政治与民主化问题研究》，社会科学文献出版社，2016，结束语。

免了过度倡导西式民主改革的极端。中东阿拉伯国家盲目移植，甚至西方霸权强力推进民主所造成的后果令人扼腕叹息。在政治剧变和衍生而来持续数年的地缘政治混乱危机中，留下了深刻的教训。相比于其他中东国家，海湾君主国显然较少受到西方模式的影响，而是从民族、宗教、文化及历史的深处寻找国家进步的给养，始终坚持自身发展道路。事实证明，这是较为稳妥、高效并具有持续内生力的治理模式。

通盘审视海湾君主国的治理演进历程，中东变局后的国家治理转型并非单纯的“应激性”结果。在民族国家体系建立后，海湾君主国初步构建了现代国家治理体系；海湾战争后开启第一轮政治民主化改革；“9·11”事件后国家治理体系在西方民主压迫和经济震荡中大规模调整。此次，海湾君主国的治理变革是在民众日益增长的政治、经济，乃至文化诉求的压力下，开启了国家治理现代化变革的第四个阶段。然而，海湾君主国在治理演进道路上，始终未能达成政权与社会的广泛与持久的共识。一些学者认为，海湾君主的治理变革存在三条道路：由宗教人士所领导的传统模式；由政府领导的“自上而下”的改革进程；以青年人为主体，发起“自下而上”的变革之路。[①] 然而，无论是沙特的瓦哈比教派，还是阿曼的伊巴德教派或其他海湾君主国，伊斯兰教之所以与政权的紧密联系，根本原因是其治理的工具属性，而其在政治方面并无太大建树。从目前来看，政府所领导的改革与民众所提倡的变革诉求仍有一定差距，放权与争权、如何放权与怎样争权将成为两条道路之争的核心矛盾。

长期以来，海湾君主国的国家治理属于强政府弱社会的格局，政府的治理能力虽有缺陷，但扮演了治理主体的角色。随着市场经济深入发展，国家治理中的新老问题交织显现，政府治理能力尽管有很大提升但仍不能“面面俱到”。与此同时，社会组织、民众参与治理的需求急剧上升，却受到政府限制无法提升社会主体的治理能力。从长远看，国家向社会让渡部分权力，建立紧密的公私伙伴关系（Public-private Partnerships）[②]，以达到优化合作治

---

① Sulaiman H. Al-Farsi, *Democracy and Youth in the Middle East: Islam, Tribalism and the Rentier State in Oman* (London: I. B. Tauris, 2013), p. 77.

② 詹姆斯·N. 罗西瑙在《没有政府的治理：世界政治中的秩序与变革》（江西人民出版社2001年版）中指出，作为一种新的理论范式，治理理论的重要贡献便是对政府、市场和社会之间的协作关系进行探讨。基于此，有学者认为“公私伙伴关系”是治理的核心要素，也是区别于统治的重要特征。参见田凯、黄金：《国外治理理论研究：进程与争鸣》第49页。

理的目标是海湾君主国治理变革的大势所趋。诸国政府更应该顺势而为，主动谋变。在当前新的政治和经济背景下，如果政府不采取“壮士断腕”的决心加速转型，不解决多年国家治理中所累积的问题，或掌握不好改革与政治稳定之间的平衡，其未来发展之路将会面临诸多困境。因此，海湾君主国政府应在确保政治稳定的前提下，加快公共部门的权力让渡进程，为民众参与治理提供更多的空间和渠道；在经济方面继续推行“多元化”战略，提升民众生活水平，为培育和发展社会力量打下坚实的基础；在社会方面提高政府的治理能力，注重政府、社会组织与公民之间合作治理效能的发挥。

The State Governance Reforms in Gulf Monarchies Since Middle East Upheaval：An Oman – Centric Analysis

Chen Xiaoqian

Abstract：Gulf monarchieshave opened the transformation process of state governance since Middle East upheaval，which has some characteristics such as strengthen the monarchy，government domination，crisis response and gradual reform. The Oman's governance reform is a representative of Gulf monarchies. To Expanded social participation，strengthened the regulator's self-governance and paying attention to the rule of law in political aspects. So as to achieved the effectiveness of citizen participation，checked and balanced the administrative power and peeled judicial and administrative and so on. In term of economy，the government adjusted the policies of employment and payroll，standard the legal norms of market，reformed the economic institutions and planning long-term economic goals in economical aspects，so that reduced the unemployment rate in Oman，increased markets freedom and enhanced the economical driving force. In addition，Oman's government also improved the governance system，deep to tolerant principle of religious culture and made ecological protection as the cornerstone of policy in ecological management. However，There are some key issues left over in the political，economic and social fields，although Oman has got results of state governance reforms in the short-term, as same as other Gulf monarchies. In general, the governance reforms of Gulf monarchies is one of the modes of governance evolution in the Middle East after upheaval. It avoids two extremes which are regime overthrow and over-westernization, at same time, it also be regarded as the fourth governance evolution stage since the nation-state. The Gulf monarchies still needs to take the initiative to change in order to cope with the bottom-up pressure and the problem of strong government and weak society.

Key words: State Governance; Gulf Monarchies; Governance Reforms; Governance Model

从荼毒中东到危害全球：“伊斯兰国”的实体溃败与虚体转型*

李　玮**

摘　要：国际反恐事业在2017年取得了重大成功，荼毒沙姆地区的极端组织“伊斯兰国”在各方持续打击下遭遇了实体溃败。然而，在中东地区政治、宗教、安全局势的多重复杂背景下，物理层面铲除“伊斯兰国”并不能完全消除该组织长期以来对这一地区以及更广阔的外部地区造成的恶劣影响。“伊斯兰国”的实体溃败，实际上触动了其虚体转型的按钮，国际反恐事业还将面临更大的挑战。本文梳理了“伊斯兰国”从准备、膨胀至萎缩的三个发展阶段，指出“伊斯兰国”正在由经历领土丧失、战力减损、领导消亡为表现的“实体溃败”转向以内向性“分散发展”、外向性“输出圣战”和概念性“升级换代”为标志的“虚体转型”。国际反恐怖主义事业任重道远。

关键词：“伊斯兰国”　实体溃败　虚体转型　反恐怖主义

2014年6月，阿布·巴克尔·巴格达迪（Abu Bakr al-Baghdadi）在伊拉克摩苏尔努里清真寺宣布建立“伊斯兰国”（Islamic State，IS）。整整三年过后，当围攻摩苏尔的伊拉克反恐部队在老城区推进至努里清真寺外围时，极端分子亲手炸毁了这座象征着其“伟大事业”开端的标志性建筑①，预示着这一荼毒地区及全球安全的极端组织接下来的全面溃败。2017年，“伊斯兰国”在遭受

* 本文是中国—东盟区域发展协同创新中心科研专项和教育部长江学者和创新团队发展计划联合资助（合同编号：CW201616）项目“东南亚地区恐怖组织迁徙圣战研究”、陕西省教育厅2015年重点科研计划项目“多边合作视野下的丝绸之路经济带组织制度建设研究”（15JZ077）的阶段性成果。

** 李玮，西北大学中东研究所讲师，主要研究方向是中东国际关系，地区安全与反恐。

① 新华社：《穷途末路“伊斯兰国”炸掉“建国寺”》，新华网：http://www.xinhuanet.com/world/2017-06/23/c_129638902.htm（上网时间：2018年3月3日）。

由美、俄分别主导的反恐联盟以及其他本地区反恐力量的持续打击下，其势力范围和有生力量迅速萎缩。7 月 9 日，伊拉克政府总理阿巴迪宣布，在历经九个月的艰苦战斗后，摩苏尔全城宣告解放；7 月 11 日，伊拉克媒体报道称，“伊斯兰国”已承认其最高头目阿布·巴克尔·巴格达迪死亡①；10 月 17 日，“叙利亚民主军”宣布收复“伊斯兰国”所谓“首都”的叙利亚北方重镇拉卡；11 月 21 日，伊朗总统鲁哈尼通过电视直播发表讲话，宣布伊拉克和叙利亚境内的极端组织已经被消灭，与此同时伊拉克总理阿巴迪也表示，伊拉克已在军事上终结了“伊斯兰国”。② 值得肯定的是，国际反恐在 2017 年取得了重大胜利，“伊斯兰国”遭遇了近乎毁灭性的打击。但是，“伊斯兰国”的实体溃败是否能够最终迎来国际反恐在这一地区的全面胜利，并由此完全剪除这一国际恐怖主义毒瘤？本文就此问题进行分析，通过回顾“伊斯兰国”的发展阶段及其在 2017 年的变化特点，本文认为“伊斯兰国”正在由实体向虚体转型，其荼毒沙姆地区的恐怖主义杀伤力和影响力已经在转型中蔓延并将危害全球。

一　“伊斯兰国”发展的三个阶段

中东地区因其错综复杂的历史与政治原因，近代以来一直处于内部争斗和外部干涉的动荡之中。进入 21 世纪，在美国入侵伊拉克延续多年的战争阴霾下，中东地区诸多“失败国家”纷纷遭遇治理危机，最终引发了 2010 年席卷整个阿拉伯世界的大动荡。在这一过程中，宗教极端思想迅速蔓延，名目众多的恐怖组织接连显现，“伊斯兰国”即是其中最具破坏力和影响力的一支。它“号召消灭所有什叶派教徒，从而加剧逊尼派和什叶派之间的嫌

① 实际上，国际社会对巴格达迪毙命的真实性，是存在争议的。伊拉克媒体《苏马里亚（Al Sumaria）》报道称“伊斯兰国”组织在伊拉克北部城市塔尔阿法尔（Tal Afar）发表了关于巴格达迪死亡的简短声明，这一消息随后也得到了叙利亚人权观察组织的确认。但是，路透社随后援引库尔德反恐官员拉胡尔·塔拉巴尼（Lahur Talabany）的观点，后者坚称“百分之九十九肯定巴格达迪依然在世且藏身于拉卡城中”。参见路透社报道，https：//www. reuters. com/article/us – mideast – crisis – iraq – baghdadi – idUSKBN1A20JD（上网时间：2018 年 3 月 3 日）。

② 需要说明的是，此处只是对伊朗和伊拉克方面宣称成功剿灭“伊斯兰国”消息的援引。关于“伊斯兰国”在叙利亚和伊拉克地区是否真正被肃清的问题，各方还存在争议，本文亦认为定论“伊斯兰国”的覆灭为时尚早。参见李伟《“伊斯兰国”溃败对国际恐怖主义生态的影响》，《现代国际关系》2017 年第 8 期，第 48 页；环球网：《宣布剿灭“伊斯兰国”伊朗底气何在?》，http：//world. huanqiu. com/article/2017 – 11/11394403. html（上网时间：2018 年 3 月 3 日）。

隙；宣布所有不遵守其特有的伊斯兰教教义（脱胎于瓦哈比主义）的逊尼派教徒皆为叛教者（Takfir），不可容忍而且理应处死；摧毁中东地区多元穆斯林社会的概念”①，实际上以宗教宣示的极端诉求收获了众多对现实和未来倍感迷茫的尤其是年青一代穆斯林的支持，从而迅速发展壮大。② 总的来看，可以将“伊斯兰国”的发展历程分为三个阶段进行透视。

首先，从2001年9·11事件爆发至2006年6月扎卡维毙命，是“伊斯兰国”发展的准备阶段。从源头来看，“伊斯兰国”一直被视为“基地”组织在伊拉克的区域性分支。20世纪末，“基地”组织在横跨欧亚的区域内强势扩张，通过一系列骇人听闻的恐怖袭击扩大影响力，并在2001年9·11事件中实践并达到了其极端主义破坏力的顶峰。也正是因为9·11事件的巨大影响，小布什政府开始集中精力在全世界范围内绞杀“基地”组织，逐渐将其赶入地下，极大地削弱了该组织在原活跃地区的行动能力。在这一过程中，“基地”组织的行动策略发生了重大调整，“2005～2010年，‘基地’组织拆散为区域性分支，集中精力建立地方行动基地，夺取和巩固领土控制权，进而对‘近敌’（即地方政府）发起了更大规模的打击”③，“基地”组织的这一战略调整，实际上促成了后来的“伊斯兰国”在其雏形阶段发展的基本模式和行动目标，即其所宣称的“存续和发展”（baqiya wa tatamadad）。英国学者查尔斯·利斯特（Charles Lister）认为，考察“伊斯兰国”发展的根源应以其组织的领导人物为切入点，其中对扎卡维的研究是核心。阿布·穆萨卜·扎卡维（Abu Musab al-Zarqawi）原名艾哈迈德·法德勒·纳扎勒·卡莱拉（Ahmad Fadl al-Nazal al-Khalayleh），在其于2006年6月7日被美军空袭炸死之前，一直是“基地”组织在伊拉克分支的缔造者和绝对领袖。伊拉克战争爆发以前，扎卡维在流窜中建立了自己的圣战团体“沙姆战士”（Jund al-Sham），即策划1999年12月安曼拉迪松酒店（Radisson Hotel）袭击案的“统一和圣战组织”（Jama’at al-Tawhid wa’al-Jihad，JTWJ）。9·11事件爆发之后，逐渐崭露头角的扎卡维先是同“基地”组织和塔利班联手对抗阿富汗境内的美军，随后于2001年12月辗转伊朗并抵达伊拉克北部地区。④ 在

---

① 查尔斯·利斯特：《“伊斯兰国”简论》，姜奕晖译，中信出版社，2016年，第8～9页。

② Meir Litvak, *Ralicalism and Islamic Terror: Historical Background.* “The Islamic State: How Viable Is It?”, Institute for National Security Studies, 2016, p. 37.

③ 查尔斯·利斯特：《“伊斯兰国”简论》，姜奕晖译，中信出版社，2016，第23页。

④ The Telegraph, *Profile: Abu Musab al-Zarqawi*, https://www.telegraph.co.uk/news/1399869/Profile-Abu-Musab-al-Zarqawi.html（上网时间：2018年3月3日）。

伊拉克北部库尔德自治区的苏莱曼尼亚省，扎卡维迅速为其组织建立起行动基地，并立足于这一区域向外扩张。[①] 伊拉克战争爆发以后，扎卡维充分利用战争破坏下的混乱背景，拉拢逃亡中的萨达姆政府旧军官和本地区的逊尼派部落领袖，迅速增强了其原有组织的军事力量。同时，正是由于伊拉克战争爆发所带来的"机遇"，扎卡维也为其组织在伊拉克的活动注入了新的"理想"："扎卡维认为，他领导的组织可以在由此产生的混乱局面中得利，成为逊尼派群体的守卫者，并且谋求建立一个新的伊斯兰教国家。"[②] 2004 年 9 月，扎卡维向奥萨马·本·拉登（Osama bin Laden）及其"基地"组织宣誓效忠，"统一和圣战组织"更名为"美索不达米亚圣战'基地'组织（Tanzim Qa' idat al-Jihad fi Bilad al-Rafidayn，TQJBR）"，即"伊拉克'基地'组织（al-Qaeda in Iraq，AQI）"。在这一阶段，"伊斯兰国"组织发展的物质和意识雏形逐渐形成。

其次，从 2006 年 6 月扎卡维毙命至 2014 年 6 月宣布"建国"，是"伊斯兰国"发展的膨胀阶段。扎卡维领导的极端组织摇身成为"伊拉克'基地'组织"后，在充分利用其效忠对象影响力的作用下，进一步加速了伊拉克地区各极端组织和反叛武装的整合。2006 年 1 月，扎卡维将"伊拉克'基地'组织"同其他五个伊拉克境内的极端组织合并[③]，通过组建"圣战舒拉会议"（Majlis Shura al-Mujahideen，MSM），从形式上统一了伊拉克境内的逊尼派极端势力。"伊拉克'基地'组织"的这一"功绩"，看似是"基地"组织区划发展新战略的完美实践，实则是以扎卡维为首的伊拉克本土极端组织利用"基地"组织而实现自身壮大的巨大成功。对"基地"组织的"不臣"之心，既反映在扎卡维同"基地"组织的理念差异中，也在他毙命之后由其同僚更加清晰地表现出来。一方面，扎卡维不同意"基地"组织为了圣战形象而姑息"一些敌人"[④]，他认为"整个传统的伊斯兰世界已被破坏，必须通过恐怖暴力加以清洗"[⑤]，主张"杀无赦"。另一方面，在扎卡维死后，其

---

① Nimrod Raphaeli，*The Sheikh of the Slaughterers：Abu Mus' ab al-Zarquawi and the Al-Qaeda Connection*，Inquiry & Analysis Series Report 231，Washington：The Middle East Media Research Institute，1 July 2005.

② 查尔斯·利斯特：《"伊斯兰国"简论》，姜奕晖译，中信出版社，2016，第 33 页。

③ 这五个极端组织分别是："胜利教派军"（Jaysh al-Ta' ifa al-Mansura）、"一神教支持者旅"（Saraya'Ansar al-Tawhid）、"伊斯兰圣战旅"（Saraya al-Jihad al-Islami）、"外来人旅"（Saraya al-Ghuraba）和"精神境界旅"（Kataib al-Ahwal）。参见查尔斯·利斯特《"伊斯兰国"简论》，姜奕晖译，中信出版社，2016，第 36 页。

④ 这些目标包括：平民、妇女儿童、什叶派穆斯林、少数族群、异教徒等。

⑤ 参见扎卡维同扎瓦赫里间的通信：Zawahiri to Zarqawi，9 July 2005，GlobalSecurity. org；Libi to Zarqawi，Combating Terrorism Center at West Point，10 December 2005。

极端思想依然被该组织新任的其他领导人信奉并实践。2006 年底，哈米德·达乌德·穆罕默德·哈利勒·扎维（Hamid Dawud Muhammad Khalil al-Zawi）继承了扎卡维的衣钵，开始领导刚刚更名的“伊拉克伊斯兰国”（al-Dawla al-Islamiya fi Iraq，Islamic State in Iraq，ISI），希望将这个流动作战的恐怖主义组织转变成“治理”一方的“准国家”。然而，这一雄心勃勃的战略转型进行得并不顺利。2007 年以后，在驻伊美军和萨赫瓦（Sahwa）势力的联合打压下，扎维和他的“伊拉克伊斯兰国”被迫寻找新的出路，重操传统“恐怖组织”旧业以保障生存，并将总部迁往伊拉克北部城市摩苏尔以避敌锋芒。随着 2009 年后驻伊美军陆续从伊拉克境内撤离，包括萨赫瓦在内的伊拉克国内军事力量逐渐无力压制“伊拉克伊斯兰国”稳住阵脚后的再次崛起。2010 年，中东地区爆发了波及整个区域的严重政治动荡，为“伊拉克伊斯兰国”的急速膨胀提供了绝佳机遇。查尔斯·利斯特认为，“2011 年～2013 年是至关重要的三年，它在这三年完成了巨大的演变和成长，成为一个有能力征服领土和统治领土的组织。最明显的就是，‘伊拉克伊斯兰国’已扩张到叙利亚，并且利用了该国的革命和内战之机。”① 在叙利亚内战愈演愈烈的背景下，“伊拉克伊斯兰国”凭借其逐渐积累的影响力，使来自欧洲、俄罗斯、中亚、东南亚的极端分子源源不断地加入进来，凭借“海外战士”一跃成为连“基地”组织都望尘莫及的国际恐怖主义大本营。这个大本营在定都拉卡之后，又迅速转战伊拉克境内并接连占领费卢杰、拉马迪和摩苏尔地区。在这一阶段，横跨伊拉克和叙利亚战乱地区的“伊拉克伊斯兰国”达到了占领领土、统治人口、经济储备和军事能力的鼎盛时期。

最后，从 2014 年 6 月“建国”至 2017 年丧失所有主要城镇据点，是“伊斯兰国”发展的萎缩阶段。2014 年 6 月底，阿布·巴克尔·巴格达迪（Abu Bakr al-Baghdadi）在斋月开始时通过预先准备好的媒体资料，向全世界公开宣布建立“伊斯兰国”，并在随后陆续颁布“哈里发国”统一欧亚的战略远景、划分所谓“行省”、发行“货币”、印发“护照”等一系列“治国”方略。在此期间，“伊斯兰国”名号众多、称谓难定，这一现象既显示出其咄咄逼人的扩张势头，又反映出国际社会在面对这一棘手挑战时的局促。在其“正式建国”之前，除了在扎卡维毙命后更名的“伊拉克伊斯兰国（ISI）”以外，其名称还包括 2013 年 4 月与叙利亚“胜利阵线”（al-Nusra Front）联合后的“伊拉克和黎凡特伊斯兰国”（Islamic State in Iraq and Le-

① 查尔斯·利斯特：《“伊斯兰国”简论》，姜奕晖译，中信出版社，2016，第 47 页。

vant，ISIL）和“伊拉克和沙姆伊斯兰国”（Islamic State in Iraq and al-Sham，ISIS），直至2014年6月宣布建立“伊斯兰国”（IS）。而这一频繁使用“国家”（State）称谓的胁迫式策略，一度使国际社会各方陷入了“称呼困难”的窘境。一方面，国际社会需要在各种场合对其进行点名，使用所谓的“官方”名称在所难免；而另一方面，各国也担心使用带有“国家”的称呼会从认知角度间接承认其“国家性”而助纣为虐。这使得对“伊斯兰国”恐怖主义行径恨之入骨的阿拉伯国家和西方国家之后选择以“达伊沙”（Daesh）作为其称谓。“达伊沙”是阿拉伯语“al-Dawla al-Islamiya al-Iraq al-Sham”（沙姆和伊拉克伊斯兰国）首字母的缩略语，其谐音“Daes”和“Dahes”在阿拉伯语中语义消极，这种称呼令极端组织痛恨。[①] 除了“打嘴仗”，西方学者甚至一度开始讨论是否存在某种条件使“伊斯兰国”最终洗白自己的肮脏历史而被国际社会接受成为真正国家。[②]“伊斯兰国”在这一时期看似达到了其发展的顶峰，但所谓物极必反，实则是自己敲响了其最终走向覆灭的丧钟。从2014年下半年开始，“伊斯兰国”通过令人发指的血腥斩首和接连不断的恐怖袭击成功地将自己塑造成全球公敌。美国领导下的反恐联盟、俄罗斯主导下的反恐力量、作为当事国的叙利亚和伊拉克政府、作为重要利益攸关方的伊朗、土耳其等地区大国纷纷宣布将“伊斯兰国”作为合法打击目标，你方唱罢我登场，在沙姆地区的大片冲突领域，以“敌人的敌人即是朋友”这一“中东法则”为指导，不断上演着“代理人战争”的戏码。[③] 广泛树敌且失道寡助的“伊斯兰国”逐渐在战场上丧失优势，2015年后，其“海外战士”的流向开始由“吸收加入”向“分散输出”转变[④]，全球反恐的关注议题也从“迁徙圣战”转向“防范回流”。[⑤] 在这一阶段，“伊斯兰国”军事、经济资源损失严重，丧失了对占领地区的常态化控制力，逐渐在萎缩成分散、隐蔽的恐怖组织原始形态的变化中形成新的影响。

---

① 参见英国《明镜报》的报道，https：//www. mirror. co. uk/news/world – news/what – daesh – mean – isis – threatens –6841468（上网时间：2018年3月3日）。

② Stephen Walt，“What Should We Do if the Islamic State Wins?”，http：//foreignpolicy. com/2015/06/10/what – should – we – do – if – isis – islamic – state – wins – containment/（上网时间：2018年3月3日）。

③ Bruce Riedel，“How to Fight Al Qaeda Now”，https：//www. brookings. edu/on – the – record/how – to – fight – al – qaeda – now/（上网时间：2018年3月3日）。

④ 李伟：《“伊斯兰国”失势，国际暴恐生态如何演变》，《世界知识》2017年第11期。

⑤ 李捷、雍通：《外国恐怖主义战斗人员转移与回流对中亚和俄罗斯的威胁》，《国际安全研究》2018年第1期。

二 “伊斯兰国”的实体溃败

由美国、俄罗斯和地区国家分别主导的国际反恐作战在2017年收获了重大胜利，“伊斯兰国”在这一年遭遇重创，有关国家甚至公开宣告了“伊斯兰国”的覆灭。[①] 无论在彻底铲除“伊斯兰国”的问题上是否存在国际共识，客观上看，空中打击和地面作战的胜利确实造成了“伊斯兰国”的实体溃败，主要体现在三个方面。

一是“伊斯兰国”控制领土的丧失。自扎卡维于2001年9·11事件发生后辗转回到伊拉克境内建立武装开始，这一延续性变化中极端组织所控制的实际领土面积实难精确考证。但是，通过对其不同发展阶段的具体分析可以发现，2014年“建国”前后，“伊斯兰国”实现了在叙利亚和伊拉克地区领土面积的最大化占领与控制。中东问题分析专家马晓霖在2015年初指出，“‘伊斯兰国’自从割占叙利亚、伊拉克各40%的国土以来，已非法建立所谓常态化管理……这是自民族国家边界划定以来，中东腹地首次出现非法武装割据的大面积‘跨国飞地’”[②]，这一描述基本概括出“伊斯兰国”在其鼎盛阶段的领土大小。2017年，反恐联军相继收复了“伊斯兰国”在伊拉克的军事重镇摩苏尔，及其在叙利亚的所谓“首都”拉卡，基本解除了“伊斯兰国”武装的所有重要地面军事据点，将仍在战斗的“伊斯兰国”部队分散压缩在戴尔祖尔以东的叙利亚和伊拉克边境地区。2018年初，美国领导的反恐联盟宣布，“伊斯兰国”在叙利亚和伊拉克地区原先占据领土的98%已被夺回[③]。2017年以后，“伊斯兰国”占领领土同其2015年水平相比较，溃败之势赫然纸上。失去领土的“伊斯兰国”将无法实现其“国家”的统治与治理，复兴所谓“哈里发国”的“伟业”更是无从谈起，体现了“伊斯兰国”实体溃败的第一大特点。

二是“伊斯兰国”战斗能力的减损。这一变化主要体现在“伊斯兰国”成员伤亡和其使用武器装备水平两个方面。从人员伤亡数量来看，虽然确切的伤亡数字在战斗激烈且散布广大的区域内难以考证，但相关国际组织还是

---

① 参见路透社报道，《伊朗总统宣布终结“伊斯兰国”》，https：//www. reuters. com/article/us – mideast – crisis – rouhani – islamic – state/irans – president – declares – end – of – islamic – state – idUSKBN1DL0J5（上网时间：2018年3月3日）。

② 马晓霖：《美国筹建40国反恐联盟有名无实》，《北京青年报》，2015年2月7日。

③ http：//www. fox32chicago. com/news/dont – miss/isis – has – lost – 98 – percent – of – its – territory – officials – say（上网时间：2018年3月3日）。

通过不同渠道，对“伊斯兰国”近期伤亡情况进行了模糊统计。从 2014 年 6 月“伊斯兰国”宣布“建国”开始，至 2017 年末，共计超过 24564 名“伊斯兰国”成员死亡。其中包含在美国领导的反恐联盟的空袭中毙命的 7230 人[①]，在俄罗斯主导的空袭中毙命的 4258 人[②]，内部处决的 538 人[③]，和对外作战中毙命的 12538 人。而在主要产生人员伤亡的对外作战中，“伊斯兰国”各战区在 2014 ~ 2015 年毙命 8000 人[④]、2016 年 3 月的“巴尔米拉攻势”（Palmyra Offensive）中毙命 417 人[⑤]、2016 年 5 月和“曼比季攻势”（Manbij Offensive）期间毙命 1073 人。[⑥] 如果说 2016 年“伊斯兰国”在由攻转守态势下，在一定程度上保存了有生力量；而进入 2017 年后，“伊斯兰国”军事武装人员在其各战区内作战中被击毙人数则呈明显上升趋势。其中，2017 年“第二次巴尔米拉攻势”中毙命 283 人[⑦]、“拉卡之战”（Battle of Raqqa）中毙命 1371 人[⑧]、“叙利亚中部战役”（Central Syria Campaign）中毙命 1394 人。[⑨] 而在同样衡量其战斗能力的武器装备方面，“伊斯兰国”也在最近几年遭遇了巨大损失。美国在 2014 年的统计显示，“伊斯兰国”战斗单位所装备的常规武器，主要来源于伊拉克战争中萨达姆军队的武器装备、美军撤离后的遗

---

① In the 1st month of the 4th year of intervention, a significant decrease in victims of the International Coalition after the shrink of ISIS – controlled areas in Syria, http://www.syriahr.com/en/? p = 76937（上网时间：2018 年 3 月 3 日）。

② Between September 2015 and September 2017, Russia kills 14000 civilians and more than 41% of them are civilians, http://www.syriahr.com/en/? p =75268（上网时间：2018 年 3 月 3 日）。

③ ISIS loses about 6000 square kilometers during the first month of the 4th year of its “Caliphate” declaration, http://www.syriahr.com/en/? p =70814（上网时间：2018 年 3 月 3 日）。

④ IS Executes Over 3, 000 in Syria in Year-Long “Caliphate”, https://www.geo.tv/latest/4174 – is – executes – over – 3000 – in – syria – in – year – long – caliphate –（上网时间：2018 年 3 月 3 日）。

⑤ “Syrian Forces Pursue Campaign Against Islamic State after Retaking Palmyra”, https://townhall.com/news/politics – elections/2016/03/28（上网时间：2018 年 3 月 3 日）。

⑥ “The Third US Citizen Fighter is Killed in Manbij Area and Casualty Number Rises to about 1800 Civilians and Fighters”, http://www.syriahr.com/en/? p =49446（上网时间：2018 年 3 月 3 日）。

⑦ “Palmyra City Restore Operation Kills More than 400 Persons in about 50 Days, Leaves Gas and Oilfields in the Grip of the ‘Islamic State’ Organization”, http://www.syriahr.com/en/? p = 62142（上网时间：2018 年 3 月 3 日）。

⑧ Al-Raqqah... between the declaration of starting the “liberation battle” and the official declaration of the “liberation”... shocking figures, http://www.syriahr.com/en/? p = 76685（上网时间：2018 年 3 月 3 日）。

⑨ About 1250 casualties including tens of suicide bombers and officers during 52 days of the escalation of the military operation by regime forces in the Syrian Desert within 4 provinces, http://www.syriahr.com/en/? p =73818（上网时间：2018 年 3 月 3 日）。

留装备和伊拉克政府军的缴获装备。虽然“伊斯兰国”本身不具备稳定的武器生产能力，但这些收缴的武器装备不但数量庞大，而且质量精良，其中不乏布拉德利装甲车和 M1A1 主战坦克等重型装备。[①] 难道“伊斯兰国”的武器来源在短短三年内就完成了换血，从美式装备转为俄式装备？实际上，这一数据恰恰反映了“伊斯兰国”战斗能力的显著减损。叙利亚战场上出现的“中国制造”武器，是以长短枪械为主的轻武器，也就是说，2017 年“伊斯兰国”作战中主要以轻武器为主，以往助其攻城略地的大型武器装备已不在其列。另外，对比“伊斯兰国”官方宣传材料近两年的变化，也可以发现一个有趣现象，即 2014 年前后“伊斯兰国”宣传照中的“战士”装备精良，其外表同西方特种部队战士无异；而近期的宣传照中，“伊斯兰国”士兵又回到了传统服饰及头巾蒙面包裹下手持卡拉什尼科夫突击步枪的传统“恐怖分子”画面。“伊斯兰国”在丧失领土的同时，其有生力量和武器装备也遭遇了毁灭性损失，这是“伊斯兰国”实体溃败的第二大特点。

三是“伊斯兰国”领导组织的消亡。对恐怖组织领导及核心人物的“斩首”，历来是国际反恐行动极其重视的核心工作之一。正所谓“擒贼先擒王”，对恐怖组织领导人物的追踪和绞杀，往往是击溃整个组织的关键一环，这一经验也适用于“伊斯兰国”。2017 年，“伊斯兰国”领导组织遭遇重创，在战事不利的状况下，高级领导不断毙命（见表 1），甚至在当年年底一度传出最高领导人阿布·巴克尔·巴格达迪遇袭身亡的消息。“群龙无首”的极端组织不断丧失阵地，其有生战斗力和军事资源也在多方打击下被继续削弱。

表 1　2017 年毙命的“伊斯兰国”领导人及高级官员

姓　　名	职　　务	被击毙时间
阿布·巴克尔·巴格达迪（Abu Bakr al-Baghdadi）	“伊斯兰国”最高领袖	2017 年 11 月[②]
阿卜杜拉·哈吉奥欧（Abdellah Hajjiaou）	“伊斯兰国”对外行动高级策划	2017 年 11 月
阿布·亚欣（Abu Yazin）	“伊斯兰国”高级领导及武器主管	2017 年 11 月

① Charles Lister, “Not Just Iraq: The Islamic State is also on the March in Syria”, Berggruen Institute, https://www.huffingtonpost.com/charles-lister/not-just-iraq-the-islamic_b_5658048.html（上网时间：2018 年 3 月 3 日）。

② 关于巴格达迪死亡的争议问题，参见本文前述注释。

续表

姓　　名	职　　务	被击毙时间
扎伊努里·卡马鲁迪因（Zainuri Kamaruddin）	“马来群岛作战单位”指挥官	2017 年 1 月
欧麦尔·迪米尔（Omer Demir）	“伊斯兰国”欧洲网络协调官	2017 年 10 月
优素福·迪米尔（Yusuf Demir）	“伊斯兰国”欧洲中东媒体主官	2017 年 10 月
伊斯尼隆·哈彼隆（Isnilon Hapilon）	“菲律宾省”阿布萨耶夫组织首脑	2017 年 10 月
阿布·卡塔布·图尼西（Abu Khattab al-Tunisi）	叙利亚军事指挥三号人物	2017 年 5 月
拉夫德利姆·穆哈西赫利（Lavdrim Muhaxheri）	阿尔巴尼亚指挥官	2017 年 6 月
图尔基·比纳里（Turki al-Binali）	首席宗教顾问	2017 年 5 月
阿卜杜·哈西卜·罗加里（Abdul Haseeb Logari）	“呼罗珊省”省长	2017 年 4 月
阿合麦德·阿布乌萨穆拉（Ahmad Abousamra）	“达比格”杂志主编	2017 年 1 月

资料来源：根据外电报道内容综合整理。①

实际上，反恐作战中在对恐怖组织重要人物实施“斩首”时，其作战方式是比较固定的，主要包括特种部队地面作战和战机（无人机）空袭两种；其中，战机（无人机）空袭是在美国和俄罗斯分别主导的反恐作战中，针对“伊斯兰国”重要人物实施“斩首”行动的主要方式。② 因此，足量的空袭行动是保证“斩首”效果的前提。英国 BBC 新闻网对美国中央司令部发布数据的统计结果显示（见图 1），2017 年针对“伊斯兰国”在伊拉克和叙利亚境内的空袭行动数量，较之前有大幅提升，尤其是在叙利亚境内的空袭数量更是激增。在这种高频度空中打击的压力下，不断传出“伊斯兰国”各级重要人物毙命的消息就不足为奇了。至 2017 年底，“伊斯兰国”丧失了全部主要地面军事重镇，领导组织在遭到重创后，幸存人员陆续转入地下，这是

① 参见 https://www.defense.gov/News/Article/Article/1371614/coalition - airstrikes - kill - 4 - senior - isis - leaders/ https://en.wikipedia.org/wiki/List_ of_ Islamic_ State_ of_ Iraq_ and_ the_ Levant_ members#cite_ note - 51（上网时间：2018 年 3 月 3 日）。

② https://www.military.com/undertheradar/2016/04/these - are - the - top - isis - leaders - killed - by - the - coalition - so - far（上网时间：2018 年 3 月 3 日）。

“伊斯兰国”实体溃败的第三大特点。

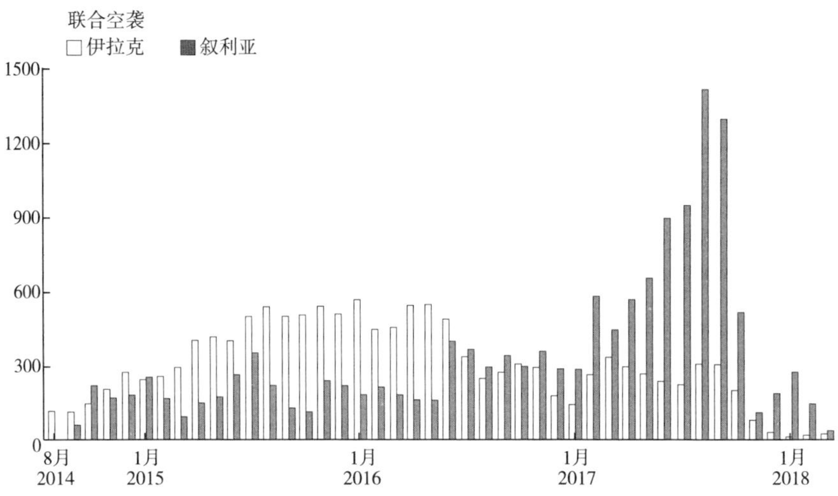

图 1　2014～2018 年反恐联盟在伊拉克和叙利亚的空袭

资料来源：英国 BBC 新闻网根据美国中央司令部数据统计制作。①

三　“伊斯兰国”的虚体转型

“伊斯兰国”的实体溃败给国际社会带来了对其未来走向的疑问。刘中民认为：“宗教极端主义意识形态构成了‘伊斯兰国’的核心影响力，弱化和根除宗教极端主义已成了全球性难题。全球反恐斗争所面临的严峻挑战在于，虽然从物理意义上铲除了‘伊斯兰国’等极端力量，却很难在短期内瓦解和摧毁其全球网络和意识形态的无形影响②。”在“伊斯兰国”实体溃败的背景下，国际社会普遍认为“伊斯兰国”的幽灵尚存，全球安全仍旧面临巨大威胁，国际反恐或将迎来新的挑战。对于“伊斯兰国”不会就此销声匿迹的观点是普遍的，那么，这一组织未来将以何种方式存续并危害地区与全球安全？通过透视其发展历程的三个阶段及整体特点（见表 2），由实体溃败而逐渐虚化的“伊斯兰国”将通过三个层面继续发展。

① 参见 BBC 新闻网：http：//www. bbc. com/news/world - middle - east - 27838034（上网时间：2018 年 3 月 3 日）。

② 刘中民：《“伊斯兰国”仍会死而不僵》，《文汇报》2017 年 8 月 5 日，第 5 版。

表 2　“伊斯兰国”发展各阶段的具体特征及整体特点

发展阶段	起止时间	政治特征	军事特征	经济特征	行动特征
准备阶段	2001 年 2006 年	接近并投靠“基地”组织	建立初步能力，整合零散资源	受“基地”组织等有限资助	整合地区极端分子就地圣战
膨胀阶段	2006 年 2014 年	与“基地”组织分歧并决裂	通过作战迅速积累军事能力	通过扩张迅速抢占大量资源	吸引外部极端分子加入作战
萎缩阶段	2014 年 2017 年	成为全球恐怖主义新领导	军事力量在作战中消耗殆尽	孤立和军事溃败致经济崩溃	输送外部极端分子全球圣战
整体特点		投机性强，结盟策略灵活多变	整合力强，善于动员积攒力量	自力能力差，缺乏稳定收入来源	传统与非传统作战相结合

一是内向性的“分散发展”。这一层面是指“伊斯兰国”在实体溃败后，在叙利亚和伊拉克地区生存和发展的具体形式。通过分析“伊斯兰国”在伊拉克和叙利亚地区的发展轨迹可以发现，这一组织具有极强的政治适应性和投机性特点，其政治结盟与资源整合能力十分突出，实用主义特质明显。每当遇到重大局势变化时，该组织往往能够适时进行结构调整，因此，“伊斯兰国”重新同“基地”组织合流①，或将内部权力结构打乱重组②，甚至改头换面，重新建立新的组织，都是其应对实体溃败危机的可能手段。行动策略上，“伊斯兰国”已经逐渐回归其原有的典型恐怖组织的惯用手法（Modus Operandi），即更多采用游击战等非对称战争手段，以及更多暴力恐怖袭击，以继续同本地区各敌对阵营进行作战③。在这一过程中，国际反恐专家提示，“伊斯兰国”组织或将利用其在一些地区尚存的所谓“群众基础”，分散隐蔽，“藏兵于民”，相机而动。国际社会一直以来熟知“伊斯兰国”利用平民作盾牌的罪恶勾当，但是也应客观冷静地看待这一极端组织在一些地区确实拥有一定规模的支持民众④。而其“藏兵于民”的分散发展策略，将给这一地区未来继续扫除“伊斯兰国”余患的反恐工作带来巨大挑战。

---

① 刘中民：《“伊斯兰国”仍会死而不僵》，《文汇报》2017 年 8 月 5 日，第五版。

② 李伟：《“伊斯兰国”溃败对国际恐怖主义生态的影响》，《现代国际关系》2017 年第 8 期，第 46 页。

③ 李伟：《“伊斯兰国”溃败对国际恐怖主义生态的影响》，《现代国际关系》2017 年第 8 期，第 46 页。

④ Quentin Sommerville，“Into the Terror Zone：How ISIS has Gained Support in Syria，Iraq and Libya”，New Satesman，https：//www. newstatesman. com/politics/uk/2015/12（上网时间：2018 年 3 月 3 日）。

二是外向性的“输出圣战”。这一层面是指“伊斯兰国”在实体溃败后，在全球范围内维持和扩散其领导力的具体形式。本土解体的“伊斯兰国”声势大减，其域外影响力非但没有因此减弱，令人顿生疑窦的逆向生长现象反而层出不穷。2018 年 2 月，美国国防部正式指定并将三个组织列入其“海外恐怖组织”（Foreign Terrorist Organizations）名单，这三个组织分别是：“伊拉克和沙姆伊斯兰国－孟加拉分支”（ISIS-Bangladesh）、“伊拉克和沙姆伊斯兰国－菲律宾分支”（ISIS-Philippines）、“伊拉克和沙姆伊斯兰国－西非分支”（ISIS-West Africa）。[①] 这一情况正印证了反恐专家李伟的评估，“‘伊斯兰国’在伊叙的失败，将迫使其进一步利用外围分支，加强各分支之间的联动，以此实现总部与分支战略资源和人员的相互流动，转移、弥补核心区域的风险与损失。同时，‘伊斯兰国’还可能继续谋建新‘行省’，逆势扩张[②]”。与此同时，该组织也号召其追随者在全球范围内进行“圣战”恐袭，进而“提醒世界各地的‘支持者’——他们仍在这里，仍然存在，仍然可以造成可怕的伤害”。[③]

三是概念性的“换代升级”。这一层面是指“伊斯兰国”在实体溃败后，其模式及理念如何被移植或转移至其他行为体的问题。关于“伊斯兰国”进入 2.0 时代的讨论并不新鲜，但其主要担忧正逐渐在全球范围内泛滥开来。一方面，越来越多的“独狼”式暴恐袭击已经成为世界各国政府难以有效防范的重大安全威胁。另一方面，受到“伊斯兰国”发展及理念影响的新兴恐怖组织正在浮出水面。从 2017 年底开始，一个被称为“白旗”的军事组织正在伊拉克迅速崛起。美国新闻聚合网站 BUZZFEED 的独立记者博尔祖·达拉格西（Borzou Daragahi）深入“白旗”组织所在地：伊拉克的哈姆林山区（Hamreen Mountains），对这一组织进行深入调查。达拉格西指出，2017 年后“伊斯兰国”在叙利亚和伊拉克的军事力量分崩离析，但四散的“伊斯兰国”成员却已经开始建立包括“白旗”组织在内的新军事派系，“他们就是‘伊斯兰国’，只是给自己取了一个新名字（而已）”。[④] 目前，这一组织由原效

① 美国国防部：https：//www. state. gov/j/ct/rls/other/des/123085. htm（上网时间：2018 年 3 月 3 日）。

② 李伟：《“伊斯兰国”溃败对国际恐怖主义生态的影响》，《现代国际关系》2017 年第 8 期，第 47 页。

③ 张红：《“后伊斯兰国”时代，警钟再响》，《人民日报》（海外版）2017 年 11 月 28 日，第十版。

④ Borzou Daragahi，“After Black Flag of ISIS，Iraq Now Faces the White Flags”，https：//www. buzzfeed. com/borzoudaragahi/isis – iraq – white – flags – syria – new – name? utm_ term =. bxODezelZ#. oxp8G3Ggz（上网时间：2018 年 4 月 1 日）。

忠“伊斯兰国”的武装分子组成，人员总数500～1100人，使用近年来随“伊斯兰国”作战过程中积攒的以轻武器为主的军事装备，其作战目标主要是伊拉克政府军和什叶派武装人员①。

余 论

国际反恐事业在2017年取得了重大成功，荼毒沙姆地区的极端组织“伊斯兰国”在各方持续打击下遭遇了实体溃败。然而，在中东地区政治、宗教、安全局势的多重复杂背景下，物理层面铲除“伊斯兰国”并不能完全消除该组织长期以来对这一地区以及更广阔的外部地区造成的恶劣影响。“伊斯兰国”的实体溃败，实际上触动了其虚体转型的按钮，国际反恐事业还将面临更大的挑战。而在积极面对新生威胁的同时，国际社会更应反思造成该组织生长、发展、转型的土壤和根源究竟为何。尤其要在深刻了解“伊斯兰国”发展阶段和特点的基础上，对2001年9·11事件之后中东地区持续恶化的政治安全局面同“伊斯兰国”生长的关系问题，2010年西亚北非大动荡之后叙利亚地区代理人战争同“伊斯兰国”发展的关系问题，以及当前逊尼派与什叶派争夺伊斯兰世界领导权、美国同俄罗斯争夺地区主导权的斗争同“伊斯兰国”转型的关系问题进行深入研究，以期从根源上截断“伊斯兰国”存续的根本条件，实现中东地区乃至外部世界的稳定与和平。

From Poisoning the Middle East to Harming the World: The Entity's Collapse and Virtual Transformation of the "Islamic State"

Li Wei

Abstract: The cause of international counter terrorism achieved great success

① Borzou Daragahi, "After Black Flag of ISIS, Iraq Now Faces the White Flags", https://www.buzzfeed.com/borzoudaragahi/isis-iraq-white-flags-syria-new-name?utm_term=.bxODezelZ#.oxp8G3Ggz（上网时间：2018年4月1日）。

in 2017. ISIS, the extremist group in al Sham has encountered solid destruction by different forces. However, the physical elimination to the ISIS does not overcome the long term harm it has post to the region, considering the complex context of political, religious, security situations in the region. The solid destruction of ISIS in fact triggered the virtual transformation, posting greater challenges to international community. This article explains the three developing steps of ISIS, from preparation phase, expansion phase to shrinking phase. And argues that the solid destruction of ISIS which could be seen from its lost in territory, capability and leadership, in fact brought the group to a virtual transformation future that can be acknowledged by dispersed development internally, exporting Jihad externally, and upgrading changes conceptually. The course of international counter terrorism still has to shoulder heavy responsibilities toward future.

Key words: ISIS; Solid Destruction; Virtual Transformation; Counter Terrorism

黎巴嫩真主党参与叙利亚内战探析*

申 浪 李福泉**

摘 要：黎巴嫩真主党从自身利益、地缘政治需求以及伊朗的影响三个方面考量，对“阿拉伯之春”和叙利亚内战进行了区别对待。为了挽救巴沙尔政权，真主党在2013年5月正式宣布参与叙利亚内战，其军事力量和地区同盟关系由此得到大幅加强。随着沙特与伊朗之间对抗的不断升级，真主党的跨国行动具有了更多的地区教派冲突的色彩，而不断恶化的教派冲突和大国博弈在黎巴嫩的加剧也时刻威胁着真主党的发展。参与叙利亚危机的这七年证明，这支由什叶派民兵发展而来的黎巴嫩力量，已成为伊朗牵头的“什叶派之弧”的重要一环。只要以阿以冲突为核心的中东争端存在，教派掩盖下的地区国家博弈持续进行，真主党就仍然具有巨大的发展空间。

关键词：叙利亚内战 真主党 教派矛盾 地区冲突

长久以来，真主党在黎巴嫩经常被学者、记者和民众描述为比黎巴嫩国家本身更为强大的存在。自1992年进入选举政治以来，真主党就一直设法在黎巴嫩政治体系中确立自己的主导地位。“反以抵抗组织、合法主流政党、社会福利组织”① 的三重身份使其具有强大的生命力，它强悍的民兵武装让黎巴嫩国内以及地区势力都感到畏惧，真主党也因此被贴上“国中之国”的标签。② 自1982年真主党成立以来，这个毁誉参半的政治军事组织就从未离开过中东政治，但似乎并没有像当前参与叙利亚内战这样凸显其力量。这支在武装冲突中壮大、政治博弈中成熟、地区乱局中趁机崛起的黎巴嫩力量甘愿冒着如此巨大的风险参与他国内乱，理应得到更多的关注和思考。

---

* 本文为陕西省教育厅重点研究基地项目“黎巴嫩什叶派政治发展研究”（12JZ055）的成果。

** 申浪，西北大学中东研究所研究生；李福泉，西北大学中东研究所副教授。

① 李福泉：《真主党的发展演变与黎巴嫩政治前景》，《西亚非洲》2013年第2期，第70～72页。

② Birgitte Skrøvje Abrahamsen, “What is the impact of Hizbullah's Intervention in Syria on the Party's Image as a Lebanese National Movement?”, Oslo: University of Oslo, 2017, p. 1.

一　真主党参与叙利亚内战的原因

2010年发生在突尼斯的自焚事件成为整个“阿拉伯之春”运动的导火索，随后包括埃及、利比亚、也门、叙利亚、巴林等国在内的多国动荡席卷整个阿拉伯世界。当突尼斯、埃及和巴林等国的示威群众走上街头之时，真主党给予了明确支持，不满政府的以色列政策被真主党看来是阿拉伯人民抗议的根本原因，但抗议者普遍关注的是经济和政治问题，而不是真主党所期望的阿以冲突。

当动荡蔓延至叙利亚时，真主党采取了截然不同的态度立场。随着巴沙尔政权对示威运动的镇压，真主党发现自己处于尴尬的境地。[①] 当叙利亚的人民抗议演变为内战之时，真主党面临两种选择：一个是它采取与“被压迫者”叙利亚人民团结的立场，这与其宣称的泛阿拉伯民族主义有关；另一个是捍卫它与作为“抵抗轴心”[②] 成员叙利亚巴沙尔政权的战略伙伴关系。真主党选择了后者，认为叙利亚是阿拉伯世界仅有的反对美国与以色列的国家，并且巴沙尔政府已经按照抗议者的要求进行了内部改革，持续的抗议活动是美国与以色列妄图颠覆巴沙尔政权的阴谋。

真主党从2013年5月起正式宣布参与叙利亚内战，支持巴沙尔政权。而从叙利亚内战爆发开始，真主党就一直面临国内外各方势力的质疑和指责。此前，真主党曾因对以色列的军事斗争而受到黎巴嫩国内、叙利亚人民和该地区逊尼派的广泛尊重，现在却经常被称为“撒旦党”。[③] 为安抚黎巴嫩什叶派、逊尼派和基督徒对其参与叙利亚内战的质疑和批判，真主党在宣传中试图从以下三个角度证明军事干涉叙利亚将给全国上下带来益处。

首先，通过指出叙利亚内战中派系斗争的严重性，强调只有自己前去保护叙利亚境内的什叶派圣地、打击“伊斯兰国”才能阻止相似的战火蔓延到

---

① Daniel Byman and Bilal Y. Saab, *Hezbollah in a Time of Transition*, Atlantic Council, November 2014, p. 3.

② “抵抗轴心”是一个以伊朗为首的中东国家和非国家行动体联盟，力图在该地区反抗以色列和西方在中东的利益。历史上，这一联盟包括伊朗、叙利亚和黎巴嫩真主党。近年来，伊朗还培养了伊拉克什叶派武装分子和也门胡塞武装作为该联盟的最新成员。伊朗向其区域伙伴广泛提供物资、财政、培训和后勤援助。

③ Sahar Atrache, “How Hezbollah is Changing the War in Syria”, *Huffpost*, June 6, 2014, https://www.huffingtonpost.com/sahar-atrache/hezbollah-war-syria_b_5455850.html, 2018-01-10.

黎巴嫩国内。

其次，搬出国家安全的说辞，表示真主党的干预能够保卫防守薄弱的黎巴嫩—叙利亚边境免受战火的蹂躏。2016 年 3 月 21 日，真主党总书记哈桑·纳斯鲁拉像三年前一样再次向他在黎巴嫩的追随者和叙利亚的盟友保证，该组织将继续为黎巴嫩安全和叙利亚政权的生存而战。“真主党前往叙利亚是为了防止国家落入‘伊斯兰国’① 和‘努斯拉阵线’② 的手中……这些组织正在边境制造混乱……只要我们有责任，我们就会在那里。”③

最后，扩大对于“反对强权”的定义，声称真主党必将阻止美国和以色列对叙利亚的压迫，并为保卫同为被压迫者的叙利亚什叶派同胞而战斗，以此为参与内战披上合法正义的外衣，也为该组织拥有军事力量增加合法性。正如2013 年5 月25 日哈桑·纳斯鲁拉所言，叙利亚是抵抗以色列、美国的骨干力量，真主党对叙利亚内战不能置之不理，“否则我们会变得愚蠢”。④

只需观察真主党在黎巴嫩国内和地区局势中的“窘境”就会发现，真主党参与叙利亚内战的真正原因在于几个方面：一方面是因为叙利亚巴沙尔政权长期以来是其在黎巴嫩国内和对以色列军事行动的关键支持者，另一方面叙利亚也是伊朗运送武器给真主党的重要通道。而真主党最亲密的盟友伊朗的授意和支持对该组织参与叙利亚内战起到了巨大推动作用，伊朗认为它的盟友在大马士革的潜在失败是一场灾难。⑤ 此外，参与叙利亚内战也可有效抵制极端势力在黎巴嫩的蔓延，并为真主党继续拥有武装提供合法性。

---

① “伊拉克和大叙利亚伊斯兰国”是“伊斯兰国”（缩写为 ISIS）的前称。它是一个自称建国的活跃在伊拉克和叙利亚的极端恐怖组织，其目标是消除二战结束后现代中东的国家边界，并在这一地区创立一个由基地组织运作的酋长国。2017 年 11 月 21 日，伊朗总统鲁哈尼宣布，极端组织“伊斯兰国”已经被剿灭。

② 叙利亚反对派、极端宗教组织“支持阵线”（又译“救国阵线”、努斯拉阵线）为外国恐怖组织，2016 年7 月 28 日，“支持阵线”宣称脱离“基地”组织，并改名为“征服阵线”。

③ Agence France-Presse, “Hezbollah Chief Vows to Keep Up Syria Fight until Defeat of Jihadists”, *Daily Mail*, March 21, 2016, http: //www. dailymail. co. uk/wires/afp/article - 3503470/Hezbollah - chief - vows - Syria - fight - defeat - jihadists. html, 2018 - 01 - 12.

④ Hassan Nasrallah, “Words on Eid al-Muqawama and the Liberation”, *Al-Manar Television*, May 25, 2013, http: //video. moqawama. org/details. php? cid = 1&linkid = 1184, 2018 - 01 - 14.

⑤ Daniel Byman, *Hezbollah's Growing Threat Against U. S. National Security Interests in the Middle East*, House Committee on Foreign Affairs Subcommittee on the Middle East and North Africa, March 22, 2016, p. 3.

（一）现实利益的推动

叙利亚巴沙尔政权在伊朗向真主党支援武器、设备和资金方面发挥了至关重要的作用。在2006年与以色列的战争中，真主党正是受益于通过叙利亚的过境战略路线，才得以迅速获得武器供应。真主党担心一旦叙利亚发生政权更替，新的逊尼派政府必然不会再让其继续获得储藏在叙利亚的军火，更不必说接收来自伊朗的物资与武器输送；如果得不到伊朗的军事和财政援助，真主党本身的军事能力将会受到极大削弱。叙利亚的后勤中心和供应线的潜在损失也将使真主党在与以色列的冲突中处于非常不利的地位。[①] 另外，巴沙尔政权的倒台意味着新的逊尼派政府将奉行亲西方、敌对真主党的立场，这将使真主党在东地中海地区面临孤立的境地。

最后，参与叙利亚内战也是真主党为了保全自身武装力量和防止极端势力威胁黎巴嫩所做出的决定。2006年的第二次以色列黎巴嫩战争给了真主党一次宣扬自己胜利的机会，但在没有了叙利亚的直接庇护之后，真主党切实感受到了黎巴嫩国内呼吁它解除武装的压力。为了抵御任何可能威胁到它的武装的立法，2005年真主党第一次同意加入黎巴嫩政府。[②] 叙利亚内战爆发后，“支持阵线”和“伊斯兰国”等极端组织迅速在叙利亚扩张，极端分子引发的战乱会随时蔓延至黎巴嫩。于是，真主党宣布发动了一场“先发制人”的战争，反对它所称的“塔克菲里”（谴责他人为异教徒的极端逊尼派势力）。[③]

（二）维护与叙利亚友谊的需要

从真主党的角度来看，随着最初的叙利亚起义演变为一场零和的地区性战争，它的干预具有战略必要性。真主党将大马士革盟友的失败视为一种生存威胁，并将战争视为所谓“抵抗轴心”针对以色列的行动。[④]

一方面，真主党与叙利亚政府拥有传统友谊。在真主党诞生和发展的过程中，叙利亚都发挥了重要作用。1982年以色列入侵黎巴嫩后，叙利亚政府为借助伊朗对抗以色列，允许伊斯兰革命卫队通过叙利亚进入黎巴嫩活动，

① Ibid..

② Nadav Pollak, *The Transformation of Hezbollah by its Involvement in Syria*, The Washington Institute for Near East Policy, No. 35, August 2016, p. 9.

③ Zafer Kizilkaya, “Hizbullah’s Moral Justification of its Military Intervention in the Syrian Civil War”, *Middle East Journal*, Vol. 71, No. 2, 2017, p. 218.

④ Ibid., p. 220.

这对真主党的诞生起到巨大的推动作用。叙利亚军队驻扎黎巴嫩近三十年（1976～2005年）的时间里，曾给予真主党大量资金、武器和其他援助。不仅叙利亚是伊朗援助真主党的主要通道，而且巴沙尔政权为真主党打击以色列提供了必不可少的安全保障。2000年以色列从黎巴嫩撤军之后，叙利亚保持了在黎巴嫩的军事存在，真主党的军事力量随之显著提升。没有叙利亚的大力支持，真主党不可能取得今日的成就。

另一方面，叙利亚是“抵抗轴心”的重要一环，在反以立场上与真主党一直在进行合作。在真主党的世界观中，中东有两方力量：一方以美国和以色列为首；另一方是“抵抗轴心”，即伊朗、叙利亚和真主党。真主党自视为对抗以色列的前线，并认为叙利亚是其后盾。① 如果巴沙尔政权倒台，中东的反以力量将遭到巨大削弱，真主党的抵抗运动也会受到不利影响。真主党领导人哈桑·纳斯鲁拉在2013年5月的讲话中，就称叙利亚是抵抗运动的“中坚力量”。②

（三）伊朗的有力影响

真主党试图通过支持巴沙尔政权来维护“抵抗轴心”，而伊朗自然不愿看到自己在中东唯一国家层面的盟友叙利亚被亲西方和亲沙特的政权所取代。一方面，真主党是伊朗向黎巴嫩输出革命的直接产物。1982年，以色列入侵黎巴嫩期间，伊朗为对抗美国、打击以色列和建立伊斯兰国家，积极向黎巴嫩输出革命。通过叙利亚这一通道，伊朗不仅对黎巴嫩什叶派民兵提供意识形态和战略指导，还提供了各种形式的援助。从真主党诞生至今，伊朗每年对其的财政支持在6000万至2亿美元之间。③

在伊朗看来，叙利亚巴沙尔政权的倾覆不仅会威胁黎巴嫩真主党的安全，唤醒伊朗境内的库尔德分裂势力，还可能对伊拉克产生溢出效应，导致巴格达什叶派政府的倒台和逊尼派主导的政权的崛起。④ 不仅如此，叙利亚

① Marisa Sullivan, "Hezbollah in Syria", Middle East Security Report, No. 19, April 2014, p. 10.

② Chafic Choucair, *Hezbollah in Syria: Gains, Losses and Changes*, Al Jazeera Center for Studies, June 1, 2016, p. 5.

③ Anna Ahronheim, "Iran Pays ＄830 Million to Hezbollah", *Jerusalem Post*, Septembers 15, 2017, http://www.jpost.com/Middle-East/Iran-News/Iran-pays-830-million-to-Hezbollah-505166, 2018-02-10.

④ Jubin Goodarzi, *Iran and Syria at the Crossroads: The Fall of the Tehran-Damascus Axis?*, Wilson Center, Viewpoints No. 35, August 2013, p. 4.

冲突还可能会助长逊尼派在伊拉克的分裂野心，并导致什叶派、逊尼派和库尔德地区三分天下。[①] 这些局面的出现都会对伊朗的安全产生重大的影响。

另一方面，伊朗对叙利亚局势的认识受到其国内政治发展和与西方关系的双重影响。自2009年内贾德第二次当选总统和2010年美国、欧盟开始对伊朗实施更加严厉的制裁以来，德黑兰受到的指责和压力进一步增大，这促使伊朗现政权认为，任何可能直接或间接威胁其生存或利益的内部反对派或外国行动，都是美国代表的西方敌对国家推翻伊斯兰政权的阴谋的一部分，华盛顿的最终目标是实现德黑兰的政权更迭。[②] 美国支持反对派推翻叙利亚复兴党政权正是这个阴谋的重要内容，对于伊朗而言，这个政权被一个逊尼派原教旨主义政权取代无疑是一个噩梦。

伊朗地区战略的核心目标是打造更稳定和强大的横贯伊朗、伊拉克、叙利亚、黎巴嫩四国的“什叶派新月带”，而伊朗和叙利亚的联盟关系是这一战略的主要支柱，两国不仅都是什叶派掌权的国家，都具有重要的战略地位，而且面临的外部威胁也非常相似。真主党作为伊朗一直重点培育的反以反美、争夺地区领导权的“工具”，成为其在叙利亚争夺利益的最好代理人。伊朗不能失去在黎凡特最重要的立足点，真主党也不能冒险失去来自伊朗和叙利亚的关键支持。[③]

因此，真主党参与叙利亚内战是新形势下多种因素作用的结果。真主党的“三个担心”[④] 连同伊朗的支持，促使其成了叙利亚内战的重要参与者。

二　真主党参与叙利亚内战的过程

（一）2011～2012年真主党主要发挥咨询和培训作用

内战初期，真主党拒绝承认其参与叙利亚内战，它在叙利亚活动的规模和范围都比较有限，主要发挥着战略咨询、人员培训方面的作用。真主党没

① Jubin Goodarzi, *Iran and Syria at the Crossroads: The Fall of the Tehran-Damascus Axis?*, Wilson Center, Viewpoints No. 35, August 2013, p. 5.

② Will Fulton, Joseph Holliday & Sam Wyer, *Iranian Strategy in Syria*, Institute for the Study of War and AEI's Critical Threats Project, May 2013, p. 11.

③ Daniel Byman and Bilal Y. Saab, *Hezbollah in a Time of Transition*, Atlantic Council, Brent Scowcroft Center, November 2014, p. 3.

④ 担心自己的武装被解散，担心彻底失去叙利亚的支持，担心连接伊朗的叙利亚生命通道被切断。

有匆忙投入战争的原因主要有三个：一是最初的内战并没有达到能够推翻巴沙尔政权的程度，反对派的力量比较薄弱，外部势力的干预也相对有限，巴沙尔政权受到的威胁并不严重，真主党没有必要直接参与其中。① 二是考虑到“阿拉伯之春”民众抗议的背景，真主党不想被认为是在发动一场反对叙利亚人民的战争。最后，真主党担心公开的参与可能会对黎巴嫩的稳定和真主党国内的政治基础产生不利影响。

随着战事的扩大和升级，2011 年秋季，越来越多指控真主党参与叙利亚内战的报道出现在媒体上。2011 年 9 月，黎巴嫩媒体称有几名真主党战士在叙利亚被杀，他们在那里帮助巴沙尔政权镇压抗议者。② 另外，11 名叙利亚政府叛逃者指责巴沙尔政权使用真主党的狙击手攻击示威者，并声称真主党战士正在与巴沙尔的部队协同作战。③ 其他报告称，2011 年 11 月下旬，在霍姆斯和大马士革，数名真主党战士在与叙利亚自由军的冲突中被打死。关于真主党参与叙利亚内战的所谓“谣言”促使真主党总书记哈桑·纳斯鲁拉不得不做出回应，他宣称关于真主党参与叙利亚内战的报道“绝对不真实”，真主党并未向叙利亚派遣战斗人员。④

2012 年下半年，真主党在叙利亚发挥作用的更多证据伴随美国的公开表态而渐渐“浮出水面”。美国官员公开宣布，真主党参与了 2012 年 8 月的叙利亚冲突。美国财政部表示，自 2011 年初以来，真主党一直在培训叙利亚境内的巴沙尔政府武装人员，并为伊朗“恐怖组织”——伊斯兰革命卫队训练叙利亚部队提供了便利。不仅如此，真主党在将叙利亚反对派武装驱逐出该国的军事行动中也发挥了重要作用。⑤ 而不断增加的在叙利亚丧生的真主党战士的葬礼数量，也给美国和叙利亚反对派提供了其日益介入内战的证据。2012 年夏天，由于真主党仍然不愿公开承认其在叙利亚的参与，内战中被杀

---

① Marisa Sullivan, *Hezbollah in Syria*, Middle East Security Report 19, April 2014, p. 11.

② Ya Libnan, “7 Hezbollah Fighters Killed in Syria”, *The Times of Israel*, September 2, 2011, http://www.yalibnan.com/2011/09/02/7 – hezbollah – fighters – killed – in – syria/, 2018 – 01 – 20.

③ Nate Wright and James Hider, “Syrian Regime ‘Importing Snipers’ for Protests”, *The Times of Israel*, January 26, 2012, http://www.theaustralian.com.au/news/world/syrian – regime – importing – snipers – for – protests/, 2018 – 01 – 20.

④ Nicholas Blanford, “Why Hezbollah has Openly Joined the Syrian Fight”, *The Christian Science Monitor*, June 23, 2013, http://www.csmonitor.com/World/Middle – East/2013/0623/Why – Hezbollah – has – openly – joined – the – Syrian – fight, 2018 – 01 – 20.

⑤ U. S. Department of Treasury, “Treasury Targets Hizballah for Supporting the Assad Regime”, August 10, 2012, http://www.treasury.gov/press – center/press – releases/Pages/tg1676, 2018 – 01 – 21.

的真主党战士在黎巴嫩被悄悄埋葬。[①] 10月初，贝卡谷地真主党高级指挥官阿里·侯赛因·纳西夫（Ali Hussein Nassif）的公开葬礼吸引了大批人。面对该组织在叙利亚的作用日益受到关注的问题，纳斯鲁拉在2012年12月中旬的一次讲话中否认其与巴沙尔政权并肩作战，但间接承认有些真主党成员正在叙利亚境内活动。他强调这些人不是真主党派遣的战士，而是自愿前往叙利亚保卫居住在边境地带村庄的黎巴嫩什叶派。[②]

（二）2013年真主党对叙利亚内战的公开、实质性参与

2013年初，真主党在叙利亚的作用发生了巨大变化，它公开宣布支持巴沙尔政权，其武装力量与叙利亚政府军和准军事部队一起直接参与战斗。库赛尔战役开启了真主党公开和实质性介入叙利亚内战的新阶段。

真主党的这种转变是叙利亚战局演变的直接结果。2012年底和2013年初，巴沙尔政权的生存陷入严重危机，真主党希望扩大支援力度来扭转战局。内战规模的扩大对巴沙尔政权构成前所未有的挑战，随着反叛分子越来越强大，其生存前景越来越悲观。叙利亚反对派在阿勒颇和叙利亚北部地区取得巨大进展，极端组织“伊斯兰国”在伊拉克和叙利亚的攻城略地直接威胁巴沙尔政权的安全。伊朗在叙利亚也遭受了重大损失，2012年8月，叙利亚反对派抓获了伊斯兰革命卫队的48名成员，他们在一个月后获释，以换取被巴沙尔政权关押的2000名囚犯。

在此危难之际，伊朗为防止巴沙尔政权的垮台加大了支持力度，真主党在伊朗的授意下也开始深度参与叙利亚内战。伊斯兰革命卫队的指挥官卡西姆·苏莱曼尼定期访问大马士革，亲自监督军事行动。[③] 在大马士革的军事指挥总部，既有叙利亚军队的最高指挥官，还有真主党指挥官和伊拉克什叶派军队的协调员以及伊朗指挥官。伊朗还加大了对巴沙尔政权空中补给的频率，并加强了伊斯兰革命卫队顾问在叙利亚全国各地的存在。[④]

---

① Martin Chulov, “Syria Bomb Blast Kills Hezbollah Operative”, *The Guardian* (*UK*), October 2, 2012, http://www.theguardian.com/world/2012/oct/02/hezbollah - operative - killed - syria, 2018 - 01 - 21.

② Anne Barnard, “Hezbollah Says it Flew Iranian-Designed Drone into Israel”, *The New York Times*, October 11, 2012, http://www.nytimes.com/2012/10/12/world/middleeast/hassan - nasrallah - says - hezbollah - flew - iranian - designed - drone - into - israel.html, 2018 - 01 - 21.

③ Dexter Filkins, “The Shadow Commander”, *The New York Times*, September 30, 2013, http://www.newyorker.com/reporting/2013/09/30/130930fa_ fact_ filkins, 2018 - 02 - 12.

④ Marisa Sullivan, *Hezbollah in Syria*, Middle East Security Report, No. 19, April 2014, p. 13.

真主党也加强了在叙利亚的政治和军事活动。首先，真主党公开宣布支持巴沙尔政权。2013 年 4 月，纳斯鲁拉两次前往德黑兰，会见了苏莱曼尼等伊朗高级官员，讨论叙利亚局势。在与伊朗达成十分明确的利益置换之后，2013 年 5 月，真主党首次承认正在动用武力支持巴沙尔政权。他在电视讲话中称："真主党正在叙利亚战斗，叙利亚的区域盟友不会让叙利亚落入美国、以色列或'塔克菲里'集团的手中。"① 由于在叙利亚的伤亡不断增加，真主党已经无法再向其在黎巴嫩的支持者隐瞒参与内战的事实。另外，"支持阵线"和"伊斯兰国"的兴起显然已经对黎巴嫩构成了巨大的安全威胁，真主党领导人认为现在宣布支持巴沙尔政权是利用反恐名义"包装"其介入叙内战的行动的最佳时机。

其次，真主党加强了对亲巴沙尔军事力量的培训和指导。真主党部队在非常规战争方面的战斗经验和优势使其成为叙利亚准军事部队的理想培训者，真主党向叙利亚新兵传授基本作战技能和 2006 年与以色列战争中的游击战术，而包括伊拉克什叶派民兵在内的其他武装力量也一直在接受真主党在渗透、监视和情报收集等战术方面的专门训练。②

最后，真主党直接参与打击反对派和恐怖组织的战役，例如库赛尔战役、阿勒颇战役和收复霍姆斯的战役。2013 年 4 月，真主党参与了对库赛尔的地面进攻。库赛尔是叙利亚霍姆斯省离黎巴嫩边境不远的一个逊尼派城镇，该镇处在连接大马士革与叙利亚沿海省份和黎巴嫩贝卡谷地的战略路线附近。将反对派赶出库赛尔不仅对巴沙尔政权意义重大，也是真主党的军事要务，因为叛军的存在也威胁到库赛尔附近的黎巴嫩什叶派村庄。真主党在库赛尔的行动标志着真主党对叙利亚内战态度的重大转变。③ 自此，真主党不再为其在叙利亚的军事行动辩护，因为黎巴嫩什叶派民众完全认同它在保卫黎巴嫩什叶派。2013 年 5 月 25 日，纳斯鲁拉在一次演讲中为真主党介入叙利亚提供了新理由。纳斯鲁拉把在叙利亚的斗争描绘成反对以色列和西方的抵抗运动的延伸。④ 有 1200～1700 名真主党战斗人员参加了库赛尔

---

① "Hezbollah Leader Hassan Nasrallah Vows Victory in Syria", *AFP*, May 26, 2013, http://www.news.com.au/world-news/hezbollah-leader-hassan-nasrallah-vows-victory-in-syria/story-fndir2ev-1226650678025, 2018-02-13.

② Charlotte Henry, *Hezbollah in 2016: Damaged Goods or Dangerous War Machine?*, Bicom Strategic Assessment, April 2016, p. 4.

③ Marisa Sullivan, "Hezbollah in Syria", Middle East Security Report, No. 19, April 2014, p. 13.

④ Anne Barnard, "Syria is the Backbone of the Resistance: Nasrallah", *The Daily Star Lebanon*, May 25, 2013, http://www.dailystar.com.lb/News/Politics/2013/May-25/218354-syria-is-the-backbone-of-the-resistance-nasrallah.ashx, 2018-02-10.

战役，其中大部分是来自真主党特种部队的经验丰富的老兵。真主党的对外宣传倾向于淡化他们在叙利亚的人数，同时夸大其在黎巴嫩的军事力量。法国情报部门估计，2013 年 5 月底，3000～4000 名真主党战士在叙利亚活动。①

（三）2014 年至今持续稳定的参与

库赛尔战役结束之后，真主党持续稳定地支援巴沙尔政权打击“伊斯兰国”等恐怖组织和叙利亚反对派。真主党参与了许多维护巴沙尔政权的关键任务，叙利亚政府军在全国发动的几乎每一场重大战役都离不开真主党的身影，这包括 2014 年 12 月开始的大马士革战役、2015 年初在叙利亚南部的攻势、2015 年夏天的“扎巴达尼战争”、2016 年 3 月的“帕尔米拉战争”、2016 年收复阿勒颇的战役、2017 年 11 月开始的阿布卡迈勒战役、迈亚丁战役以及代尔祖尔战役等。

真主党如此坚定地持续支援主要有两方面的原因。一方面，2015 年伊朗达成伊核协议后，鲁哈尼政府加大了对真主党的财政支援，使其有足够的实力继续对巴沙尔政权进行支持。另一方面，2015 年 9 月底，俄罗斯对叙利亚内战的迅速介入直接导致胜利的天平向巴沙尔政权倾斜，这一形势的变化增强了真主党参战的信心。

2015 年，真主党在得到伊朗更大规模的支援后，加大了在叙利亚战场的投入。它一方面打击极端组织以防止恐怖主义蔓延至黎巴嫩，另一方面开始将叙利亚战场视为训练其武装部队的“练兵场”。自 2015 年 9 月底俄罗斯以空袭支持叙利亚政府军以来，真主党参加了俄罗斯军队发起的多次行动。② 2017 年 11 月 8 日，叙政府军、黎巴嫩真主党及其盟友攻下“伊斯兰国”在叙利亚的最后一个主要据点——阿布卡迈勒。③

2017 年 11 月，随着“伊斯兰国”在叙利亚和伊拉克的迅速败亡，伊拉克、伊朗、俄罗斯相继宣布在军事上终结“IS”，而真主党总书记纳斯鲁拉

① Martin Chulov and Mona Mahmood, “Syrian Rebels Prepare for Showdown in Aleppo”, *The Guardian (UK)*, June 14, 2013, http://www.theguardian.com/world/2013/jun/14/syrian-rebels-showdown-aleppo-hezbollah, 2018-02-14.

② Yossi Mansharof, *Implications of the Emergent Russian-Hezbollah Coordination in Syria*, Besa Center Perspectives Paper, No. 383, December 2, 2016.

③ “Hezbollah and Syrian Army Units are 30 km to Al-Bukamal after Reach the Iraqi Border”, *YouTube*, November 9, 2017, https://isis.liveuamap.com/en/2017/5-november-hezbollah-and-syrian-army-units-are-30-km-to-albukamal, 2018-01-12.

早在2017年9月就宣布在叙战事取得成功以展现自身的话语权和地区影响力。他宣称，“真主党在叙利亚境内的战事已经取得了成功，目前在叙利亚全境只剩下一些零散的战争仍在进行……对于那些反对巴沙尔的势力来说，他们的图谋已经失败。”① “伊斯兰国”覆灭之后，真主党在叙利亚仍然协助俄罗斯、伊朗参与叙政府军对反对派武装的军事行动。2018年2月，真主党作为亲政府部队北上，支援库尔德人抗击土耳其发动的“橄榄枝军事行动”。②

为了应对国内外认为真主党在叙利亚与穆斯林为敌的指责，该组织试图借助阿拉伯人普遍憎恨以色列的民族宗教情感，来赋予它在叙利亚军事存在的合法性。真主党强调它准备对以色列发动战争，在伊朗的协助下，它在靠近以色列边境的戈兰高地建立军事设施和导弹发射装置。2017年9月，真主党指挥官表示，该组织在叙利亚南部戈兰高地有1万名战士准备对抗以色列。③ 12月，真主党部队占领了戈兰高地北部的一个重要村庄，它距离以色列国防军阵地仅4公里。④ 真主党的行动引来以色列的回击。2017年3月，以色列对叙利亚帕尔米拉附近有真主党战斗人员活动的军事基地进行空袭。⑤纳斯鲁拉指责以色列的目的就是帮助叙利亚的“伊斯兰国”!⑥

在俄罗斯介入叙利亚内战之前，真主党在人员训练方面一直是巴沙尔政权的主要境外支持力量。由于真主党坚定支持叙利亚政府军，它遭受了反对派大规模的打击报复。到2015年，真主党在叙利亚失去了多达1500名战斗

---

① Tom Perry and Katya Golubkova, “Hezbollah Declares Syria Victory, Russia Says much of Country Won Back”, *World News*, September 12, 2017, https://www.reuters.com/article/us-mideast-crisis-syria-hezbollah/hezbollah-declares-syria-victory-russia-says-much-of-country-won-back-idUSKCN1BN0YL, 2018-02-12.

② Chamberlain Karen, “The Pro Syrian Government Militia Began to Enter the Aafrine”, *YouTube*, February 21, 2018, https://www.youtube.com/watch?v=H0AUS6SCNis, 2018-02-25.

③ By Toi Staff, “Syrian Rebels near Israel Border Ordered to Surrender by Regime Forces”, *The Times of Israel*, December 27, 2017, https://www.timesofisrael.com/syrian-rebels-near-israel-border-ordered-to-surrender-by-regime-forces/, 2018-02-13.

④ “Serious Setback for Israel on Golan Border, Syria and Hizballah Bisect Beit Jinn Enclave”, *The Times of Israel*, December 22, 2017, https://www.debka.com/serious-setback-israel-golan-border-syria-hizballah-bisect-beit-jinn-enclave/, 2018-02-12.

⑤ Oren Liebermann and Euan McKirdy, “Israeli Jets strike inside Syria; Evade Anti-aircraft Missiles”, *CNN*, March 17, 2017, https://www.cnn.com/2017/03/17/middleeast/israel-jets-syria-strikes/index.html, 2018-02-12.

⑥ Jason Ditz, “Hezbollah: Israel Attacking Syria to Prevent ISIS Defeat”, *MPN*, March 20, 2017, https://www.mintpressnews.com/hezbollah-israel-attacking-syria-to-prevent-isis-defeat/226061/, 2018-02-12.

人员。[①] 2016 年 5 月，真主党在叙利亚的最高军事指挥官穆斯塔法·巴德雷丁在大马士革国际机场附近被炸身亡。[②]

三　真主党参与叙利亚内战的影响

叙利亚战争以“教派冲突、民族矛盾、恐怖主义扩散、大国博弈、代理人战争”等元素交织在一起已持续七年，真主党参与如此复杂多变的“微型世界大战”给自身以及黎巴嫩国家和地区形势都造成了不同程度的影响。真主党改变了叙利亚战争的形态，而这场战争也改变了真主党，并可能产生深远的影响。[③]

（一）对真主党和黎巴嫩的影响

1. 增强了真主党的军事力量

首先，真主党从叙利亚战场获得了宝贵的战斗经验。一方面，在战争中形成的武装人员轮调制度使新兵和预备役军人获得了实战训练的机会。在任何一场战争中，战士们在生理和精神上都会感到疲倦，而轮调则有助于维持战斗强度。[④] 对于真主党来说，轮调有利于确保大量武装人员从叙利亚战场获得宝贵的战斗经验，特别是在城市环境中发动进攻的经验。另一方面，与伊朗、叙利亚政府军和伊拉克什叶派民兵等各种武装力量的协同作战也使得真主党懂得如何与盟军在战斗中互相协调，以及如何更好地维持军队的后勤给养。

其次，叙利亚内战促进了真主党军事战略的更新。真主党诞生于抵抗以色列入侵的残酷战争中，在与以色列持续数年的军事冲突中，真主党的军事战略表现为通过持续不断的战争来实现不断削弱以色列的目的。真主党制定了一项被以色列国防军称为“不输”的战略。[⑤] 正如以色列准将穆尼卡茨在

---

① Charlotte Henry, *Hezbollah in 2016: Damaged Goods or Dangerous War Machine?*, Bicom Strategic Assessment, April 2016, p. 3.

② “Hizbullah's Military Commander is Killed”, *The Economist*, 13 May 2016, https://www.economist.com/news/middle-east-and-africa/21698768-israel-usual-suspectbut-may-not-have-been-responsible-time-hizbullahs, 2018-01-17.

③ Sahar Atrache, *How Hezbollah is Changing the War in Syria*, Berggruen Institute, https://www.huffingtonpost.com/sahar-atrache/hezbollah-war-syria_b_5455850.html, 2018-01-10.

④ Nadav Pollak, *The Transformation of Hezbollah by its Involvement in Syria*, The Washington Institute for Near East Policy, No. 35, August 2016, p. 10.

⑤ Ibid., p. 6.

2015 年 12 月所写的那样："这一战略的重点是尽可能地持续战斗，通过向以色列人口中心发射火箭弹来持续消耗以色列，并增加以色列国防军在黎巴嫩南部进行地面演习的费用。"① 而在叙利亚内战中，真主党的消耗战略不再具有意义，其军事战略表现为速战速决，即迅速占领反政府武装领土，并最终击败包括叙利亚反对派武装、征服阵线和"伊斯兰国"在内的众多武装。② 真主党需要不断地胜利来迅速扭转战局，以安抚黎巴嫩国内对其参与他国内乱的质疑与抗议，并加强伊朗的信任进而得到更大规模的军事援助。

最后，真主党加大了对新技术的学习、应用和发展。一方面，真主党通过参与内战提高了其无人机编队的作战效能。真主党早在 2004 年就开始使用无人机，并在之后与以色列的战争和冲突中持续使用。在叙利亚内战中，真主党更是大规模密集使用无人机收集情报和袭击目标。2014 年 9 月，真主党使用武装无人机轰炸了位于叙利亚—黎巴嫩边境的"支持阵线"指挥所。③ 通过大规模的实战，真主党的战斗人员更加熟悉无人机技术，并改进了无人机技术在通信、光学方面的一些问题。另一方面，真主党的近程火箭技术也得到大幅度提升。真主党拥有超过 10 万枚短程火箭弹，在叙利亚内战中，真主党意识到在城市战斗环境中，一枚载重型火箭弹即使不够精准，也会造成巨大的破坏。由于火箭弹的飞行时间和距离都很短，以色列的导弹防御系统目前无法消除这类武器所造成的威胁。

2. 削弱了真主党的政治基础

自 1982 年成立以来，真主党的反以行动为其在黎巴嫩和阿拉伯世界赢得了良好的声誉。在介入叙利亚内战之前，真主党是黎巴嫩和该地区最受尊敬的组织之一，领导人哈桑·纳斯鲁拉则是最受欢迎的阿拉伯领导人。真主党在国内得到了什叶派的普遍支持，什叶派新兵踊跃加入其队伍。但真主党参与叙利亚内战使其多年来精心建立的"泛伊斯兰主义者"形象遭到严重质疑，无论真主党如何辩白，都掩盖不了该组织参与教派战争的事实，真主党因此被反对者称为"撒旦党"。逊尼派指责真主党参与"种族灭绝"，发动针

① Brig. Gen. Muni Katz and Nadav Pollak, *Hezbollah's Russian Military Education in Syria*, Policy Watch 2541, Washington Institute, December 24, 2015, http://www.washingtoninstitute.org/policy-analysis/view/hezbollahs-russian-military-education-in-syria, 2018-02-10.

② Nadav Pollak, *The Transformation of Hezbollah by its Involvement in Syria*, The Washington Institute for Near East Policy, No. 35, August 2016, p. 7.

③ Peter Bergen and Emily Schneider, "Hezbollah Armed Drone Militants' New Weapon", *CNN*, September 22, 2014, http://www.cnn.com/2014/09/22/opinion/bergen-schneider-armed-drone-hezbollah/, 2018-02-12.

对穆斯林而不是以色列的战争。① 真主党正在国内失去其来之不易的软实力，越来越习惯于依靠硬实力来实现战略目标。②

随着叙利亚内战的进行，越来越多的人表达对真主党的不满，即便是向来支持它的什叶派也有部分人在丧失耐心。2013 年 5 月，一些与真主党有关联的黎巴嫩民众在贝鲁特伊朗大使馆前抗议伊朗和真主党介入叙利亚内战。③参与叙利亚内战造成至少 1600 名真主党成员死亡，5000 多人受伤，其中 60% 的人来自黎巴嫩南部的什叶派村庄。随着伤亡人数的增加，黎巴嫩南部对真主党参与叙利亚内战的支持有所减弱。④ 此外，真主党由于种种原因，无法将所有在叙利亚牺牲的“烈士”的遗体运回黎巴嫩埋葬。这引发了国内支持者的普遍指责，因为尊重烈士是什叶派的一个重要传统。⑤ 黎巴嫩国内的其他团体也谴责真主党参与叙利亚事务。2013 年 8 月初，黎巴嫩总统苏利曼呼吁提高黎巴嫩政府控制真主党进行单方面军事行动的能力。⑥

尽管真主党遭受了声望、人员、财政等方面的损失，其在国内的政治基础有所削弱，但它在黎巴嫩国内的地位并未受到根本损害。真主党擅长进行有利于自己的宣传和动员。纳斯鲁拉把真主党在叙利亚的介入描绘成与以色列、西方和逊尼派极端分子的对抗，这一理由增强了许多真主党支持者参与叙利亚内战的热情。真主党在贝卡谷地的支持率尤其高，因为这里经常是叙利亚反对派发射火箭弹袭击的目标。⑦ 真主党尽管财政困难，但继续对其支持者提供全方面的社会服务。它积极帮助那些在叙利亚战死者的家庭，尽可能获得他们的理解和支持。

3. 加剧了黎巴嫩国内的教派冲突

黎巴嫩有什叶派、逊尼派、德鲁兹派和马龙派等 18 个获得官方承认的

---

① Zafer Kizilkaya, “Hizbullah's Moral Justification of its Military Intervention in the Syrian Civil War”, *Middle East Journal*, Vol. 71, No. 2, 2017, p. 223.

② Chafic Choucair, *Hezbollah in Syria: Gains, Losses and Changes*, Al Jazeera Center for Studies, June 1, 2016, p. 7.

③ “Beirut Protester Killed Outside Iran Embassy”, *Al-Jazeera English*, June 10, 2013, http://www.aljazeera.com/news/middleeast/2013/06/20136910330195585.html, 2018－01－21.

④ Nadav Pollak, *The Transformation of Hezbollah by its Involvement in Syria*, The Washington Institute for Near East Policy, No. 35, August 2016, p. 12.

⑤ Marisa Sullivan, *Hezbollah in Syria*, Middle East Security Report, No. 19, April 2014, p. 18.

⑥ Anne Barnard, “Pressed on Syria, Hezbollah Leader Urges Focus on Israel”, *The New York Times*, August 2, 2013, http://www.nytimes.com/2013/08/03/world/middleeast/under－fire－on－syria－hezbollah－leader－urges－focus－on－israelh.tml, 2018－01－21.

⑦ Marisa Sullivan, *Hezbollah in Syria*, Middle East Security Report, No. 19, April 2014, p. 16.

教派，教派矛盾是该国根深蒂固的结构性矛盾之一。近年来，黎国内分别以什叶派和逊尼派为基本力量，形成了两大政治阵营：一方以真主党为首、亲叙利亚政府和伊朗的“3·8”阵营，另一方则是以“未来阵线”[①] 为主导、亲沙特和西方的“3·14”阵营。在参与叙利亚内战的问题上，两大阵营和主要教派的立场严重对立：包括逊尼派和部分基督徒在内的众多黎巴嫩人明确支持叙利亚“人民起义”，但什叶派和部分基督徒则支持叙利亚阿拉维派政权。

真主党的参战行为大大恶化了黎巴嫩国内早已四分五裂的政治局势，使得什叶派与逊尼派的对立情绪更加严重。[②] 真主党遭受了日益严重的舆论压力，反真主党的政治派别认为它只是一个什叶派民兵组织，缺乏对黎巴嫩的忠诚，拒绝接受黎巴嫩国家领导。[③] 自真主党 2013 年 5 月扩大对叙利亚内战的参与范围以来，它就遭到一系列的报复性袭击。2013 年 5 月 26 日，两枚火箭弹击中黎巴嫩首都贝鲁特南郊的真主党据点，而就在一天前，纳斯鲁拉宣布他的组织将全力参与叙利亚的战斗。[④] 2013 年 7 月中旬，一枚汽车炸弹在真主党据点达希耶赫引爆，造成 50 多人受伤。[⑤] 更大规模的袭击发生在 2013 年 8 月 15 日，贝鲁特南部的真主党居民区发生一起汽车爆炸事件，18 人死亡，近 300 人受伤。[⑥] 2015 年 11 月 12 日，贝鲁特南郊真主党控制区布拉杰·巴拉杰纳居民区又发生两起自杀式爆炸，40 人死亡，200 多人受伤。[⑦]

---

① 黎巴嫩“未来阵线”（Future Movement）由黎前总理哈里里（逊尼派）创建。2005 年 2 月哈里里遇刺后，其子萨阿德·哈里里接任“未来阵线”领袖。同年 6 月，萨阿德领导的竞选联盟在议会选举中赢得近 60% 的议席，“未来阵线”跃升为黎政坛和议会第一大党派。

② Chafic Choucair, *Hezbollah in Syria: Gains, Losses and Changes*, Al Jazeera Center for Studies, June 1, 2016, p. 5.

③ Ibid., p. 25.

④ Anne Barnard, “Hezbollah Areas in Beirut are Hit”, *The New York Times*, May 26, 2013, http://www.nytimes.com/2013/05/27/world/middleeast/rockets-strike-hezbollahs-beirut-stronghold.html, 2018-02-13.

⑤ Laila Bassam and Mariam Karouny, “Over 50 Hurt as Car Bomb Hits Hezbollah Beirut Stronghold”, *Reuters*, July 9, 2013, http://www.reuters.com/article/2013/07/09/us-lebanon-explosion-idUsbre96807z20130709, 2018-02-14.

⑥ Patrick J. McDonnell, “Car Bomb in Beirut Kills at least 18 in Hezbollah Stronghold”, *Los Angeles Times*, August 15, 2013, http://articles.latimes.com/2013/aug/15/world/la-fg-beirut-bombing-20130816, 2018-02-14.

⑦ Simon Tomlinson, “ISIS Releases Chilling Video Threatening to Attack Russia ‘very soon’ and ‘Make their Wives Concubines’ Two Weeks after Claiming to have Bombed One of its Jets”, *Mail Online*, November 12, 2015, http://www.dailymail.co.uk/news/article-3315548/ISIS-releases-new-video-threatening-attacks-Russia-soon-warning-blood-spill-like-ocean-two-weeks-claiming-downed-one-jets.html, 2018-02-10.

可以说，教派冲突的激化是真主党参与内战的直接后果之一。

（二）对地区形势的影响

1. 挽救巴沙尔政权，强化联盟体系

真主党在叙利亚大规模的军事参与直接挽救了巴沙尔政权，同时维护和加强了早已形成的什叶派联盟。在库赛尔、阿勒颇等具有重要意义的战役中，真主党都发挥了重要作用。截至2017年末，巴沙尔政权已实际控制叙利亚60%的领土。没有真主党过去几年在战场上的贡献，叙利亚政府军就不可能在库赛尔、霍姆斯、卡拉蒙和大马士革战役中取得胜利。

参与叙利亚内战的成效证明了真主党在“抵抗轴心”联盟体系中发挥的重要作用。作为伊朗地区战略的重要资产，真主党可被用来训练更多的抵抗力量，如伊拉克什叶派武装和也门胡塞武装，它们可能会在未来的地区冲突中发挥作用。① 真主党在叙利亚的参与也加强了“抵抗轴心”成员之间的关系，并导致该联盟的区域战略目标持续趋同，即更加坚定反对以色列和美国在中东的利益。这种共生关系的巩固也将大大有利于真主党的发展，因为叙利亚政权和伊斯兰革命卫队都将继续向该组织投入资金和武器。如果该组织受到威胁，伊朗和叙利亚政权将是它坚定的支持者。②

2. 卷入地区冲突

真主党参与叙利亚内战使其前所未有地卷入了大规模地区冲突，恶化了其在中东地区和阿拉伯世界的处境。真主党对巴沙尔政权的支持意味着它坚定地站在阿拉伯世界不受欢迎的少数人一边，许多阿拉伯人指责它是“杀害人民的独裁者的同谋”。③ 真主党不仅在阿拉伯世界的舆论中处于极为不利的处境，还遭到大多数阿拉伯国家政府的严厉指责。真主党支持叙政府的政策同主张推翻叙政府的海湾国家的政策产生尖锐矛盾，后者指控真主党资助沙特和巴林什叶派进行反政府活动。2013年7月22日，欧盟首次通过决议将

---

① Marisa Sullivan, *Hezbollah in Syria*, Middle East Security Report, No. 19, April 2014, p. 25.

② Chafic Choucair, *Hezbollah in Syria: Gains, Losses and Changes*, Al Jazeera Center for Studies, June 1, 2016, p. 6.

③ Hanin Ghaddar, “Can Hezbollah Survive the Fall of Assad?”, *The New York Times*, August 29, 2012, http://www.nytimes.com/2012/08/29/opinion/can-hezbollah-survive-the-fall-of-assad.html, 2018-01-10.

真主党武装列入恐怖组织名单。① 2016 年 2 月 22 日，沙特宣布中止对黎巴嫩的军事援助，谴责真主党绑架国家意志。② 3 月 11 日，在沙特等国家的推动下，阿盟发表决议史无前例地将真主党定性为恐怖组织。③

事实证明，随着伊朗和沙特两国争夺地区领导权的冲突加剧，真主党作为依附于伊朗的政治军事组织深刻卷入地区教派冲突和大国博弈。2017 年 11 月发生的“哈里里辞职事件”是真主党卷入该泥潭的缩影。2017 年 11 月 4 日，黎巴嫩总理萨阿德·哈里里（Saad Hariri）在沙特首都利雅得的一处秘密地点通过有沙特王室背景的阿拉伯电视台发表电视讲话，宣布辞去总理一职。在讲话中，哈里里称其人身安全受到“刺杀阴谋”的威胁，并指责伊朗与其代理人黎巴嫩真主党“劫持”了黎巴嫩、挑起了阿拉伯世界内讧、在中东地区制造混乱、冲突和破坏。④ 实际上，由于巴沙尔政权获得俄罗斯、伊朗、黎巴嫩真主党等域内外势力的强力支持，使沙特颠覆巴沙尔政权的叙利亚政策化为泡影，如果真主党力量继续增强，不仅对沙特支持的逊尼派不利，而且会不断扩大伊朗在叙利亚和黎巴嫩的影响，这就是沙特对其长期支持的哈里里政府严重不满并逼迫其辞职，并打击真主党、对黎巴嫩政坛进行重新洗牌的原因所在。

结　语

参与叙利亚内战既是真主党发展的一个重要转折点，也是其权衡利弊后迫不得已做出的一个重要选择。自 1982 年诞生以来，真主党的武装力量长期局限于黎巴嫩本国，但盟友叙利亚巴沙尔政权覆灭的现实危险促使它第一次派出大量人员到域外作战。真主党、巴沙尔政权和伊朗在叙利亚的协同抗敌

---

① Nicholas Blanford, “The EU has Voted to Blacklist only the ‘Military Wing’ of Hezbollah, allowing Members to Continue Interacting with Hezbollah's Political Leaders”, *Middle East Studies*, July 22, 2013, https://www.csmonitor.com/World/Middle-East/2013/0722/EU-blacklists-Hezbollah-sort-of, 2018-02-14.

② “Aoun Fails to Restore Saudi Military Aid to Lebanon”, Middle East Monitor, January 11, 2017, https://www.middleeastmonitor.com/20170111-aoun-fails-to-restore-saudi-military-aid-to-lebanon/, 2018-02-10.

③ Yahya Arhab, *Arab League Labels Hezbollah a ‘Terrorist’ Group*, Al Jazeera Center for Studies, March 12, 2016.

④ Chandrika Narayan, “Lebanon's Prime Minister Resigns, Plunging Nation into New Political Crisis”, *CNN*, November 5, 2017, https://edition.cnn.com/2017/11/04/middleeast/lebanese-prime-minister-saad-hariri-resigns/index.html, 2018-02-10.

反映了三者牢固的同盟关系，而行动本身又进一步使三者的利益紧密地捆绑在一起。经过几年的战斗，真主党以付出大量伤亡的代价，实现了确保巴沙尔政权生存的战略目标。真主党深度参与地区冲突为其在黎巴嫩国内外引来了更多的仇恨，因此总体上大大恶化了其生存环境。但是，只要以阿以冲突为核心的中东争端存在、教派掩盖下的地区和国家博弈持续进行，真主党就仍然具有巨大的发展空间。

Analysis of Lebanese Hezbollah's Participation in the Civil War in Syria

Shen Lang; Li Fuquan

Abstract Considering its own interests, geopolitical needs and Iranian influence, Hezbollah in Lebanon has made a distinction between the Arab Spring and the Syrian civil war. In order to save the Bashar regime, Hezbollah formally declared its involvement in the Syrian civil war in May 2013, thus greatly strengthening its military strength and regional alliance. As the confrontation between Saudi Arabia and Iran continues to escalate, Hezbollah's transnational actions have taken on more regional sectarian conflicts. The worsening sectarian conflicts and the intensification of the power game in Lebanon also threaten the development of Hezbollah at all times. The seven years of involvement in the Syrian crisis have proved that this Lebanese force, developed from the Shi'ite militia, has become an important part of the Iranian-led "Shi'ite Arc". As long as the Arab-Israeli conflict as the core of the Middle East dispute exists, sectarian-concealed regional state game continues, Hezbollah will still have enormous room for development.

Key words: Syria Civil War; Hezbollah; Sectarian Conflict; Regional Conflict

2016年未遂军事政变后的土耳其政局及其走向[*]

朱传忠[**]

摘　要：2016年7月15日晚，土耳其发生了未遂军事政变，成为影响土耳其政治发展的重要事件。在此后的一年多时间里，土耳其政局很大程度上笼罩在未遂政变的阴影下，为解决未遂政变遗留问题，巩固权力，埃尔多安和土耳其政府采取了多种措施，包括实施并数次延长国家紧急状态，稳定政局；逮捕和打压居伦分子，涉及警察、国防、教育、内政等多个部门；通过修宪公投，实现土耳其政治体制变革；实现执政党内领导人更替和政府成员更替，巩固埃氏的核心地位；分化压制反对派政党尤其是亲库尔德政党和左翼政党组织；越境干预叙利亚和伊拉克，打击库尔德工人党武装和极端武装力量。

关键词：未遂军事政变　正义与发展党　威权治理　主导党体制

2016年7月15日晚，土耳其发生了未遂军事政变，但土耳其政府于16日凌晨便将政变镇压。政变风波虽然被很快平息，然而此次政变却成为影响土耳其内政的重要事件，是2010年底中东变局以来的一个高潮性事件。① 2016年未遂政变为埃尔多安和执政党——正义与发展党实现政治理想以及改革土耳其政治体制的夙愿提供了千载难逢的契机，以此为契机，埃尔多安和执政党采取了多种举措，旨在巩固执政地位，加强自身权力，完成改制目标。2016年未遂军事政变后的土耳其政局可从以下六个方面进行解读。

---

*　本文为中国社会科学院金泽教授主持的国家社会科学基金重大委托项目《周边国家宗教发展趋势及其对我国社会稳定和文化安全的影响》（批准号为14@ZH028）和河南科技大学青年项目《伊斯兰政党与中东国家政治》的前期成果。

**　朱传忠，郑州大学世界史博士后，河南科技大学人文学院讲师，西北大学叙利亚研究中心兼职研究人员。

①　刘义：《埃尔多安"新土耳其"论与"土耳其模式"的危机》，《阿拉伯世界研究》2017年第1期。有报道称，2016年未遂军事政变是对埃尔多安执政的最大威胁。

（一）实施并数次延长国家紧急状态，稳定政局

2016年7月20日，土耳其总统埃尔多安宣布国家进入为期三个月的紧急状态，宣称政府要揪出政变背后的黑手，清除军队的“毒瘤”。7月21日，埃尔多安在接受半岛电视台采访时，称土耳其民主正在受到威胁，未遂政变是对土耳其国家的犯罪，在国家面临恐怖主义威胁时，实行紧急状态是采取必要举措的重要手段。①

2016年10月3日，土耳其副总理库尔图穆什宣布，该国实施的紧急状态自2016年10月19日起延长三个月，至2017年1月19日。2016年10月30日，土耳其政府宣布了新的紧急状态法令，禁止嫌疑人在审判前六个月内与辩护律师见面，这一举措立即被土耳其法律协会宣布为非法。②

2017年1月3日，土耳其大国民议会表决通过政府提交的再次延长紧急状态三个月的提议，将目前实施的紧急状态自1月19日起延长三个月。依照该法令（第685号行政令），2017年1月23日，土耳其紧急状态程序调查委员会（State of Emergency Procedures Investigation Commission）成立。③ 该委员会由7名成员组成，受理公职人员的复职申请。这些成员由总理府、司法部、最高法官和检察官委员会、最高上诉法院和国家委员会从法官、检察官和公职人员中选择产生。2017年5月16日，委员会成员最终确定，由司法部副次长（Selahaddin Menteş）担任委员会主席。④ 委员会计划运行两年，但并非法庭而是行政机构。

2017年4月17日，土耳其副总理库尔图穆什宣布，土内阁会议决定将目前实施的紧急状态自4月19日起再次延长3个月。这是土耳其第三次延长紧急状态。2017年5月18日，土耳其总统埃尔多安在土耳其工商业者会议上表示，除非土耳其恢复安宁，否则不会取消紧急状态。

---

① Erdogan Interview: Turkish Democracy is not Under Threat, July 21, 2016. http://www.aljazeera.com/news/2016/07/erdogan-turkish-democracy-threat-160720200310739.html.

② Burak Bekdil, “Turkey’s Slide into Authoritarianism”, *Middle East Quarterly*, Vol. 24, No. 1, Winter 2017, p. 5.

③ 2017年12月22日，该委员会做出第一份判决，据报道称自5月22日以来，有103276人申请复职。

④ 1970年10月3日出生于土耳其的马拉塔亚，1994年毕业于安卡拉大学法学院。2014年2月至2017年5月，担任土耳其司法部副次长，2017年5月至2017年10月，任调查委员会（Investigation Commission of State of Emergency Procedures）的主席，2017年10月18日被任命为司法部次长。

2017 年 7 月 17 日，土耳其大国民议会表决通过一项议案，将土耳其目前国内实施的紧急状态再度延长三个月。该项议案将于土耳其当地时间 7 月 19 日凌晨 1 时起生效。①

2017 年 10 月 17 日，土耳其大国民议会通过一项议案，决定将目前实施的紧急状态自 10 月 19 日起延长 3 个月。这是土耳其第五次延长紧急状态。2018 年 1 月 8 日，土耳其国家安全委员会建议第六次延长紧急状态。

综合看来，执政党正义与发展党之所以能够六次延长国家紧急状态，其主要原因有以下两个方面。

一是国内安全稳定的需要，土耳其面临着较大的安全风险和威胁；土耳其国家安全委员会宣称实行紧急状态有利于应对来自“居伦运动”等组织的安全威胁，保护法律秩序和公民权利。2017 年 1 月 1 日凌晨，“伊斯兰国”一名武装人员持枪闯入伊斯坦布尔市中心“雷纳”夜总会，向正在庆祝新年的人群扫射，造成 39 人死亡、69 人受伤。同时，土耳其还面临着难民问题和叙利亚北部库尔德人的巨大压力。

二是正义与发展党在土耳其大国民议会的较大优势；加之民族行动党的支持，这些因素使法案通过较为顺利。2015 年 11 月议会选举后，正义与发展党占据了 317 个席位，虽不能达到议会表决的多数，但优势明显；此外，民族行动党的支持，则为正义与发展党提供了有力支持。按目前的议席来说，该党占有 40 个议席，是议会第四大党，但在正义与发展党成功招募了图尔克斯之后，该党基本上处在分裂状态，在延长紧急状态和修宪方面与执政党保持一致。②

（二）逮捕和打击居伦分子

2016 年未遂军事政变发生后，土耳其政府认定旅居美国的居伦是此次政变的幕后黑手，在土耳其国内开启了大规模的逮捕行动。③ 其实，执政党正义与发展党与居伦运动的关系经历了一个发展演变的过程，经历了从初期的有限合作到后期的矛盾冲突直至彻底恶化。④

---

① 《土耳其第四次延长紧急状态，反对党称将导致国家进一步分化》，澎湃新闻网，2017 年 7 月 18 日，http：//www. thepaper. cn/newsDetail_ forward_ 1735864。

② 关于土耳其民族行动党的发展演变情况，可以参见朱传忠：《土耳其民族行动党的发展演变及其政治话语探析》，《西亚非洲》2013 年第 2 期。

③ 余泳、胡亦然：《土耳其正义与发展党和“居伦运动”的关系演化》，《阿拉伯世界研究》2017 年第 6 期。

④ 李智育、李艳枝、敏敬、朱传忠等学者都探讨过居伦运动的情况。

1. 双方关系简述

2012年2月，土耳其政府与居伦运动的分歧已经开始出现。① 国家情报机构主席费丹要求准备高级成员的资料，但正义与发展党的副主席侯赛因·切利克认为，指控居伦运动控制国家会被民众笑掉大牙。2013年5月底6月初，土耳其发生了大规模抗议活动，此时居伦开始发表声明，抗议政府的举措。"加济公园抗议事件"通常被视为正发党与"居伦运动"关系正式决裂的开端。

此外，政府和居伦运动在学校问题上也发生了分歧，2013年11月，正义与发展党向议会提交提案，以加强课程监管、保证教育公平为由，取缔全国的私立备考学校。支持居伦运动的媒体开始批评政府，《晨报》使用了这样的标题，如"教育政变"（Education Coup），"政变年代也未有之法令"。上述文字是2013年11月25日，《晨报》的发行总监在专栏中给埃尔多安的公开信中写到的，而居伦也声明，不会停止运营。然而，2014年2月，土耳其议会通过了法案，并于2015年2月生效。

土耳其执政党正义与发展党和居伦运动因2013年12月份的腐败丑闻事件而彻底决裂。2013年12月17日，土耳其检方系统中的"居伦运动"支持者以打击腐败为名，突然逮捕包括经济部部长之子和财政部部长之子在内的80余人，并对其中的24人提起正式诉讼。12月25日，内政、经济和环保部部长被迫辞职，埃尔多安不得不举行紧急会议，更换了近半数内阁成员。对此，埃尔多安政府随即展开有力反击。正义与发展党公开宣扬"平行机构"对国家政治发展产生了恶劣影响，宣布将彻查2013年12月17日的"反贪腐行动"，并有意将关乎"平行机构"规模的情报公之于众。

2. 土耳其政府的整肃行动

其实，在2014～2016年未遂军事政变发生前，土耳其当局一直在进行清洗行动。比如，在2013年腐败丑闻调查的过程中，土耳其政府开始了清洗行动。2014年1月，96名检察官和法官被委以新职务，调查就无疾而终。其中，伊兹密尔的大检察官侯赛因·巴什（Huseyin Bas）被调往萨姆松。英国《每日电讯》称，该事件是土耳其历史上最大的司法清洗。② 2015年12月，

---

① 也有报道称，双方的分歧自2004年就已经开始。2013年11月28日，《塔拉夫报》的主编迈哈迈特·巴兰苏（Mehmet Baransu）撰文称，2004年国家安全委员会会议决定取缔居伦运动，正发党成员予以否认。

② Turkey Continues with Huge Purge of Judges and Police，http：//www.telegraph.co.uk/news/worldnews/europe/turkey/10590399/Turkey－continues－with－huge－purge－of－judges－and－police.html.

土耳其政府将居伦组织列入了恐怖组织名单，称其为居伦恐怖网络（FETO）。在未遂政变被挫败后，埃尔多安称，“政变是安拉赐予我们的礼物，这将成为清洗我们敌人的理由。他们将为此付出沉重的代价。”政变第二天，就有 2745 名法官被捕或被解职，以后这一数字逐步攀升。① 土耳其政府采取的行动主要包括发布行政命令，整肃各级政府部门中的居伦分子；从涉及领域看，涉及经济、教育、媒体等领域。

第一，发布行政命令，逮捕相关人员。自 2016 年 7 月以来，土耳其政府先后发布了 20 个行政命令，约有 308 名记者入狱，5822 名学者失去了工作。② 据土耳其大清洗网站（Turkey Purge）的统计，截至 2017 年底，2016 年 7 月以来，被解职的人数为 151967 人，被收押的人数为 131225 人，被捕的人数为 63554 人，被取缔的学校数量为 3003 个，失去工作的学者为 5822 人，被解职的法官和检察官为 4463 人，被取缔的媒体为 187 个，被逮捕的记者为 308 人。③ 2017 年 1 月 5 日，艾尔祖鲁姆的一家法院判处两名军官终身监禁。2017 年 1 月 7 日，美联社报道，土耳其政府颁布法令，解除了来自 63 个国家机构的 8390 名公务员的职务，其中包括 2678 名警察、1699 名司法部工作人员、838 名卫生部工作人员和上百名其他部委的工作人员，同时还取缔了 83 个协会，包括体育俱乐部。此外，根据法令，631 名学者和 8 名部长委员会成员也被开除。④ 2017 年 1 月 23 日，多名政变嫌疑人要在伊斯坦布尔的一家法院接受审判。2017 年 12 月 24 日，土耳其政府颁布行政令，来自内政部、外交部和国防部的 2756 名工作人员被解职。其中包括 637 名军人，105 名学者。此外，17 家机构被取缔。⑤ 2018 年 1 月 1 日，土耳其警方逮捕

---

① 2016 年 11 月初，这一数字升至 11 万；在 2016 年 11 月 22 日公布行政令后，这一数字升至 125000 人；而在 2017 年 1 月 7 日行政令公布后，达到了 135000 人；到 2017 年 4 月 29 日，约有 16 万人被停职或逮捕。

② 政府行政令的编号分别是 2016 年 7 月 25 日颁布的第 668 号行政令、2016 年 7 月 31 日颁布的第 669 号行政令、2016 年 8 月 17 日颁布的第 670、671 号行政令、2016 年 9 月 1 日颁布的第 672、673、674 号行政令、2016 年 9 月 29 日颁布的第 675、676 号行政令、2016 年 11 月 22 日颁布的第 677、678 号行政令、2017 年 1 月 6 日颁布的第 679、680、681 号行政令、2017 年 2 月 7 日颁布的第 686、687 号行政令、2017 年 4 月 29 日颁布的第 689 号行政令、2017 年 7 月 14 日颁布的第 692 号行政令、2017 年 8 月 25 日颁布的第 693、694 号行政令。2016 年 7 月 23 日，土耳其政府还颁布行政令取缔了 15 个大学。

③ https：//turkeypurge. com/.

④ Stuart Williams，Turkey Dismisses Over 8，000 in New Wave of Post-coup Purges，AFP，January 7，2017.

⑤ Turkey Dismisses Over 2，700 in Post-coup Purges，AFP，December 24，2017.

了至少15名法官、检察官和律师。一般认为，土耳其政府的行动，折射出土耳其伊斯兰主义者和世俗主义者之间的斗争。

第二，清洗军队、警察、政府相关部门内部的居伦分子。在军队的整肃过程中，截至2018年1月，共有8565名军官被除名，其中包括150名将军，4630名军官，2167名非委任军官（Non-commissioned Officers），1210名专业中士和合同兵，411名文职人员。此外，16409名军校学生也受到牵连。[①] 调整部队指挥体制，宪兵部队和海岸警卫队将归属内政部而非军队指挥。2016年7月16日，土耳其总理耶尔迪勒姆宣称已经逮捕了2839名军人，其中包括至少34名将军或上将，其中库里勒军事中学的学生也被捕，[②] 截至7月18日，总计有103名将军和上将被土耳其当局逮捕，其中包括土耳其驻阿富汗部队司令恰希特·贝基尔（Cahit Bakir）少将，在阿富汗负责援助和教育工作的申内尔·托普克（Sener Topuc）准将，因斯切利克空军基地司令贝基尔·埃尔詹·凡（Bekir Ercan Van）。7月28日，在最高军事委员会（YAS）会议前，两位将军伊赫桑·乌尔亚（Ihsan Uyar）和卡米尔·巴苏奥户（Kamil Başoğlu）辞职。[③] 根据《自由报》的报道，截至2016年7月28日，8000多名军官，包括157名将军（一说为149名）被清洗，占土耳其高层军官的44%。[④] 2016年7月31日（一说公布日期是7月27日），土耳其政府公布的行政令称，要关闭所有的军事高中，所有学生转至普通的公立中学。土耳其军方称，在参与未遂政变的8561名士兵中，1214人是“军校学生”。而在未遂政变后不久，库里勒军事学校（Kuleli Military School）的62名学生被土耳其当局逮捕。[⑤]

在警察部门，2016年8月17日，土耳其政府解除了2300多名警察、136名军官和196名政府雇员的职务；8月18日向187名嫌疑人发布了逮捕令。9月2日，清洗了约15000名与库工党有关的教师。10月4日，128000名警察被解职，10月29日，10131名雇员被解职，15家媒体被关停。

---

① Turkish Army to Hire Over 40，000 Personnel：State Media，3 Jan 2018，http：//www. aljazeera. com/news/2018/01/turkish - army - hire - 40000 - personnel - state - media - 180102153337491. html.

② 这个军事中学是奥斯曼帝国改革时期的产物。

③ 最高军事委员会会议一般在每年的8月30日胜利日举行，2016年由于未遂军事政变的发生，召开时间为7月28日。

④ Burak Bekdil，“Turkey's Slide into Authoritarianism”，*Middle East Quarterly*，Vol. 24，No. 1，Winter 2017，p. 6. 其中包括87名陆军将军、30名空军将军、32名准将。一说178名将军被捕，其中151人仍被关押，占358名将军的近半数。

⑤ 库里勒军事高中是土耳其历史上成立最早的军事中学，成立于1845年9月21日，土耳其多位总参谋长均出自这所学校。

与此同时，土耳其开始对军队的整肃，逮捕了数千名与政变图谋有关的军人，更换了多名军队高层人员。在警察和司法部门，2016 年 7 月 16 日，土耳其最高法官和检察官委员会解除了 2745 名法官的职务，其中 541 名是执行法官，2204 名是刑事法官，约占当时土耳其法官人数的 36%。两名来自土耳其宪法法院的法官阿尔帕斯兰・阿勒坦（Alparslan Altan）和埃尔达勒・特雷詹（Erdal Tercan）也在逮捕之列，此后国家委员会的 10 名（共 48 名）成员，上诉法院的 140 名成员也被逮捕。截至 2016 年 7 月 18 日，土耳其政府解除了 8777 名政府人员的职务，其中包括 7899 名警察、614 名宪兵、47 名区长和 30 名地方大员。7 月 19 日，755 名法官和检察官被捕，同一天，伊斯坦布尔市长侯赛因・阿费尼・穆特鲁（Hüseyin Avni Mutlu）被解职。而在前一天（7 月 18 日），伊斯坦布尔西西里区的区长杰米利・詹达斯（Cemil Candaş）被不明身份的人员暗杀。

在议会部门，2016 年 7 月 20 日，土耳其议会开除了 8 名高级行政人员，对另外两人的职务进行了职务调整。8 人中，其中 2 人是副秘书长，2 人是法律事务主任和副主任，1 人是预算事务副主席，1 人是研究事务主任，1 人是媒体和公共关系事务副主任，1 人是支持事务副主任。[①] 据称，还有 200 名与居伦运动有关的成员会被解职。

在教育部门，2016 年 7 月 20 日，土耳其当局关停了 626 家教育机构。2016 年 7 月 28 日，土耳其当局决定关停多家媒体机构，其中包括 45 家报纸。2016 年 11 月 22 日，政府宣布了对 11500 名人员的解职令，其中安全部队 7600 人，内政部 2700 人，教育部 1200 人。随着这一命令的公布，550 协会、9 家媒体、19 家私人媒体受到影响，其资金和财产被土耳其财政部冻结。

第三，其他领域的整肃行动。在经济领域，土耳其政府强制没收了 1000 多家公司和价值 110 亿美元的资产，指责它们与居伦和政变有关。在媒体领域，电视台、报纸和其他媒体都受到不同程度的牵连。自 2016 年 9 月初以来，紧急状态的风向转向了库尔德群体，土耳其当局解除了 12000 名教师的职务，解除了 24 名已当选的市长的职务，逮捕了民主人民党的共同主席。土耳其学术界也是清洗的重要目标。截至 2017 年 2 月，有超过 4000 名学者被开除。2016 年 1 月，土耳其学者联合签署了《和平宣言》。签署《和平宣言》的经济学家奥兹勒姆・贝拉克（Ozlem Albayrak）认为 2016 年 7 月 15 日未遂政变是正义与发展党的

① Nuray Babacan, Turkish Parliament Dismisses eight Executives as Crackdown on Gülenists Continues, July 20 2016, http://www.hurriyetdailynews.com/turkish-parliament-dismisses-eight-executives-as-crackdown-on-gulenists-continues-101855.

“一个重大机遇”（a Big Opportunity），正义与发展党的真正问题不是居伦分子而是反对派。① 被除名的学者这样评价清洗行动，哲学家内尔衮·托克（Nilgun Toker）称清洗是“知识分子的种族灭绝”，宪法学教授伊布拉希姆·卡比奥卢（Ibrahim Kaboglu）则称清洗是“天大的玩笑”，在谈及伊玛目为修宪公投造势时，卡比奥卢称土耳其正成为一个“伊玛目能够说话，教授却不能”的国家。②

第四，关停并取缔居伦学校。居伦学校遍布世界，约有1000所，其中约300所在土耳其。2016年7月23日，土耳其当局关停了1043家私立学校，1229个慈善机构和基金会，19个工会，15所大学和35个医疗机构。此外，土耳其政府还采取了另外一种方式来接管居伦学校。2016年6月17日，正义与发展党成立了马尔算夫基金会（Maarif Foundation），土耳其教育部部长伊斯梅特·耶尔马兹（ismet Yılmaz）称，基金会属于土耳其国家，是土耳其全球能力的重要证明，在这一方面土耳其赶上了英美的脚步。基金会的理事会包括12名成员，其中4人来自总统府，3人来自内阁，2人来自教育部，其余来自外交部、财政部和高等教育委员会。截至2018年1月，该基金会与非洲26个国家签署了合作备忘录，其中16个国家已经移交了相关学校，基金会将继续为8900名学生提供教育。然而反对者却并不这么认为，土耳其时刻（Turkey Minute）的专栏作家阿卜杜拉赫·布扎库特（Abdullah Bozkurt）称，“埃尔多安想成为哈里发，穆斯林世界的领导人，基金会是他影响非土耳其穆斯林群体的工具”。③ 鲁文大学跨文化研究学者埃尔坎·图斯鲁（Erkan Toğuşlu）称，“基金会看似是一个正常的教育机构，但其业务范围如此广泛，就像是教育部的平行机构。它与土耳其其他基金会的最大差别是，它打着土耳其国家的旗号，拿着国家预算”。④ 在土耳其政府关停取缔了国内与居伦运动有联系的各级学校和培训机构的同时，世界许多国家还逮捕了与居伦运动有关的企业家和学者，这些国家有安哥拉、阿塞拜疆、巴林、保加利

① Sibel Hurtas, The Collapse of Turkish Academia, February 13, 2017, https://www.al-monitor.com/pulse/originals/2017/02/turkey-academics-purges-collapse-of-academia.html.

② Sibel Hurtas, The Collapse of Turkish Academia, February 13, 2017, https://www.al-monitor.com/pulse/originals/2017/02/turkey-academics-purges-collapse-of-academia.html.

③ Erdogan Pushes further to Replace Gülen Schools in Africa to Spread his Ideology, January 27, 2018, http://hizmetnews.com/23839/erdogan-pushes-replace-gulen-schools-africa-spread-ideology/#.Wn4o21OOzd0.

④ Erkan Toğuşlu, “The Turbulence between AKP and Hizmet: The African Case”, p. 19, https://www.hizmetstudies.org/assets/docs/The_Turbulence_between_AKP_and_Hizmet.pdf.

亚、格鲁吉亚、印度尼西亚等国家。以苏丹为例，在土耳其政府的呼吁和要求下，苏丹政府关停了该国的两所居伦学校。苏丹外交部发言人贾里比·阿拉赫·哈迪尔（Garib Allah Khidir）称，“土耳其政府要求关停居伦学校，这两所学校共有来自不同国家的800多名学生，大部分学生是苏丹人。苏丹教育部会将其转给苏丹私营机构运营的学校，以免学生受到影响”。而土耳其驻苏丹大使贾迈勒·艾登（Jamal Al-Din Aydin）则称，苏丹将实行居伦学校国有化项目，土耳其教育将派员予以协助。① 2017年初，安哥拉、埃塞俄比亚、马达加斯加、摩洛哥和坦桑尼亚关停了居伦学校。2017年10月，土耳其外长恰武什奥卢称，土耳其政府要求15个国家关停居伦学校，截至2017年底，阿富汗、乍得、格鲁吉亚、马里、尼日利亚、卢旺达、苏丹、突尼斯都关停或移交了居伦学校。②

3. 国际社会的反应

政变后的清洗行动引发了国际社会的普遍关注，美国、法国以及欧盟和联合国均做出了回应，其中反对和批评的声音较多。

2016年7月18日，美国国务卿约翰·克里督促土耳其当局停止压迫其公民，暗指行动是“压制反对者”。法国外长、前总理让·马克·埃罗称，“要警惕反对民主的政治制度”。欧盟负责土耳其入盟事务的高级专员约翰内斯·哈恩（Johannes Hahn）称，“我非常关切，这也是我们所担忧的。在未遂政变前，土耳其政府已经准备好了逮捕政治反对派的名单，现在终于等到了合适的机会。”③ 欧盟外交事务和安全政策联盟的高级代表费代丽卡·莫盖里尼（Federica Mogherini）称，我们所看到的，特别是大学、媒体和司法领域，（清洗行动）是不能被接受的。土耳其总统埃尔多安在谈及引渡居伦时，称“我们向你要个恐怖分子……你仍然反对……什么法院？恐怖分子的法院吗？取消绿卡就那么难吗？”④ 2016年11

① Ahemd Younis, Sudan Closes Gulen Schools in Response to Turkish Government's Request, August 6, 2016, https://eng - archive. aawsat. com/ahmedyounis/news - middle - east/sudan - closes - gulen - schools - response - turkish - governments - request.

② Nate Schenkkan, The Remarkable Scale of Turkey's "Global Purge", January 29, 2018, https://www. foreignaffairs. com/articles/turkey/2018 - 01 - 29/remarkable - scale - turkeys - global - purge.

③ Turkey Coup Attempt: Government had List of Arrests Prepared before Rebellion, EU Commissioner Says, 18 July 2016, https://www. independent. co. uk/news/world/europe/turkey - coup - attempt - erdogan - government - arrests - military - uprising - eu - commissioner - a7142426. html.

④ Bob Unruh, "Obama Lives in Make - believe World with Muslim Dictator Erdogan," World Net Daily, Oct. 3, 2016, http://www. wnd. com/2016/10/obama - lives - in - make - believe - world - with - muslim - dictator - erdogan/.

月22日，欧洲议会以497票对37票暂时冻结土耳其的入盟谈判，以回应土耳其的清洗行动。

2016年7月，联合国安理会在英国的倡议下，曾起草了有关各方尊重土耳其民选政府和法治，并使各方保持克制，避免暴力的提案，但遭到埃及的反对。2016年8月，联合国人权事务高级专员扎伊德·拉阿德·侯赛因（Zeid Ra'ad Al Hussein）反对未遂政变和使用大规模清洗行动实现报复的渴望。伍德罗威尔逊国际研究中心中东项目的负责人亨利·巴尔克（Henri J. Barkey）甚至将2016年清洗与1980～1987年伊朗的文化革命相提并论。2016年7月27日，联合国秘书长潘基文的发言人法尔汗·哈克（Farhan Haq）称，“秘书长相信土耳其政府能够把这一不确定时刻变成团结时刻，保卫土耳其民主。”

此外，欧洲大学理事会（EUA）强烈谴责土耳其高等教育机构教师的被迫辞职行为，呼吁欧洲政府、大学和学者予以反对，支持土耳其的民主，包括机构自主、学者和学生自由。

（三）实现执政党内领导人更替和政府成员更替，巩固埃氏核心地位

近年来，土耳其正义与发展党的党内核心领导层更替相对频繁，先后举行了三次特别大会，实现了核心领导层的更替，与执政党核心领导更替相伴而来的是多届内阁及其成员的更替。

第一，正义与发展党高层领导人的三次更替。2014年8月10日，埃尔多安当选土耳其总统，按照当时的土耳其宪法规定，土总统不能属于任何党派，埃尔多安必须辞去党主席职务。2014年8月27日，埃尔多安正式就任土耳其总统前，时任外长的达武特奥卢在正义与发展党第一次特别大会上，接替埃尔多安成为党主席。然而在经历了2015年7月和2015年11月的两次选举后，埃尔多安与达武特奥卢之间可能出现了某种程度的分歧。对此，土耳其经济与外交政策研究中心（EDAM）的研究人员西纳·乌尔根（Sinan Ulgen）曾这样评价，“埃尔多安的最终目标是获得足够多的支持以转向总统制，而达武特奥卢的最终目标是巩固自身权力，成为一位成功的总理。”[①] 为进一步巩固埃尔多安的自身权力，2016年4月29日，正义与发展党中央决策与管理委员

① Orhan Coskun and Ercan Gurses, “Turkish Ruling Party Preparing to Replace PM Davutoglu: Officials”, Reuters, May 4, 2016.

会会议决定剥夺土总理任命该党省级组织成员的权力，被媒体称为“4·29决定”。2016年5月19日，正义与发展党中央执行委员会宣布宾纳利·耶尔德勒姆为主席候选人。5月22日，正义与发展党举行第二次特别大会，更加亲埃尔多安的宾纳利·耶尔德勒姆（Binali Yıldırım）成为党主席。2017年4月16日，土耳其举行修宪公投，土耳其实现了真正的行政总统制（Executive Presidency）。在修正案通过后，埃尔多安宣布其回归正义与发展党是必然的。2017年5月20~21日，正义与发展党举行第三次特别大会，作为唯一的候选人，埃尔多安再次成为正义与发展党的领导人。5月24日，耶尔迪勒姆当选为正义与发展党的议会党团主席。

第二，党内各大组织机构成员的更替与调整。依照正义与发展党党章，该党的主要中央机构有主席、副主席、中央决策与管理委员会、中央执行委员会等。2016~2017年，正义与发展党召开了两次特别大会，除选举新的党主席外，党的副主席和中央机构的组成人员也进行了调整。正义与发展党的网站显示，党的副主席有17位，中央决策与管理委员会成员有51位，中央执行委员会成员有23位，中央纪律委员会成员有11位，党内民主委员会成员有3位，政治伦理委员会（Siyasi Erem ve Etik Kurulu）成员有5人。①

第三，多届土耳其内阁的更替。后埃尔多安时代的土耳其政府，经历了三届达武特奥卢内阁和一届耶尔德勒姆内阁。三届奥卢内阁的存在时间分别是第一届（2014年8月27日至2015年8月28日）、第二届（2015年8月28日至2015年11月17日）、第三届（2015年11月24日至2016年5月24日）。2016年5月24日，耶尔德勒姆接替达武特奥卢成为土耳其政府总理，并任职至今。2016年8月31日，土耳其内阁进行了调整，更换了内政部部长和劳动与社会保障部部长。2017年7月19日，土耳其内阁进行了调整，更换了其中的11名内阁成员。

（四）修宪公投，推进政治体制改革

2017年4月16日，土耳其修宪公投正式拉开了序幕；在经历了11天的争议后，4月27日，土耳其最高选举委员会（YSK）正式公布了此次公投的

① 笔者在研究正义与发展党的过程中，发现2017年以前并没有政治伦理委员会这一机构，这是2017年特别大会之后新加的机构。关于正义与发展党的机构设置及其职能，可以参见朱传忠《正义与发展党及其执政实践研究》，西北大学博士学位论文，2014年。

结果。执政党正义与发展党主导的宪法修正案以 51.41% 的微弱多数获得通过。[①]

2016 年 10 月，一贯反对实行总统制的民族行动党，呼吁政府向议会提出议案，并称在修宪过程中予以配合和协助。2015 年 12 月 8 日，在经过一个月的谈判后，两党就新宪法达成了一致。[②] 2016 年 12 月 10 日，正义与发展党和民族行动党的议员提出了一个包括 21 个条款的修正案，并开始收集议员们的签名。在委员会讨论后，3 条修改建议被删掉，保留了 18 条。此后议会宪法委员会开始审查这些建议。[③] 2016 年 12 月 30 日，正义与发展党和民族行动党议员组成的宪法委员会向土耳其大国民议会递交了修宪草案。2017 年 1 月 21 日，土耳其议会在经过两轮投票后通过了该法案，339 名议员支持修宪，跨过了举行公投的 330 票门槛。[④] 2017 年 2 月 11 日，土耳其最高选举委员会正式宣布，定于 4 月 16 日举行公投。该法案共 18 条，但并不意味着只涉及了土耳其宪法的 18 个条款。其核心内容如下。

第一，土耳其政治体制将由议会制变为总统制。在名为《我们的决定是支持》的宣传手册中，正义与发展党罗列了总统制的好处，如政治稳定、快速有效的行动、强势立法和强势表现；安全且稳定的土耳其，议会会变得更强大，代表性会扩大；团结与协调，强大领导，强大土耳其。[⑤] 随之而来的是总统职权的变化，总统有权决定举行选举，有权发布行政命令，宣布国家紧急状态等。但与此同时，总统的职权也受到限制。如议会对总统有监督和制衡职责。此外，总统的职权也有一定限制，如总统无权就宪法规定

① 根据土耳其最高选举委员会公布的结果，反对修宪的比例为 48.59%。在土耳其最高选举委员会的正式结果公布之前，一说支持修宪的比例为 51.34%。关于正义与发展党时期土耳其修宪公投的研究可参见李艳枝《试论正义与发展党执政以来的土耳其修宪公投》，《外国问题研究》2017 年第 4 期。

② 此处的时间有些问题，主要是年份，怀疑为 2016 年。所以不论是维基百科、还是其他百科都会有错误，要查证核实。

③ 土耳其议会宪法委员会由 25 人组成，其中正义与发展党议员 15 人，共和人民党议员 5 人，人民民主党议员 3 人，民族行动党议员 2 人。委员会的主席是穆斯塔法·锡托普（Mustafa Şentop）。

④ 有投票资格的 537 个议员中，正义与发展党 315 人，共和人民党 133 人，民族行动党 39 人，人民民主的 48 人（11 人下狱），独立人士 2 人。民族行动党的 6 名议员反对，共和人民党和独立人士反对，人民民主党抵制投票。2017 年 1 月 9 日，议会举行了第一轮投票，并于 1 月 15 日结束。卫生部部长（Recep Akdağ）被拍到敞开投票，这是宪法所不允许的。议员们发生了肢体冲突。2017 年 1 月 20 日，土耳其大国民议会第二轮投票结束，修正案获得通过。

⑤ AK Parti, *Our Decision Yes*, Department of Publicity and Media, 2017.

的问题发布行政令；总统无权就法律已经明确解决的问题发布行政令。此次通过的修宪法案中，土耳其1982年宪法第101条对总统任职条件、任期、候选人资格都做出了具体规定，而第104条、105条、106条则对总统职权、刑事责任、副总统等做出了具体规定。[①] 在行政权归总统后，1982年宪法中有关部长理事会的规定，需要做出相应的修改。因此，修正案认为宪法第8、17、19、93、125、148、153、155条需要修改；而宪法第73、78条中的"部长理事会"则由"总统"一词代替；宪法第123、124、134、137、148、149、150、151、152、153、158、166、167条也要做出相应修改；比如说第158条第一段的中的"文官、行政和军队"替换为"文官和行政"；而第166条中的"向政府"改为"向总统"，而第167条中的"对部长理事会"改为"对总统"。[②]

第二，议会职责、议员年龄和人数的变化。议会的主要职权是制定、修改和废止法律；讨论和通过预算法案和最终决算法案；决定发行货币和宣战；批准国际条约；议会3/5多数通过决定大赦和赦免；行使宪法其他条款规定的职责。[③] 由此可见，议会将关注立法；代表人民监督政府；议员提交立法建议；总统受议会监督和制衡；鼓励议员参与地区事务，立法过程中反映民族意志；议会意志将主导立法进程。[④] 议员的最低年龄从25岁降至18岁；议会的人数从550人增加至600人。

第三，土耳其司法体制的变化。根据新的修宪法案，土耳其司法体制将再次发生变化，这表现在以下几个方面。一是最高法官检察官的组成人员和产生方式的变化。改革最高法官与检察官委员会（HSYK）的结构和选举办法，委员会更名为法官与检察官委员会；委员会的人数从22人降至13人，理事会（chamber）的人数从3人降至2人；司法部部长（担任主席）和副部长为当然人选；总统选择4名人选；7名人选由议会进行选举；通过授权议会选举，增强了民主合法性；消除司法机构人员之间的派系和竞争，议会意志优先。[⑤] 总统当选后，必须于30天内确定委员会人选，相关人员必须在40天内就职。二是军队司法机构的变化。全面废除军队司法，仅保留纪律法院；仅在战争期间设立军事法庭；保持司法统一，废除军事和平民之间的分

---

① AK Parti，*Our Decision Yes*，Department of Publicity and Media，2017，pp. 31－36.

② AK Parti，*Our Decision Yes*，Department of Publicity and Media，2017，pp. 44－46.

③ AK Parti，*Our Decision Yes*，Department of Publicity and Media，2017，p. 27.

④ AK Parti，*Our Decision Yes*，Department of Publicity and Media，2017，p. 7.

⑤ AK Parti，*Our Decision Yes*，Department of Publicity and Media，2017，p. 22.

离；所有公民在相同司法机构受审。实施符合欧盟标准和提高民主水平的举措。[①] 三是加入不偏私原则。不偏私成为宪法条款；这将增强对司法机构的信任；不偏私将成为未来司法规范的基础，依照新规，居伦结构（FETO-type structures）对法官和检察官委员会（CJP）施加影响的机会就没有了。

此次土耳其修宪公投在过程与结果方面都表现出与以往选举和公投不同的特点，主要体现在以下三个方面。

第一，国外宣传公投受阻，土欧关系面临选择。在公投前，土耳其政府和正发党的高官分别前往德国、奥地利、荷兰、瑞士等国，动员当地土耳其人参加公投。此举在欧洲多国激起政治浪花。3 月初，德国连续取消两场土耳其部长级官员参加的有关宪法公投的集会。3 月 9 日，瑞士苏黎世地方政府宣布，由于安全不能保障，取消土外长恰武什奥卢定于 12 日出席的旅居瑞士的土耳其人集会活动。3 月 11 日，荷兰政府以“公共安全方面的原因”，禁止土外长恰武什奥卢所乘坐的班机着陆。此外，3 月 12 日，丹麦首相拉斯穆森在一份新闻通报中说，鉴于当前土耳其和荷兰及德国之间的矛盾升级，建议土耳其总理耶尔德勒姆推迟访问丹麦。[②] 必须指出的是，土欧关系仅仅是因为公投宣传遇到了风波，而不是遭遇灭顶的风浪。

第二，国内政治力量分歧严重，反对党质疑公投结果。首先，支持阵营内部有政党成员反对公投法案。2017 年 1 月 31 日，民族行动党内部的反对派第一次举行集会。2017 年 2 月 18 日，被民族行动党内部的反对派在安卡拉举行名为“土耳其民族主义者说不”的集会，此前被民族行动党开除的梅拉勒·埃克申内尔（Meral Akşener）等人悉数参加。其中优素福·哈拉杰奥卢（Yusuf Halaçoğlu）称，审查宪法修正案的条款时，发现它既不能确保稳定，也不能结束恐怖，也不能结束行政的混乱。不稳定的真正原因是那些已经执政十四年的人。他指责正义与发展党会把国家带入混乱。修正案中没有一个需要“赞成”的条款，不论是为共和国，抑或土耳其的生存，抑或土耳其民族的未来。[③] 其次，反对党质疑公投结果。以共和人民党为例，2017 年 4 月 18 日，该党主席科勒迟达奥卢在官方推特上称，“4 月 16 日，政府与最

① AK Parti, *Our Decision Yes*, Department of Publicity and Media, 2017, p. 21.

② 《外交交锋升级 土欧关系何处去》，2017 年 3 月 13 日，http://news.163.com/17/0313/17/CFE42J8R000187V5.html。

③ Opposition MHP Dissidents Launch “No” Campaign in Turkey's Referendum, February/19/2017, http://www.hurriyetdailynews.com/opposition-mhp-dissidents-launch-no-campaign-in-turkeys-referendum.aspx? pageID=238&nid=109914&NewsCatID=338.

高选举委员会合谋发动了针对民族意志的政变，他们违规计票，我们将检查每一张赞成票”。在计票过程中，最高选举委员会视未密封的选票为有效选票，而这一决定证明反对阵营赢得了公投。我们现在不承认而且将来也不承认选举，这次选举在历史上将被书写为“未密封选举”（Unsealed Election）。应该尊重民族意志，重新举行公投。我们不会停止斗争，直到正义实现。① 再以人民民主党为例，人民民主党呼吁土耳其最高选举委员会宣布4月16日公投无效，原因是该委员会最后时刻决定承认为密封选票有效。2017年4月18日，在该党议会党团会议上，该党发言人奥斯曼·贝伊德米尔（Osman Baydemir）称最高选举委员会在2014年选举认为，比特里斯省（Bitlis）居雷马克区（Güroymak）的未密封选票无效。他称，我公开声明，如果你不承认你曾经做出的决定，那么你就不是一个仲裁者，而是其中一方。在2014年3月28日的地方选举中，民族地区党（BDP）是赢得选举的第一大党。然而，选举结果被最高选举委员会否决。6月1日，进行了又一次选举，民族地区党又赢了。认可未密封的选票是对选举的打击，反对斗争会再次开始。②

第三，民众参与公投，结果不出意外。正如民调机构预测显示，与2007年4月和2010年9月的公投相比，此次修宪公投算是“勉强通过”。③ 虽然土耳其最高选举委员会并没有公布最终的公投结果，但统计结果显示，修正案已经获得了通过。如何看到这次公投结果，个人觉得可以从土耳其国内和土耳其国外两个方面来看。

就国内层面看，公投支持率明显低于国外土耳其人。首先，土耳其三大城市的反对票占多数。伊斯坦布尔、安卡拉和伊兹密尔的反对票分别为51.4%、51.2%和68.8%。④ 其次，东南部省份的公投结果耐人寻味。根据土耳其《自由报》的报道称，支持阵营在东南部地区的得票增加，但各个省份的变化也说明了东南部省份选民政治取向的变化。与2015年11月1日的大选相比，在公投中，东南部9个省份中的5个投反对派，而公投参与率为83%。在加齐安泰普，支持率为62.46%，而在2015年11月选举中，正义与发展党和民

① Turkish Gov't and Election Board have Staged a Coup: CHP head, April/18/2017, http://www.hurriyetdailynews.com/turkish-govt-and-election-board-have-staged-a-coup-chp-head.aspx? pageID=238&nID=112171&NewsCatID=338.

② HDP Calls on Turkey's Election Board to Cancel Referendum, April/18/2017, http://www.hurriyetdailynews.com/hdp-calls-on-turkeys-election-board-to-cancel-referendum-.aspx? pageID=449&nID=112150&NewsCatID=338.

③ 2007年4月的支持率为68.95%，2010年9月的支持率为57.88%。

④ 《关于土耳其宪法公投的媒体评论和数字》，中东观察微信公众号，2014年4月19日。

族行动党的支持率为71.2%，下降了8.74个百分点。而在迪亚巴克尔，人民民主党和共和人民党在上次选举中的得票为74.4%，这次公投中的反对票为67.58%。在尚勒乌尔法，支持修宪的比例为70.8%，增加了3.4个百分点；而在图尼杰利，支持和反对的比例出现了惊人变化，80.42%的选民反对修宪。[①]就国外层面看，公投支持率明显较高，尤其是欧洲国家，这也从一个侧面说明正义与发展党官员前往欧洲宣传的重要性和必要性。公决在欧洲土耳其选民中的支持率分别为德国（63.07%）、荷兰（70.94%）、奥地利（73.23%）、比利时（74.98%）、法国（64.85%）、瑞士（61.92%）、英国（79.79%）。[②]

就此次土耳其修宪公投的影响而言，公投会对土耳其的政治体制、政党政治等领域产生重要的影响，主要体现在如下几个方面。

第一，土耳其政治体制和选举制度的变化。土耳其实行总统制的动议始于2005年，切利克和埃尔多安支持总统制，此后正义与发展党多次公开支持实行总统制，制定新宪法。正义与发展党的副主席（Hayati Yazıcı）提议2017年4月为公投时间。根据修宪草案规定，议会选举由每四年一次改为每五年一次；议会选举与总统选举同时举行；总统选举实行直选；由此五年的稳定期不会被打断。[③]而以新政治体制为基础，可能会出现学者所谓的“土耳其模式2.0版”。[④]或者如学者所言，“新土耳其”的出现预示着曾经被西方竭力推崇并树立为伊斯兰世界样板的“土耳其模式”正走向终结。未来的土耳其将坚定迈向伊斯兰主义、奥斯曼主义和欧亚主义的混合型道路。[⑤]

第二，执政党正义与发展党核心人员的变化。随着修宪法案的通过，执政党正义与发展党将再次发生新的变化。不出意外，埃尔多安会“回归”正义与发展党，重新担任党主席，党的各个机构如副主席、中央执行委员会、中央纪律委员会等又会发生新的变化，亲埃尔多安力量的核心地位将日益巩固，而反埃尔多安力量可能会被彻底清除出党。根据土耳其媒体的报道，执政党正义与发展党于2017年5月举行特别代表大会，现任总统埃尔多安再次成为该党主席。而在此之前，土耳其还将进行政府内阁成员的调整，据称许多新面孔将出

---

① Ruling AKP Sees Gains Over HDP in Southeastern Provinces, April/17/2017, http://www.hurriyetdailynews.com/ruling-akp-sees-gains-over-hdp-in-southeastern-provinces.aspx? pageID=238&nid=112124&NewsCatID=338.

② 《关于土耳其宪法公决的媒体评论和数字》，中东观察微信公众号，2014年4月19日。

③ AK Parti, *Our Decision Yes*, Department of Publicity and Media, 2017, p.13.

④ 《修宪公投涉险通过，埃尔多安的新土耳其模式新在哪里》，上海大学土耳其研究中心微信公众号，2017年4月19日。

⑤ 《修宪公投后的土耳其内政外交走向》，中东观察微信公众号，2017年4月18日。

现在政府成员中。2017 年 5 月 1 日，正义与发展党的中央委员会（MYK）和中央决策委员会（MKYK）举行会议，讨论了埃尔多安回归和特别大会的细节。同时，正义与发展党还成立了 11 人专门委员会评估公投表现，其成员包括正义与发展党的副主席（Hayati Yazıcı）、该党的官员穆斯塔法·阿塔什（Mustafa Ataş）、迈赫迪·埃克尔（Mehdi Eker）、杰夫戴特·耶尔马兹（Cevdet Yılmaz）以及副总理（Nurettin Canikli）、司法部部长（Bekir Bozdağ）等。该委员会将评估地方党组织的表现，选民的行为和趋向，议员个人的作用等。①

第三，土耳其政治形势和选举态势的变化。2017 年 3 月 27 日，土耳其总理耶尔迪勒姆在与媒体代表举行会谈时称，如果修宪法案在公投中获得通过，要改革 10% 的选举门槛。鉴于体制的改变，在总统制下，议员而非政党集团变得更加重要，所以需要改变。修宪通过后，选举法和政党法的改革是必需的。计划中的选举定于 2019 年 11 月 3 日举行。公投后还有许多事情需要处理。改革一个运行 94 年的制度并不容易，不可能一蹴而就。如果很快改革完毕，就会变成军人宪法。在 2019 年前我们都会努力制定土耳其法律的基础框架。最重要的改革是选举和政党法，我们准备讨论包括选举门槛、单一选区在内的每一个主题。②

总而言之，2017 年 4 月 16 日的修宪将对土耳其的未来政局和内外政策产生较为深远的影响。但也正如共和人民党的前主席德尼兹·巴伊卡尔所言，“比赛没有结束，还有下半场”。③ 的确如此，公投获得通过，仅仅是修宪进程的上半场，且赢得并不光彩；而下半场，亦即后公投时代的土耳其，如何修改各项法律，实现政治体制的平稳过渡，实现正义与发展党的内部平衡，也是摆在土耳其面前的重要课题。

（五）分化压制反对派政党尤其是亲库尔德政党

分化压制反对派政党，是正义与发展党执政时期的重要策略和手段。在

① Ruling AKP Awaits Return of President Erdoğan，May/01/2017，http：//www. hurriyetdailynews. com/ruling - akp - awaits - return - of - president - erdogan - . aspx？ pageID = 517&nID = 112625&NewsCatID = 338.

② “Threshold and Election Procedure Could Change”：PM Yıldırım，March/27/2017，http：//www. hurriyetdailynews. com/threshold - and - election - procedure - could - change - pm - yildirim. aspx？ pageID = 238&nID = 111298&NewsCatID = 338.

③ Erdoğan Says “Game Over” after Referendum，CHP Says “Only First Half has Finished”，April/21/2017，http：//www. hurriyetdailynews. com/erdogan - says - game - over - after - referendum - chp - says - only - first - half - has - finished. aspx？ pageID = 449&nID = 112303&NewsCatID = 338.

2015 年议会选举中，正义与发展党就成功分化了民族行动党，招揽了该党的副主席图尔克斯加入正义与发展党，增强了自身实力。2016 年未遂军事政变后，正义与发展党分化、压制反对党的政策仍在继续，正义与发展党的一党独大局面初步形成。

第一，压制亲库尔德政党。人民民主党（HDP）是土耳其最大的合法的亲库尔德政党（Pro-kurdish Party）。[①] 在 2015 年 6 月和 2015 年 11 月的土耳其议会选举中，人民民主党成功地跨过了 10% 的选举门槛，成为第一个进入土耳其大国民议会的亲库尔德政党。2016 年 5 月，土耳其大国民议会试图通过议案，废除宪法第 138 条临时条款，即解除议员的豁免权。[②] 在无记名投票中，约有 376 名议员支持该提案。2016 年 9 月 11 日，土耳其内政部证实 28 位市长被撤换。[③] 在对人民民主党的行动中，59 名议员中，15 人被调查，12 人被捕，2 人在外，1 人失踪。2016 年 10 月 5 日，土耳其政府关闭了亲库尔德的电视台——IMC TV，理由是报道土耳其的敏感问题。2016 年 11 月 4 日，土耳其政府下令逮捕人民民主党的两位党主席和 11 名议员，指责他们与库尔德工人党有联系，是库尔德工人党的政治代表（Political Wing）。[④] 自 2016 年 9 月份以来，土耳其当局将矛头对准了库尔德政党，超过 1478 名政治活跃分子和 78 名当选市长被收监。人民民主党的共同主席（Selahattin Demirtas）和（Figen Yüksekdağ）都被逮捕，分别被判处 142 年和 83 年监禁，主要指控是“经营恐怖主义组织”。[⑤]

此外，自 2018 年 1 月 20 日土耳其发动橄榄枝行动以来，约 500 名人民民主党的成员因反对此项行动而被捕。1 月 21 日，针对人民民主党反对阿夫

---

① 关于土耳其亲库尔德政党的发展演变过程，可以参见唐志超《中东库尔德民族问题透视》，社会科学文献出版社，2013。

② 据当时的报道称，约有 51 名共和人民党党员、50 名人民民主党议员、27 名正义与发展党议员、9 名民族行动党议员、1 名独立人士面临调查。Turkey Passes Bill to Strip Politicians of Immunity，21 May 2016，http：//www. aljazeera. com/news/2016/05/turkey – passes – bill – strip – lawmakers – immunity – 160520103841992. html.

③ 《土耳其 28 名市长被停职：被指涉库尔德武装和未遂政变》，2016 年 9 月 12 日，http：//news. china. com/internationalgd/10000166/20160912/23534816. html.

④ Turkey Detains HDP Leaders Demirtas and Yuksekdag，4 Nov 2016，http：//www. aljazeera. com/news/2016/11/turkey – detains – hdp – leaders – demirtas – yuksekdag – 161104042853124. html.

⑤ 萨拉哈丁·德米尔塔什，1973 年 4 月 10 日出生于一个扎扎库尔德人家庭，曾参加 2014 年土耳其总统选举，并获得了 9. 7% 的选票。2016 年 9 月 4 日被捕，2017 年 1 月 18 日，被判 142 年监禁。费金·于克塞达，生于 1971 年，2017 年 2 月 21 日被土耳其法院剥夺了议员资格；3 月 9 日，因被判六年监禁被剥夺了党员资格和领导人资格。

林行动的倡议，土耳其总统埃尔多安称，“没有人会当回事……他们将为此付出沉重的代价；这是民族斗争。我们会清洗（crush）所有反对行动的人，在该问题上没有妥协或容忍。”[①] 1月28日，人民民主党中央执行委员会发表声明称，“安全威胁只是借口，反对土耳其入侵叙利亚，行动明显违反了国际法”。2018年2月8日，土耳其安卡拉检察署发表逮捕令，30名人民民主党和人民民主大会的成员被捕。在这种情况下，2018年2月8日，人民民主党提名佩尔文·布尔丹（Pervin Buldan）和赛扎伊·泰梅利（Sezai Temelli）为共同党主席候选人。[②] 2月11日，人民民主党举行第三次大会，两位候选人均当选。泰梅利称，“2018年将是我们（人民民主党）继续为民主与和平而斗争的一年”。[③] 而布尔丹在当选前则称，“无论他们怎么孤立我们，无论他们怎么通过暴力和压迫手段打压我们，我们都要仰仗我们强大的权利，像太阳一样展现我们的合法性”。“我们不会成为这段黑暗无序的土耳其历史的共犯。”[④]

第二，土耳其政党分化组合加速，反对党、在野党的碎片化特征更加明显。2014年以来，土耳其政党的分化组合加速，新政党不断出现。根据笔者的统计，自2014年以来，土耳其新成立的政党有数十个之多，其中较有影响力的如2015年10月成立的爱国党（Vatan Party）、2017年成立的好运党（Iyi Party）。以爱国党为例，2017年11月30日至12月3日，该党主席佩林切克参加了中国共产党与世界政党高层对话会，他表示，“一带一路”倡议将中国和世界紧密地联系起来，也给土中两国的合作带来了更多发展机遇。[⑤]

第三，逮捕左翼反对党领袖和左翼组织成员。2017年4月，在调查行动中，受压迫者的社会主义党（ESP）执行委员会的成员如巴沙克·贝达尔（Başak Baydar）、社会主义青年基金会联盟中执委的成员贝伦·阿蒂杰（Beren Atıcı）和人民民主党的议员埃克巴尔·卡亚（Ekber Kaya）也被捕。2017

---

① “Afrin Operation to Complete in very Short Time”, January 21, 2018, http://www.turkishny.com/english-news/5-english-news/261499-erdogan-afrin-operation-to-complete-in-very-short-time.

② 有报道称，布尔丹代表着亲库尔德倾向，而泰梅利代表着左派倾向。

③ HDP Elects Buldan, Temelli as New Co-heads, February 11, 2018, http://www.hurriyetdailynews.com/hdp-elects-its-new-co-leaders-127145.

④ Pro-kurdish HDP Elects New Leaders Amid Turkey's Crackdown, February 11, 2018, https://www.justaboutturkey.com/pro-kurdish-hdp-elects-new-leaders-amid-turkey%E2%80%B2s-crackdown-news-dw.

⑤ 《土耳其爱国党主席：中国共产党赢得世界信任》，国际在线，2017年12月3日，http://news.cri.cn/20171203/8f4f9928-ff8b-a909-a33e-65473e6b8dc6.html。

年 8 月 21 日，土耳其当局逮捕了“受压迫者的社会主义党”（Socialist Party of the Oppressed）的主席切齐克·奥特鲁（Çiçek Otlu）。[①] 切奇克·奥特鲁是受压迫者的社会主义党的主席，2011 年 6 月 12 日大选前，是和平民主党（BDP）的议员。因其有犯罪记录，土耳其最高选举委员会先后两次取消了她的议员候选人资格。

第四，土耳其政党的新变化，政党极化现象仍在继续。围绕着修宪，土耳其议会四大政党分为赞成派和反对派两大阵营。赞成派为正义与发展党和民族行动党，反对派为共和人民党和人民民主党。在赞成派阵营中，民族行动党甚至还放弃了修宪宣传，这在某种程度上也说明该党的边缘化。此外，值得一提的是，民族行动党内部出现了分裂。2016 年 10 月 24 日，民族行动党的五名议员反对修宪，反对党的路线。2016 年 12 月 27 日，该党的议员（Kadir Koçdemir）也加入了反对修宪的队伍。该党的议员（Özcan Yeniçeri，Ümit Özdağ Yusuf Halaçoğlu）宣布反对修宪。民族行动党内部的分裂在加剧。在反对派方面，共和人民党、人民民主党采取了不同的方式。共和人民党公开投反对票，而人民民主党则拒绝投票。

2016 年 12 月 10 日，修正案提交议会后，共和人民党的议员领袖（Selin Sayek Böke）称，这些建议实际上是创造一个素丹。而该党的议会党团主席（Levent Gök）将颠覆土耳其 140 年的议会制民主，呼吁各党反对改革。而（Özgür Özel）则认为改革是“体制变革”，议会将丧失权力，提案不可能获得通过。而议员（Selina Doğan）则称，提案的威权性质将实际上结束土耳其的入盟谈判，因为欧盟价值观在提案中的缺失。而另一位议员（Cemal Oktan Yüksel）则称，提案与阿萨德的叙利亚宪法相似，称其不是我国的宪法而是叙利亚宪法的翻版。人民民主党方面，该党的发言人（Ayhan Bilgen）是反民主的，违反司法独立原则；称总统的行政命令不受议会监督，提案违宪。2016 年 12 月 18 日，该党的议员（Kadri Yıldırım）称如果修宪考虑到库尔德人的特殊地位和库尔德人的母语教育，就没有理由反对了。2016 年 12 月 21 日，共和人民党、人民民主党的领导人还发布了议会动议，宣布提案“违宪”，但动议被否决。个人以为，修宪后的土耳其总统选举，可能会出现类似法国的现象，出现多个候选人参选，但无法撼动埃尔多安支配地位的局面。归结一点，就先前正义与发展党打压各种反对党的手段和言论来看，该

① 受压迫者的社会主义党成立于 2010 年 1 月 29 日，是土耳其的马克思列宁主义左派政党。2014 年 4 月 4 日，土耳其当局逮捕了切奇克·奥特鲁。

党擅长政党斗争，总会找到民族行动党、共和人民党、人民民主党的软肋。当然，从另一个角度看，如果想在土耳其政坛站稳脚跟，还是那句老话——“打铁还须自身硬”。

（六）越境干预叙利亚和伊拉克，打击库尔德工人党武装和极端武装力量

越境干预叙利亚和伊拉克是土耳其政府维护国家安全和稳定边境局势的惯用手段。2007 年土耳其大国民议会就授权土耳其军队越境打击库尔德工人党武装力量。叙利亚、伊拉克局势的恶化，使其溢出效应更加明显。土耳其当局的越境干预举措规模日渐增大。

第一，土耳其军队多次越境伊拉克，陈兵伊拉克边境，密切关注库尔德公投。近年来，土耳其军队越境打击库尔德武装的例子并不少见。2015 年的“撤军风波”和 2017 年库尔德公投就是土耳其对伊拉克政策的最好例证。2015 年 12 月 4 日，土耳其坦克营以训练与恐怖分子作战的库尔德人民武装为名进入伊拉克尼尼微省。伊拉克外交部和国防部称土方此举没有得到伊拉克当局的许可，是“敌对行为”。伊拉克还曾向土耳其发出 48 小时内撤军的最后通牒，称如不得到回应，将诉诸联合国安理会。12 月 8 日，伊拉克要求北约向土耳其施压，让其立刻撤回部队。12 月 10 日，土耳其总统埃尔多安重申不可能撤出士兵，并强调派出的都不是战斗部队的士兵，而是帮助训练当地库尔德族对抗“伊斯兰国”的士兵，指出该部署是去年应伊拉克政府要求就开始进行的。12 月 11 日，伊拉克总理阿巴迪指示伊外交部，就土耳其军队滞留伊拉克一事向联合国安理会递交正式抗议文书。伊总理办公室当天发表声明说：“土耳其军队在未经伊拉克当局允许的情况下进入伊拉克，这公然违反了联合国宪章的相关规定，是对伊拉克国家主权的侵犯。”12 月 14 日，土耳其总理达武特奥卢在接受媒体采访时表示，出于“重新部署”的需要，一队土耳其士兵已从伊拉克北部一处军营撤出。2015 年 12 月 16 日，土耳其官员称，在伊拉克北部一个土耳其训练打击“伊斯兰国”的部队基地受到迫击炮袭击，4 名土耳其士兵受伤。① 2015 年 12 月 17 日，中国外长王毅在纽约会见伊拉克外长贾法里时，贾法里通报了土耳其派遣军事力量进入伊北部地区的事态，强调此事侵犯了伊拉克主权，希望中方支持安理会就此问

---

① 有报道称，土耳其部队培训的是库尔德武装人员，目标是对抗“伊斯兰国”，最终目标则是建立逊尼派控制区。

题召开紧急会议，敦促土立即撤军。王毅表示，伊拉克的主权和领土完整应该得到尊重和维护，任何反恐行动都要在国际法框架下进行，遵守安理会相关决议，尤其是要征得当事国同意，并有助于维护地区的和平与稳定。①

2017 年 9 月 25 日，伊拉克库尔德自治政府举行独立公投，引发了地区国家的高度紧张。在公投前，2017 年 9 月 15 日，土耳其总统埃尔多安表示，反对任何危害伊拉克领土完整的行动，土耳其还警告称如果库区坚持举行公投，将会为此付出代价。9 月 22 日，土耳其国家安全委员会举行会议，土耳其总统府在会后发表书面声明说，伊拉克库尔德自治区独立公投是“非法的”和“不可接受的”，将直接威胁土耳其国家安全，并危害本地区的和平稳定及伊拉克的领土完整。声明呼吁伊拉克库尔德自治政府取消本次公投，在伊拉克宪法框架下寻找解决方案，土耳其愿在库尔德自治政府和伊中央政府间进行协调。② 9 月 23 日，土耳其大国民议会通过议案，将该国在伊拉克和叙利亚实施跨境军事行动的授权期限延长一年。此前，土耳其议会对政府实施跨境军事行动的授权时间为 2016 年 10 月 2 日至 2017 年 10 月 31 日。2017 年 9 月 29 日，土耳其当局暂停了与伊拉克库尔德自治地区的航班往来。土耳其与伊拉克库尔德自治地区的关系降至冰点。

第二，先后发动幼发拉底河盾牌行动和橄榄枝行动，越境打击库尔德武装力量，试图建立缓冲区。2016 年 8 月 24 日，土耳其宣布实施代号为“幼发拉底河盾牌”（Operation Euphrates Shield）的军事行动，进军叙利亚北部地区，目标是维护边界安全，打击“伊斯兰国”和叙利亚库尔德武装人员［民主联盟党（PYD）和人民保卫部队（YPG）］。截至 2017 年 2 月 25 日，土耳其和叙利亚自由军控制的区域达到了 2225 平方公里，“伊斯兰国”控制的地区被收复，土耳其支持的武装力量还从叙利亚民主力量（SDF）手中夺取了贾布鲁斯地区。2017 年 3 月 29 日，土耳其正式宣布结束该行动。2018 年 1 月 20 日，土耳其对叙利亚阿夫林地区发动了军事打击行动，代号为“橄榄枝行动”（Operation Olive Branch）。第一阶段行动的主要目标是建立一个长 130 公里、纵深为 20 ~ 30 公里的安全区。1 月 24 日，埃尔多安称，“我们关心的是实现正义，而非占领土地。”1 月 26 日，土耳其总统埃尔多安在

① 《伊拉克外长请求中国敦促土耳其撤军 王毅表态》，凤凰资讯，2015 年 12 月 18 日，http://news.ifeng.com/a/20151218/46731576_0.shtml。

② 《土耳其表示伊拉克库尔德自治区独立公投将产生“严重后果”》，新华网，2017 年 9 月 23 日，http://www.xinhuanet.com/world/2017-09/23/c_1121712085.htm。

讲话中称，“在此，我再次向世界宣布，阿夫林行动纯粹是针对恐怖组织和恐怖分子的行动。我们仍将继续实施行动，直到达成目标”。① 2018 年 2 月 6 日，土耳其总统埃尔多安在议会发表演说时表示，指责美国支持“人民保护部队”等库尔德武装进入曼比季地区，土军队将扩大在叙利亚北部的军事行动范围，进入阿夫林以东的曼比季地区。在橄榄枝行动的过程中，土耳其也与俄罗斯、美国、英国和其他欧洲国家、中东国家举行会谈，正如土耳其总统埃尔多安所言：“我们外交部开展这些会谈，因为如你所知，如果你不能在国际社会表达你的立场，就像历史上所发生的，你赢了战场，却输在了谈判桌上。”②

结　语

2016 年未遂政变后的土耳其政局可从国内政局、安全形势和未来走向三个方面进行总结和梳理。

就国内政局而言，2016 年未遂政变以来的土耳其政局呈现出埃尔多安威权和正义与发展党独大的显著特征，形成了所谓的主导党体制。在此情形下，埃尔多安致力于通过各种方式肃清政变影响，巩固个人权力，通过宪法公投，分化和压制政治反对派，实现了政局的稳定。然而，这种稳定是建立在威权治理基础上的，土耳其各反对党的碎片化特征和极化特征并没有彻底改变，一旦威权褪色，土耳其政局的不稳定现象随时可能会出现。

就安全形势而言，土耳其地区形势的变化，叙利亚危机的溢出效应，使得土耳其安全局势并不乐观，恐袭事件多次发生，土耳其政府不得不应对叙利亚危机造成的各种影响，在积极参与和促成叙利亚相关各方谈判的同时，最终不得不采取直接武装干预的手段，试图在土叙边境地区建立一个安全区。

就未来走向而言，土耳其政府的内外高压态势不会改变，政府仍将继续肃清未遂政变遗留问题，保持对国内反对派的高压态势，继续通过法律和行政命令手段，压缩反对派的活动空间。与此同时，正义与发展党通过骨干更

① “Turkey ‘not Occupying’ Syria’s Afrin”, January 26, 2018, http://www.turkishny.com/english-news/5-english-news/261735-erdogan-turkey-not-occupying-syrias-afrin.

② “Turkey Only Wants to Secure Future, Liberty”, January 27, 2018, http://www.turkishny.com/english-news/5-english-news/261783-turkey-only-wants-to-secure-future-liberty-erdogan.

替等方式，保持内部稳定。在与军队关系方面，吸取 2016 年未遂政变的教训，利用警察、情报机构等保持对军队的警惕，实现对军队的绝对控制。就紧急状态而言，2019 年 11 月总统选举和议会选举前，土耳其的紧急状态应不会解除，总统选举会在紧急状态下举行，不出意外，埃尔多安应该会以半数左右的选票当选，其他政党提名的候选人很难对其构成挑战。

The Political Situation and its Trend in Turkey after the Attempted Military Coup in 2016

Zhu Chuanzhong

Abstract: The attempted military coup in Turkey on 15 July 2016 became a strong factor to Turkish political development later on. The Turkish politics in great extent were influenced under its shadow. In order to solve the post coup problems and strength the power, Erdogan and his government took various measures to stabilize the political situation, including post and extended national emergency many times, arrested and suppressed Gulen activists across government departments such as police, national defense, education and internal affairs. He also processed the Constitution Revising Referendum, implemented the political and structural change in the country, replacing key officials in government and party to strengthen his power. At the same time, Erdogan played a strong role in dealing with his adversaries, including the opposition and pro Kurdish parties. He also ordered cross boarder military actions in both Syria and Iraq, aiming a cruel strike against PKK and related extremist militias.

Key words: Attempted Military Coup; AKP; Authoritarian Governance; Leading Party Regime

后卡扎菲时代利比亚局势综述

韩志斌　姜欣宇*

摘　要：2011 年 10 月，“全国过渡委员会”宣布全国解放，由此利比亚进入后卡扎菲时代。然而，2012 年至今，利比亚国家重建进程屡遭挫折，各政治派别相持不下，民兵团体割据一方，部落武装相互斗争，极端势力伺机活动。如今，利比亚局势仍不稳定，存于利比亚社会历史中的深层次矛盾逐渐显现，国家重建过程面临诸多挑战。

关键词：利比亚　后卡扎菲时代　政治重建　“伊斯兰国”

2010 年末，始于突尼斯的政治动荡席卷西亚北非，中东阿拉伯国家遭遇几十年未有之大变革。受到突尼斯、埃及政局突变的影响，利比亚多地发生游行示威，后演化为国内反对派与卡扎菲政权间的国内战争。在北约国家的支援下，反对派在短时间内取得战争胜利，延续 42 年的卡扎菲政权被推翻，利比亚进入后卡扎菲时代，并开启国家重建进程。然而，利比亚是一个具有独特地理环境与社会历史状态的国家，尽管 2011 年的内战推翻了卡扎菲政权，但长期形成的社会结构和政治传统并不会随着卡扎菲政权的倒台而出现突变，利比亚独特的社会历史境遇深刻影响着后卡扎菲时代国家重建进程的展开。

一　卡扎菲时代及以前的利比亚局势

（一）分裂型的地缘历史遗际与部落化的社会结构

利比亚地处阿拉伯半岛、非洲与地中海的边缘区域，东部为昔兰尼加，西部是的黎波里塔尼亚，西南部为费赞。但三者之间有沙漠阻隔、交往不

* 韩志斌，西北大学中东研究所教授；姜欣宇，西北大学中东研究所硕士研究生。

便，而且各自分立。独立前的“利比亚”仅是地理学上约定俗成的表达方式，并且，直到意大利殖民时期才被用以指代如今的利比亚地区。事实上，1951年利比亚获得独立之前，“利比亚”都是地理名称，并非作为行政、经济与政治浑然一体的、现代国家意义上的利比亚。这种“碎片化”和“离心化”的政治地理特征成为利比亚构建现代国家的重要障碍。

同时，利比亚是一个典型的部落国家，有140多个部落，其中影响较大的有30多个。部落既是利比亚强大的社会组织，也是模糊的政治单元以及政治合法性的来源。[①] 部落主义、部落结构和伊斯兰教的相互缠结，在利比亚社会经济演变、文化和政治发展中扮演着重要角色。利比亚一盘散沙的部落力量缺乏一种社会成员彼此休戚相关且具有共同传统、共同目的的政治意识和社会纽带。因此，利比亚部落被整合为一个具有共同体性质的政治组织，实现国家构建较为困难。

利比亚具有分裂型的地缘历史遭际与部落化的社会结构。[②] 这种独特的地理环境与社会历史状态对其国家构建起到了阻碍作用，也是后卡扎菲时代利比亚国家重建进程受阻的深层次因素。从伊德里斯王朝至卡扎菲统治时期，再到后卡扎菲时代，利比亚需要超越地区、部落政治与族属身份的认同因素以进行国家的构建或重建。

（二）伊德里斯王朝与卡扎菲时期利比亚国家的构建

自1951年联合国推动利比亚国家建立至2011年卡扎菲政权被推翻，利比亚经历近60年的国家构建过程，在此期间，利比亚社会内部得到持续整合，以石油产业为纽带形成共同的经济生活，构建出基本稳定的民族国家认同。以上诸要素为后卡扎菲时代利比亚国家重建提供了有利条件。不过，从伊德里斯王朝至卡扎菲统治时期，利比亚未能形成一种可以持续塑造民族国家的认同因素，对于石油经济的依赖，使利比亚成为“地租型国家”，部落等级制并未消除，地区间经济不平等加剧。

利比亚是联合国“制造”出来的国家。利比亚国家构建是第二次世界大战后大国博弈与联合国大会推动下的产物。联合国推动建立了利比亚联合王国，为利比亚构建了具有现代政治意义上的民族国家。作为“联合国制造”

---

① Amal Obeidi, *Political Culture in Libya*, London: Routledge, 2001, p. 131.

② 参见闫伟、韩志斌：《部落政治与利比亚民族国家重构》，《西亚非洲》2013年第2期，第116页。

的利比亚，是西方大国着眼于其重要战略地位和复杂地缘政治形势安排而妥协的产物。利比亚没有摆脱大国干预、部落政治的影响，也没有构建出民族国家的认同。

1951 年 12 月 24 日，利比亚联合王国建立，昔兰尼加的赛义德·伊德里斯（Sayyid Idris）为国王。利比亚联合王国的成立标志着利比亚国家构建的初步完成。然而，当时的利比亚联邦政府还没有超强能力将松散的国家整合为一个有机整体。[①] 石油开发成为推动利比亚政治资源纵向整合的直接原因。随着石油财富剧增，利比亚实行的松散联邦制度在经济发展和国内治理等领域的缺陷日益明显，废除联邦制，建立单一制的呼声逐渐高涨。1963 年，利比亚通过了宪法修正案，废除联邦制建立单一制。

总的来看，伊德里斯王朝时期，利比亚实现了政治制度的初步创设和完善，并且加强了国家的权威。但是，伊德里斯王朝集权化的过程非但没有破坏利比亚的部落体系，反而更加依赖昔兰尼加的部落体系，从而形成了“部落等级制”。[②] 此外，伊德里斯王朝利用传统的伊斯兰主义维系利比亚国家，然而在利比亚民族构建的过程中，传统的伊斯兰主义存在着内在缺陷，伊德里斯王朝也并未积极地利用伊斯兰主义进行民族构建，从而造成了民族构建滞后。这便导致国家构建在打破原有的地区间平等、自由和自治等传统政治原则的同时，并没有整合出新的政治认同，从而危及伊德里斯王朝的政治合法性，在一定程度上成为阿拉伯民族主义攻击的对象。

1969 年，卡扎菲领导的自由军官组织发动的政变推翻伊德里斯王朝，从而实现了阿拉伯民族主义对伊斯兰主义的超越。卡扎菲上台之后开始利用“革命民族主义”[③] 这一独具特色的阿拉伯民族主义来改造利比亚民族国家。[④] 在这一时期，卡扎菲政权致力于打破“部落等级制”，削弱部落在国家政治生活中的影响；实行直接民主的政治制度，建立“民众国”（Jamahiriyya）体制；削弱旧伊斯兰教势力的地位，加强国家对宗教的控制。随着 70 年代末阿拉伯世界的分裂，卡扎菲“革命民族主义”的内容开始从泛阿拉

① 参见 Dirk Vandewalle, *A History of Modern Libya*, Cambridge: Cambridge University Press, 2006, p. 46。

② 菲利克斯·格罗斯:《公民与国家——民族、部族和族属身份》，王建娥、魏强译，新华出版社，2003，第 151 页。

③ 参见韩志斌、李铁《利比亚“革命民族主义”与国家现代化》，《世界民族》2009 年第 3 期，第 12~19 页。

④ Philip Shukry Khoury, Joseph Kostiner, *Tribes and State Formation in the Middle East*, University of California Press, 1990, p. 300.

伯主义转向利比亚主义，采取了诸如建立“利比亚研究中心”，以“革命民族主义”为意识形态重新撰写利比亚历史等措施。[①]

利比亚革命民族主义是塑造利比亚民族国家最具影响力的一种政治力量，但其主要侧重于意识形态方面，而且具有明显的“乌托邦”和“理想化”色彩，无法实现既定的发展目标。作为革命民族主义的倡导者，勃勃雄心的卡扎菲既没有促成阿拉伯民族的大一统，也未将利比亚改造成伊斯兰社会主义强国。伊拉克战争后，利比亚现代化开始从革命民族主义向超越民族主义转型。[②] 而随着革命民族主义逐渐褪色，卡扎菲政权出现合法性危机。20 世纪 80 年代以来，利比亚国内的各种矛盾逐渐爆发。在此情况下，卡扎菲未能提出一套新的意识形态，而是开始寻求家族和部落的支持，回归“部落等级体制”。

综上所述，在卡扎菲统治时期，利比亚继续维持伊德里斯王朝时期开始的统一国家状态，卡扎菲凭借“革命民族主义”使利比亚民族认同得以进一步巩固。然而，卡扎菲的“革命民族主义”实践最终以失败告终，卡扎菲本人的魅力也逐渐“平凡化”。面对政权合法性危机，卡扎菲转向家族与部落，陷入“部落等级制”窠臼，利比亚各地区、部落间矛盾加剧，其政权合法性进一步减弱。

二　后卡扎菲时代利比亚局势的演变

2011 年，经过持续 8 个月的内战，“国家过渡委员会”（National Transitional Council）主导下的政治反对派最终推翻卡扎菲政权，同年，利比亚开启国家重建进程。从 2011 年至今，利比亚国家重建大致经历三个阶段，2011 年至 2012 年初，利比亚政局总体稳定，完成议会选举工作，产生了新的国家机构，各派矛盾尚未完全暴露；2012 年下半年至 2015 年，利比亚政治局势迅速恶化，各派别矛盾激化，最终引发伊斯兰派势力与世俗派势力之间的内战，“伊斯兰国”等极端主义势力趁机发展壮大，利比亚全国范围内呈现各民兵团体和各部落间的混战局面；2015 年至今，在联合国斡旋下，利比亚组建起“民族团结政府”，主要政治派别间的武装冲突得到一定遏制，极端组

---

① 参见闫伟、韩志斌《部落政治与利比亚民族国家重构》，《西亚非洲》2013 年第 2 期，第 125 页。

② 韩志斌：《从革命民族主义到超越民族主义——利比亚现代化的跃迁》，《西亚非洲》2009 年第 12 期，第 45 页。

织“伊斯兰国”在利比亚的主要据点被清除，但利比亚总体形势仍不稳定，伊斯兰派势力与世俗派势力间的对峙局面并未发生实质性改变，全国范围内的混乱局面持续。

（一）“国家过渡委员会”主导时期利比亚国家重建进程的开启

2011 年 10 月 23 日，“国家过渡委员会”主席穆斯塔法·阿卜杜勒·贾利勒（Mustafa Abdul Jalil）在班加西表示，利比亚全国解放。利比亚正式进入政治重建时期。[①] 依据早在 2011 年 8 月 3 日公布的具有临时宪法作用的《宪政宣言》（Constitutional Proclamation），“过渡委”开始着手组建“过渡政府”，推动立法机构选举，计划由此产生新的宪法，并最终依据新宪法建立永久政府，从而完成政治重建。[②]

2011 年 10 月 31 日，“过渡委”选举阿卜杜勒·拉希姆·凯卜（Abdel Rahim al-Keib）为利比亚总理，并授权其组建“过渡政府”[③]，同年 11 月 24 日，以阿卜杜勒·贾利勒为主席的利比亚“国家过渡委员会”宣誓就职，标志利比亚新政权的成立。[④] 2012 年 2 月，利比亚成立“高级选举委员会”，3 月 28 日，通过选举法。7 月 7 日，利比亚举行“国民议会”选举，投票率为 62%，在选举中“全国力量联盟”（National Forces Alliance）获 39 席，穆斯林兄弟会支持的“正义与建设党”（Justice and Construction Party）获 17 席。8 月 8 日，“国民议会”（General National Congress）取代“过渡委”行使国家权力，来自议会第三大党“全国阵线党”（National Front Party）的马贾里亚夫（Mohamed Yousef el-Magariaf）当选“国民议会”主席。至此，“国家过渡委员会”主导之下的利比亚政权交接任务基本完成。

在“过渡委”主导时期，利比亚政治重建取得一定进展，议会选举、政权交接等事务基本顺利完成，在总体平稳的态势下，利比亚主要政治派别通过选举途径进入国家机构。然而，利比亚各政治派别、地区、部落间的矛盾仅是被暂时掩盖，并且在政治重建过程中，地区和部落矛盾内化成政治体内

① 韩志斌、闫伟：《后卡扎菲时代利比亚政治重建及前景》，《国际论坛》2013 年第 1 期，第 7 页。

② 参见 Youssef Mohammad Sawani，“Post-Qadhafi Libya：Interactive Dynamics and the Political Future”，*Contemporary Arab Affairs*，Vol. 5，No. 1，2012，pp. 12 – 13。

③ United Nations Documents S/2011/727，November 22，2011，p. 2.

④ 付长生、王金岩：《利比亚石油工业重建在乱局中艰难前行》，《国际石油经济》2013 年第 12 期，第 52 页。

部的斗争，从而在一定程度上为后来利比亚的政局动荡埋下伏笔。此外，利比亚各政治派别没有形成一致的国家构建方案，“伊斯兰政党要求明确国家的伊斯兰属性，遵循宗教法令治理国家；‘海归’派领导者推崇宪政民主道路；始料未及的政权更迭使得其‘本土’官员仍处于政治迷茫中，尚未对国家的政治道路明确方向；甚至有官员表示希望恢复王国体制”。[①]

（二）利比亚国家重建进程停滞与两政府对峙局面的形成

2012 年后半年，利比亚各政治派别、地区、部落之间的矛盾开始迅速暴露出来。2012 年 9 月 12 日，“国民议会”选举穆斯塔法·沙古尔（Mustafa Shagur）为总理，但其因组阁失败而于 10 月 8 日辞职。10 月 14 日，“国民议会”选举阿里·扎伊丹（Ali Zidan）为临时政府总理，负责组阁。11 月 7 日扎伊丹的内阁名单获得通过。[②] 在议会选举与政府组阁期间，曾多次发生武装分子围攻会场干扰选举的事件。2013 年 10 月 10 日，利比亚总理扎伊丹甚至遭到武装分子绑架。[③] 此外，利比亚各地区间矛盾激化，由于对地区间利益分配不满，昔兰尼加地区出现自治甚至独立呼声，早在 2012 年 3 月 6 日，利比亚班加西及周边地区城市委员会即宣布利比亚东部昔兰尼加地区实行自治。[④] 分裂形势在 2013 年进一步恶化。3 月 6 日，“昔兰尼加自治政府”执行主席阿布杜·巴兹与“昔兰尼加联邦政府”主席易卜拉欣·加斯兰在班加西单方面宣布组建“昔兰尼加自治政府”。[⑤]

2013 年 5 月 5 日，“国民议会”通过“政治隔离法”（Political Isolation Law），法案内容为在 1969 年卡扎菲革命至 2011 年 2 月 17 日革命期间在利比亚政府工作过的高官应被隔离出当前的政治领域，不得担任要职。[⑥]“政治隔离法”的颁布激化了利比亚内部矛盾，加速利比亚走向分裂。2014 年，5 月 16 日，退役将领哈利法·哈夫塔尔（Khalifa Haftar）以在利比亚“根除恐怖

---

① 王金岩：《利比亚战后重建诸问题探究》，《西亚非洲》2014 年第 4 期，第 139 页。

② 韩志斌、闫伟：《后卡扎菲时代利比亚政治重建及前景》，《国际论坛》2013 年第 1 期，第 8 页。

③ 参见付长生、王金岩《利比亚石油工业重建在乱局中艰难前行》，《国际石油经济》2013 年第 12 期，第 54 页。

④ 付长生、王金岩：《利比亚石油工业重建在乱局中艰难前行》，《国际石油经济》2013 年第 12 期，第 53 页。

⑤ 付长生、王金岩：《利比亚石油工业重建在乱局中艰难前行》，《国际石油经济》2013 年第 12 期，第 53 页。

⑥ 王金岩：《从独裁统治到权威碎裂——利比亚战争爆发四周年》，《当代世界》2015 年第 4 期，第 57 页。

主义”为由对班加西的多支伊斯兰民兵武装发起大规模打击[1]，这场行动被冠以“尊严行动”（Operation Dignity）的名称[2]，其目标指向“国民议会”，由此掀开利比亚第二次内战序幕。

“尊严行动”发生后，“国民议会”同意提前举行选举。[3] 2014 年 6 月大选后，利比亚组建起“国民代表大会”（House of Representative），但此次选举投票率仅为 18%，以伊斯兰派别为主的政治势力对选举结果不满，质疑新议会的合法性，并在米苏拉塔民兵武装的组织下形成“利比亚黎明”部队（Libya Dawn）[4]。2014 年 7 月 13 日起“利比亚黎明”武装与世俗派别的津坦民兵武装（Zintan Brigades）[5] 开始争夺的黎波里国际机场控制权，而后冲突激化，蔓延整个西部地区。[6] 在以“利比亚黎明”为代表的宗教武装打击下，“国民代表大会”被迫从的黎波里迁至东部城市图卜鲁格（Tobruk）。8 月，“国民大会”在首都的黎波里宣布重启运行，努里·阿布萨赫明（Nouri Abusahmin）任议长[7]，建立起“救国政府”（National Salvation Government），至此，利比亚出现两个议会、两个政府，形成两大政治势力对峙局面。

利比亚的混乱政局为“伊斯兰国”等极端组织的生长提供了有利空间。极端组织在利比亚的发展可以追溯至2011 年叙利亚内战爆发后，当时部分利比亚籍极端分子潜入叙利亚参加反政府活动，2012 年，极端分子组建“巴塔尔旅”（Battar Bridge），2014 年初，部分“巴塔尔旅”成员回流至利比亚，在东部城市德尔那建立“伊斯兰青年协商委员会”（Islamic Youth Shura Council）。2014 年6 月，极端组织头目易卜拉欣·阿瓦德·巴德里（Ibrahim Awad al-Badri）（化名：巴格达迪）在伊拉克摩苏尔宣布建立“伊斯兰国”，10 月，“伊斯兰青年协商委员会”宣布效忠“伊斯兰国”组织领导人

---

① 王金岩：《从独裁统治到权威碎裂——利比亚战争爆发四周年》，《当代世界》2015 年第 4 期，第 55 页。

② 参见于杰飞《利比亚缘何冒出两个“政府”》，《光明日报》2014 年 8 月 29 日，第 8 版。

③ https://www.aljazeera.com/news/middleeast/2014/06/libyans - mourn - rights - activist - amid - turmoil - 2014626161436740827.html.

④ http://www.xinhuanet.com/world/2014 - 08/24/c_ 1112204914.htm.

⑤ http://www.bbc.com/news/world - middle - east - 19744533.

⑥ 王金岩：《从独裁统治到权威碎裂——利比亚战争爆发四周年》，《当代世界》2015 年第 4 期，第 55 页。

⑦ 中华人民共和国外交部网站：《利比亚国家概况》（2017 年 8 月更新），http://www.fmprc.gov.cn/web/gjhdq_ 676201/gj_ 676203/fz_ 677316/1206_ 678018/1206x0_ 678020/.

巴格达迪，并宣布利比亚东部昔兰尼加地区成为“伊斯兰国”的“拜尔加省”（Wilayat Barqa）。[①] 除德尔那外，极端组织还在班加西和苏尔特建立起据点。尽管，利比亚两个对峙政府皆对“伊斯兰国”在利分支进行了打击，但因彼此牵制，打击极端组织的效果并不明显，极端组织则利用利比亚政治分裂局面加紧扩张，至 2015 年 11 月，极端组织获取苏尔特附近大片领土，达到其在利比亚领土的扩张顶峰。

（三）民族团结政府的成立与利比亚重建进程的重启

2015 年，利比亚局势更趋恶化，并且产生严重的危机外溢效应，利比亚成为非洲难民前往欧洲的重要通道，加重了 2015 年爆发的欧洲难民危机；“伊斯兰国”等极端组织试图以利比亚为跳板，发动对于欧洲国家的恐怖袭击；此外，利比亚武器流散对非洲安全造成严重威胁。[②] 在此背景下，国际社会开始加强对利比亚局势的关注，试图弥合利比亚各政治派别之间的分歧，集中力量清剿极端组织在利比亚的分支，缓解日趋严重的难民问题与地区安全危机。自 2015 年 9 月起，利比亚在联合国利比亚支助特派团的主导下开启政治和解进程。12 月 17 日，两个对峙政府的代表在摩洛哥签署《利比亚政治协议》（Libyan Political Agreement），组建起民族团结政府（Government of National Accord）。[③] 法耶兹·萨拉吉（Fayez al-Sarraj）出任政府总理后，“救国政府”与“国民议会”宣布解散，向民族团结政府移交权力，民族团结政府组建总统卫队保卫自身安全并准备对极端组织展开攻势。2016 年 5 月民族团结政府的总统卫队及以米苏拉塔民兵为首的伊斯兰派武装开始对极端组织发起大规模进攻。12 月，利比亚民族团结政府宣布完全收复苏尔特，极端组织在利比亚的主要势力被基本清除。

然而，除了取得打击极端组织的胜利外，在民族团结政府建立后，利比亚的国家重建进程仍然举步维艰。民族团结政府没有取得利比亚各主要政治派别的一致认可，位于东部图卜鲁格的“国民代表大会”拒绝支持民族团结政府[④]，伊

---

① 王晋：《“伊斯兰国”组织在利比亚的扩张及其制约因素》，《阿拉伯世界研究》2016 年第 3 期，第 93 页。

② 参见王金岩《利比亚乱局对非洲安全的影响》，《阿拉伯世界研究》2015 年第 3 期，第 80 页。

③ 王金岩：《利比亚已成为“伊斯兰国”的“新中心”》，《当代世界》2016 年第 6 期，第 44 页。

④ https://www.aljazeera.com/news/2016/01/libya-parliament-rejects-backed-unity-government-160125160858643.html.

斯兰派政治势力对民族团结政府态度不一。此外，尽管获得国际社会的承认与支持，但是民族团结政府仍然缺乏维持利比亚局势稳定的政治、军事与经济实力，在打击极端组织的过程中，伊斯兰派民兵发挥着重要作用，如果没有的黎波里部分民兵武装的支持，民族团结政府将难以维持。此外，民族团结政府难以维系各派之间的和平局面，哈夫塔尔领导下的国民军与伊斯兰派民兵频繁发生武装冲突，2017 年 5 月，利比亚国民军控制的控制基地遭到袭击，使 141 人死亡[①]，伊斯兰派武装被指与此次事件有关。利比亚国民军则不断对宗教武装盘踞的班加西市发动攻势。

三　利比亚国家重建过程中的问题与前景

当前利比亚国家重建面临诸多挑战，重建前景尚不明朗。尽管在国际社会的协助下，利比亚建立起民族团结政府，但自 2014 年“尊严行动”以来，伊斯兰派势力与哈弗塔尔为代表的世俗派势力间的对峙局面仍未发生根本性转变。在国家政局分裂的情况下，民兵武装拥兵自立现象日趋严重，部落冲突屡见报端，恐怖主义、极端主义势力伺机卷土重来，难民问题尚未得到有效解决。

（一）政治整合问题

政治整合是利比亚国家重建过程中的关键问题，利比亚当前面临的诸多问题皆与此有关。利比亚被整合为统一国家的历史仅有大约 60 年，国内各地区差异较大，部落众多。在伊德里斯王朝与卡扎菲统治时期，利比亚碎裂化的社会状态并未得到根本性改变。2011 年，政治反对派以暴力手段达成政权更迭的方式，造成维系利比亚国家稳定的政治体系在短时间内崩塌，社会碎裂化程度进一步加剧。

在后卡扎菲时代，利比亚当局试图通过选举手段实现国内政治整合，但在利比亚社会内部整合尚未完成的情况下，通过选举渠道，地区和部落矛盾最终内化为政治体系内部的党派斗争。[②] 反过来，激烈的党派斗争加剧利比亚社会分裂，而各派混战的局势又使得选举工作难以进行，政权合法性进一

---

① http：//world. people. com. cn/n1/2017/0522/c1002 - 29290330. html.

② 参见闫伟、韩志斌《部落政治与利比亚民族国家重构》，《西亚非洲》2013 年第 2 期，第 131 页。

步降低。

各派在政治理念上的差异是阻碍利比亚政治整合进程的直接原因。在伊德里斯王朝与卡扎菲统治时期，传统伊斯兰主义、泛阿拉伯主义的“革命民族主义”与利比亚主义的“革命民族主义”先后成为维系利比亚政局稳定的思想纽带，而在后卡扎菲时代，利比亚各派在政治理念方面相距甚远，在思想领域难以形成新的超越地区、部落政治与族属身份的认同因素。2013年，一系列宗教政策的实行成为引发利比亚内部教俗冲突的重要原因，而伊斯兰主义与世俗主义也仅是一种粗略的阵营划分方式，并不意味着教俗两派内部存在统一的政治理念，事实上，“当前的利比亚乱局既非双方对峙，也非多个派别在某一问题上的矛盾和分歧，而是多种势力为不同目标的混战”。[①]

历史上，利比亚是联合国“制造出来”的国家，外部力量是长期以来塑造利比亚政治形态的重要因素，而自从推翻卡扎菲政权之后，西方国家在利比亚的利益基本实现，将视线转向叙利亚，而对利比亚的政治重建支持严重不足。尽管，在国际社会的支持下，利比亚建立起民族团结政府，但现政权仍然缺乏整合国内政局的政治、军事与经济实力，需要得到国际社会的持续支援。

（二）民兵武装问题

民兵武装在2011年的内战中发挥了重要作用，在卡扎菲政权倒台后，利比亚各地相继建立了基于特定社会集团的“军事委员会”。这些地方武装组织成为家族和部落争权夺利的工具，导致利比亚各地频繁爆发武装冲突。规模较大的有贝尔哈吉控制的的黎波里军事委员会，米苏拉塔和津坦（Zintan）的武装组织。[②] 民兵武装组织对利比亚政权稳定构成重大威胁，2012～2013年，民兵武装为实现自身利益，对议会和政府机构多次发起围攻行动，迫使议会、政府推行有利于民兵组织主张的政策，2014年，民兵组织则直接采取武力推翻国家政权的行动，致使“国民代表大会”迁至图卜鲁格。

此外，利比亚的一些民兵武装与极端恐怖势力存在千丝万缕的联系，2012年9月11日，激进分子袭击美国驻班加西领事馆，造成三名外交官死亡，其中包括美国驻利比亚大使，“安萨尔组织”（Andar al-Sharia）宣称对

① 王金岩：《利比亚乱局对非洲安全的影响》，《阿拉伯世界研究》2015年第3期，第74页。

② 韩志斌、闫伟：《后卡扎菲时代利比亚政治重建及前景》，《国际论坛》2013年第1期，第9页。

袭击美国大使馆负责。“安萨尔组织”由在2011年内战中发展壮大的武装团体组成，和基地组织马格里卜分支有着密切的联系。[①]

事实上，自内战结束后，利比亚当局就开始着手武器收回与解散民兵组织工作，当局曾建立“武装人员事务委员会”（Warrior's Affairs Commission）以解除或收编民兵武装，针对武器流散问题，利比亚政府也曾采取多项措施，2012年9月，临时政府通过电视广告鼓励民众上交武器，12月30日，利比亚时任内政部长和陆军总参谋长前往班加西了解武器回收情况，并宣布将有计划地在该地区展开检查并没收武器。[②] 然而，当时的利比亚政府本身就是一个松散的政治联盟，并没有建立一支有效的武装力量，主要依靠革命期间起义的军队，并且通过向西方武装组织发放薪金，在形式上与地方武装建立了隶属关系。在这种情况下，政府收回武器，解散民兵武装的计划难以推进，颁布的收编和裁撤地方武装的法律并没有收到应有的效果，地方武装仍然各行其是。而在当前利比亚政局动荡分裂的情况下，武器回收与民兵武装的解散工作基本处于停滞状态。

（三）恐怖主义问题

在2011年，推翻卡扎菲政权的反对派武装中夹杂部分极端分子。极端势力趁利比亚内战之机迅速发展，大量武器的流散为恐怖主义蔓延提供了良好物质条件，在内战中，卡扎菲将武器发放给民众，同时又有大量武器存放点遭到各派抢夺，这些武器在战争期间及之后流入极端分子手中。凭借在利比亚获得的武器，“伊斯兰马格里布基地组织”成为“基地”组织中装备最为精良的分支。[③] 恐怖组织“图阿雷格族反政府武装”也从利比亚获取大量武器装备，该组织成员曾追随卡扎菲部下作战。卡扎菲政权倒台后，凭借在利比亚获取的武器，该组织在马里北部建立起基地。

上文提及的极端组织“伊斯兰国”是对利比亚自身安全威胁最大的恐怖组织。其在利比亚多次发动恐怖袭击，2014～2015年初，多个外国驻利比亚机构遭遇恐怖袭击，2015年2月，21名埃及科普特人被该组织杀害[④]，2016年12月，民族团结政府收复极端组织“伊斯兰国”在利比亚的主要据点苏尔特，极端组织在利比亚的主要势力被清除，这一成果的取得离不开国际社

---

① Christopher S. Chivvis etc., *Libya's Post-Qaddafi Transition*, RAND Corporation, 2012, p. 3.

② 王金岩：《利比亚战后政治重建诸问题探究》，《西亚非洲》2014年第4期，第144页。

③ 王金岩：《利比亚乱局对非洲安全的影响》，《阿拉伯世界研究》2015年第3期，第80页。

④ 《“IS”处死21名埃及科普特人》，http://world.huanqiu.com/hot/2015-02/5710995.html。

会协调下两大对峙势力做出暂时妥协，但随着极端组织在利分支被基本清除，利比亚两派战火重燃，极端组织获得复苏空间，2017 年 10 月，极端组织先后在米苏拉塔和艾季达比亚发动恐怖袭击，造成多人死伤。①

（四）部落问题

部落因素贯穿利比亚历史进程的始终，从伊德里斯王朝至卡扎菲统治时期，尽管当局多次采取抑制国内部落主义的措施，但是最终都不得不重新转向“部落等级制”。利比亚石油经济的发展也未能从根本上改变利比亚的社会结构，解决利比亚社会中的部落主义倾向。尽管，利比亚城市化率达到 70% 以上，但利比亚的城市化并没有改变传统的社会结构，部落仍然是最重要的社会组织。大部分利比亚人仍然认同自己所属的部落，一些学者将这种独特的现象称为城市的“乡村化”（Ruralization）。这主要是因为，利比亚的城市化源于农村的家族和部落向城市的整体性迁徙，利比亚“大多数城市街区的开发是农民迁徙的结果，而非源于人口的自然增长”。②时至今日，利比亚社会结构并未出现严重分化，家族和部落组织也并没有解体。③

2011 年内战后，武器流散，政局不稳，造成部落间冲突加剧，部落冲突的频度和烈度都远超战前水平。④ 2012 年 3 月发生在塞卜哈的部落冲突，造成约 150 人死亡，逾 400 人受伤。2016 年 4 月图布部落与当地阿拉伯部落发生冲突，造成 5 人死亡，同年 2 月这两大部落在库夫拉镇再次发生冲突，造成 100 多人丧生。⑤ 2016 年 11 月利比亚南部城市塞卜哈附近，卡达法（Gaddadfa）部落养的一只猴子扯掉了奥拉德·苏莱曼（Awlad Suleiman）部落一名女子的头巾，引发两个部落间的激烈冲突。双方使用坦克、迫击炮、火箭弹等重武器互相攻击，造成至少 20 人死亡，超过 50 人受伤。⑥

① 李远、张轩瑞：《综述：利比亚又发恐袭“伊斯兰国”欲死灰复燃》，http：//m. xinhuanet. com/2017 - 10/27/c_ 1121862770. htm。

② Youssef Mohammad Sawani，“Post-Qadhafi Libya：Interactive Dynamics and the Political Future”，*Contemporary Arab Affairs*，Vol. 5，No. 1，2012，pp. 3 - 4.

③ 闫伟、韩志斌：《部落政治与利比亚民族国家重构》，《西亚非洲》2013 年第 2 期，第 127 页。

④ 王金岩：《透视中东部族问题》，《世界知识》2015 年第 5 期，第 34 页。

⑤ 《利比亚两大部落爆发流血冲突　已致逾百人丧生》，中新网，http：//www. chinanews. com/gj/2012/02 - 22/3687840. shtml。

⑥ 参见 Monkey Attack' on Girl Sparks deadly Clan Clashes in Libya，http：//www. bbc. com/news/world - africa - 38049950。

在后卡扎菲时代，利比亚的部落因素与恐怖主义、极端主义相互交织。内战后，卡扎菲时期的“部落等级制”崩溃，苏尔特地区的卡达法（Qaddafa）、法尔加恩（Farjan）和瓦发拉（Warfalla）等原先受到扶植的部落受到米苏拉塔地区武装民兵的打压，为与民兵组织对抗，这些遭到报复的部落转而寻求“极端主义”势力的帮助,① 这也是苏尔特成为极端组织基地的重要原因。

此外，跨界部落成为利比亚危机外溢的重要媒介，利比亚与埃及、尼日尔、乍得、苏丹、突尼斯间存在为数众多的跨界部落，利比亚境内的人员、武器通过跨界部落向周边国家扩散，造成相关国家局势动荡。2012 年的马里内战即与分布在利比亚等国的图阿雷格人与马里境内的图阿雷格部落共同谋求在马里独立建国有关。②

（五）难民问题

利比亚内战及战后出现的混乱局势造成近 200 万人逃离利比亚,③ 其中既包括逃往周边国家的利比亚籍难民，也包括原来在利比亚工作的邻近国家公民，这些务工人员大多来自撒哈拉沙漠以南的经济欠发达国家，他们大批归国会对这些原本就不发达的国家和地区带来巨大冲击。

由于利比亚安全局势持续恶化，政府无法对海岸边界实施有效管理，来自撒哈拉以南非洲国家的非法移民纷纷以利比亚为中转站，穿越地中海偷渡至欧洲，这进一步加重了自 2015 年起欧洲开始遭遇的难民危机，抑制难民涌入也是国际社会促成利比亚民族团结政府建立的重要原因之一。尽管利比亚团结政府采取措施打击非法偷渡活动，但是仍有大批难民试图通过地中海前往欧洲，据利比亚海军统计，仅在 2017 年上半年，海军在利比亚西部海域就至少拦截和营救了 8000 多名非法移民。④

难民问题不仅影响欧洲国家，对于利比亚自身也同样构成威胁，在卡扎菲执政时期，利比亚招募 1 万人以上的黑人雇佣军，以及 150 万的黑人劳工⑤，外来劳工的进入加重利比亚本国失业问题，利比亚国内对非洲劳工的

---

① 参见王晋《“伊斯兰国”组织在利比亚的扩张及其制约因素》，《阿拉伯世界研究》2016 年第 3 期，第 98 ~99 页。

② 参见王金岩《利比亚乱局对非洲安全的影响》，《阿拉伯世界研究》2015 年第 3 期，第 82 页。

③ 参见王金岩《利比亚乱局对非洲安全的影响》，《阿拉伯世界研究》2015 年第 3 期，第 81 页。

④ 韩晓明：《利比亚乱局加剧难民危机》，《人民日报》2017 年 9 月 3 日，第 011 版。

⑤ Charles Onyango-Obbo, “The Killing of Blacks in Libya and the Rise of the African Mercenary”, *Daily Nation*, November 19, 2011.

敌视情绪上升，在2000年发生杀害布基纳法索、乍得、加纳、尼日尔等国劳工事件。[①] 卡扎菲倒台后，在利比亚的黑人成为替罪羊，数千人被捕入狱。当前，由于偷渡欧洲越发困难，大量来自撒哈拉以南非洲的黑人难民滞留利比亚，一些难民甚至被当作奴隶贩卖[②]，利比亚国内本就存在的种族矛盾或将进一步激化。

四 结语

从2011年至今，利比亚进入后卡扎菲时代已近7年，在此期间，推翻旧政权带来的新气象迅速消散，持续影响利比亚历史进程的深层次因素则渐趋浮现，长期以来形成的社会历史架构将继续左右利比亚未来的国家重建道路。

首先，利比亚内部碎裂化状态难以改变，国家内部的政治整合并非短时间可以完成的任务。利比亚当前缺乏一种可以超越地区、部落政治与族属身份的认同因素，在社会层面整合程度较低的情况下，通过选举手段，地区和部落矛盾恐将进一步内化成政治体内部的斗争，造成利比亚国家重建进程进一步受阻。

其次，与伊拉克、阿富汗、黎巴嫩等族群和教派分裂严重的国家相比，利比亚的族群和教派具有很强的同质性，而且其主要政治派别在历史上并没有经历过大规模的内战，此外，利比亚已历经60年国家构建历史，利比亚的民族国家构建存在着一个以伊斯兰教信仰和阿拉伯民族为基础的“国族”（Nation），因此，现阶段利比亚国家分裂的可能性不大，利比亚东部地区之所以要求建立联邦制，并不是因为想要独立建国，而是担心“单一制”可能使其再次处于边缘地位，但是，如果利比亚分裂状态长期持续，由60年时间构建形成的利比亚国家或许将以相同的速率走向解体。

最后，从利比亚国家建立至卡扎菲政权垮台，外部因素对利比亚国家构建起到了重要作用，然而，外部力量的介入也可能对利比亚国家重建产生消极作用，卡扎菲政权倒台后，海湾国家纷纷在利比亚培植自己的“代理人”。利比亚穆斯林兄弟会与埃及关系密切，沙特对于利比亚的萨拉菲主义影响甚大。这不利于利比亚的政治重建。西方国家曾公开批评一些海湾国家为追求

① 参见圣约翰《利比亚史》，韩志斌译，东方出版中心，2011，第194页。

② 参见李志伟《非洲难民生存状况堪忧》，《人民日报》2017年4月13日，第021版。

本国利益而削弱利比亚新政权。[①] 此外，利比亚1951年的成功建国，与其内部存在一种初步的政治整合有关，在当时，赛努西宗教民族主义是利比亚国家构建的主导力量，其通过与昔兰尼加部落合作，获得了政治合法性，而当前利比亚内部分裂严重，外部力量介入难以达到预期效果。

当前，利比亚局势出现一些新的动向，哈夫塔尔主导的世俗派势力已控制利比亚全国大部分地区。然而，这一变化对利比亚国家整体政局及重建进程的影响仍有待观察。"国民代表大会"及其政府并未获得国际社会的普遍承认，首都的黎波里，米苏拉塔等伊斯兰派势力控制的核心地区仍在哈夫塔尔控制之外，利比亚内部政治整合依然困难重重，国家重建前景仍不明朗。

A Summary of the Situation in Libya in the Post – Gaddafi Period

Han Zhibin; Jiang Xinyu

Abstract: In October 2011, the National Transitional Council announced the liberation of the country, and Libya entered the post-Gaddafi era. However, since 2012, Libya's national reconstruction process has been repeatedly frustrated, political factions have remained unmatched, militia groups have been separated, and tribal armed forces have fought each other, and extremist forces are waiting for opportunities. Today, the situation in Libya is still unstable. The deep contradictions that exist in Libya's social history are gradually emerging, and the process of national reconstruction faces many challenges.

Keywords: Libya; Post-Gaddafi Era; Political Reconstruction; Islamic State

---

① Peter Beaumont, "The Guardian: Qatar Stoking Libyan Tension, Say Diplomats", *The Guardian*, October 5, 2011.

“阿拉伯之春”以来突尼斯政治转型探析

李竞强[*]

摘　要：突尼斯的政治转型是阿拉伯国家转型的开端。突尼斯剧变的发生积蓄了相当长的时间，主要的原因是结构主义矛盾的爆发。突尼斯转型的方式以和平为主，转型的性质为自由主义民主转型，并已经走向了民主巩固阶段。但突尼斯政治转型中仍然存在很多问题。传统政治还在继续发挥作用，安全与发展问题并存，这决定了突尼斯的政治转型是不稳定的转型，未来发展趋势充满了不确定性。

关键词：突尼斯　新自由主义　政治转型

著名政治学家吉列尔莫·奥唐奈和菲利普·施密特将“转型”定义为“在一个制度和另一个制度之间的过渡期”。[①] 通过对拉美、南欧和东欧国家的民主转型的比较分析，他们把不确定性作为这些国家转型的一个共同特征。而转型的过程则体现了自由化和民主化的深刻作用。不论是威权主义政权内部强硬派和温和派之间的斗争，还是军方在转型过程中起的关键作用，再或者是新自由主义改革产生的影响，这种内因和外因的作用最终以自由化和民主化的双重作用体现了出来。正如他们所承认的，他们研究的目标就是考察自由主义民主的实现。美国著名政治学家塞缪尔·亨廷顿在《第三波：20世纪后期的民主化浪潮》[②] 当中，同样研究了民主转型的发生和转型后自由主义民主的巩固问题。他研究的范围更加宽泛，包括了东亚国家，把所有发生变革的国家都纳入了讨论的范围之内。但是，中东国家的政治转型并不在这个范围之内。因此，对于中东国家转型的性质、方式和结果也就无从谈起。国内学者王林聪教授在《中东国家的民主化问题研究》一书中首次系统

* 李竞强，洛阳师范学院讲师，郑州大学博士后。

① 吉列尔莫·奥唐奈和菲利普·施密特：《威权统治的转型——关于不确定民主的试探性结论》，新星出版社，2012，第5页。

② 塞缪尔·亨廷顿：《第三波：20世纪后期的民主化浪潮》，中国人民大学出版社，2013，第202～254页。

论述了中东国家的转型问题。他认为中东国家民主化需要解决自主性、渐进性和本土化问题。① 陈尧教授在《新权威主义政权的民主转型》② 一书中总结了威权主义国家转型的新动向，但没有分析其自主性问题。在转型研究，尤其是政治转型问题的研究中，主要的问题是西方学者形成了话语主导。一方面，对于新自由主义改革的政治内涵认识不足。另一方面，对于转型的方式、趋势和结果形成了一种思维定式。在“阿拉伯之春”爆发之后，毛里塔尼亚学者穆罕默德·马哈穆德·乌尔德·穆哈麦都（Mohmmad – Mahmoud Ould Mahamedou）与美国丹佛大学教授狄默思·塞斯克（Timouthy D. Sisk）合作的《重新引入转型理论——21 世纪的民主化》③ 一文中对威权主义问题的研究提出了挑战。他们强调了新自由主义经济改革的政治内涵，提出重新评价国际金融组织推行的新自由主义改革的政治后果。对转型问题的研究，作者更加重视不同背景的结果差异。同时，他们对阿拉伯国家的转型提出了新的问题，认为阿拉伯国家政治转型的成败不能完全从自由主义民主的传统价值进行评价。对于突尼斯的政治转型而言，这些内容体现得更为明显。本文试图从突尼斯政治转型发生的结构性原因入手，分析和归纳突尼斯政治转型的问题与趋势，并展望其未来前景。

一 中东剧变与突尼斯

2010 年底至 2011 年初，突尼斯发生政治剧变，改变了其历史发展轨迹。此后，受突尼斯剧变影响，阿拉伯世界产生了连锁反应，埃及、利比亚、叙利亚、也门先后陷入混乱，政权接连垮台，从而引发了一轮“世界波”。7 年多来，突尼斯剧变引发的关注，丝毫不亚于“9·11 事件”“阿富汗战争”“伊拉克战争”等国际性事件。相关研究④对产生此次事件的原因、进程、特点都有论述。但是，关于突尼斯剧变，仍有一些需要特别考察的问题。特别

① 王林聪：《中东国家民主化问题研究》，中国社会科学出版社，2007。

② 陈尧：《新权威主义政权的民主转型》，上海人民出版社，2006。

③ Mohmmad – Mahmoud Ould Mahamedou, Timouthy D. Sisk, “Bring Back Transitology: Democracy in the 21st Century”, GCSP Papers, November 2013.

④ 伊美娜：《2010 – 2011 突尼斯变革：起因与现状》，《阿拉伯世界研究》2012 年第 2 期。金灿荣：《中东乱局的成因及其影响》，《现代国际关系》2011 年第 3 期；牛新春：《东北非动荡凸显美国对中东政策的内在矛盾》，《现代国际关系》2011 年第 3 期；王凤：《中东剧变与伊斯兰主义发展趋势初探——以埃及穆斯林兄弟会和突尼斯伊斯兰复兴党为例》，《国际政治研究》2011 年第 4 期；薛庆国、尤梅：《“革命”元年的阿拉伯文学：预警、记录与反思》，《外国文学动态》2012 年第 4 期。

是关于突尼斯剧变的爆发原因和演变过程，如果从突尼斯社会结构来探究，显然更有助于把握此次事件的本质。

首先，突尼斯剧变存在一个酝酿期。对于突尼斯剧变的爆发时间，媒体广为播报的是2010年12月17日。在这一天，突尼斯南部小城西迪·布吉德小贩穆罕默德·布瓦吉吉点火自焚。这一事件引发了西迪·布吉德民众的抗议浪潮，此后迅速扩展到了全国。但是，仔细梳理突尼斯被推翻的总统本·阿里的最后岁月，突尼斯民众的大规模抗议在2008年就已经产生。作为突尼斯最大的重工业企业“加夫萨磷酸盐公司”所在地，加夫萨拥有突尼斯最大的磷酸盐矿。这一矿藏自突尼斯独立以来就发挥着重要的经济作用。2008年春，加夫萨地区由于企业违规招聘在群众中间产生了强烈不满。当地矿工和民众进行了为期5个月的抗议示威。最终突尼斯政府通过安全力量和军队镇压了这一运动。另外，为了安抚民众，本·阿里撤换了加夫萨省省长和企业总经理。不过，从这一事件开始，突尼斯工人阶级的组织“突尼斯总工会”在地区层面上已经发生了很大变化。当地工会组织领导人开始站到工人阶级立场上，与统治阶级联盟的总工会领导人划清了界限。突尼斯剧变的种子起码在这个时候已经埋到了不稳定社会的土壤里。

其次，突尼斯剧变的演变过程体现了阶级融合与地区融合的特点。突尼斯拥有庞大的中产阶级人群，根据官方统计，这占到了突尼斯总人口的60%以上。① 突尼斯由于在自由化方面的成就，被世界银行、国际货币基金组织等视作成功的榜样。这样一来，突尼斯存在的阶级矛盾和地区矛盾在很大程度上被掩盖了。事实上，由于区位因素的作用，突尼斯沿海地区和内陆省份之间在经济上存在明显差距。沿海地区，尤其是首都地区拥有突尼斯最先进的设施和更多的富裕人口。突尼斯成功的表象，往往通过来此旅游的游客传播到了世界各地。然而，突尼斯的内陆地区，尤其是西部地区、中南部地区和东南部地区经济发展相当落后，基础设施和社会保障都无法满足当地民众需要。而且，在经济自由化的过程中，突尼斯民众产生了很大的被剥离感。在农村地区，土地的私有化使得大量农民失去了生活来源。在城市，大量国有企业的私有化也使得工人们失去了谋生手段。由于突尼斯本身没有太多的资本投资，每年有大量的青年人加入失业大军当中。穆罕默德·布瓦吉吉的自焚代表了突尼斯内陆省份对生活绝望的年轻失业人员。因此，穆罕默德·

① 伊美娜：《2010～2011年突尼斯变革：起因与现状》，《阿拉伯世界研究》2012年第2期，第57页。

布瓦吉吉自焚最初，抗议的中心主要分布在内陆省份，对本・阿里政权并没有造成重大威胁。但是，12 月 24 日，警察射杀两名抗议者后，局势很快发生了重大转折。突尼斯总工会的众多地区组织，首都突尼斯的律师和学生们加入到了抗议浪潮当中。2011 年 1 月 5 日，突尼斯律师协会在突尼斯市举行了游行示威。刚开学不久的学生也加入了这一队伍当中。1 月 13 日，突尼斯总工会宣布将举行总罢工，这最终推翻了本・阿里政权。在突尼斯民众游行期间，“工作是一种权利，噢，盗贼们!”成为最受群众认同的口号。①

再次，突尼斯剧变产生的深层原因是结构性问题。本・阿里 1987 年上台之后，加速推动了世界银行和国际货币基金组织等国际组织推动的“经济结构转型”。这一转型对突尼斯产生了深远影响。从经济上来看，突尼斯被迫放弃了国家资本主义发展道路，采取了“华盛顿共识”② 下的经济开放战略。突尼斯将大量国有企业私有化，完全开放市场，换取了国际资本的投资。然而，这一战略在很大程度上并没有造福于突尼斯国民本身，而是有利于国际资本。受此影响，突尼斯刚刚建立起来的民族工业遭到了严重打击，国际资本以更加廉价的产品替代了突尼斯产品。突尼斯通过发展旅游业和服务业以及纺织业等展现了表面上的繁荣，在工业自给能力方面出现了倒退。大量改造后的企业也未能承担经济发展的重要责任。相反，突尼斯开始形成了权贵资本主义。

从政治上来看，新自由主义政策进一步加强了威权主义政治。新自由主义改革意味着资产阶级力量的加强。③ 和“华盛顿共识”下的既定战略，即经济自由化将导致政治自由化，从而导致自由主义民主转型不同，突尼斯的威权主义政治并没有朝着民主化方向转型。相反，一种威权主义的变体开始出现，即新自由主义 - 威权主义。④ 突尼斯虽然引入了大量自由化措施，但往往只起到装点政治的作用。如突尼斯从 1989 年开始就引进了自由选举、多党制，加入了人权宣言，增加了议会席位。但突尼斯逐渐形成了“一人、一党、一国”的体制，权力变成了私有。本・阿里家族及其亲信掌握了绝对的权力和大量的财富。与本・阿里家族有关的企业达 220 家，所获利润占私营

① Sami Zemni, The Tunisian Revolution: Neoliberalism, Urban Contentious Politics and the Right to the City, *International Journal of Urban and Regional Research*, January 2017, p. 9.

② 美国、英国等西方国家所倡导的以市场竞争作为主要价值标准的一系列政治、经济、社会、文化准则。

③ 陈尧:《新权威主义政权的民主转型》，上海人民出版社，2006，第 229 页。

④ Sami Zemni, The Tunisian Revolution: Neoliberalism, Urban Contentious Politics and the Right to the City, *International Journal of Urban and Regional Research*, January 2017, p. 9.

企业的21%，占有的财富价值130亿美元，相当于突尼斯2011年国内生产总值的1/4强。① 从社会层面来看，新自由主义改革拉大了城乡差距和地区差距，社会不公平现象突出。相对而言，沿海地区居民生活水平更高，内陆地区居民生活困难。具体而言，与本·阿里家族或国家机关有关的利益集团占据了大量财富，普通民众在就业、医疗、创业各个方面遭遇了不公平待遇。社会不公、腐败、裙带主义等问题成为统治阶级和被统治阶级之间的最大矛盾。因此，新自由主义改革导致的结构性问题使得突尼斯剧变成为历史的必然。

最后，突尼斯剧变证明了新媒体的独特作用。传统观点认为，威权主义政治的转型往往需要精英阶层做出战略性决策。这包括新旧精英的博弈和精英阶层内部的分化。然而，突尼斯剧变却是一个缺乏强有力领导、组织和武装力量的成功革命。突尼斯剧变以年轻人为主力，他们尚没有积累起个人威望。突尼斯主要反对党也没有发挥应有作用。最大反对派组织，伊斯兰复兴党尚在蛰伏当中。抗议人群也始终没有被武装起来。

突尼斯革命证明了三个问题：一是青年失业等社会经济问题很容易导致政治变革；二是这种问题的大面积出现，能够在没有强有力的反对派领导的情况下推翻现政权；三是当一再推迟的政治变革到来时，一切补救工作都被证明做的太少，太晚了。②

二　突尼斯政治转型的内容与特点

（一）突尼斯政治转型的前提

威权主义政治转型是一个重大课题。因其艰难，研究者往往设定了政治转型的前提。诸如经济发展，市民社会的形成，政治文化的发展等。③ 就突尼斯的历史发展而言，突尼斯有自身的优势。首先，突尼斯国家建构历程比较顺利，不存在民族对抗和国家分裂状况。④ 突尼斯民族同质化程度高，大

① Bob Rijkers, Caroline Freund, Antonio Nucifora, "All in the Family: State Capture in Tunisia", The World Bank Report, March 2014, p. 3.

② http://carnegieendowment.org/sada/42320，上网时间：2011年1月20日。

③ 陈尧：《新权威主义政权的民主转型》，上海人民出版社，2006，第199～202页。

④ Lisa Anderson, *The State and Social Transformation in Tunisia and Libya*, 1830－1980, Princeton: Princeton University Press, 1986, p. 278.

多数居民信仰伊斯兰教。近代以来，突尼斯在民族国家构建过程中取得了重大进步。独立以来，突尼斯一直维持了统一局面。其次，突尼斯国家治理机制已经成型，政治发展程度较高。突尼斯继承了法国殖民统治的遗产，在行政区划和政府机构设置等方面实现了现代化。因此，突尼斯政治转型拥有可以利用的制度基础。最后，突尼斯重视教育，民众识字率高，政治文化发展程度具有一定优势。突尼斯独立以来以教育优先，力图培养现代化建设人才。虽然突尼斯在高等教育和职业培训方面存在诸多问题，但以西化为主的教育使得突尼斯形成了自由主义民主所需要的广大知识分子阶层。这也有利于突尼斯的政治转型。突尼斯的政治转型以出人意料的自下而上的革命方式推翻了本·阿里政权，在很大程度上可以归功于西方民主促进机制的潜在影响。

（二）突尼斯政治转型的内容

突尼斯政治转型可以分为三个阶段。第一个阶段（2011. 1. 14 ~ 2011. 10. 23）是过渡时期。

在这个阶段，突尼斯政治转型的主要任务是稳定国内秩序，恢复经济生产和制定民主选举制度。在这一阶段，突尼斯清除了旧政权的残留，废除了旧的宪法，确定了大量的政治自由。首先，宪政民主联盟被解散，这个存在了 70 多年（1934 ~ 2011 年）的政党退出了突尼斯政治舞台。其次，在民众抗议之下，旧官僚被清除出了政坛。在突尼斯革命后，总理格鲁希曾短暂留任，但在民众强烈抗议之下，格鲁希最终去职，埃塞布希取而代之。埃塞布希是前总统布尔吉巴时期的官员。最后，言论、出版、结社、思想等广泛自由真正被民众所获得。突尼斯民众首次获得了几乎不受限制的自由权利。各种政党如雨后春笋一样涌现，不同党派的政治家积极活动，电视台开始讨论一些具有争议性的话题。虽然一再推迟，突尼斯在 2011 年 10 月 23 日成功举行了自由选举。在选举中 80 多个政党参与，上千名候选人角逐 217 个制宪议会席位。①

第二个阶段（2011. 10 ~ 2015. 3）是宪政制度重新确立的时期。

在这一阶段，突尼斯在三党联合执政下经历短暂的动荡，但最终完成了新宪法的起草和颁布，在新宪法机制内成功举行了全国大选。首先，突尼斯试行了议会制，对传统政治进行了修正。由议会第一大党指定的政府总理合

① Kenneth Perkins, *A History of Modern Tunisia* (2nd edition), New York: Cambridge University Press, 2014, p. 242.

法性明显上升，也为国际社会所接受。相反，总统的地位有所下降，改变了行政权力过大的弊端。其次，制宪议会克服困难，完成了新宪法的制定，并在议会以绝对优势获得通过。突尼斯重新确立了宪政制度，为各项活动确立了规范。新宪法弥合了各方分歧，体现了历史的连续性和突尼斯的独特文化，兼具灵活性和规定性，表明突尼斯向民主巩固阶段开始过渡。最后，突尼斯在短暂的动荡中没有失控，宪政体制经受住了检验，顽强生存了下来。制宪议会完成使命之后，突尼斯成功举行了议会大选和总统直接选举，人民在自由的气氛中行使了政治权利。突尼斯宪政制度初步取得了成功。

第三个阶段（2015.3 至今）是民主巩固时期。

在此阶段，新当选总统埃塞布希领导下的呼声党经过谈判，与复兴党组成了执政联盟，突尼斯各项活动开始走上正轨。突尼斯进入了民主巩固时期。虽然关于民主巩固的标准并不统一，但也有一些可以观测的依据。比如，有学者认为，只要达到了以下几个方面：民主价值和习惯得到民众认同；政治权威中无“监护权力”和“保留领域”；选举过程中无歧视现象和不公正行为；政府以民主方式产生，就可以视为民主得到了巩固。[①] 从突尼斯的政治转型来看，突尼斯基本上达到了这些标准，自由主义民主正在不断取得进步。比较而言，突尼斯是“阿拉伯之春”以来中东地区唯一以相对稳定的方式实现政治转型的国家。[②]

（三）突尼斯政治转型的特点

综观突尼斯的政治转型，可以看出一种新的“突尼斯模式”基本形成。[③]

首先，从转型方式看，突尼斯基本上实现了和平转型。据有关报道，突尼斯在转型过程中丧生的民众约 200 人，包括平民和警察。[④] 尤其难能可贵的是军队在关键时刻拒绝镇压抗议人群，挽救了无数的生命。在转型期间，

---

① 陈尧：《新权威主义政权的民主转型》，上海人民出版社，2006，第 220 ~ 222 页。

② Ann M. Lesch, Troubled Political Transitions: Tunisia, Egypt and Libya, *Middle East Policy*, Vol. XXI, No. 1, Spring 2014, p. 64.

③ 所谓“突尼斯模式”在突尼斯革命之前都有一定范围的使用，其主要特征是政治稳定，经济发展，国际形象以开放、现代、宽容著称。当前“突尼斯模式”逐渐成了“妥协政治”的代名词。突尼斯在安全、经济方面的挣扎使其成为一种“模式”的底气不足。参见张楚楚：《“突尼斯模式”能走多远?》，《南风窗》2015 年第 3 期；张楚楚：《后“阿拉伯之春”时代的国家建构路径——基于“突尼斯模式”与“也门模式”的比较研究》，《武汉大学学报》2017 年第 6 期。

④ Kenneth Perkins, *A History of Modern Tunisia* (2nd edition), New York: Cambridge University Press, 2014, p. 243.

突尼斯各个党派基本上能够以政治方式解决冲突，没有出现大规模的政治暴力。除了两位著名的左派领导人舒克里和毕来德外，突尼斯基本上没有政治家在政治斗争中丧生。

其次，从转型次序看，突尼斯比较注重制定和完善各项制度，并依据各项制度推动了政治转型。革命之后，突尼斯首先制定了新的政党法和选举法，之后进行了制宪议会选举。制宪议会确定的政府组织法规定了过渡政府的权责。制宪议会通过长达3年的磋商，最终制定了宪法。在新宪法的规范下，突尼斯进行了全国大选，产生了新的议会和政府。这种转型次序的安排虽然缓慢，但相对比较合理。反观埃及的政治转型，全国大选先于宪法制定，导致胜选上台的伊斯兰政党权力在短期内过度膨胀，领导人也被权力冲昏了头脑。虽然埃及的政治转型不能完全归咎于政治转型次序的不当，但程序问题产生的不利影响还是显而易见的。这表现在宪政制度的确立过程中规则的随意套用，甚至弃用，给埃及政治转型造成了很大困扰。

最后，从转型的结果来看，突尼斯原发性革命成功的概率更大。突尼斯是“阿拉伯之春”的始发国。突尼斯剧变发生后，影响到了其他阿拉伯国家。这种区别在于突尼斯革命的爆发更多是突尼斯本身历史发展的产物，受外界影响更小。而且，突尼斯革命产生的破坏性作用较小。而其他的阿拉伯国家受突尼斯革命影响，更多关注革命的共性，在一定程度上漠视了本国的特性，但本国的国情始终在发挥作用。“滚雪球”效应下，革命的方向很难把握，从而使得革命的演变趋势变得难以把握。埃及、利比亚、也门、叙利亚的政治转型就表现了这一特点。

三　突尼斯政治转型的问题与趋势

（一）主要问题

突尼斯在政治转型中也出现了许多问题，很大程度上制约了突尼斯宪政制度的发展和政治稳定的实现。

首先，旧政权的阴影挥之不去，政权过渡没有完全解决。呼声党上台之后，原先被禁止参加政治的本·阿里时期的官员又重新回到了政坛。这虽然为突尼斯提供了许多有经验的政治家，但也遭到了民众的强烈不满。因为有大量官员遭到了各项法律指控，且没有完成司法审查。一方面，参加示威游行的革命者担心会遭到他们的报复。另一方面，大量旧官员重操旧业也难以在突尼斯推动建立新的制度。

其次，传统价值仍然在发挥作用。突尼斯独立以来形成的侍从主义体制和法团主义体制在政府解决社会问题方面发挥了重大作用，是突尼斯保持长期稳定的重要机制。但是前者意味着权力的分配是以私人关系为考量，与民主规则格格不入。后者在布尔吉巴时期曾经发挥过重要作用，只是在本·阿里时期被削弱。突尼斯重要的市民社会团体诸如突尼斯总工会，律师协会，雇主协会在沟通特定利益群体与政府决策层方面发挥着不可或缺的作用。2014 年底，上述组织与复兴党成功的谈判挽救了突尼斯艰难的政治转型。但是，这些有着悠久历史的市民社会组织在代表性方面也存在很大问题。尤其是难以照顾到新兴力量和边缘人群的利益。而且，此类市民社会组织的精英政治倾向也使得它们难以与边缘人群产生联系，遑论为他们代言。突尼斯政治转型过程中此类市民社会组织具有双重作用，对民主巩固的积极意义和消极意义同时存在。

传统价值的继续存在还引发了广泛的腐败问题，转型时期反腐压力巨大。突尼斯在布尔吉巴时期腐败问题虽然存在，但并不是特别突出。主要原因在于布尔吉巴总统不断进行政府改组，让腐败集团难以成型。本·阿里时期腐败问题有所发展，但由于本·阿里家族和亲信组成的利益集团垄断了权力，腐败行为主要集中在总统家族和亲信。腐败问题成了特权部门的专利，如安全力量和执政党高层。但是，在突尼斯革命后，腐败行为变得日益猖獗。这一方面是秩序重建过程中腐败分子利用了混乱局面；另一方面，民众对新秩序更高的期望使得他们难以忍受腐败的继续存在。因此，突尼斯新政府为了赢得民众信任和外部投资展开了轰轰烈烈的反腐行动。2016 年以来，一些主要人物因为腐败问题被抓。2017 年，反腐阵线进一步深入到了海关部门。

再次，安全困境难以摆脱。突尼斯曾经以社会稳定和治安良好而著称。突尼斯革命前，每年有数百万游客前往突尼斯享受假期。但革命后，突尼斯已经成为恐怖主义袭击的重灾区。2015 年 3 月 18 日，巴尔杜博物馆遭到恐怖分子袭击，23 人遇难。[①] 几个月后，苏塞海滩发生了枪击游客事件，造成 38 人伤亡。[②] 另外，在突尼斯西部与阿尔及利亚接壤的山区，突尼斯安全部队进行了长期的拉锯战。在东部，突尼斯与利比亚接壤的沙漠地带，安全哨所屡遭袭击。在“伊斯兰国”外籍军队中，突尼斯人成为最庞大的雇佣军，

① https：//edition. cnn. com/2015/03/19/africa/tunisia – museum – attack/index. html.

② http：//www. bbc. com/news/world – africa – 33394847.

在伊拉克、叙利亚、利比亚的极端主义分子人数达5500人左右。[①] 安全问题阻碍了突尼斯各项引资行动，外部投资者由于安全问题踯躅不前。安全问题也沉重打击了突尼斯旅游业，对国民经济的正常运行产生了消极影响。旅游业在突尼斯国民生产总值中占1/7，目前这一规模起码降低了1/3。[②] 经济的长期低迷，使得突尼斯在提高民众生活水平和改善民生方面很难有所作为。民众对新秩序的良好愿望由于政府的回应迟缓而不断失落，政府不得不把大量资源投注到维持国内秩序中，这造成了严重的安全困境。

最后，政党政治存在弊端。经过7年多的不断演化，突尼斯政党政治已经初步成型。复兴党、呼声党、共和大会党等成为主要政党。在历次选举中，各个主要政党发挥出色，基本上主导了突尼斯的政治转型。相反，一些小的政党由于在选举中发挥不佳面临解体的危机。但对突尼斯政治转型而言，突尼斯政党制度仍然存在很大问题。首先，政党领导人权力过大，影响了民主决策。突尼斯主要政党都依赖其领导人，如复兴党主席拉希德·格鲁希，呼声党主席埃塞布希等对各自政党的运行有绝对主导权。突尼斯妥协政治的出现，在某种程度上就是几个领袖的决定，而非普遍的党内或党际共识。其次，党内民主并不充分，领导人选拔存在私相授受的特点。呼声党党内，埃塞布希的儿子上升迅速。复兴党则长期控制在拉希德·格鲁希和部分亲信手中。2017年，呼声党部分议员由于不满埃塞布希的决策，愤而退党。复兴党二号人物，前总理贾巴里也宣布退党。这说明，突尼斯主要政党在党内面临不同意见时还不能形成调节机制。党内民主的不充分对突尼斯政党政治的民主化也是一个不利因素。最后，各主要政党区分度不强，尚未出现能够代表和汇聚民意的优势政党。突尼斯革命的一个特点是缺乏个性鲜明的领导人，缺乏推动广泛社会变革的一个全面的纲领。[③] 这也是突尼斯政党政治的一个特点。复兴党的上台在很大程度上归功于其长期坚决反对本·阿里政权的形象。突尼斯民众在革命后希望以新的政党代替旧的政党。但复兴党的一系列理论，诸如回归伊斯兰，重振突尼斯的阿拉伯－伊斯兰属性等并没有多大的现实意义。在带领突尼斯走出泥淖的过程中，复兴党除了沿袭本·阿

① 唐恬波：《突尼斯缘何成了"圣战"分子输出大国》，《世界态势》2017年第2期，第48页。

② http：//www. ibtimes. com/tunisia – museum – attack – tourism – economy – will – take – hit – nationally – regionally – experts – say – 1852938，上网时间：2015年3月21日。

③ Richardo Rene Laremont，*Revolution*，*Revolt*，*and Reform in North Africa*：*The Arab Spring and Beyond*，London& New York：Routlrdge，2014，p. 8.

里时期的新自由主义政策外并无甚良方。呼声党以反对党的身份诞生，主要利用了民众对三党联合政府的不满，收集了由官僚组成的松散的政治组织。在胜选之后，呼声党选择了与复兴党合作，在执政纲领方面没有提出具体的主张。而且，政党之间的争论也恶化了突尼斯的发展形势。突尼斯战略研究所（Tunisian Institute for Strategic Studies，ITES）所长贾拉勒指出，政党之间的内耗和相互攻讦让许多专业人士失望，他们中的很多人退出了政党。① 突尼斯非常重视教育，但还没有完全发挥出人力资源的优势。

（二）发展趋势

安全问题将长期困扰突尼斯，从而使得政治转型过于依赖安全力量，强人政治有可能恢复。安全问题是突尼斯当前面临的首要问题。如前所述，突尼斯在主要边界问题上都面临危机。再加上“伊斯兰国”灭亡之后，圣战者回流，突尼斯的安全形势异常严峻。而在威权主义政治下，突尼斯民众几乎不担心会出现安全问题。布尔吉巴和本·阿里的强人政治色彩严厉镇压了反叛势力。突尼斯在政治转型时期恢复强人政治的趋势已经有所体现。2014 年的一项调查显示，突尼斯大部分民众支持强人政治。强人政治的支持率从 2012 年的 37% 上升到了 2014 年的 59%。② 埃塞布希在担任过渡政府总理期间展现的强人政治色彩也使其赢得了民意支持。目前，突尼斯之所以能保持宪政的正常运转和埃塞布希的个人魅力也有一定关系。此外，埃及的政治转型虽然没有在突尼斯复制，但在未来发展中不排除突尼斯出现此类强势人物的可能。

经济恢复缓慢，新的抗议不断，突尼斯可能会陷入持续动荡。安全问题之外，困扰突尼斯最为严重的是经济问题。突尼斯之所以发生严重社会动乱与经济发展问题有密切关系。这主要表现在分配不公和相对剥夺。但在转型时期，突尼斯的发展已经陷入停滞，合理分配的前提逐渐丧失。这使得许多民众开始对民主政治丧失信心，自由主义民主的支持在急剧下降。从 2012 年到 2014 年，民主支持率从 63% 下降到了 48%。③ 当前，突尼斯深陷新自由发展模式泥淖难以自拔，经济发展缺乏活力，外部投资严重不足。短期内，突尼斯很难恢复经济快速增长。突尼斯社会存在的结构性矛盾仍然无法解决。因此，突尼斯存在再一次陷入动荡的可能性。

---

① https://thearabweekly.com/seeing-political-crisis-behind-tunisias-economic-morass.

② http://www.pewresearch.org/files/2014/10/PG_14.10.14_Tunisia.png.

③ http://www.pewresearch.org/files/2014/10/PG_14.10.14_Tunisia.png.

四 结论

突尼斯的政治转型方向是发展自由主义民主。不仅突尼斯民众受到的政治文化影响是西方流行的西方自由主义民主，而且西方国家长期施压，希望突尼斯发展的也是自由主义民主。目前，突尼斯取得的成就主要集中在自由主义民主制度的建立。2011 年以来，突尼斯成功举行了全国大选，制定了新的宪法，重建了权力体系，并增加了民众的自由权利，这些都是自由主义民主模式的重要表现。以突尼斯总工会为代表的市民社会组织非常活跃，从另外一个方面诠释了自由主义民主的内涵。但在国家治理过程中，突尼斯独具特色。伊斯兰政党复兴党曾在 2011 ~2014 年主导突尼斯政局。复兴党试图在资本主义发展方式和社会主义发展方式之间走一条中间道路。一方面，继续坚持私有化政策；另一方面，以国家政权的力量重建一些新兴企业。但这种尝试并没有取得成功。相反，突尼斯政府仍然延续了本·阿里时期的各项政策，仅仅在文化领域进行了一些调整，更加重视民族文化的传承和弘扬。① 因此，突尼斯的政治转型方向仍将是以西方自由主义民主为核心。由于突尼斯很难完全移植这一模式，因而突尼斯的政治转型仍然存在很大的不确定性。

突尼斯政治转型的风险仍然很高。安全问题和发展问题相互交织，使得民主宪政体制很难健康发展。腐败问题的产生，主要原因是规则的不健全。安全问题产生的原因则主要是地区发展的不平衡。这两个问题的解决都依赖于突尼斯国家治理能力的提升。但传统价值和机制的存在阻碍了制度创新与民主转型。特别是老人政治的延续使得突尼斯在解决安全与发展问题时难以形成长效机制。

突尼斯在为地区国家树立榜样的同时，也受到地区和国际形势的影响。与利比亚、叙利亚、也门相比，突尼斯是成功的榜样，但与世界其他国家相比，突尼斯的转型仍然显得茫然和前景模糊。突尼斯在移植西方自由主义民主的同时，还需要与本国的传统文化进行调适。这显然是一个非常痛苦的过程。

---

① Emel Aksali ed. , *Neoliberal Governmentality and the Future of the State in the Middle East and North Africa*, Macmillan：Palgrave, 2016, p. 77.

An Analysis on Tunisian Political Transition

Li Jingqiang

Abstract: Tunisian political transition initiated these transitions in the whole Arab world. The uprising in Tunisia developed for a longtime, mainly because of its structural contradiction. The pattern of Tunisian political was largely peaceful, and its nature liberal democratic, its result democratic consolidation. Still, Tunisian political transition is problematic. Traditional politics is paly its role. Tunisia faces security and development at the same period. This indicates that Tunisian political transition is unstable. So its future is uncertain.

Key words: Tunisia; neo-liberalism; political transition

提升中国在“一带一路”上软实力的若干思考[*]

赵广成[**]

摘　要：“一带一路”倡议以合作与共赢为基础，表明中国将着眼于弘扬丝路精神，更多地以软实力推进“一带一路”建设。软实力是一个国家吸引他国追随的能力，包括文化辐射力、制度吸引力、国际感召力和整体向心力四个方面。随着中国硬实力的快速提升，中国的软实力也大幅增强，但还存在着一些薄弱环节和发展不平衡的问题。为了更好地推进“一带一路”建设，中国需要扎扎实实地致力于提升自己的软实力，用自己的吸引力把新丝绸之路打造成和平、合作、和谐的国际大动脉。

关键词：丝绸之路　软实力　文明交往　民心相通

习近平主席2013年9月提出“丝绸之路经济带”倡议后，古老的丝绸之路又一次成了世界各国的热门话题。虽然“丝绸之路”是由19世纪德国地理学家斐迪南·冯·李希霍芬提出来的，但人们经常援引这一概念谈论中国历朝历代国力之强盛。“一带一路”是对丝绸之路的这种阐释的最新成果，旨在倡议快速复兴中的中国向世界提供“公共物品”，进而再现古代中国在丝绸之路上的辉煌。

丝绸之路首先是一个横跨亚欧大陆的贸易通道。当我们对丝绸之路上的贸易进行深入的历史考察时，会发现丝绸之路上长期存在着结构性的贸易失衡，从中折射出的是中国历朝历代国力的复杂性。本文将分四部分进行讨论：首先，简要追溯丝绸之路的贸易史，指出丝绸之路贸易失衡对中国历代

* 本文是陕西省教育厅重点研究基地项目“核不扩散体制外国家比较研究”（项目批准号：11JZ004）的阶段性成果之一。

** 赵广成，西安外国语大学东语学院特聘教授、伊朗文化研究中心主任，主要研究方向为国际关系理论、中东－中亚问题和中国外交。

国力的意义；其次，借鉴约瑟夫·奈（Joseph S. Nye Jr.）的概念和相关论述，建立一个关于软实力的分析框架；再次，引用权威数据对中国的软实力进行评估，揭示中国在丝绸之路上的软实力存在的薄弱环节；最后，针对中国的软实力存在的薄弱环节，提出中国提升软实力的若干政策建议。

一 丝绸之路上长期存在的贸易失衡

丝绸之路指的是横贯亚欧大陆核心地带（北纬 30 度至北纬 60 度之间）的三条商路，分别被称为丝绸之路的北线、中线和南线。北线大约位于北纬 45 度至北纬 50 度之间（乌鲁木齐约在北纬 44 度），是一个西起多瑙河、东至大兴安岭的欧亚大草原，自古以来就是游牧和半游牧民族生活的地方。北线的草原—森林丝绸之路由此经过。中线位于北纬 35 度至北纬 40 度之间（喀什约在北纬 39.5 度），是一个从小亚细亚半岛到帕米尔高原的高原、沙漠和绿洲地带，这条线上的各民族主要是定居的农业人口，少数人从事长途贸易。中线的沙漠—绿洲丝绸之路由此经过。南线呈西北—东南走向，斜向跨越北纬 30 度线，是一个从中亚经阿富汗进出印度的交通要道。南线的高山—峡谷丝绸之路由此经过。这三条通道通常也被称为“陆上丝绸之路”，以区别日后被冠名的“海上丝绸之路”。历代的海上丝路也可分为三大航线：东洋航线由中国沿海港口到达朝鲜和日本；南洋航线由中国沿海港口到达东南亚诸国；西洋航线由中国沿海港口到达南亚、阿拉伯和东非沿海诸国。

这些交通线之所以被命名为“丝绸之路”，是因为向西运送的货物中丝绸制品的影响最大。事实上，丝绸之路并非一条“路”，而是一个穿越山川沙漠且没有标识的道路网络；丝绸之路并非仅仅是一条贸易通道，还是文明交往、人员交流、民族迁徙和国家竞争的平台。即使作为贸易通道的丝绸之路，也不仅有丝绸等物质性商品的贸易，而且还有技术、制度、文化和观念等精神文明成果的交流，甚至还有战乱、冲突、疾病、灾害等负面性的东西。如果把这些因素都考虑在内，就会发现这样一个简单的事实：在起始于中国的丝绸之路上，自古以来存在着严重的贸易失衡问题。

从历史上看，丝绸之路上的贸易失衡体现在物质和精神文明成果的贸易结构上，体现在向东、向西、向南的丝绸之路的贸易格局上，还体现在各个历史时期丝绸之路上贸易的不均衡、非连续性上。丝绸之路贸易的基本特征是物质西传、观念东渐，中国历代王朝都面临着物质出超、观念入超的问题。在商品和技术等物质文明成果方面，丝绸之路向来是东西之间的双向交流；但在以宗教为核心的观念领域，丝绸之路基本是自西向东传播。沿着丝绸之路，中国自西输入了佛教、祆教、摩尼教、基督教和伊斯兰教，又向东输出了以儒家为核心的中国传统文化以及佛教等自西传入的外来文化。始终存在的观念赤字昭示着这样一个事实：中国在丝绸之路上的软实力始终没有硬实力那样强大。

二 中国在丝绸之路上的软实力存在的薄弱环节

在国际关系中，实力向来是一个国家实现对外政策目标的基础。然而，在一个高度相互依存的世界上，实力的可转换性、强制性和有形性越来越低，致使军事打击、政治孤立和经济制裁的成本越来越高。在此情况下，“软实力”（Soft Power）的概念应运而生。[①] 根据约瑟夫·奈（Joseph S. Nye, Jr.）的说法，与“命令他者为你所欲”的硬实力（命令式权力）相对，软实力是“让他者欲你所欲”的能力（同化式权力）。如果一个国家能够让自己的实力在其他国家看来是合法的，它的愿望就会很少遇到抗拒；如果它的文化和意识形态具有吸引力，其他国家就会心甘情愿地追随它；如果它能够确立与其社会一脉相承的国际规范，被迫进行改变的可能性就非常小；如果一个国家支持使他国按照主导国的意愿采取行动或者约束行为的制度，它可能就无须以高昂的代价使用强制性权力或者硬实力。[②]

共建“丝绸之路经济带”倡议为古老的丝绸之路赋予了新的内涵，在国内外引起了广泛关注和积极反响。这一倡议是党中央、国务院统筹国内国际两个大局做出的重大决策，对于中国构建开放型经济新体制、形成全方位的对外开放新格局，对于全面建成小康社会、实现中华民族伟大复兴的中国梦，都具有重大而深远的意义。为了顺利推进“一带一路”建设，中国需要最大限度地凝聚国际共识，争取沿线和其他有关国家的积极支持。本文认为，中国作为

---

① 美国前助理国防部部长、哈佛大学教授约瑟夫·奈（Joseph S. Nye, Jr.）在《外交政策》秋季号上发表《软实力》（Soft Power）一文，首次提出软实力的概念，随后又出版了《注定要领导：美国实力性质的变化》（*Bound to Lead: The Changing Nature of American Power*, New York: Basic Books, 1990）、《美国实力的悖论：世界唯一超级大国为何不能恣意妄为》（*The Paradox of American Power: Why World's Only Superpower can't Go it Alone*, New York: Oxford University Press, 2002）和《软实力：世界政治中的成功之道》（*Soft Power: The Means to Success in World Politics*, New York: Public Affairs, 2004）等三本著作，对软实力理论进行了更深入的阐述。

② Joseph S. Nye, Jr., “Soft Power”, *Foreign Policy*, No. 80, Autumn 1990, pp. 166 - 167.

一个负责任的大国，将会（而且应当）立足于发挥自身的软实力，吸引其他国家支持、参与（至少不反对）“一带一路”建设。在此背景下，丝绸之路上自古以来的贸易失衡问题显得尤为重要。中国需要高度关注丝绸之路贸易失衡揭示的软实力薄弱环节，以便为新时代的伟大复兴创造更为便利的条件。

在借鉴国内外相关成果①的基础上，笔者把一个国家的软实力界定为文化辐射力、制度吸引力、国际感召力和整体向心力四个维度，又把这四个维度各自细分为三个方面。② 从整体来看，中国在丝绸之路上长期存在软、硬实力失衡的问题，在软实力方面又存在东强西弱、古强今弱的问题。对照共建“一带一路”的新形势和新要求，当前中国的软实力尚存在四个方面的问题。

首先，文化辐射力一直是中国的强项，但存在多方面的失衡问题。一是物质强、观念弱的问题。自古以来的丝绸之路上，中国输出的更多的是物质文明，精神文明的输出相对较弱。在精神文明领域，中国输出的更多的是技术性文化，观念性文化的输出相对较弱。中国历代王朝都面临着物质出超、观念入超的问题。二是东强西弱的问题。自古以来，中国文化一直有着很强的辐射力，这是一个毋庸置疑的历史事实。但是，中国传统文化的辐射力主要表现在东面和南面，在西面的辐射力一直很低。三是古强今弱的问题。儒家文化圈的形成得益于中国传统文化的强大辐射力，近代以来中国文化在与西方文化的竞争中长期处于守势。新中国成立后，特别是改革开放以来，中国的国际地位大幅提升，中国文化的国际影响力和输出量也大幅增加。但

① 约瑟夫·奈并未对软实力的构成要素和衡量方法进行科学的界定，只是根据美国的国家战略资源和战略意图，将文化吸引力、意识形态和国际制度作为软实力的三大核心要素，并指出国际法则和制度、信息、跨国公司等都构成了力量的来源。参见〔美〕约瑟夫·奈《美国定能领导世界吗?》，军事译文出版社，1992 年版，第 159～164 页。门洪华认为中国的软实力包括文化、观念、发展模式、国际制度和国家形象五个方面，其中文化、观念和发展模式是软实力的“内功”，国际形象是软实力的“外功”，国际制度联结并跨越两者，成为中国展示和建构软实力的主渠道。参见门洪华《中国软实力评估报告(上)》，《国际观察》2007 年第 2 期，第 19～20 页。阎学通和徐进将软实力定义为“一国国际吸引力、国际动员力和政府国内动员力的总和”，并对这三个方面进行了分解、操作化和定量分析。参见阎学通、徐进《中美软实力比较》，《现代国际关系》2008 年第 1 期，第 26～29 页。俞新天则将软实力的内涵界定为三个部分：一是思想、观念、原则，二是制度，三是战略和政策。她认为软实力的核心是文化，而且主要是文化中的核心即价值观。参见俞新天《软实力建设与中国对外战略》，《国际问题研究》2008 年第 2 期，第 16 页。

② 我们用权威数据对这四个维度、12 个方面进行了全面验证，本文第二、第三节是对验证结果进行的深入分析和思考。关于验证过程，参见赵广成《中国在丝绸之路上的软实力评估》，载黄伟、田高良、刘亚伟主编《“一带一路”：机遇与挑战》，西安交通大学出版社，2015，第 164～190 页。

是，目前“我国文化整体实力和国际影响力与我国国际地位还不相称，‘西强我弱’的国际文化和舆论格局尚未根本扭转”。[①]

其次，中国的制度吸引力非常明显，但主要表现在经济发展模式上。笔者把社会制度分为三个方面，分别是与主导意识形态相应的政治体制、社会治理模式和经济发展模式。从制度角度看，中国同发展中国家的相似性多于同发达国家的相似性。鉴于“一带一路”沿线国家均属发展中国家，中国的国家制度对这些国家有着较强的吸引力，但这种吸引力的分布同样不均衡。在政治体制上，除了越南仿效中国“革新开放”外，“一带一路”沿线国家大都与中国有一定的距离。在社会治理模式上，中国自改革开放以来，在经济高速发展、社会持续转型的同时保持了社会高度稳定，与“一带一路”沿线许多国家长期政局动荡形成了鲜明的对照。只要中国能在经济发展的同时实现国家的长治久安，在保持社会稳定的基础上实现较高程度的效率、公平和正义，那么，中国的制度将会成为非西方治理模式的样板，从而对“一带一路”沿线国家产生强大的吸引力。事实上，中国制度的最大吸引力表现在经济发展模式上。中国经济保持了 30 多年的高速增长，一跃成为世界第二大经济体。在此情况下，丝绸之路沿线国家与中国发展关系的愿望越来越强烈，它们迫切需要从中国的发展道路中吸取经验[②]，甚至希望从中国获得必要的援助。

再次，中国的国际感召力观念强于行为，对发展中国家的感召力强于对发达国家。部分由于长期奉行不结盟政策，中国在国际事务中缺乏盟友。20 世纪 90 年代以来，中国与世界各主要国家建立了各种类型的“伙伴关系”，但这种关系更多的是一种友好宣示，不具有盟友或准盟友关系的约束力。中国倡导的国际理念在国际舞台上很有市场，但市场主要存在于第三世界国

---

① 胡锦涛：《坚定不移走中国特色社会主义文化发展道路　努力建设社会主义文化强国》，《求是》2012 年第 1 期（这是胡锦涛同志在党的十七届六中全会第二次全体会议上讲话的一部分）。

② 郑永年和张驰认为，“一带一路”倡议有三大国际意义：一是突破安全困境，二是承担国际责任，三是形成在国际上的软实力。他们把软实力在“一带一路”中的地位提升到如此高度，但也只谈了中国的发展模式对丝绸之路沿线国家的吸引力。他们说：“首先是中国的发展成就。不管中国存在多大问题，在三十多年里从一个非常贫困的国家跃升为世界第二大经济体这一事实本身，就使得许多发展中国家对中国经验深感兴趣。其次，中国在很多方面为发展中国家树立了榜样，如通过发展来减少贫困、通过融入世界来谋求发展、通过发展来解决遇到的困难和问题等。最后，与发达国家的经验相比，中国的经验和发展中国家具有更大的相关性。……今后，中国可以一边总结自己的发展经验，一边通过‘一带一路’根据沿线国家的实际需求提供帮助。”参见郑永年、张驰《“一带一路”与中国大外交》，《当代世界》2016 年第 2 期，第 11 页。

家。正是因为中国国际观念的吸引力主要在发展中国家而非发达国家，当中国与西方国家进行观念交锋时，第三世界国家的追随并非一件可以预期的事情。如果中国与西方国家的冲突攸关中国的核心利益，例如在联合国人权委员会的反华提案问题上，第三世界国家大多会采取支持中国的立场。但是，不涉及中国的核心利益时，例如在国际人道主义干预问题上，多数第三世界国家不会为了与中国协调一致而甘愿与西方国家对立。

最后，从整体向心力来看，中国的软实力有喜有忧。根据世界经济论坛和洛桑管理学院的数据，中国的全球竞争力处于不断提高的过程中，前者由 2001 年的第 39 位提高到了 2013 年的第 29 位，后者由 2000 年的第 31 位提高到了 2014 年的第 23 位。但是，中国的全球竞争力存在两个问题：一是排名不够稳定，不同年度有较大的起伏；二是整体上仍处在中低水平。从 1980 年到 2013 年，中国的人类发展指数提高了 0.283 个百分点，从 0.404 提升到了 0.699。虽然取得了如此大的成就，但仍然处于中低水平，在世界上排在第 101 位。事实上，中国整体向心力的最大问题出在移民赤字上。随着中国经济的高速发展和对外开放水平的不断提高，中国的“移民赤字”不仅没有缩小，反而呈现出不断扩大之势。而且，移民海外的中国人当中，很大一部分是知识和财富精英。

三　关于提升中国软实力的政策建议

软实力是由多方面要素综合构成的，提升软实力必然是一项系统工程。针对当前中国软实力存在的问题，本文提出如下六条对策建议，当务之急是端正对于软实力的认识。

第一，强化并深化我们对于软实力的认识。实力的首要特征在于其复合性，即由多种要素综合构成。不同实力要素之间更多的是相乘而非相加的关系，任何一个实力要素严重不足，都会成倍地制约综合国力的发挥。① 为此，

① 美国乔治敦大学战略与国际研究中心主任克莱因（Ray S. Cline）在 1975 年出版的《世界各国权力评估》（World Power Assessment: A Calculus of Strategic Drift, Westview Press, 1975）和 1980 年出版的《世界权力趋势与美国 80 年代的对外政策》（*World Power Trends and U. S. Foreign Policy for the 1980's*, Westview Press, 1980）中，提出了衡量一个国家综合国力的议程式：$P_p = (C + E + M) \times (S + W)$。其中，$P_p$ 是能感知到的国力（Perceived Power），C 是基本实体（Critical Mass），E 是经济实力（Economic Capability），M 是军事实力（Military Capability），S 是战略目标（Strategic Purpose），W 是追求国家战略的意志（Will to Pursue National Strategy）。事实上，（C + E + M）是硬实力，（S + W）则是软实力，软硬实力之间是相乘而非相加的关系。

我们需要从三个方面端正对软实力的认识。一是强化对于软实力的认识，确立软、硬实力协调发展的观念。软实力和硬实力的各个要素都至关重要，任何一项出现严重缺陷，都会成为综合国力的短板。二是深化对于“软实力”的认识，确立软实力各要素协调发展的观念。正如硬实力不仅是军事实力那样，软实力也不只是文化上的。即使在文化上，中国不仅要关注向东、向南对于东亚国家的辐射力，也要关注向西对于中西亚伊斯兰世界的吸引力。三是进一步解放思想，不允许软实力的任何一个要素成为死角，让软实力中的所有薄弱环节都硬起来。

第二，落实并大力弘扬社会主义核心价值观。软实力的本质是观念，核心是制度，直接表现是国际感召力和整体向心力。十八大和十九大报告都要求全社会“倡导富强、民主、文明、和谐，倡导自由、平等、公正、法治，倡导爱国、敬业、诚信、友善，积极培育社会主义核心价值观”。这“二十四字”价值观超越了意识形态和制度差异，概括了人类最优秀的文明成果和最有效的制度安排，涵盖了西方国家提倡的民主、自由、平等和法治精神。只要我们在对外宣示的同时认真培育和践行，就一定能够在观念上提高对外部世界的吸引力。作为对外实践社会主义核心价值观的一部分，世界各地的孔子学院应当在进行汉语教学的同时，更加注重中国优秀传统文化和社会主义核心价值观的传播，使之成为提升和传播中国软实力的重要平台。鉴于中国在丝绸之路上的软实力一向存在东强西弱和物质强、观念弱的问题，我们应当大力加强对中西亚国家的文化辐射能力建设，一个极富现实意义的课题是探讨中华文明与伊斯兰文明兼容并蓄的可能性。

第三，以科学发展提高中国模式的吸引力。中国经济 30 多年来的高速发展创造了世界经济史上的神话，也使被称为“北京共识”的中国模式引起了世人的高度关注。但是，我们不得不承认中国的发展模式还有许多不尽合理的地方。未来，要长期保持中国模式的旺盛生命力，必须切实转变增长方式，真正实现科学发展。一是由粗放式、资本密集型发展模式向集约式和知识、技术密集型发展模式转型，真正走“科技含量高、经济效益好、资源消耗低、环境污染少、人力资源得到充分发挥”的可持续发展道路。二是由出口和投资拉动向内需拉动型经济增长转型，实现国强民富和藏富于民。从长期看，要提高中国模式的吸引力，必须让人民成为经济发展的受益者，让消费成为经济发展的重要动力。中西亚国家普遍存在搭乘中国发展快车的愿望，但对中国转移过剩产能和输出环境污染心存疑虑。如果我们不能切实转变增长方式，不仅国内的发展存在不可持续的问题，中国模式在丝绸之路经济带上的吸引力也将大打折扣。

第四，用社会和谐抢占效率和正义的制高点。中华文明之所以具有强大的生命力，一个重要原因在于它的宽广胸怀和兼容并蓄的能力。构建和谐社会本质上是社会分配问题。我们应当让改革和发展的成果惠及最大多数人民群众，让尽可能多的群众成为现行体制的受益者。当普通民众都对政府满意、为祖国自豪的时候，中国人在世界舞台上会表现出更多的自信，中国这片热土会成为本国人才回流、外国人才投奔的“磁场”。门洪华指出，“要成为国际社会中负责任的大国，必须首先对自己的国家和公民负责，在国内树立亲民、民主、廉洁、高效的正面形象”。[①] 在创新社会治理模式的时候，我们应当高度重视民族和宗教问题。新疆是我国向西开放的重要窗口，也是丝绸之路经济带建设的关键环节。我们应当加强穆斯林人口与其他各族人民的共同身份和认同建设，这可能是提升中国在丝绸之路经济带上软实力的一个可行步骤。

第五，用自信的大国外交提高中国的国际感召力。近代遭受侵略和冷战时期被遏制的历史对当代中国外交产生了严重的负面影响，那就是时刻警惕着外来势力的侵犯、颠覆和包围，为了凝聚和提高自身的国际感召力，中国有必要优化外交战略、政策和话语，树立自信的、建设性的大国外交观念。在全球层面上，继续全面融入和建设性地参与国际社会。这有助于我们赢得国际社会主导国家的认同，增强我们在主流国际社会中的感召力，而不是只能在第三世界和体系外国家中拥有追随者。在双边层面上，扎扎实实地经营自己的盟友或准盟友关系。中国作为一个不结盟国家，可以不筹组或参加北约这样的军事同盟，但可以而且应当成为类似欧盟这样的共同体的成员，或者与一些国家建立战略关系，从而在国际舞台上找到自己的归属感。在地区层面上，应加强与地区主要国家的政策协调。每个地区都是一个密切互动甚至有着独特规范的世界，地区国家间关系的规则有可能与全球层面不尽一致。在这种情况下，外部国家与该地区打交道时，应当充分考虑到其特殊情况，而不能把全球规范机械地照搬过来。

第六，要善于塑造和传播中国的良好国家形象。软实力外在地表现为一个国家的国际形象，而国家形象是需要塑造和传播的。如果一个国家形象的自我塑造能力不足，就很可能成为被别人塑造的对象。长期以来，国际上许多关于中国的不良形象都是由西方舆论引发的。西方舆论的这些做法并非都

① 门洪华：《中国软实力评估报告（下）》，《国际观察》2007年第3期，第44页。

是出于偏见，有时候是误读误解遮蔽了真相，这表明我们塑造自身国际形象的能力还不够强。正因如此，“中国可能要做出更大的努力，去传递中国的声音，缩小形象被人塑造的空间”。[①] 一是要拓宽我们外交活动的对象范围。中国负面国际形象的制造者和助推者，主要不是外国领导人、政府官员和外交官，而是国会、媒体和学术界中的反华势力。显然，塑造中国良好国际形象的主要对象，应当是各国“反华、仇华”和不了解中国的人。二是注重发挥大众传媒的作用。我们既要注重与西方国家的媒体打交道，通过增进了解引导它们刊发对中国的正面报道；也要改进中国媒体的刊载内容和报道方式，使它们能够传播出外国民众喜闻乐见的信息，进而成为他们喜闻乐见的媒体。

结　语

软实力实际上是一种吸引力，是让他者想你所想、欲你所欲的能力。当别国能够自动地按照一个国家的想法行事时，这个国家将能够很好地在国际舞台上实现、增加和维护本国的利益。中国实现“两个一百年”的奋斗目标，需要一个长期和平稳定的国际环境。中国立志走出一条不同于传统大国崛起的复兴之路，希望向世界证明中国的发展是有利于世界和平、合作、和谐的力量。中国政府提出的“一带一路”倡议，旨在用共商、共建、共享将之建设成一条互尊互信之路、合作共赢之路、文明互鉴之路。正是由于这些因素，中国在推进“一带一路”建设时，应当而且只能更多地依靠软实力。

自古以来，丝绸之路就不仅是一条商品贸易通道，还是一条文化交流和文明交往之路。商品贸易体现的是硬实力，文化交流和文明交往展示的则是软实力。从长期和总体上看，中国在丝绸之路上的硬实力明显强于其他各国，这是这一通道被以中国商品命名的原因所在。然而，中国在丝绸之路上的软实力始终存在东强西弱的问题，在向西的丝绸之路上始终存在商品出超、观念入超的问题。即使在向东、向南的丝绸之路上，自东亚朝贡体系解体以来，中国的文化辐射力也未能转化成外交上的国际感召力。这表明，为了顺利地推进“一带一路”倡议，中国需要扎扎实实地提高本国的文化辐射力、制度吸引力、国际感召力和整体向心力。

---

① 韩咏红、林子恒、许翔宇：《傅莹专访：中国愿维持亚洲和平安宁》，观察者网站，http：//www. guancha. cn/FuYing/2014_ 06_ 03_ 234499. shtml? XGYD。

根据本文揭示的中国软实力“短板”，中国可以充分发掘自身的四个软实力资源。第一，中国有世界上唯一几千年绵延不绝的文明，从中可以提炼出中国历史和国民性的优势。第二，儒家传统文化具有强大的吸引力，可以从中提炼出与现代文明兼容并能够付诸实施的价值观和制度来源。第三，长期高速发展的经济运行模式具有神奇的诱惑力，西方人想从中窥探秘密，第三世界想效仿和复制。第四，在经济持续高速发展和社会深刻变化的同时，长期保持了经济、政治和社会体系稳定，表明中国的社会治理模式具有内在的合理性和适用性。只要能把以上四项资源发掘好、运用好，我们一定能够形成具有文化辐射力、制度吸引力、国际感召力和整体向心力的软实力。

Recommendations for Enhancing China's Soft Power on "Belt – and – Road"

Zhao Guangcheng

Abstract: The "Belt and Road" initiative is based on cooperation and win – win concept which shows China will focus on carrying out the Silk Road Spirit, and promote the construction of "Belt – and – Road" more with soft than hard power. Soft power is a country's ability to attract other countries to follow it, including four dimensions of cultural radiation, institutional attractiveness, international appeal and overall centripetal force. With the rapid rise of China's hard power, her soft power has also been greatly enhanced, but there are still some weak links and uneven developments. In order to better promote the construction of "Belt – and – Road", China needs to firmly commit herself to enhancing its soft power and use her own attractiveness to make the new Silk Road a peaceful, cooperative and harmonious international artery.

Key words: Silk Road; Soft Power; Civilization Communication; People – to – people connectivity

美国对伊朗单边制裁的立法依据*

蒋　真**

摘　要： 1979 年以来，美国对伊朗进行了三十多年的制裁，涉及恐怖主义、核不扩散、弹道导弹和人权等领域。美国对伊朗制裁时间长，且具有连续性，因而形成了一套完整的制裁体系，其中包括美国国会针对伊朗的制裁法案、联邦政府实施的制裁法规、总统颁布制裁伊朗的行政令等。这些法律法规成为美国制裁伊朗的主要法理基础，它们既相互独立又相互关联，使得对伊制裁更加体系化，也增加了未来解除制裁的难度。

关键词： 美国　伊朗　制裁法案　法律依据

1979 年伊斯兰革命后，伊朗从一个世俗的亲美国家变成了一个政治与宗教关系高度结合的反美国家。11 月，伊朗大学生攻占美国大使馆并将使馆工作人员扣押了 444 天。人质危机后美国开始了制裁伊朗的漫漫征程，涉及恐怖主义、核不扩散、弹道导弹、人权等领域。由于美国对伊朗制裁时间长，且具有连续性，因而形成了一套完整的制裁体系，其中包括美国国会针对伊朗的制裁法案、联邦政府实施的制裁法规、总统颁布制裁伊朗的行政令等。这些法律法规成为美国制裁伊朗的主要法理基础，它们既相互独立又相互关联，使得对伊制裁更加体系化，也增加了未来解除制裁的难度。2015 年 7 月 14 日，伊朗与国际核谈判小组达成核协议，伊朗将以收缩核活动换取部分制裁的解除。然而，美国解除的制裁只是涉及核问题的二级制裁，在反恐问题、人权问题、弹道导弹问题等领域的制裁仍然保留，解除的部分制裁只是美国制裁伊朗体系的冰山之一角。本文试图对 1979 年以来美国对伊朗进行制裁的主要法律法规进行梳理，探究美国对伊朗制裁体系的全貌，以期为理解

---

* 本文系国家社科基金重点项目“美国制裁伊朗问题研究”（16ASS004）、陕西高校人文英才计划和西北大学哲学社会科学繁荣发展计划重大培育项目的阶段性成果。

** 蒋真，西北大学中东研究所教授。

当前美国对伊朗制裁以及解除制裁的前景提供参考。

一　国会通过的制裁法案

在美国外交政策的制定与执行上，国会的作用通常不可忽视，它不仅拥有第一立法权的地位，还有拨款权、宣战权和限制对外贸易权等，使其在美国外交上拥有重要的发言权。在制裁伊朗问题上，国会通过的各项法案为美国制裁政策的实施提供了法律依据。对于伊朗，美国指责其谋求大规模杀伤性武器，其中包括核武器以及能载核的弹道导弹、生物武器和化学武器；指责伊朗支持恐怖主义并将其认定为恐怖主义支持国；批评伊朗人权等问题。针对这些指责，美国国会通过了一系列的制裁法案，其中比较典型的制裁法案包括《对伊朗制裁法》（Iran Sanctions Act）、《2010 年全面制裁伊朗、问责及撤资法》（Comprehensive Iran Sanctions, Accountability and Divestment Act of 2010）、《2012 财年国防授权法》（National Defense Authorization Act for Fiscal Year of 2012）、《2012 年减少伊朗威胁和叙利亚人权法》（Iran Threat Reduction and Syria Human Rights Act of 2012）、《伊朗自由与反扩散法》（Iran Freedom and Counter-Proliferation Act）等。

《对伊朗制裁法》颁布于 2006 年 9 月 30 日，来源于《1996 年对伊朗和利比亚制裁法》（The Iran and Libya Sanctions Act of 1996）。2006 年后，《对伊朗和利比亚制裁法》不再适用于利比亚，只针对伊朗，将法案更名为《对伊朗制裁法》。2011 年 12 月 31 日，美国国会将《对伊朗制裁法》延期五年。2016 年 12 月，该法案再次被延期十年，有效期至 2026 年底，从而使伊核协议签署后的美伊关系骤然紧张。该法案始终认为，伊朗一直谋求获得大规模杀伤性武器及其运载工具，支持国际恐怖主义，危及美国及其盟友的国家安全与外交利益。该制裁法案的主要内容包括：第一，对伊朗石油开发和发展大规模杀伤性武器进行制裁。对向伊朗石油资源开发、成品油生产及出口总额超过 2000 万美元的个人和实体进行制裁。禁止向伊朗提供与发展大规模杀伤性武器相关的任何商品、服务、技术，如化学武器、生物武器、核武器及相关技术，以及不稳定的数量和类型的先进常规武器等。禁止美国政府向受制裁者出口商品或技术，不允许发放许可证。第二，对相关金融机构的制裁。禁止任何受美国管辖的外汇交易与受制裁的个人或实体有利益关系。美国政府限制任何美国的金融机构向受制裁的个人或实体发放贷款，向受制裁者发放贷款 12 个月内总计不能超过 1000 万美元，除非贷款的目的是用于减轻人类痛苦或类似的活动。第三，关于解除制裁。该法案规定，如果要解除该法案的制裁，总统须向国会提交报告，陈述该法案的制裁不再适用伊朗的理由。解除制裁须满足三个条件：1. 证明伊朗已经停止设计、开发、制造，或获取核爆炸装置或相关材料和技术，停止谋求化学和生物武器和弹道导弹发射技术；2. 证明伊朗已不再支持国际恐怖主义，政府已经决定将其从相关列表中删除。3. 证明伊朗已经不对美国及其盟友的国家安全、利益构成重大威胁。①

2010 年，内贾德宣布伊朗的铀浓缩取得了重大突破，其生产的铀的纯度已经达到了 20%。作为回应，2010 年 6 月 9 日，联合国安理会通过了 1929 号制裁决议。2010 年 7 月 1 日，美国国会通过了《2010 年全面制裁伊朗、问责及撤资法》。该法案是美国对《对伊朗制裁法》的扩展，同时进一步加强了对伊朗的制裁，是美国对伊朗进行单方面制裁最深入、最全面的一次。该法案认为，伊朗进行非法核活动、发展非常规武器、支持国际恐怖主义，对美国、以色列及其他盟友的安全产生威胁。该法案的主要内容包括：第一，冻结相关资产，禁止相关进出口。冻结资产的范围包括伊朗外交官、政府代表、伊朗军事和半军事机构的代表。美国总统在 14 天内完成对这些人名字的确认后报告给国会，并附上制裁清单。该法案规定，不管进出口商是否在美国或者在世界任何地方，禁止产自伊朗的商品、服务和技术直接或间接地进口到美国；禁止产自美国的商品、服务和技术出口到伊朗。第二，对伊朗相关金融机构进行制裁。要求总统对支持核扩散和资助恐怖主义的伊朗中央银行进行制裁；对与伊朗进行交易并有利于伊朗发展大规模杀伤性武器或是资助恐怖主义的金融机构和个人进行制裁；禁止与向伊朗出口敏感武器的人续签协议。该法案第 107 条规定，违反美国国家安全委员会制裁决议将受到不超过 1000000 美元的罚款。根据美国《与敌国贸易法》，违反者将被判 20 年以内刑罚。第三，对伊斯兰革命卫队和真主党进行制裁。该法案认为伊斯兰革命卫队及其附属机构支持恐怖主义、扩散大规模杀伤性武器和压制国内民众，因而决定对相关人员进行全方位制裁，包括限制其入境。同时美国敦促国际社会将真主党列入恐怖主义组织名单，推进国际社会解除真主党及其在黎巴嫩民兵组织的武装。第四，阻止通过第三国向伊朗转运相关受制裁的商品、技术和服务。该法案通过 180 天内国家情报部部长应向总统、国防部、国务院、财政部等相关部门提交报告，确定转运的物品、技术等是否产自美

① The Iran Sanctions Act，https：//fas. org/sgp/crs/row/RS20871. pdf.

国、是否有助于伊朗发展核武器和扩散大规模杀伤性武器、是否有助于发展弹道导弹及其他高级常规武器、是否用来支持恐怖主义，以及它们是否在联合国安理会禁止的名单上。为防止通过其他国家向伊朗转运违禁物资，美国政府应当积极发挥作用，通过政府间的合作来加强这些国家的出口控制体系，其内容包括通过美国政府各部门与他们对等机构的合作，发展和完善该国的出口控制体系。①

随着伊朗核问题的不断升级，为了向伊朗要害部门施加压力，新的制裁法案正在酝酿中。2011 年 11 月 22 日，美国财政部恐怖主义和金融情报部副部长戴维·科亨指出，“整个伊朗的银行系统包括伊朗中央银行，因为给恐怖主义者提供金融支持，为核扩散提供资助并且洗钱，给整个世界金融系统造成威胁。”② 2011 年 12 月 31 日，《2012 财年国防授权法》颁布，美国呼吁其盟友停止进口伊朗石油，加强对伊朗的金融制裁。在第 1245 节中，美国再次指控伊朗中央银行为躲避制裁洗钱，支持恐怖主义等，对美国的金融系统和政府形成威胁，因此决定对伊朗中央银行及其相关分支机构进行制裁。对与伊朗进行石油和石油产品进行交易的外国银行进行制裁，包括外国的中央银行。同时美国还提出了“多边外交行动”（Mutilateral Diplomacy Initiative），鼓励伊朗以外的石油产油国增加产量，稳定石油市场和价格，保证充足的供应量，要求原来从伊朗购买石油的国家减少进口，防止伊朗从石油出口牟利来购买大规模杀伤性武器的相关物品和技术。③

2012 年 8 月，美国国会颁布了《2012 年减少伊朗威胁和叙利亚人权法》，该法案多数内容是针对伊朗的，进一步拓展对伊朗制裁的领域。第一，对参与核扩散和支持恐怖主义的活动进行制裁。一旦发现任何人在该法令颁布后仍然出售、租赁和提供船只给伊朗，或向来自伊朗或运送到伊朗的货物和船只提供保险服务，美国将对其进行制裁，因为美国认为这一做法会增加伊朗大规模杀伤性武器的扩散和支持恐怖主义的风险。对伊朗中央银行和规避制裁者进行更为严格的制裁。对为伊朗获取生物、化学和核武器等相关技术，以及发展弹道导弹技术、巡洋舰等提供资助的金融机构进行制裁。第

① Comprehensive Iran Sanctions, Accountability, and Divestment Act of 2010, http://legcounsel.house.gov/Comps/Comprehensive%20Iran%20Sanctions%, 20Accountability,%20And%20Divestment%20Act%20Of%202010.pdf.

② National Defense Authorization Act for Fiscal Year 2012, https://www.gpo.gov/fdsys/pkg/PLAW-112publ81/pdf/PLAW-112publ81.pdf.

③ Ibid..

二，禁止相关人员入境。对伊朗相关政府高官及其家属进行移民限制。该法案通过180天后，总统应向国会提交相关涉及伊朗秘密核活动、大规模杀伤性武器扩散、支持恐怖主义、违反人权的政府高官及其家属名单。政府高官包括伊朗最高领袖、总统、内阁成员、专家委员会成员、伊朗情报部高级官员、伊斯兰革命卫队高级官员包括巴斯基组织的高级官员。相关人员将被拒发签证，不得入境美国。第三，外国政府及其代理机构一旦被认为违反美国的制裁法案将被制裁，尤其当他们被认为向伊朗受制裁的个人和实体提供商品、技术和服务等。如果被确认，美国将停止向这些国家及其代理机构提供出口服务、经济援助及其他支持，以防止直接或间接增强伊朗与他们的交易，人道主义援助除外。第四，对伊朗国内人权滥用的相关负责人和重要参与者进行制裁。美国认为伊朗最高领袖、总统，情报部高级官员、伊斯兰革命卫队高级军官、巴斯基组织的高级官员，国防部、内政部、司法部、电信部的高级官员等应当为2009年6月21日伊朗总统选举以后的人权滥用情况负责，这些人将受到美国制裁。[①]

2013年1月2日，美国颁布《2013财年国防授权法》，其中第四部分就是著名的《伊朗自由与反扩散法》。美国认为伊朗政府暴力镇压本国人民、对本国亲民主人士和反政府人士进行暴力迫害，因而支持伊朗寻求自由选举、建立民主政府，帮助伊朗人民通过网络和其他媒体自由制造、接触、分享信息。其主要内容包括：第一，对伊朗的能源、航运和造船业进行制裁。美国认为伊朗的能源、航运和造船部门通过生产获得的收益资助伊朗政府进行核扩散。因此，美国要对伊朗的能源、航运和造船业进行制裁，对买卖与上述行业相关的材料的活动进行制裁，尤其是当这些材料是伊斯兰革命卫队控制的被制裁的材料，或者与伊朗的核、军事和弹道导弹项目相关的材料。第二，对相关个人或实体进行制裁。任何向受到制裁的活动提供保险和秘密服务的行为将受到制裁；参与受制裁的能源海运和造船部门活动的相关个人或实体将受到制裁；对参与伊朗大规模杀伤性武器及其运载系统扩散的任何个人或实体进行制裁；对与伊朗支持恐怖主义活动有关的任何个人或实体进行制裁。第三，对外国金融机构进行制裁。对在该法案通过180天后仍然帮助伊朗建立代理账户及为其支付提供服务的外国金融机构进行制裁。制裁也适用于购买伊朗的石油和其他石油产品的金融机构，前提是其他产油国石油

---

① Iran Threat Reduction and Syria Human Rights Act of 2012，https：//www. gpo. gov/fdsys/pkg/PLAW－112publ158/pdf/PLAW－112publ158. pdf.

丰富和价格合理，原来从伊朗进口的金融机构完全可以不必购买伊朗石油。[①]

二 总统颁布的行政令

在美国的外交决策中，国会与总统的权力关系在学术界充满争议。美国著名政治学家詹姆斯·L. 森德圭斯形象地将两者关系描述为，“宪法将两个对手置于拳击场，敲响铃让他们无休止地打斗下去”。[②] 虽然美国宪法没有明确规定总统享有发布行政命令的权力，但宪法规定总统拥有保障法律忠实执行的义务，根据这项默示权力，总统可以通过发布行政命令来享有一定的立法权，并且不需要国会特别授权。如《国家紧急状态法》（National Emergencies Act）和《国际紧急经济权力法》（International Emergency Economic Powers Act，IEEPA）规定，一旦美国面临境外的严重威胁，且这种威胁向美国的国家安全、外交和经济构成非同寻常的威胁，总统宣布国家进入紧急状态后，在国会的监督下可以实施制裁。

事实上，美国对伊朗进行的第一项制裁法令就是总统颁布的行政命令。1979 年，伊朗大学生占领美国大使馆，美伊关系迅速恶化。1979 年 11 月 14 日，美国人质危机后十天，美国总统吉米·卡特很快颁布了 12170 号行政令《冻结伊朗政府资产》。该行政令认为，“伊朗的形势对美国的经济、外交和国家安全构成了不同寻常的威胁”，因此总统宣布国家进入紧急状态，下令冻结伊朗政府所有在美国辖区内的资产及其权益。1980 年 4 月 7 日和 4 月 17 日，卡特再次颁布第 12205 号和第 12211 号行政令，禁止美国辖区内的任何人与伊朗交易，不向伊朗提供新的贷款、不增加伊朗原有的非美元存款，在国际贸易中不为伊朗提供支付便利；除了家庭汇款外，禁止伊朗进行任何支付、信用卡交易，以及资金转移等。严禁美国人与伊朗签署支持伊朗工业项目的协议，除非所签协议早于该行政令或用于医疗用途。严禁从伊朗直接或间接地进口伊朗货物和服务。该禁令生效后，严禁美国公民和长期居留者与到过伊朗旅游的外国人和外国实体进行交易；严禁使用美国护照到伊朗旅游或过境。[③] 事实上，这个制裁法令并没有得到很好的执行。1981 年，通过在

---

① Iran Freedom and Counter-Proliferation Act，https：//www. state. gov/documents/organization/204023. pdf.

② James L. Sundquist，*The Decline and Resurgence of Congress*，Washington DC：Brookings Institution，1982，p. 16.

③ 参见 Executive Order 12205 和 Executive Order 12211。

阿尔及利亚的斡旋，美伊双方就人质问题达成了《阿尔及尔协定》，美国承诺解除制裁，伊朗则释放人质。

随着美国和伊朗关系的恶化，伊朗积极与中东地区的激进组织结盟，如亲伊朗的黎巴嫩真主党等。1983 年 10 月 23 日，一辆卡车在贝鲁特机场附近的美国海军基地发生爆炸，241 人死亡，80 人受伤。美国的海军指挥官克里将军指出，“这是美国历史上最大的一次恐怖袭击，1983 年 10 月 23 日的袭击超越了越南战争和朝鲜战争时期最血腥的日子”。[①] 美国认为，这两次袭击是真主党在伊朗支持下发动的恐怖袭击，因此在 1984 年 1 月 19 日，伊朗被美国国务院指认为支持恐怖主义国家（State Sponsor of Terrorism），支持恐怖主义也成为美国制裁伊朗的重要原因。1987 年 10 月 30 日，里根总统颁布了第 12613 号行政令，认为伊朗政府支持恐怖主义，并将其作为国家政策，而且伊朗在国际水域对悬挂美国国旗的船只和其他非交战国的商用船只采取侵略性和不合法的军事行动。因此，为保证美国从伊朗进口货物和服务不助长伊朗支持恐怖主义和进一步对非交战国采取挑衅行动，美国决定禁止从伊朗进口货物包括石油在内，甚至禁止进口第三国加工的源自伊朗原油提炼的石油产品，但美国公司可以通过第三国与伊朗进行交易。[②]

20 世纪 90 年代初，克林顿上台后，美国对伊朗和伊拉克采取了双重遏制政策，对伊朗的制裁也随之加剧。1995 年，美国通过了两项制裁伊朗的行政令，为 1996 年的《对伊朗和利比亚制裁法》的出台奠定了基础。1995 年 3 月 15 日，美国颁布了第 12957 号行政令，该行政令禁止美国的个人和实体投资伊朗石油领域，并对一些概念进行了详细定义，如“美国人”不仅指的是美国公民，还包括长期居留美国的外国人、外国在美国的分支机构及其所有在美人员。1995 年 5 月 6 日，美国颁布第 12959 号行政令，严禁来自伊朗的商品和服务进入美国，也严禁美国的商品出口伊朗。禁止美国个人在伊朗投资，或投资伊朗政府拥有或控制的资产。1997 年 8 月 19 日，美国颁布了第 13059 号行政令，严禁任何地方的美国人直接或间接向伊朗出口、再出口、销售、提供商品、服务和技术；严禁第三国和非美国人通过直接或间接渠道向伊朗出口、销售、提供商品、服务和技术。严禁世界各地的美国人与伊朗人或伊朗政府进行交易，其中包括购买、销售、运输、资助产自伊朗的商

---

① Shaul Shay, *The Axis of Evil: Iran, Hezbollah, and the Palestinian Terror*, New Brunswick and London: Transaction Publishers, 2005, p. 92.

② 参见 Executive Order 12613。

品。禁令不适用于那些获得出口许可并符合出口申请的商品和技术；或者这些商品和技术是美国之外生产的产品，但美国产品和技术含量少于10%。[①]

2001年9·11事件爆发，反对恐怖主义尤其是防止大规模杀伤性武器与恐怖主义的结合成为美国中东政策的重要内容。2005年6月，布什政府颁布了第13382号行政令，该法令对参与扩散大规模杀伤性武器的个人进行制裁，包括对任何制造、获取、拥有、发展、运输、交易以及使用这些大规模杀伤性武器的个人和外国政府进行制裁。被美国财政部认定曾经为扩散者提供或试图提供商品、技术和服务援助的个人也将受到制裁。该法令附有一份制裁名单，其中包括伊朗的航空工业组织（Aerospace Industries Organization，AIO）、沙希德·赫马特工业集团（ShahidHemmat Industrial Group）、沙希德·巴克里工业集团（ShahidBakeri Industrial Group）、伊朗原子能组织（Atomic Energy Organization of Iran）、科学研究中心（Scientific Studies and Research Center）等。[②]

奥巴马上台后，虽然多次向伊朗示好，但相关制裁政策仍然不断出台。针对2009年伊朗大选后的骚乱，美国认为伊朗国内存在侵犯人权现象，而且指责伊朗干预叙利亚内政导致叙利亚国内出现人权问题。2010年，奥巴马颁布第13553号行政令，指责伊朗政府及其相关官员镇压国内暴乱，滥用人权。因此，该法令禁止境内外的美国人与被认定造成2009年6月12日伊朗人权问题的相关个人和实体进行交易。其中包括不能与下令、控制和指挥滥用人权的伊朗政府官员或伊朗政府代表及其代理人进行转让、支付、出口、收回或交易等活动，也不能与曾对滥用人权者提供资金支持或提供技术支持的人进行交易。在这里，伊朗政府指的是包括伊朗政府本身、任何的政治分支机构、媒介，或代表政府行事的个人。总统授权国务卿对相关个人进行签证制裁，并列出一系列制裁名单，其中包括伊斯兰革命卫队总司令穆罕默德阿里贾法里、前内政部部长和法律执行武装部队副总指挥萨迪格·马苏里、前司法部部长赛义德·穆塔扎维、情报部部长海义德·莫斯勒希、内政部部长和法律执行武装部队副总指挥穆斯塔法·穆罕默德·纳贾尔、国家警察局副局长艾哈迈德里·扎拉丹、伊斯兰革命卫队情报部副指挥官、前巴斯基指挥官侯赛因·塔义卜等。[③]

---

① 参见 Executive Order 13059。

② 参见 Executive Order 13382。

③ 参见 Executive Order 13553。

2011 年 11 月 20 日，美国颁布了第 13590 号行政令。严禁在石油资源开放方面向伊朗出售、租赁，提供商品、服务、技术超过市场价值 1000000 美元，或者 12 月内累计超过市场价值 5000000 美元，否则将受到制裁，因为这些行为会直接促进伊朗在石油资源方面的开发能力。严禁在石化生产方面向伊朗出售、租赁，提供产品、服务、技术超过市场价值 250000 美元，或者 12 月内累计超过市场价值 1000000 美元，因为这些行为将有助于伊朗国内石化产品的生产和发展。一旦被确认某些个人或实体违反该行政令，美国将禁止其金融机构向受制裁者提供 12 个月内超过 10000000 美元贷款和存款服务，一些缓解人道主义危机的行为除外。严禁美国辖区内受制裁者的外汇交易；严禁美国金融机构参与任何与被制裁者有关的交易和支付；阻止直接或间接从受制裁者那里进口商品、技术和服务到美国。①

2012 年随着美伊关系恶化，美国陆续颁布了多个行政令，如第 13599 号、第 13606 号、第 13608 号、第 13622 号等。在第 13599 号行政令中，认为伊朗的中央银行和其他银行存在欺诈行为，严重威胁到世界金融体系，因此决定对伊朗政府、伊朗银行和相关个人进行制裁。所有伊朗政府在美国或委托美国人控制的资产及其权益，以及伊朗银行在美国的资产包括其海外分支机构都将受到制裁，严禁其交易、支付、出口、撤离等。② 第 13606 号通过信息技术阻止伊朗和叙利亚政府严重违反人权的相关人员及其资产进入美国。附件中列出了一个制裁人员名单，美国将对这些人的在美资产及其权益进行制裁，禁止他们进行交易、支付、出口等活动，防止这些人的活动助长伊朗和叙利亚两国国内人权滥用的风气。在附件的制裁名单中包括伊斯兰革命卫队、伊朗情报安全部、伊朗法律执行部队和达塔克电信公司。③ 第 13608 号行政令禁止美国人与直接或间接涉及被制裁的外国人进行交易，包括进出口、出售、销售、运输任何的商品或技术。这些外国人将被禁止入境美国。第 13622 号行政令认为，伊朗政府利用石油和石化产品的收入继续进行秘密行为，违反国际制裁，伊朗的行为对国际金融体系带来风险。如果外国金融机构在国际石油供应充足的情况下，仍与伊朗国家石油公司和伊朗纳夫提兰国贸公司等进行交易，美国将对这些外国金融机构进行制裁。④ 2016 年 1 月 21 日，奥巴马政府颁布了第 13716 号行政令，按照 2015 年国际社会达成的

---

① 参见 Executive Order 13590。

② 参见 Executive Order 13599。

③ 参见 Executive Order 13606。

④ 参见 Executive Order 13622。

核协议，美国将解除与核问题相关的二级制裁。在该行政令中，美国明确撤销了第13574号、第13590号、第13622号和第13645号行政令中的相关二级制裁，并对第13628号行政令进行了修改。

三 联邦政府的制裁法规

根据美国宪法，除了国会通过的法案和总统颁布的行政令外，联邦政府也可以通过制定法规来行使立法权，该立法权是从属性的，属于二级立法权，其权力来自国会和总统的委任，效力低于国会制定的法律，也不能和总统的行政令冲突。具体而言，联邦政府制定的法规指的是“行政机关为了执行、解释或者规定法律或政策，或者为了规定机关的组织、程序或活动的规则而颁布的具有普遍适用性或特殊适用性而且对未来有约束力的文件的全部或一部分”。[①] 通常情况下，联邦政府颁布的法规是为了更好地执行国会和总统颁布的制裁法令，将其进一步细化。根据美国法律，美国联邦行政机构制定的所有行政法规，必须先在《联邦公报》上出版，然后由《联邦公报》办公室按主题分类编入《联邦法规》。在制裁伊朗问题上，《联邦法规》收录了制裁伊朗的多部法律，如《伊朗资产管制条例》（The Iranian Assets Control Regulations）、《伊朗交易制裁条例》（The Iranian Transactions and Sanctions Regulations）、《伊朗金融制裁条例》（The Iranian Financial Sanctions Regulations）、《伊朗人权滥用制裁条例》（The Iranian Human Rights Abuses Sanctions Regulations）。

这些制裁条例主要由美国财政部外资控制办公室（The Office of Foreign Assets Control，OFAC）制订。该办公室是基于维护美国外交政策和国家安全的目的，针对恐怖袭击、国际毒品走私、大规模杀伤性武器的扩散等危及美国经济、外交和国家安全，对其采取经济和贸易制裁。OFAC前身是外国资金控制办公室（The Office of Foreign Funds Control），该组织成立于二战前夕，最初的目的是阻止纳粹使用被占国的外汇以及这些国家在世界各地的资金。美国加入二战后，外国资金控制办公室在阻止敌人资本和外贸以及金融贸易等经济战中扮演了重要角色。OFAC通过的针对伊朗的制裁条例需要与国会通过的法案相一致，是为了更好地完善和执行总统通过制裁伊朗的行政命令。并为了适应大众需要，就制裁伊朗的相关问题进一步明确化和可操作化，每年会对一些许可证做一些修正，以配合新的制裁。

---

① 王名扬：《美国行政法》，北京大学出版社，2016，第260页。

《伊朗资产管制条例》主要包括三个方面的内容。第一，如何处理涉及伊朗利益的资产。该条例规定冻结美国境内所有伊朗前国王巴列维或巴列维近亲控制的财产，以及被伊朗控告追讨的财产，直到当事人对财产的争议最终结束。按照《伊朗资产管制条例》，1979 年 11 月 14 日上午 8 时 10 分（美国东部时间）后，受美国管辖的财产或受美国人所拥有或控制的财产，如果涉及任何性质的伊朗利益，在该条例生效日期或之后，都不得转移、支付、出口、撤回或交易，除非获得授权。第二，建立第三方托管。根据 1981 年 1 月 19 日美国与伊朗签署的《阿尔及尔宣言》，纽约联邦储备银行被授权作为美国的财政代理人，接收涉及伊朗利益的金钱和其他资产。根据托管协议，纽约联邦储备银行被授权将涉及伊朗的财产转移到其在英格兰银行的账户，随后再转移到英格兰银行以阿尔及利亚中央银行名义所开的托管账户。这些财产包括伊朗或其代理机构或伊朗受控实体的所有资产。美国银行中原来由伊朗政府或其代理机构、受控实体合法或实际拥有的资金或证券，将被转存到英格兰银行的相关账户，其中包括基金、证券和存款（包括 1979 年 11 月 14 日以来利息按合理商业利率计算），上述财产可以根据阿尔及尔宣言做进一步转移。第三，关于索赔。根据《伊朗资产管制条例》，无论诉讼是否在 1981 年 1 月 19 日之前或之后开始，受美国管辖的个人或实体禁止在美国境内或其他地方的任何法院因 1981 年 1 月 19 日前发生的事件起诉伊朗政府，这些事件包括：1979 年 11 月 4 日扣押人质；对这些人质的随后扣押；1979 年 11 月 3 日美国财产的损坏或美国使馆内美国公民财产的损坏；在伊朗伊斯兰革命过程中由于人民革命而不是伊朗政府的行为对美国国民或其财产造成的伤害。任何非美国公民也不得在美国境内的任何法院起诉索赔。根据 1981 年 1 月 19 日的《阿尔及尔宣言》第 2 条规定，任何提交美伊索赔法庭的索赔，以及所有关于与这类索赔有关的公平或其他司法救济的索赔，除非已经提交法庭，否则现予中止。而且该法规生效后，所有此类索赔对于美国任何法院，包括任何州和任何地区的法院、哥伦比亚特区和波多黎各的任何法院，都不具有法律效力。①

《伊朗交易制裁条例》前身是《伊朗交易条例》（The Iranian Transactions Regulations）。其制订最早是为了更好地执行总统阻止从伊朗进口货物的行政命令，如 1987 年 10 月 29 日通过的 12613 号决议、1995 年的 12957 号、1995 年的 12959 号决议等。2012 年修订的《伊朗交易制裁条例》除了界定该条例

① The Iranian Assets Control Regulations，https：//www. ecfr. gov/cgi – bin/text – idx? SID = b2379214e19ccae4da91c8585051e762&tpl = /ecfrbrowse/Title31/31cfr535_ main_ 02. tpl.

与其他法律的关系、对一些重要字词的定义和解释，以及许可证问题的声明与申请程序外，最引人注目的是关于制裁的禁令。禁令主要包括三方面的内容：第一，关于进出口的禁令。该条例第 201 条规定，除了在 1995 年 5 月 7 日之前签订的合同或获得的任何许可证，以及《国际紧急经济权力法》第 203（b）（3）条所指的信息和信息材料外，禁止美国进口任何伊朗原产货物或服务，或是由伊朗政府拥有或控制的货物或服务。第 204 条规定，禁止美国或任何地方的美国人直接或间接地出口、再出口、出售或供应任何商品、技术或服务给伊朗或伊朗政府。第 205 条规定禁止非美国人直接或间接从第三国再出口从美国出口的任何商品、技术或服务，如果他明知或有理由知道再出口的目的地是伊朗。第 206 条规定，任何美国人，无论位于何处，都不可从事与下述相关的任何交易：（1）原产于伊朗或是由伊朗政府控制、拥有的商品和服务；（2）直接或间接向伊朗或伊朗政府出口、再出口、出售或供应的商品、技术或服务。第二，关于投资贸易的禁令。第 207 条规定，禁止美国人向伊朗进行新投资，或向伊朗政府拥有或控制的财产（包括实体）进行任何新投资。第 208 条规定，任何美国人，无论位于何处，都不可以支持、资助，或协助外国人从事本条例禁止的任何交易。第 209 条规定，除非经过本条例另行授权，或在 1995 年 3 月 16 日之前就达成的合同、获得的许可，禁止美国人参与实施，或受美国人支持、或由美国公民拥有或控制的实体参与签订监理和管理伊朗境内石油资源开发以及相关融资合同，以及根据该合同进行担保。

第三，关于冻结资产的禁令。第 211 条规定，美国境内伊朗政府和伊朗金融机构的资产将被冻结，包括伊朗中央银行；由美国人拥有或控制的伊朗政府和伊朗金融机构的资产，包括任何外国分支机构都将被冻结。这些财产不得转让、支付、出口、撤回或以其他方式处理。而且根据 2012 年 2 月 5 日第 13599 号行政命令，一旦确认为被冻结或被指定冻结的人员，其财产根据本条例的规定被冻结，他们的姓名将被发布在《联邦公报》上，并被纳入外国资产控制办公室的特别指定国民名，标识符为“［IRAN］”。禁止任何人为被冻结财产的个人和实体提供帮助或提供资金、商品和服务。禁止接受被冻结财产的个人和实体提供的任何帮助，或资金、商品与服务。此外，除非得到本条例明确提及的特定许可证的授权，禁止任何美国人持有或控制伊朗政府、金融机构和与资产被冻结的个人有关的证券。[①]

① The Iranian Transactions and Sanctions Regulations，https：//www. law. cornell. edu/cfr/text/31/part－560.

《伊朗金融制裁条例》出台的背景是为了更好地执行美国对伊朗在金融领域的制裁法令。其对伊朗金融制裁的依据之一是 2010 年 7 月 1 日颁布的《2010 年全面制裁伊朗、问责和撤资法案》第 104 条（c）、（d）节，要求财政部部长在 CISADA 颁布之日后 90 天内制定条例，禁止或严格管控与制裁有关的外国金融机构在美国开设或维持代理账户和应付账户，禁止任何美国金融机构拥有或控制的个人和实体与伊朗伊斯兰革命卫队进行交易，或从事有利于伊斯兰革命卫队的交易。依据之二是 2012 年财政年度国防授权法案第 1245 条（d）节，其中规定对伊朗中央银行和指定的其他伊朗金融机构实行制裁。由于对伊朗进行的金融制裁有多个法案，因此该法案特别强调，CISDA 和 NDAA 关于金融制裁的法案之间关系是独立的。在《伊朗金融制裁条例》中，制裁的禁令主要包括了三个方面：第一个方面是对外国金融机构进行基于 CISDA 的金融制裁。条例规定，外国金融机构不管在任何地点，以及以任何货币进行的金融活动，如果这些活动有利于伊朗政府包括伊斯兰革命卫队及其代理机构获得大规模杀伤性武器或有利于其支持恐怖组织，或支持联合国安理会制裁决议中受到金融制裁的个人或实体，或帮助其洗钱，美国将禁止美国金融机构为该外国金融机构在美开立或拥有代理账户或应付账户。相关外国金融机构的名称及其对其采取严格管控的条件将被添加在外资管理办公室的制裁名单上。这些管控条件主要包括五点但不限于这五点：对外国金融机构的代理账户或支付账户设置严格的贸易融资条件或禁止融资；对外国金融机构的代理账户或应付账户的交易严格管控，限制某些类型的交易；对外国金融机构的代理账户或应付账户设定额度或限制其交易量；对于通过外国金融机构的代理账户或应付账户处理的所有交易，要求美国金融机构事先批准；通过外国金融机构的代理账户或应付账户，对外汇交易进行严格管控或禁止交易。

第二个方面是禁止美国金融机构控制的个人或实体不得故意与伊朗伊斯兰革命卫队进行交易，或从事有利于伊斯兰革命卫队的交易，不得与资产被冻结的伊斯兰革命卫队代理机构交易。资产被冻结的个人和实体将被列入外资控制办公室的特别指定国民名单。伊朗伊斯兰革命卫队的代理人或附属公司在该名单相关条目上有标注，如条目结尾处标有“IRGC”。如果与大规模毁灭性武器有关，其名单条目结尾处标有“［NPWMD］［IRGC］”标签。

第三方面是对外国金融机构进行基于 NDAA 的制裁。如果外国金融机构故意与伊朗中央银行和 NDAA 指定的金融机构进行任何重大金融交易，将禁止美国金融机构在美国境内为该外国金融机构开立代理应付账户，或对其增加严格的管制条件，这些管制条件与基于 CISDA 的制裁条件相似。此外，外国政府拥有或控制的外国金融机构，包括外国中央银行，以及外国私有金融机构在2012年6月28日起为出售或购买伊朗石油或石油产品进行的重大金融交易将被制裁。同时，美国将对伊朗以外的石油生产国的产量和价格进行评估，从而对这些交易进行酌情制裁。①

《伊朗人权滥用制裁条例》产生的背景是2010年9月28日美国颁布的第13553号总统令，为了进一步对伊朗人权滥用问题进行制裁，OFAC增补了一些条例来完善制裁。制裁条例中包括了一系列禁令、许可证政策以及对一些定义的解释，该条例生效日期为2011年2月11日。主要内容包括三个方面：第一，所有根据13553号行政令被禁止的交易根据本章将被禁止。根据13553行政令被列出的人员的财产将被冻结，并被列入SDN制裁名单上，用［IRAN－HR］来标识。本章501.806和501.807分别描述了个人或实体寻求解冻他们认为因错误认定导致冻结的解冻程序。第二，关于被禁止交易资金投资与再投资。美国的任何个人或实体如果持有562.201所述的资金，应当将这些资金放入美国境内被冻结的有息账户。这个账户可以获取合理的商业利息，也可以被投资于购买货币基金或国库券，但根据1934年的证券交易法案，这个账户必须在证券交易委员会注册。被冻结的资产不能用来投资或再投资以获取短期金融利益，也不能与那些资产被冻结的人交易或合作。美国金融机构在其分支机构的被冻结账户之间的交易是允许的，但交易仅限于美国境内。美国金融机构被授权将正常服务费记入被冻结账户，正常服务费包括支付收费、偿付到期利息、邮政费、监护费等。被冻结账户之间如果账户名称一致可以相互转账。第三，违反禁令的后果。本条例生效后，任何违反本部分条款的交易，和涉及被冻结财产的交易都将是无效的，都将不被作为承认和维护其利益的法律基础。除非资产拥有人在条例生效前有交易的书面通知或者有任何书面证据确认此交易是在条例生效之前，或者他们可以证明其没有理由知道这项交易需要本章要求的许可证或授权，或者他们不知道许可证或授权是否包括了这次交易，或者他们不知道这一许可证或授权有第三方的错误代理或以不当行为获取。②

① The Iranian Financial Sanctions Regulations, https://www.federalregister.gov/documents/2013/03/15/2013-05766/iranian-financial-sanctions-regulations.

② The Iranian Human Rights Abuses Sanctions Regulations, https://www.ecfr.gov/cgi-bin/text-idx?SID=65064c4fb385617284c85006b0858362&tpl=/ecfrbrowse/Title31/31cfr562_main_02.tpl.

结　语

美国对伊朗实施制裁政策在某种程度上是因为美伊关系的变化，1979 年伊斯兰革命后伊朗由美国中东政策的“战略支轴国”变成了反美先锋，也开启了美国制裁伊朗的时代。为孤立和遏制伊朗，美国对其进行了三十多年的单边与多边制裁。虽然，伊核协议达成后伊朗将以收缩核活动换取解除制裁，但美国解除的制裁只是美对伊朗单边制裁的一小部分，制裁问题仍是美伊关系恶化的重要导火索。原因有三：一、根据伊核协议，美国解除的制裁只是在核问题上针对第三国的二级制裁，美国人仍然不能与伊朗交易；二、伊核协议后，美国在恐怖主义问题、弹道导弹问题，以及人权等问题上对伊朗的制裁仍然有效，而且不断地更新与延续，其在制裁内容上与核问题的制裁有千丝万缕的联系；三、伊核协议本身具有一定的脆弱性，约束力不强，一旦西方再对伊朗核计划提出质疑且无法和解，或伊朗认为西方违反协议而恢复铀浓缩，解除的制裁将会重新回到起点。此外，美国和伊朗国内对制裁问题本身存在很大的争论，两国关系存在不稳定性，在两国关系不能和解的情况下，真正做到解除制裁难度很大。

Legal Analysis on America's Sanctions on Iran after 1979

Jiang Zhen

Abstract: Since 1979, America has imposed sanctions on Iran for over thirties years which covers the terrorism issue, nuclear issue, missile issue and the issue of human rights. The sanctions are based on a profound law system which includes the statutes by the Congress, code of Federal regulations, the Executive Order by the president and the resolutions of UN Security Council. These laws and regulations are independent and dependent, increasing the difficulty for the sanction reliefs.

Key words: America; Iran; Sanctions; Law

能源外交视域下的土俄关系发展报告

李艳枝*

2018年以来，无论是土耳其入侵阿夫林地区发动“橄榄枝”行动，还是俄罗斯在索契主导召开叙利亚全国对话大会，都说明土耳其与俄罗斯是中东政治舞台举足轻重的政治力量。作为欧亚大陆交界处的重要国家，土耳其与俄罗斯之间的关系在后冷战时代尤其是“中东剧变”之后经历复杂的变化，两国关系的变迁有力地证明了能源政治与双边外交关系的密切关联。本文基于能源外交的研究视角，以“中东剧变”以来土耳其与俄罗斯的关系发展作为研究个案，剖析土俄两国之间由合作到对抗、由冲突到合作的转变历程，阐释能源因素影响下土俄关系的战略性、现实性和阶段性特征，进而说明能源外视域下土俄关系变迁对我国“一带一路”建设的诸多启示，以为我国制定相关政策提供重要借鉴。

一　能源外交与土俄两国的能源外交战略

能源是国家发展所必需的战略物资。能源以其独特的战略性特质，关系到国家经济、社会发展和国防安全的方方面面，影响着国际经济的活力、世界地缘政治的稳定以及全球环境的未来。在全球化背景下，“世界能源问题已不再是单纯的能源问题，也不是纯粹的经济问题，而是涉及对外战略、国家安全、战略经济利益以及外交手段等多层次的战略和策略问题”。[①] 随着世界上诸多国家对能源的依赖不断加深，海外能源供应安全影响到各国的经济增长和战略安全，能源外交逐渐成为各国外交政策的基点之一。能源外交旨在保证国家能源安全，理顺国际能源关系，谋取最大能源利益。能源外交主要有两种表现形式，一是指运用政治经济等手段进行的以能源资源的获得和安全为最终目的的外交政策和行为；二是以能源为手段来实现其他政治或经

* 李艳枝，辽宁大学历史学院教授。

① 秦宣仁：《国际大环境及大国能源外交运筹》，《国际石油经济》2004年第1期，第35页。

济目标的外交政策和行为。前一类能源外交的实施者多为能源输出国，后者则多为能源消费国；前者侧重经济目的，后者凸显政治目的。能源消费国以能源外交保障供应安全，而能源生产国以能源外交提升国际影响力。能源生产与供应国的能源外交目标主要是实现对本国能源的自主权，保证生产开发的顺利进行，确保稳定的买方市场和对自己有利的产品价格，以促进本国经济发展。能源进口和消费国的能源外交目标主要是确保安全稳定的外部能源供应，保证价格的合理与平稳，以实现本国的能源安全、经济安全及国家安全。不管是能源输出国、消费国，还是能源过境国，都不会放弃利用能源资源优势和地缘政治优势拓展国际政治空间和影响的历史机遇，所以能源外交的政治色彩进一步强化。当前，各国能源外交大多反映了该国外交战略和安全战略的思路，所以能源外交与地缘政治有着密切关系。从历史上看，能源资源构成地缘政治工具，控制并获得能源资源是国家地缘政治战略中不可或缺的组成部分。地缘政治学家哈尔福德·麦金德（Halford Mackinder）在其著名的心脏地带理论中阐述了地缘政治与能源之间的密切关系，指出谁控制或影响了心脏地带——包括东欧、俄罗斯、黑海的地缘政治区域——的出口线路和石油天然气资源，谁就控制了世界。① 这就使得世界上诸多国家借助能源外交来巩固其地缘政治利益，土耳其和俄罗斯也概莫能外。

土耳其独立的能源外交战略和实践在冷战结束后才逐渐开启。苏联解体后，土耳其作为冷战缓冲区的战略意义不复存在，且对能源进口的依赖不断加深，海外能源供应安全直接影响到土耳其的经济增长和战略安全，所以土耳其对通过与国际社会的合作以满足自身能源安全的需求有了更深刻的认知，能源外交逐渐成为外交政策中的重要主题。土耳其的资源储藏并不丰富，国内的能源消费主要依靠进口。土耳其91%的石油消费及98%的天然气消费需要进口。② 2010年4月，土耳其正义与发展党政府颁布《2010－2014能源战略计划》，土耳其能源和自然资源部部长塔纳·耶尔迪兹（Taner Yıldız）强调："土耳其能源战略计划的主要目标是为所有消费者高质量、低价钱提供足够的能源，对环境问题保持高度的敏感……降低我们国家对能源进口的依赖。"③ 这就奠定了土耳其能源外交的基调，即通过能源来源的多元

---

① 参见麦金德《民主的理想与现实》，武原译，商务印书馆，1965，第71～104页。

② 丹尼尔·瓦格纳：《土耳其能源政策面临挑战》，刘洋编译，《中国能源报》2013年1月9日，http://www.nea.gov.cn/2013－01/09/c_132090513.htm。

③ Bezen Balamır Coşkun and Richard Carlson, "New Energy Geopolitics: Why does Turkey Matter?", *Insight Turkey*, Vol. 12, No. 3, 2010, p. 210.

化确保从中东、中亚、高加索、里海等地获得安全的能源供应，通过充分发挥能源枢纽作用来进一步协调与美国、欧盟、俄罗斯等国家的关系。土耳其对外来能源的日趋倚重和对海外能源供应安全的担忧，促使其日益重视从地缘政治的视角看待自身能源安全问题，并制定相应的能源外交战略以实现能源外交与地缘政治的有机契合，这直接影响了土俄关系的发展。

能源是俄罗斯经济的命脉和发展的动力，也是其在世界舞台上争取外交话语权的重要手段。俄罗斯是能源大国，天然气储量位居世界第一，石油储量名列世界前茅，还拥有丰富的核燃料和先进的核技术。21 世纪以来，俄罗斯强调能源工业在俄罗斯恢复世界大国地位过程中的外交杠杆作用，这使俄罗斯的外交政策具有鲜明的能源特征。2003 年，俄罗斯联邦政府批准《2020 年俄罗斯能源战略》，强调俄罗斯的世界能源大国地位，要建立独立于西方的国际能源体系，致力于能源出口多样化战略，与欧洲国家进行建设性能源对话，积极把中亚国家的油气资源纳入本国的能源体系，以保护俄罗斯的战略利益。2009 年 11 月，俄罗斯联邦政府通过《2030 年俄罗斯能源战略》，规划了俄罗斯 7 大行政区的能源发展计划，增加东西伯利亚、后贝加尔、外高加索和远东地区能源开发战略，修建东西伯利亚—太平洋、北部和南部的石油运输管道系统，北流和“南流”① 天然气运输系统，北极地区的天然气运输系统，俄罗斯将和所有能源进口国家协调能源领域的安全问题。② 这也

① “南流”天然气管道项目由俄罗斯天然气工业股份公司和意大利埃尼公司于 2007 年 6 月共同发起，管道从俄罗斯新罗西斯克出发，自东向西穿越土耳其的黑海海底至保加利亚港口瓦尔纳上岸，分为两支：西北方向经过塞尔维亚、匈牙利、斯洛文尼亚至奥地利，西南方向经过希腊和地中海通往意大利。向南进入希腊和意大利。“南流”天然气管道项目总投资额预计达 80 亿～250 亿欧元，天然气运输量预计占俄罗斯出口天然气总量的 35%。“南流”天然气管道项目启动以来，俄罗斯政府积极开展与管道过境国的合作，先后与保加利亚、塞尔维亚、匈牙利和希腊等国就成立合资企业、共建储气库等事项达成合作意向；俄罗斯天然气工业股份公司分别与保加利亚、希腊、塞尔维亚等国的相关能源企业签署协议，决定成立合资企业负责部分南溪天然气管道的设计、建设和运营。2009 年 8 月 6 日，土耳其总理埃尔多安与到访的俄罗斯总理普京在安卡拉签署了天然气和石油合作协议，允许“南流”天然气管道经过土耳其领海，并向西方保证“南流”并不是纳布科项目的竞争对手。2013 年 10 月，“南流”项目在保加利亚动工。2014 年 6 月，乌克兰危机的爆发和吞并克里米亚事件，导致欧盟担心“南流”项目将强化俄罗斯对欧洲国家的能源控制，欧盟胁迫保加利亚叫停该项目建设。俄罗斯于 2014 年 12 月 1 日决定放弃该项目，转而扩大“蓝流”天然气管道项目和与土耳其协商建设“土耳其流”项目。

② 参见高淑琴、贾庆国《俄罗斯能源外交：理论学说的形成及发展趋势》，《东北亚论坛》2011 年第 2 期，第 62 页。

奠定了俄罗斯能源外交的基础。上述能源战略表明俄罗斯旨在通过能源外交来逐渐恢复本国在欧亚大陆及全球的政治影响和地缘优势，这影响俄罗斯的外交定位及其与土耳其关系的变化。

二 能源外交背景下的土俄关系变迁

土耳其与俄罗斯的关系可追溯到它们的前身奥斯曼帝国和沙皇俄国，两大帝国曾发生过13次战争。从第一次世界大战结束至苏联解体，土俄关系经历对峙、亲密、摩擦、回缓与务实合作等发展阶段。冷战结束后，土耳其与俄罗斯走向战略合作之路，大体经历从睦邻友好到建设性伙伴关系，再到战略协作伙伴关系的发展。土耳其政治学家真吉兹·坎达尔（Cangiz Candar）曾称，基于两国在历史与地缘上的紧张关系，土耳其与俄罗斯的关系注定要不同于一般的国家间关系：这两个国家既在西亚又在欧洲发挥影响力。从巴尔干到中国边境，两国在影响力方面均存在竞争，因此双边关系充满不确定性，两国之间的利益冲突可以被控制但不可能消失。[①]能源外交视域下土俄关系的发展也证实了这一论断。

1. 土耳其与俄罗斯能源关系历史回溯

20世纪以来，苏维埃俄国和土耳其共和国在传统帝国的废墟上涅槃重生。1921年3月16日，苏维埃俄国率先与土耳其签订友好协定，随后积极推动《洛桑和约》获得国际社会承认，并支持凯末尔改革的推行。土耳其的五年经济发展计划以苏联为模本，所以土耳其与苏俄在立国之初保持了密切的经济联系。第二次世界大战后，冷战格局的逐步建立和苏联对东安纳托利亚地区的领土诉求迫使土耳其加入北约，土耳其与苏联因属于不同政治阵营而斗争激烈，所以土苏关系更多呈现对峙而非合作状态。随着两极格局的相对缓和，土苏双边能源合作呈现破冰之势。1984年9月18日，土耳其厄扎尔政府与苏联签署有关天然气交易的政府协定，初步开启能源合作新时代，也带动政治领域的交往。苏联解体和两极格局结束后，土耳其与俄罗斯在不断消解历史龃龉与巧妙排除美国干扰的情况下，初步形成了相互尊重、相互信任、平等互利、长期稳定、共同发展的新型合作伙伴关系，[②] 有学者称其

① Candar C., Fuller G. F., "Grand Geopolitics for a New Turkey", *Mediterranean Quarterly*, Vol. 12, No. 1, 2001, p. 32.

② 张来仪：《21世纪以来的俄罗斯与土耳其关系》，《西亚非洲》2008年第8期，第37页。

为“多维伙伴”（Multidimensional Partnership）关系。① 土俄关系的历史性突破与双边能源外交密不可分，土耳其能源和自然资源部部长曾宣称：“俄土双方能源合作不仅事关俄土两国，而且涉及整个区域。我国确实在能源领域具有对俄罗斯的依赖性，但这是互利的，符合两国的民族利益。”②

21 世纪以来，土耳其逐渐将俄罗斯视为重要的战略盟友。2004 年 12 月，普京总统访问土耳其，与塞泽尔总统签署强化双边协作的联合声明，强调土俄关系是“多边合作伙伴关系”。③ 此后两国领导人频繁而富有成效的对话促使双边关系逐渐提升为复合型、全方位的战略伙伴关系④，能源管道建设进一步强化两国关系。2005 年 11 月 17 日，埃尔多安、普京和贝卢斯科尼总理一起庆祝“蓝流”⑤ 天然气管道项目开幕式，普京指出：“怀疑者不称其为蓝流而是蓝梦……来自俄罗斯、土耳其、意大利和其他国家的能源和治理资本的汇聚证明其是成功的。”⑥他还指出管道项目使土耳其成为东西方之间的能源桥梁，并赋予其在欧洲能源空间的新角色并增强了欧洲的能源安全。到 2008 年，土耳其从俄罗斯进口的能源占能源消费总量的近 50%，其中 34%

---

① 参见 Duygu Bazoğlu Sezer，“Turkish-Russian Relations：The Challenges of Reconciling Geopolitical Competition with Economic Partnership，” *Turkish Studies*，Vol. 1，No. 1，2000，pp. 59-82；Şener Aktürk，“Turkish-Russian Relations after the Cold War（1992-2002），” *Turkish Studies*，Vol. 7，No. 3，2006，pp. 337－364；Emre Erşen，“Turkish-Russian Relations in the New Century，” in Özden Zeynep Oktav ed.，*Turkey in the 21st Century：Quest for a New Foreign Policy*（Burlington：Ashgate，2011），pp. 95－114；Ziya Öniş and Şuhnaz Yılmaz，“Turkey and Russia in a Shifting Global Order：Cooperation，Conflict and Asymmetric Interdependence in a Turbulent Region，” *Third World Quarterly*，Vol. 37，No. 1，2016，pp. 71－95。

② 转引自张来仪《21 世纪以来的俄罗斯与土耳其关系》，《西亚非洲》2008 年第 8 期，第 39 页。

③ Tuncay Babalı，“Turkey，Present and Past：Turkey at the Energy Crossroads”，*Middle East Quarterly*，Spring 2009，p. 25.

④ Şener Aktürk，“Toward a Turkish-Russian Axis? Conflicts in Georgia，Syria，and Ukraine，and Cooperation over Nuclear Energy”，*Insight Turkey*，Vol. 16，No. 4，2014，p. 22.

⑤ “蓝流”天然气管道项目于 1997 年由俄罗斯天然气工业股份公司与意大利埃尼公司联合发起，拟修建从俄罗斯高加索北部的伊扎比热内经黑海海底至土耳其首都安卡拉总长度为 1213 公里的天然气管道，俄方计划在 2000～2025 年通过“蓝流”管道出口 3600 多亿立方米天然气。1999 年 2 月，俄罗斯天然气工业股份公司与意大利埃尼公司签署实施“蓝流”天然气管道项目的谅解备忘录；11 月 16 日，俄气和埃尼公司注册成立合资公司，负责管道建设项目的实施，如平摊投资费用，共同勘探、开发、运输、供应天然气。2005 年 11 月，在土耳其的萨姆松庆祝“蓝流”管道顺利竣工，目前该管道是俄罗斯与土耳其之间的重要能源管道。有关方面还计划通过修建支线，使这一项目延伸至以色列和意大利等国。

⑥ Volkanş Edıger and Duygu Durmaz，“Energy in Turkey and Russia's Roller-Coaster Relationship”，*Insight Turkey*，Vol. 19，No. 1，2017，p. 141.

的煤、33%的石油、62%的天然气从俄罗斯进口。[①] 2009年以来，土俄在能源领域的合作再次升级，两国协商在土耳其建设天然气库站和天然气分售网络，在经过土耳其的国际能源管线上为土耳其预留连接点。8月6日，埃尔多安总理与普京总理在安卡拉签署10多项有关天然气和石油的合作协议，允许俄罗斯“南流”管道穿越土耳其的黑海海域专属经济区。2010年，土俄两国就俄罗斯参与连接黑海和地中海东部、南北550公里长输油管道项目的可能性进行讨论，该输油管道将为俄罗斯和哈萨克斯坦的石油输送提供更短的中转距离。土俄两国还逐步推进针对“蓝流”项目的合作，以实现俄罗斯能源与欧洲南部市场的贯通。5月11日，俄总统梅德韦杰夫在两国建交90周年纪念日之际访问安卡拉，参加刚刚成立的土耳其－俄罗斯高级协作委员会（The Turkish-Russian High Level Cooperation Council，HLCC）第一次会议，双方签订关于建造阿库尤（Akkuyu）核电站和在萨姆松－杰伊汉石油管道项目方面加强合作的协议。2011年以来，由于中东剧变的爆发和中东政治格局的重新洗牌，土耳其与俄罗斯因政治立场的不同而使双边关系呈现全新的发展阶段。

2. **“中东剧变”以来土俄能源关系的发展**

2011年“中东剧变”带来中东政治秩序的转型和重塑，土耳其逐渐放弃基于战略纵深原则的“零问题外交”战略，转而采取介入地区事务的冒进外交政策；而俄罗斯的外交战略则通过强势介入叙利亚危机来达到“撬动”中东地缘政治板块、改善俄美以及与西方关系的政治目的。所以“中东剧变”后的土俄关系主要围绕应对叙利亚危机而呈现阶段性特征。2011年以来的中东局势动荡导致叙利亚陷入内战状态，土耳其面临由叙利亚危机而带来的政治安全和社会经济问题。土耳其指控巴沙尔政府导致叙利亚危机升级，土耳其和西方国家一起支持叙利亚反对派，并迫使巴沙尔政权下台；而俄罗斯则力图从中东地区中立的劝和调解者向把握事态发展方向的参与者和塑造者转变，积极支持巴沙尔政府并主导叙利亚危机的政治解决，两国对叙利亚危机的干预导致双方争端频繁发生。2012年6月22日，一架土耳其F－4幻影飞机在叙利亚边境被击落，尽管俄罗斯否认与击落战机事件有染，但土耳其怀疑其为此事件的背后支持者。2012年10月，土耳其迫使一艘从莫斯科飞往大马士革的航班降落在安卡拉的埃森博阿（Esenboğa）机场，宣称飞机携带输往巴沙尔政权的军事装备，请求北约在土叙边境部署“爱国者”导弹，这

① Volkan Ş. Edıger and Itir Bağdadı，“Turkey-Russia Energy Relations：Same Old Story，New Actors”，*Insight Turkey*，Vol. 12，No. 3，2010，p. 232.

遭到俄罗斯谴责。2015 年 10 月 3 日，俄罗斯苏－30 战机进入土耳其领空，土耳其予以严重警告。次日，土耳其宣称一架俄制米格－29 飞机雷达在边境锁定土耳其战机四分半钟，土耳其再次警告俄罗斯。11 月 24 日，一架俄制苏－24 战机被土耳其 F－16 战机击落，此举导致土俄关系触底。尽管埃尔多安总统宣称土耳其此举并不在于激发冲突，因为击落战机后才发现其属于俄罗斯。达武特奥卢总理也对该事件表示遗憾。[①] 然而普京总统宣称击落俄罗斯战机是“被恐怖主义分子同谋背后捅了一刀”，该事件将对土俄关系产生严重后果。[②] 于是，俄罗斯公开指责土耳其通过购买石油而在经济上支持伊斯兰极端主义组织“伊斯兰国”，对“伊斯兰国”穿越土叙边境视而不见，并公布卫星图片和录像带以证实土耳其与“伊斯兰国”有染。俄罗斯要求土耳其补偿损失和公开道歉，土耳其以保护国家领空为名予以拒绝。随后俄罗斯对土耳其实施严厉的经济制裁[③]，俄罗斯警告俄罗斯公民不要前往土耳其，并要求土耳其的俄罗斯公民回国。11 月 26 日，39 名前往克拉斯诺达尔（Krasnodar）参加农业博览会的土耳其商人被拘留。12 月 3 日，俄罗斯暂停与土耳其的“土耳其流”项目谈判；2016 年 1 月 29 日，俄罗斯取消给予土耳其的 10.25% 的天然气价格折扣，这一系列行动导致土俄关系陷入停滞。

尽管土俄之间在政治领域斗争激烈，但双边能源交往仍然得以延续。叙利亚危机爆发后，土俄两国签署一系列经济、贸易和核能源以及教育、科学、文化协定。2012 年 12 月，土耳其能源和自然资源部与俄联邦的国家核电公司签署了关于阿库尤核电站项目的联合宣言。2013 年 11 月 22 日，土俄两国领导人在圣彼得堡签署五个关于能源、习俗和信息的合作协议。2014 年 12 月 3 日，普京总统访问土耳其时表示会加强同土耳其的能源合作，给予土耳其 6% 的天然气价格折扣，放弃被欧盟冻结的“南流”项目，扩建“蓝流”天然气管道。俄罗斯天然气工业股份公司（Gazprom）总经理阿列克谢

---

① Emre Erşen, “Evaluating the Fighter Jet Crisis in Turkish-Russian Relations”, *Insight Turkey*, Vol. 19, No. 4, 2017, p. 91.

② “Meeting with Abdullah II of Jordan,” Official Internet Resources of the President of Russia, November 24, 2015, http://kremlin.ru/events/president/news/50775. 转引自 Emre Erşen, “Evaluating the Fighter Jet Crisis in Turkish-Russian Relations”, *Insight Turkey*, Vol. 19, No. 4, 2017, p. 91。

③ 俄罗斯对土耳其的经济制裁内容涉及多个领域，包括禁止进口土耳其农产品、消费品和俄罗斯公司雇用土耳其公民；取消所有从俄罗斯到土耳其的包机，并要求俄罗斯旅游公司停止销售旅游套餐；停止 2011 年以来土俄两国实施的免签证政策。制裁于 2016 年 1 月 1 日生效，随后普京总统签署另一项命令扩大经济制裁的范围，甚至限制土耳其组织在俄罗斯的活动。

·米勒（Alexei Miller）与土耳其的博塔斯（BOTAŞ）公司签署建造年输气量为630亿立方米的新管道的谅解备忘录，其中140亿立方米天然气将被土耳其购买。① 土耳其成为俄罗斯天然气的主要运输通道，这促使土俄两国进一步接近，所以有学者认为土俄两国将走向新的战略轴心。② 2015年底土耳其击落俄罗斯战机事件对土俄双边经济贸易影响很大。2016年前六个月，土俄贸易额缩水到80亿美元；同期前往土耳其的俄罗斯游客数量下降87%。③ 俄罗斯投资的阿库尤核电站项目陷入停滞，“土耳其流”天然气管道项目也被暂停。2016年6月27日，埃尔多安致信普京总统对击落战机事件表示道歉，强调土耳其从未有意击落俄罗斯战机，准备采取一切措施来减轻该事件对俄罗斯造成的损害和痛苦。④ 2016年7月15日，未遂军事政变造成正义与发展党政府的统治危机，埃尔多安强化政治统治的同时，积极修好与俄罗斯的关系。8月9日，埃尔多安总统访问圣彼得堡时宣称，“这将是一个历史性的访问，一个新的开端”。普京总统指出：“尽管你面临国内政治形势艰难的境况，但今天的访问表明我们双方都希望重启对话和恢复关系。”⑤ 普京宣称俄罗斯将逐步取消对土耳其的经济制裁，恢复经贸、能源和旅游领域的双边关系。⑥ 10月10日，土俄两国领导人在伊斯坦布尔召开的世界能源大会（The World Energy Congress）上会晤，签署建造“土耳其流”的双边政府协定，普京总统承诺向土耳其提供天然气价格折扣，加快阿库尤核电站项目的建设步伐，宣称两国“朝着实现土耳其总统倡议的建立能源枢纽的计划前进”。⑦

土俄介入叙利亚危机也在一定程度上影响了两国能源关系的发展。2016

① Volkanş Edıger and Duygu Durmaz, “Energy in Turkey and Russia's Roller-Coaster Relationship”, *Insight Turkey*, Vol. 19, No. 1, 2017, pp. 147 – 148.

② 参见 Şener Aktürk, “Toward a Turkish-Russian Axis? Conflicts in Georgia, Syria, and Ukraine, and Cooperation over Nuclear Energy”, *Insight Turkey*, Vol. 16, No. 4, 2014, pp. 13 – 22。

③ 转引自 Emre Erşen, “Evaluating the Fighter Jet Crisis in Turkish-Russian Relations”, *Insight Turkey*, Vol. 19, No. 4, 2017, p. 91。

④ “Erdoğan Apologizes to Putin over Death of Russian Pilot, Calls Russia ‘Friend & Strategic Partner’,” *Russia Today*, June 27, 2016, https://www.rt.com/news/348562 – putin – erdogan – turkey – pilot/#_ _ NO_ LINK_ PROXY.

⑤ “Putin, Erdogan Vow New Era of Close Relations”, August 9, 2016, https://www.rferl.org/a/putin – erdogan – talks – st – petersburg – russia – turkey/27910622.html.

⑥ “Erdoğan Praises ‘Dear Friend’ Vladimir Putin in Russian-Turkish Détente,” The Telegraph, August 9, 2016, http://www.telegraph.co.uk/news/2016/08/09/putinand – Erdoğan – vow – to – turn – new – page – at – meeting – in – st – petersbu.

⑦ “Turkish Stream Gas Pipeline: Moscow & Ankara Sign Agreement in Istanbul,” Russia Today, October 10, 2016, https://www.rt.com/business/362279 – gazprom – turkish – stream – pipeline.

年12月19日，俄罗斯驻土耳其大使安德烈·卡尔罗夫（Andrey Karlov）被枪击身亡，暗杀发生在俄罗斯、土耳其和伊朗的外交、国防部部长计划在莫斯科会晤讨论和平解决叙利亚危机的前一天，显然暗杀者旨在破坏两国在击落战机事件后的和解努力和在解决叙利亚问题上的合作意图。普京总统称该行为旨在破坏俄罗斯和土耳其关系的正常化，是扰乱由俄罗斯、土耳其和伊朗推动的叙利亚和平进程的挑衅行为。[①] 次日，土耳其、俄罗斯和伊朗的外交、国防部部长如期在莫斯科会面，三国一致同意《莫斯科宣言》（The Moscow Declaration）——俄罗斯专家提出的解决叙利亚危机的路线图。土耳其与俄罗斯、伊朗在叙利亚问题上的合作在短期内产生明显效果，这种合作使得土耳其能够实现幼发拉底河盾牌行动的两个主要目标：阻止叙利亚库尔德人的统一和将“伊斯兰国”武装力量驱逐出叙利亚北部。2017年3月，土耳其攻占“伊斯兰国”的堡垒阿尔－巴卜城，这也得益于俄罗斯战机的支持。4月，土耳其与俄罗斯举行联合海军演习，有传言称俄罗斯意在梅尔辛（Mersin）建立海军基地。[②] 5月，土耳其、俄罗斯与伊朗三国同意在叙利亚设立四个降级区，叙利亚政府军和武装反对派将停火六个月以达成人道主义援助的目标，使流离失所的平民回归和恢复破坏的基础设施。[③] 9月12日，土耳其宣布已签署购买俄罗斯S－400地空导弹系统的协定，该协定进一步巩固了土俄关系，但却导致土耳其与美国、欧盟关系的紧张，因为这意味着美国和北约阻止俄罗斯扩大地区影响的企图破产。[④] 11月22日，俄罗斯总统普京、土耳其总统埃尔多安和伊朗总统鲁哈尼在俄南部城市索契举行会谈，围绕叙利亚问题的最新进展和出路等一系列问题交换意见，并签署联合声明，强调实现叙利亚问题政治解决需要在建立包容、自由、平等、透明、叙人主导的政治进程以及举行自由、公正选举的条件下进行，土俄伊三国将对此予以协助。叙利亚当局认为这是对一切尊重叙利亚主权、独立和领土完

① “Russian Ambassador to Turkey Shot Dead by Police Officer in Ankara Gallery,” *The Guardian*, December 20, 2016, https://www.theguardian.com/world/2016/dec/19/russian－ambassador－to－turkey－wounded－in－ankara－shooting－attack.

② Michael Rubin, “Turkey's Turn toward Russia”, April 25, 2017, https://www.nationalreview.com/2017/04/turkey－russia－recep－tayyip－erdogan－foreign－policy－nato－west/.

③ “Russia, Iran, Turkey Set Up Syria De-escalation Zones for at Least Six Months: Memorandum,” Reuters, May 6, 2017, http://www.reuters.com/article/us－mideastcrisis－syria－memorandum－idUSKBN1820C0.

④ “Turkey Signs Russian Missile Deal, Pivoting From NATO”, *The New York Times* (Europe), 28 September 2017, https://sofrep.com/89720/turkey－signs－russian－missile－deal－pivoting－nato/.

整，一切为叙利亚停止流血冲突做出贡献的政治努力的支持。[①] 2018 年 1 月 20 日，土耳其对叙利亚北部阿夫林地区发起代号为“橄榄枝”的军事行动，将叙境内库尔德武装“人民保护部队”作为打击目标。经过一个多月的军事行动，土耳其宣称控制了阿夫林及其周边的大片叙边境区域。1 月 30 日，俄罗斯宣布由其主导的叙利亚全国对话大会日前在俄罗斯索契召开，确立政治解决叙利亚问题的 12 项原则，包括修改宪法、举行民主选举、由叙利亚人民决定国家未来的政权形式等，这在某种程度上打破了叙利亚问题的僵局。然而土耳其入侵阿夫林地区的“橄榄枝”行动使叙利亚再次陷入战乱，给叙利亚和平重建蒙上阴影，也给土俄关系的发展带来一定影响。

在可预见的未来，土耳其与俄罗斯的政治关系仍会遭受重重挑战，这包括基于地缘政治利益博弈、意识形态的差异和应对地区危机的不同态度，给双边关系的发展带来诸多障碍。诸如土耳其支持的“自由叙利亚军”曾宣称：“俄罗斯人仍然是我们革命的敌人，他们在过去谋害我们的儿童，俄罗斯将不是我们的盟友。我们希望土耳其不要采取伤害我们民众的行动。”[②] 但是，双边能源领域的相互依存和经济领域的相互补充决定其双边关系能够经受住最严重的危机，所以在磕磕绊绊的战略伙伴关系中我们仍能看到双边能源关系的延续。当然，双方基于天然气价格、能源管道项目和能源项目投资与技术问题仍然存在诸多争论，但这并不能从根本上影响两国能源合作伙伴关系的发展。

三　能源外交视域下土俄关系的基本特征

后冷战时代，土耳其与俄罗斯立足国内国际环境而进行的地缘政治经济合作，促使两国保持积极竞争的良性交往姿态，形成较为密切的战略伙伴关系。然而“中东剧变”以来，土俄关系始终被彼此信任和利益协调问题所困扰，双边关系呈现冲突与合作交织、恶化与和解交错的局面。俄罗斯的地缘政治和能源资源优势、东西方管道政治的多维博弈和地区性危机的复杂多变等都影响了土俄关系的发展，从而使土俄关系呈现不同态势。

首先，土耳其与俄罗斯在地缘政治和能源资源领域的竞争使土俄关系复

① 张晓东、韩晓明：《叙利亚和平进程出现“窗口期”》，《人民日报》2017 年 11 月 24 日，第 21 版。

② Gul Tuysuz，“Turkey Backs Syrian Rebel Group in New Anti-Extremist Push in Idlib”，October 7，2017，http：//edition. cnn. com/2017/10/07/middleeast/turkey – syria – fsa – military – operation – idlib/index. html.

杂多变，土俄两国对地区协作机制的参与导致双边关系呈现合作与冲突交错的态势。土耳其作为一个新兴经济体旨在成为欧亚交汇点的金融、贸易、制造和出口中心。为实现这一目标和满足入盟标准，土耳其政府大力加快基础设施建设，并制定以能源、交通和电信为发展重点的政策。随着经济的快速发展，土耳其对石油、天然气和核电等能源的需求与日俱增，保障充足的能源供应是土耳其外交工作的重点。俄罗斯是世界能源大国，并拥有丰富的核燃料和先进的核技术。里海海底和高加索地区也蕴含着丰富的石油和天然气。根据资料，在计算石油储量的基础上，运用各种标准对照，里海的石油、天然气和凝析气可能的储量在 290 亿 ~2000 亿桶之间。[①] 由于俄罗斯控制了里海石油和天然气的运输管道，垄断了里海国家的石油和天然气的运输市场，土耳其与里海国家的能源关系也受制于俄罗斯。外高加索地区的格鲁吉亚、亚美尼亚和阿塞拜疆也与俄罗斯关系密切。后冷战时代，俄罗斯通过签署《俄罗斯 - 亚美尼亚联合防空安全协议》（Russian-Armenian Security Deal for a United Regional Air Defense System）以巩固在亚美尼亚的军事存在，亚美尼亚和阿塞拜疆关于纳卡问题的冲突也保证了俄罗斯作为该地区主要权力掮客的地位，2008 年的俄罗斯与格鲁吉亚战争凸显俄罗斯的地缘政治优势。所以土俄关系的发展不仅仅包括土耳其与俄罗斯两国，还关涉黑海、里海和中亚、高加索诸国。黑海、里海地区的政治动荡对土俄关系产生负面影响，也可能导致一方或双方改变合作状态。

正义与发展党自 2002 年上台以来，积极寻求战略纵深和参与中东、中亚和外高加索地区的地区政治体系，这与俄罗斯的地缘政治利益发生碰撞。早在 1992 年 5 月 26 日，土耳其牵头成立旨在实现地区经济一体化的黑海经济合作组织，吸纳黑海、里海、中亚及高加索国家加入，并积极支持北约东扩，这遭到俄罗斯的强烈反对。正义与发展党政府追求基于奥斯曼历史传统、积极进取和平衡多样化的新外交政策，试图重现奥斯曼帝国的辉煌，再现穆斯林、突厥世界领袖地位和实现欧亚大陆中心强国的未来。[②] 因而土耳其在中亚和高加索地区削弱俄罗斯的影响，积极吸引阿塞拜疆融入北约，阿塞拜疆明确表示愿意同土耳其进行合作，同意在其境内建立北约军事基地，以保证里海石油运输的安全。2008 年 8 月 11 日，俄罗斯、格鲁吉亚关于南

---

① 吴绩新：《里海石油、天然气与中国能源安全》，博士学位论文，华东师范大学国际关系与地区发展研究院，2008，第 19 页。

② 参见 Alexander Murinson，"The Strategic Depth Doctrine of Turkish Foreign Policy"，*Middle Eastern Studies*，Vol. 42，No. 6，November 2006，pp. 946 - 947。

奥塞梯问题发生武装冲突，土耳其总理埃尔多安为了重建国家间的信任，宣布创建一个旨在实现地区对话的平台——“高加索稳定与协作平台”，包括三个外高加索国家——亚美尼亚、阿塞拜疆、格鲁吉亚和两个地区大国——俄罗斯、土耳其，实行“3 +2”的地区协作模式，以结束地区紧张局势，强化地区和平、稳定与安全，保障从里海到欧洲的能源输送管道的安全。尽管俄罗斯对此表示支持，但我们必须明白俄罗斯对土耳其政策的支持在很大程度上是为了修复俄格战争后的地区形象和保持在该地区的大国地位，试图通过与土耳其联手将欧盟和美国排斥出地区协作。“高加索稳定与协作平台”在一定程度上提升了土耳其的地区领导人地位，这是俄罗斯不愿意看到的。俄罗斯意识到土耳其旨在成为里海和黑海地区的区域大国，从长远来看其不会像该地区其他的苏联加盟共和国诸如亚美尼亚、吉尔吉斯斯坦、乌孜别克斯坦一样，仅仅是莫斯科的小伙伴，所以土耳其与俄罗斯的地缘政治角逐影响了两国的能源合作，这在能源管道项目方面体现得淋漓尽致。

土耳其作为一个地区大国、能源消费国和过境国，在与俄罗斯的能源合作中显然是被动的接受者。尽管能源合作对两国有利，土耳其积极推进与俄罗斯的能源合作项目，通过积极参与里海、黑海和高加索地区协作来加入俄罗斯主导的地区能源共同体，但俄罗斯对双边能源外交的主导显而易见，诸如俄罗斯掌控土耳其阿库尤核电站项目的进展、主导多条能源管道的修建和决定输往土耳其的天然气数量和价格折扣等。土耳其在经济上严重依赖俄罗斯，击落战机事件后俄罗斯的经济制裁和能源项目的停滞对土耳其经济的严重影响即为明证，也说明两国存在不对等的商业关系。土俄两国之间不对称的依存关系限制了土耳其与俄罗斯讨价还价的能力，“这将挑战两国之间建立战略伙伴关系的逻辑”。[①]

其次，土俄两国对能源枢纽的定位和认知存在显著差异，导致土俄关系发展深受管道政治的影响。土耳其在战略纵深原则主导下，谋求凭借其固有的战略纵深和潜在实力而成为一个“中心强国”“枢轴国”（Pivotal State），成为地区秩序的缔造者和伊斯兰世界的领袖。[②] 土耳其在积极寻求能源安全和多元化的同时，试图凭借优越的地理位置而成为欧亚天然气、石油和电力等能源跨国输送的枢纽，以弥补能源匮乏之缺陷。目前，世界上已探明的四分之三的石油和天然气资源储存位于土耳其邻近地区，欧洲、美国和东亚国家越来越依靠俄罗

① Öniş and Yılmaz, “Turkey and Russia in a Shifting Global Order: Cooperation, Conflict and Asymmetric Interdependence in a Turbulent Region,” *Third World Quarterly*, Vol. 37, No. 1, 2015, p. 74.

② 胡雨：《土耳其“东向”外交与其深层逻辑》，《现代国际关系》2011 年第 4 期，第 47 页。

斯、里海和中东的石油和天然气资源，所以土耳其作为连接欧亚大陆能源走廊的功能愈益突出，其自身也致力于将自己打造成为一个连接中亚、中东与欧洲的能源枢纽。土耳其充当能源枢纽旨在实现两个目的：一是保证国内能源供应安全，特别是天然气供应的安全；二是凭借拥有核心通道设施的权力来获得在欧洲乃至更广大地区的政治影响，土耳其致力于成为里海、中东与欧洲能源传输中心以提升其地区影响。这与俄罗斯的能源外交战略既相契合也存在利益冲突。

管道政治在当前世界能源政治中扮演重要角色，不同政治力量关于能源管道的争夺体现了不同国家政治利益的博弈和角逐。在新能源地缘政治背景下，管道线路成为实现权力、影响力和经济利益的地缘政治竞争对象。① 俄罗斯通过控制能源管道和能源资源，逐渐恢复能源超级大国地位；通过减少天然气供应和在苏联加盟共和国投资的管道设施，逐步恢复对邻国的地区影响；而美国和西欧也试图通过控制能源管道项目来排斥伊朗和俄罗斯的能源地缘政治影响力；土耳其则通过对西方国家和俄罗斯石油天然气管道项目的参与来强化其能源输送枢纽的角色，而各国对土耳其的积极拉拢也在一定程度上凸显了土耳其的能源桥梁和枢纽作用。土耳其在欧美与俄罗斯的能源博弈中左右逢源，试图通过对不同能源项目的参与以实现自身利益的最大化。2009 年，土耳其能源和自然资源部部长在与俄罗斯签署一系列能源备忘录之后宣称：“土耳其对纳布科（Nabucco）和俄罗斯的应对，与阿塞拜疆关于天然气的谈话，与卡塔尔的能源协议开启了一个新时代。阿拉伯天然气是土耳其能源政策中不可或缺的一部分。土耳其已经理解了其权力所在。全世界也看到除了土耳其别无选择。”② 尽管这种说法不免有自我夸大之嫌，但土耳其的能源枢纽地位对于提升其地区影响力和获取地缘政治利益却是不言而喻的。实际上，目前土耳其已经超越纯粹的能源管道交汇中心角色，“一个枢纽一方面提供金融贸易，另一方面提供现货交易，这包括储存、液化天然气和管道项目……一个枢纽提供供给方面的竞争，为消费者提供更好的市场，成为存储和运输的平衡点。”③

在多边外交视域下，土耳其积极签署由欧、美、俄各方发起的能源管道项目。一是积极参与西方国家主导的巴库 – 第比利斯 – 杰伊汉（BTC）输油管道项目、巴库 – 第比利斯 – 埃尔祖鲁姆（BTE）天然气管道项目，促进

① Rafael Kandiyoti, *Pipelines*: *Flowing Oil and Crude Politics*, London: IB Tauris, 2008, p. xiii.

② John Roberts, “Turkey As a Regional Energy Hub”, *Insight Turkey*, Vol. 12, No. 3, 2010, p. 48.

③ John Roberts, “Turkey As a Regional Energy Hub”, *Insight Turkey*, Vol. 12, No. 3, 2010, p. 42.

“跨亚得里亚海天然气管道”（TAP）和“跨安纳托利亚天然气管道”（TANAP）项目的启动，进一步拓宽里海石油的输出渠道，维护欧洲的能源安全，强化土耳其的战略交通枢纽地位，促进格鲁吉亚等国的能源独立。二是积极参与欧盟倡议的纳布科天然气管道项目，该项目将使来自伊拉克、埃及、伊朗、阿塞拜疆和土库曼斯坦等国的天然气资源汇集到土耳其，进一步凸显土耳其的能源枢纽地位，进而增加其入盟筹码。三是积极参与俄罗斯主导的绕过乌克兰经过黑海的“蓝流”天然气管道项目，这是通向意大利等南欧国家天然气市场的生命线，该项目将扩大土俄两国在石油和天然气领域的合作，使土耳其掌握俄罗斯能源输往南欧国家的主动权。四是加入俄罗斯倡导的“南流”天然气管道项目，该项目旨在使中亚天然气向北穿过俄罗斯南部平原地区，连同俄罗斯天然气一起输往欧洲，使土耳其成为能源枢纽和欧洲与里海盆地贸易往来的主要参与者。①

五是土俄积极协商建造“土耳其流”项目。2014 年 12 月 1 日，俄罗斯总统普京在访问土耳其期间签署了关于在土耳其建设海上天然气管道即“土耳其流”的谅解备忘录，以取代被欧盟冻结的“南流”项目，普京宣布加强同土耳其的能源合作，下调对土耳其的天然气出口价格，扩大“蓝流”项目建设规模。由于欧洲推行的纳布科项目在2013 年因为参与国的退出而宣告流产，俄罗斯对于提升土耳其的能源枢纽地位显得更加重要，所以土耳其成为俄罗斯更加信任的地缘政治盟友，土俄之间也有了稳定的利益纽带，但也导致土耳其在能源供应上更为倚重俄罗斯。土耳其与俄罗斯的能源合作在很大程度上是为了在与欧盟、俄罗斯和中亚等国的政治博弈中谋求更大利益，这也是土耳其敢于在土俄关系高歌猛进的情况下公然击落俄罗斯战机，使土俄关系跌入谷底的重要因素。尽管土俄双边关系迅速修好，但能源外交所追求的谋取最大利益是土俄能源关系的关键所在。而且，关涉土俄两国的地区性危机也成为检验双边关系的试金石。

最后，能源外交视域下的利益角逐导致地区危机频繁发生，土俄两国应对危机的现实需要促使双方形成基于能源合作的外交模式。后冷战时代的地缘政治博弈伴随着地区危机的频繁发生，俄格战争、乌克兰危机和叙利亚危机都影响了地缘政治格局，但危机的解决过程都伴随着土俄关系的新发展，而且俄罗斯在俄格战争、叙利亚危机和乌克兰危机中的主导地位也在一定程

① Gareth Winrow，“The Southern Gas Corridor and Turkey's Role As an Energy Transit State and Energy Hub”，*Insight Turkey*，Vol. 15，No. 1，2013，pp. 145 – 163.

度上激发了土耳其对俄罗斯的恐惧。俄罗斯每年出口到欧洲的天然气占其天然气出口总量的80%以上，大约满足欧洲近三分之一的天然气需求。2008年俄格战争初停，俄罗斯就宣布停止向欧盟供应天然气30个小时，以此报复欧盟和北约对格鲁吉亚的支持。为了改变这种被动局面，欧盟在美国支持下加快推进能源来源多样化战略，2008年11月，欧盟委员会通过了《欧盟能源安全和合作行动计划》，包括创建以纳布科项目为主的“南方天然气走廊”，使欧盟绕过俄罗斯直接获得中东与里海国家的天然气资源，以摆脱对俄罗斯天然气的过度依赖。土耳其积极加入纳布科项目，期望以能源合作为契机推动土耳其入盟进程。俄罗斯抛出“南流”对抗纳布科项目，同时主动拉拢土耳其加入其地区能源体系中。随着纳布科和“南流”项目的先后流产，土耳其对于欧盟的能源通道重要性下降。2013年11月25日，土耳其总统居尔呼吁欧盟重视土耳其的能源通道地位，指出土耳其是输欧能源通道中极为重要的一环，高加索、中亚、中东地区油气资源只有通过土耳其才是输欧能源的便捷和经济通道，时至今日有关土耳其入盟能源领域谈判尚未启动，这也成为土入盟的重要障碍，但解决问题的关键在欧盟。[①] 这从侧面说明了土耳其对欧盟的不满，也是土耳其与俄罗斯加强能源合作关系的重要根据，随后土俄两国的能源合作进一步加强。

由于俄罗斯缺乏直接通往欧洲的输气管道，天然气出口必须过境其他国家，主要是乌克兰、白俄罗斯、土耳其、波兰等国。2009年俄乌天然气冲突之后，俄罗斯中断了通过乌克兰西线到土耳其的天然气，“蓝流”成为俄罗斯向土耳其出口天然气的唯一途径。随着“南流”项目的流产，俄罗斯积极与土耳其建设“土耳其流”项目，这既是俄罗斯天然气输往欧洲绕开乌克兰的应急之举，也是土俄等国实行地缘政治腾挪的长远之策。[②] 2014年，乌克兰危机[③]爆发，尽管土耳其呼吁乌克兰危机应该在国际法框架下通过对话予以妥善解

① 驻伊斯坦布尔总领馆经商室，《土耳其总统居尔呼吁欧盟重视土耳其的能源通道地位》，2013年11月26日，http://map.mofcom.gov.cn/article/i/jyjl/j/201311/20131100404115.shtml。

② 程春华：《土耳其流管道：俄欧能源博弈新阶段》，《国际石油经济》2015年第8期，第31页。

③ 2013年11月22日，乌克兰亲俄派总统亚努科维奇中止和欧洲联盟签署政治和自由贸易协议，欲强化和俄罗斯的关系，乌克兰亲欧洲派在基辅展开反政府示威，抗议群众要求政府和欧盟签署协议、亚努科维奇下台、提前举行选举。2014年2月22日，亚努科维奇被议会罢免其总统职务，并宣布提前于同年5月25日举行总统大选。3月11日，克里米亚议会通过了克里米亚独立宣言；3月16日，发起脱离乌克兰加入俄罗斯的全民公投。联合国大会以压倒性多数通过了一项决议，认定克里米亚的全民公投破坏了国家的领土完整，违反国际法，是一次不合法的投票活动，克里米亚全民公投没有得到世界各国的普遍支持。

决，但其对待俄罗斯的态度引起高加索国家对其管道政治的质疑。2014 年 3 月，安卡拉在俄罗斯吞并克里米亚后，土耳其外交人员被迫停止对该行为的批评，以避免与俄罗斯发生直接冲突。[①] 土耳其作为北约成员国，也没有参加乌克兰危机后西方对俄罗斯的制裁。乌克兰危机使俄欧天然气合作受挫，迫使俄罗斯将合作重点从西欧和中东欧转向土耳其与巴尔干等南欧地区，"土耳其流"项目既是俄罗斯与土耳其能源合作的成果，也促使俄罗斯尽快化解乌克兰危机的负面影响。根据俄罗斯天然气工业股份公司和博塔斯公司签署的谅解备忘录，"土耳其流"的输送量是630 亿立方米天然气，其中 150 亿立方米储存在土耳其，480 亿立方米储存在希腊。而当前俄罗斯通过"蓝流"向土耳其输送天然气总数为 160 亿立方米。[②]

显然，"土耳其流"不仅在于满足土耳其的能源需求，而且要扩大对欧洲国家的能源供给量，也有助于保证欧洲国家的能源安全。尽管土耳其和俄罗斯是"土耳其流"项目的主要发起者，但希腊将是受"土耳其流"影响最大的国家，该项目将极大刺激希腊经济，并将其置于全球能源市场的重要地位。2015 年 4 月 7 日，匈牙利首都布达佩斯召开能源安全峰会（The Energy Security Summit），主要讨论该地区能源来源和供应的多元化问题，"土耳其流"成为讨论的热点，马其顿、匈牙利、塞尔维亚、土耳其、希腊发表支持"土耳其流"的宣言，强调该项目取得突破进展的重要性。[③] 显然，"土耳其流"将成为东方和西方、南方和北方之间不可或缺的能源输送路线，这也将进一步推进土俄两国的能源合作。

2011 年以来的中东局势动荡将叙利亚拖入危机乃至内战的境地，东西方国家积极卷入叙利亚危机而使其成为政治博弈的战场，叙利亚内战甚至被视为俄罗斯和土耳其的代理人战争（Proxy War）。[④] 土俄两国基于不同的政治立场分别支持反政府武装"自由叙利亚军"和巴沙尔政府，这就导致一定程度的政治对抗，甚至一度因击落俄罗斯战机事件而导致土俄关系恶化。但土耳其基于经济和能源利益的需要对叙利亚政府的态度发生变化，土耳其与伊

① Bayram Balci，"The Russian Intervention in Crimea：Erdogan's Dilemma"，*Eurasian Outlook*，March 14，2014，http：//carnegie. ru/commentary/54950.

② Erdal Tanas Karagöl and Mehmet KzIlkaya，"The Turkish Stream Project in the EU-Russia-Turkey Triangle"，*Insight Turkey*，Vol. 17，No. 2，2015，p. 59.

③ Erdal Tanas Karagöl and Mehmet KzIlkaya，"The Turkish Stream Project in the EU-Russia-Turkey Triangle"，*Insight Turkey*，Vol. 17，No. 2，2015，p. 64.

④ Şener Aktürk，"Toward a Turkish-Russian Axis? Conflicts in Georgia，Syria，and Ukraine，and Cooperation over Nuclear Energy"，*Insight Turkey*，Vol. 16，No. 4，2014，p. 19.

朗、俄罗斯的能源合作使其与后者一起开展针对叙利亚战后重建的政治安排。土耳其总统埃尔多安曾经宣称，“没有俄罗斯的参与不可能找到叙利亚问题的解决方法。”[①] 2016 年 8 月 20 日，土耳其总理耶尔德勒姆宣布与伊朗、沙特、美国、俄罗斯合作解决叙利亚危机，允许巴沙尔在叙利亚政治过渡进程中发挥作用，承认叙利亚政府的合法地位。此后，土耳其多次参与俄罗斯主导的阿斯塔纳会谈，主张捍卫叙利亚的领土完整和防止族群分裂；参与俄罗斯主导的索契会谈和叙利亚全国对话大会。尽管土耳其仍支持“自由叙利亚军”武装进攻叙利亚政府军和开展越境打击库尔德武装的行动，而俄罗斯与库尔德民主联盟党的亲密关系也是土俄政治互信的重要障碍，但土俄两国基于能源的合作使其能够暂时搁置分歧而寻求利益共同点。就目前来看，解决叙利亚问题需要更高层次和更广泛的和谈机制，但土俄两国的能源合作必将对叙利亚的未来走向产生一定影响。

四　能源外交视域下土俄关系变迁对我国“一带一路”倡议的启示

土耳其与俄罗斯是地跨欧亚大陆的重要国家，也是我国“一带一路”倡议的重要参与国家。土俄关系的变化既影响我国的政治安全，又影响国际合作机制效能的发挥，还将对我国的能源安全战略产生重要影响。所以能源外交视域下土俄关系的变迁对我国“一带一路”倡议产生重要启示，我国应该积极采取对策应对能源外交视域下土俄关系的变化，进而捍卫自身的能源安全和国家利益。

第一，中国要基于“一带一路”倡议需要加强与土俄两国在能源领域的合作。大国的崛起必然伴随着全球日益激烈的资源与能源争夺，中华民族的伟大复兴不仅成就了中国作为全球最大制造国和出口国的地位，也使其成为全世界第一能源消费大国，所以中国能源的对外依存度持续攀高，加强对外能源领域合作就成为能源外交的重点所在。作为一个多地区、多领域、多层次的合作战略，“一带一路”倡议是我国加强与亚欧非等地区各国之间互利合作的重大倡议，能源领域的合作是其重要内容之一。“一带一路”涵盖中亚－俄罗斯、中东和非洲等油气生产区，两端连接亚太、欧洲能源消费区，

---

① “Erdogan Goes To Russia: Turkish Leader Seeks to Mend Fences with Kremlin”, August 8, 2016, https: //www. rferl. org/a/russia - turkey - erdogan - visit - putin - petersburg/27908642. html.

因而我国与诸多国家和地区有着广阔的合作前景和发展空间。建设“一带一路”将进一步有助于深化中国与沿线国家的能源项目合作，拓宽资源与能源进口渠道，更好地满足国内对清洁能源的生产与消费需求，并为实现可持续发展创造有利条件。土耳其和俄罗斯作为“一带一路”沿线的重要能源消费国、过境国和能源生产国，强化与两国在能源领域的合作对实现我国的能源安全具有重要的意义。

土耳其是“一带一路”倡议的重要参与国，处于承东启西的能源走廊地带，目前致力于成为能源交通枢纽及能源交易市场，以将中亚、里海、中东和俄罗斯等地的油气资源输送到西方市场。土耳其也正在利用其在新能源地缘政治中的能源枢纽地位来保证能源特别是天然气的能源供应安全。作为一个能源枢纽也可以为土耳其提供在欧洲和中东获得政治影响的战略优势。“一带一路”倡议契合土耳其的能源外交战略，多项规划也需要土耳其的积极参与，我国应重视土耳其作为能源枢纽的战略地位，借助“一带一路”倡议，在能源领域加强与土耳其的合作。目前，管道项目建设是土耳其作为能源枢纽的关键，但是这些项目投资量大、消耗材料多、技术要求高、施工难度大，给疲软的土耳其经济带来一定难题，但却给我国参与管道项目投资和具体建设提供了很好的机会，我国可以像推进中土高铁领域的合作一样，加强能源管道建设领域的合作，以使中国力量在双边能源合作中发挥更大作用。

俄罗斯是当今世界的重要能源出口国，也试图借助能源优势重返世界大国地位。目前，俄罗斯对中国推动“一带一路”倡议，推进双边能源领域合作大体上持积极态度。“俄方认为，中方提出的建设丝绸之路经济带倡议非常重要，高度评价中方愿在制定和实施过程中考虑俄方利益。双方将寻找丝绸之路经济带项目和即将建立的欧亚经济联盟之间可行的契合点。为此，双方将继续深化两国主管部门的合作，包括在地区发展交通和基础设施方面实施共同项目。”① 近年来，中国与俄罗斯的能源合作发展迅速，通过能源采购、修筑管道、参股、并购等形式成功获取大量油气资源，这对开辟稳定、高效与安全的能源通道意义深远。尽管如此，目前中俄间管道油气运输能力相对有限，难以满足两国能源合作需求，海上运输能力亦未得到充分开发，所以加快落实中俄西部管线建设、推动两国达成新的管线建设协议，实现能

① 《中华人民共和国与俄罗斯联邦关于全面战略协作伙伴关系新阶段的联合声明》，2014 年 5 月 20 日，http：//www. xinhuanet. com/world/2014 - 05/20/c_ 1110779577. htm。

源运力大幅度提升；开展两国间海上油气运输通道建设调研，实现能源运输方式的多元化，减轻管道运输安全压力，则是“一带一路”中中俄能源合作的题中之意。未来中俄两国能源合作可以着眼以下几个方面：一是中俄之间进一步加强能源管线建设。我国要积极谋划欧亚大陆南北向（纵向）互联互通项目，推动以乌鲁木齐为中心，北通远东及新西伯利亚、南至印度的纵跨欧亚大陆的油气管线建设。二是中俄之间有待于加强新能源技术利用方面的合作。中国新能源汽车技术相对成熟，中俄新能源汽车企业间合作已经逐步达成，新能源技术及其利用合作也将为“一带一路”沿线天然气富集国家做出范例。三是中俄之间加强能源上下游合作。中俄的上游合作对于中国获得长期、稳定、价格合理的能源供给非常有益，下游合作则有助于利用双方的优势实现利益捆绑，并为俄罗斯留出更多的高产业附加值空间，从而提升中俄能源合作水平。

第二，中国要依托国际合作机制和“一带一路”平台，建立丝路能源合作机制。由于能源问题是国际性问题，因而在全球能源治理体系中相继建立起全球性和地区性的能源合作机制，包括国际能源机构、欧佩克、独立石油输出国组织、八国集团、国际能源论坛、世界能源理事会、世界石油大会等。近年来，国际组织包括欧盟、亚太经济合作组织、上海合作组织、东盟等都在能源合作领域取得很大进展。中土两国基于能源合作的双边外交关系也凸显出建立新型能源合作机制的重要性。有学者指出，“失序的全球能源治理体系在重构过程中需要一个既能代表新兴经济体能源诉求，又能兼顾其他类别国家能源利益的国际能源合作机制。这为我国推进‘一带一路’建设过程中的构想、建立丝路能源合作机制创造了千载难逢的机会”。[①]所以我国应该利用“一带一路”建设的时机，构建丝路能源合作机制。

我国主导的丝路能源合作机制并非另起炉灶，而是基于现有合作机制的创新与发展。一是实现俄罗斯所倡导的欧亚经济联盟与“一带一路”倡议的对接。2015 年 5 月，普京总统与习近平总书记会面后表示，欧亚经济联盟和中国倡导的“丝绸之路经济带”可和谐地互相补充，将推进“丝绸之路经济带”建设同欧亚经济联盟建设对接，这为中俄能源合作提供了良好平台。协调中俄两国政府、企业和非政府组织等多方力量，共同参与中亚地区能源合作，使俄罗斯在合作中受益，逐步推动形成“欧亚经济联盟 +1（中国）”模式，推动中国与该机制的合作；中国的经济发展能力与俄罗斯的安全保障能

① 朱雄关：《筑牢丝路能源合作机制平台》，《中国社会科学报》2017 年 1 月 12 日，第 5 版。

力相结合，以带动整个地区的稳定、繁荣。二是有效利用上海合作组织和金砖国家机制平台。“一带一路”涉及国家和地区范围广泛，国家经济发展状况和能源需求程度各异，加之受现有全球和地区层面能源合作机制的约束，丝路能源合作机制需要循序渐进。上合组织和金砖国家作为两个重要的协作平台，将为中国强化与土耳其和俄罗斯的能源合作机制提供重要基础。俄罗斯是上海合作组织和金砖国家重要代表，而土耳其作为上海合作组织“对话伙伴国”[①] 和近金砖国家（Near – BRICS）[②] 之一也与这两个平台关系密切。上合组织成员涵盖“一带一路”沿线大量国家，金砖国家则包括了全球主要的新兴经济体国家，它们提出并形成了上合组织“能源俱乐部”、金砖国家“能源联盟”“能源金砖”等能源合作理念与机制，它们为构建丝路能源合作机制提供了重要基础。三是要把握“一带一路”合作机遇，充分利用丝路基金、亚洲基础设施投资银行等平台以促进双边和多元能源合作。资源开发、能源投资和能源基础设施建设是亚投行和丝路基金投资的重点领域和主要方向，我们可以将亚投行和丝路基金的多边金融机制与丝路能源合作机制进行有效融合，实现能源与金融机制的相互支撑、互促发展。[③]

第三，中国要总结土俄两国基于能源外交背景发展双边关系的经验教训，以为我国的能源外交战略提供重要参考。土俄两国基于能源外交的伙伴关系发展说明，日趋增长的经济依存将与持续的政治冲突和地缘政治对抗共存，拥有不同政治观的国家也可能在经济上相互依存。土俄关系的发展演变也展现了具有完全不同的地缘政治观、盟友和政权模式的国家建立战略伙伴关系时所遭遇的重重限制，双方地位的不对称也导致双边关系的龃龉不断，两国参与的多边磋商机制有助于地区危机的解决，这都为我国与其他国家建

① 土耳其积极谋求加入上海经济合作组织。2007 年、2009 年和 2010 年，土耳其申请作为特邀国家参加上海合作组织会议没有被接受。2011 年 3 月，土耳其正式请求上海合作组织的“对话伙伴国”地位，该请求根据 2013 年 4 月在哈萨克斯坦的阿拉木图签署的协定获得允准。目前土耳其是上海合作组织中唯一的北约成员国对话伙伴，显然上海合作组织是中土俄三国合作尤其是能源合作的重要机制。

② 有学者将政治经济实力仅次于金砖国家的、“接下来成为强国的 11 个国家”（Next Eleven，主要包括印度尼西亚、墨西哥、韩国和土耳其等）称为近金砖国家，尽管它们在全球政治经济框架下的影响力不如金砖国家大，但愈益发展成为地区乃至全球政治机制中的重要力量。参见 Öniş and Yılmaz，“Turkey and Russia in a Shifting Global Order：Cooperation，Conflict and Asymmetric Interdependence in a Turbulent Region，” *Third World Quarterly*，Vol. 37，No. 1，2015，p. 71。

③ 此部分参考朱雄关：《“一带一路”背景下中国与沿线国家能源合作问题研究》，博士学位论文，云南大学国际关系研究院，2016，第 277 ~ 285 页。

立双边和多边外交关系提供了重要参考。土俄两国的能源外交实践，也给我们的能源外交战略以启示。一是我国要强化能源来源多元化战略。土耳其的能源外交战略说明，实现能源来源多元化，使能源进口来源更为广泛、风险更为分散，能够有效避免对某一国家或者某一地区能源进口的过度依赖，进而极大提高我国的能源进口安全。二是我国要深化国际能源合作机制。土俄两国的能源外交实践说明，只有进一步提高能源经济外交战略意识，把能源作为处理国际关系、国际问题的重要战略因素，积极主动参与国际能源安全、能源政策和能源协调等多边交流机制，建立全方位、多领域、多层次的协作关系和利益纽带，强化与主要能源消费国的战略对话与合作，深化与能源出口国的协调与合作，加强与主要国际能源机构和组织的沟通与合作，完善国际能源市场检测和应急机制，促进能源开发以保障供给，保障能源市场的良性运行和平抑世界能源市场的波动，才能真正保证能源安全和促进多维度的能源合作。三是我国要加强区域能源合作。我国要充分利用自身的地缘政治优势，坚持互利合作、多元发展、协同保障的新能源安全观，积极参与中东、中亚和里海等区域的能源资源开发，扩大区域能源对外贸易和技术合作，提高运输、金融等配套保障能力，拓宽与“一带一路”沿线国家能源合作的路径和方法，以增强国家的能源安全保障和促进区域经济的协调发展。

Report on the Development of Turkish – Russian Relations with the View of Energy Diplomacy

Li Yanzhi

Abstract: In the post-cold war era, Turkish-Russian diplomatic relations are closely related to energy politics. Based on the energy diplomacy, this paper analyzes the transition process of Turkish-Russian bilateral relations after the political upheaval in the Middle East. Turkey and Russia have keen competition on geopolitical and energy resources, which makes Turkish-Russian bilateral relations be unstable and be deeply affected by pipeline politics. They both take actively participate in regional cooperation organizations which leads to cooperation and conflict to be alternately present in bilateral relations. For dealing with regional crisis, this two countries increase energy cooperation. We should sum up experience and draw lessons from Turkish-Russian's energy diplomacy, which will provide an important reference for Chinese energy diplomacy strategy. We will strengthen cooperation with Turkey and Russia in the field of energy on account of "the Belt and Road", and establish energy cooperation mechanism for "the Belt and Road".

Key words: Turkey; Russia; Energy Diplomacy; the Belt and Road

2017年中东地区大事记

2017年1月1日　土耳其伊斯坦布尔蕾娜俱乐部遭到恐怖袭击，造成30人死亡、70多人受伤，“伊斯兰国”宣称对此负责。

2017年1月8日　伊朗前总统拉夫桑贾尼去世。

2017年1月10日　伊朗与伊核问题六国在维也纳举行了“伊核全面协议联合委员会”第六次会议。

2017年1月15日　中东和平会议在巴黎召开，约70个国家和国际组织的代表参会。

土耳其议会投票通过了宪法修正案，将国家体制由议会制改为总统制。

2017年1月18日　伊拉克国防部宣布，完全收复摩苏尔东区。

2017年1月23日　在奥巴马任期的最后几小时，美国国会通过法案给予巴解2.22亿美元的援助。

2017年2月14日　伊朗革命卫队“圣城旅”领导人苏莱曼尼访问莫斯科，与普京讨论伊核问题。

2017年2月16日　美国总统特朗普在白宫会见以色列总理内塔尼亚胡时宣布，美国不再坚持将两国方案作为和平解决巴以问题的基本原则。

2017年3月5日　美国总统特朗普在白宫会见以色列总理内塔尼亚胡，并称将出席美国驻耶路撒冷大使馆的开馆仪式。

2017年3月9日　巴勒斯坦权力机构主席阿巴斯任命马哈茂德·阿尔·阿尔乌尔为巴勒斯坦的第一任副总统。

2017年3月19日　以色列总理内塔尼亚胡访问中国，随后中国和以色列建立了“创新全面伙伴关系”。

2017年3月24日　埃及前总统穆巴拉克的三年刑期结束，返回开罗住所。

2017年3月25日　也门萨那法庭以“叛国罪”判处总统哈迪及6名高官死刑。

2017年3月28日　伊朗总统鲁哈尼与俄罗斯总理普京在莫斯科签订加强多领域合作的14份文件。

2017 年 4 月 3 日　由美以联合研制的“大卫投石索”（David's Sling）导弹防御系统投入使用，以期替换美式“爱国者”系统。

2017 年 4 月 3 日　伊拉克总理阿巴迪在巴格达与美国白宫高级顾问库什纳及美国参谋长联席会议主席邓福德会面，讨论了摩苏尔地区的军事行动。

2017 年 4 月 6 日　两艘美军驱逐舰向叙利亚沙伊拉特空军基地发射 59 枚“战斧”式巡航导弹，以回应叙西北部的疑似化学武器攻击事件。

2017 年 4 月 11 日　欧盟以“不尊重人权”为由，将对伊朗的非核制裁延长 1 年。

2017 年 4 月 15 日　阿勒颇以西的平民撤离车队遭遇“自杀式汽车炸弹袭击”，造成约 100 人死亡，55 人受伤。

2017 年 4 月 23 日　埃及总统塞西出访沙特阿拉伯，实现两国的“破冰之旅”。

2017 年 4 月 30 日　9 名伊朗边防士兵于伊朗——巴基斯坦边境地区遭遇恐怖袭击身亡。

2017 年 5 月 3 日　俄罗斯总统普京在索契与土耳其总统埃尔多安举行会晤，讨论加强合作以促叙利亚各方实现停火和谈。

2017 年 5 月 4 日　俄罗斯、土耳其和伊朗三国在阿斯塔纳召开的叙利亚会谈上签署协议，决定在叙利亚建立四个冲突降级区。

2017 年 5 月 6 日　伊斯梅尔·哈尼亚当选为哈马斯的最高领导人。

2017 年 5 月 16 日　美国总统特朗普与土耳其总统埃尔多安会面，讨论了叙利亚问题、俄土关系和土耳其政变引发的美土争端等问题。

2017 年 5 月 17 日　特朗普首次宣布维持伊核协议，并发布反制伊朗弹道导弹计划的新举措。

2017 年 5 月 20 日　美国总统特朗普访问沙特阿拉伯，同沙方签署 1100 亿美元的军售协议。

2017 年 5 月 26 日　埃及南部发生针对基督教徒的恐怖袭击，造成 29 死、24 伤。

2017 年 6 月 5 日　巴林、沙特、埃及、阿联酋、也门宣布与卡塔尔断交。

2017 年 6 月 5 日　迫于沙特等国的断交压力，卡塔尔要求境内的哈马斯成员全部离境。

2017 年 6 月 7 日　德国政府下令将土耳其因吉尔利克空军基地迁到约旦基地。

2017 年 6 月 14 日　埃及议会以多数票通过了埃及政府向沙特归还位于红海的蒂朗岛和塞纳菲尔岛的协议。

2017 年 6 月 29 日　伊拉克军队宣布收复曾为“伊斯兰国”成立旧址的摩苏尔努里清真寺。

2017 年 7 月 3 日　法国能源巨头道达尔公司与伊朗签署了一项价值数十亿美元的天然气协议。

2017 年 7 月 6 日　在印度总理莫迪访问以色列期间，印以两国签署了一系列合作协议。

2017 年 7 月 9 日　土耳其反对派组织的徒步大游行汇集伊斯坦布尔，人数达到几十万人。

2017 年 7 月 14 日　耶路撒冷圣殿山发生枪击事件，随后引发大规模的巴以流血冲突。

2017 年 7 月 18 日　美国财政部和国务院宣布，制裁涉嫌支持伊朗核武活动的 18 个团体和个人。

2017 年 7 月 25 日　土耳其总统埃尔多安表示，已经和俄罗斯达成了购买 S－400 导弹防御系统的协议。

2017 年 7 月 26 日　埃及总统塞西颁布总统令，决定成立反恐怖主义和反极端主义全国委员会，以应对日益严峻的恐怖主义威胁。

2017 年 7 月 30 日　伊朗前总统内贾德因涉嫌滥用政府资金面临判刑。

2017 年 8 月 1 日　中国人民解放军驻吉布提保障基地正式投入使用。

2017 年 8 月 3 日　鲁哈尼获得了伊朗最高领袖哈梅内伊对其就任总统的正式批准，并举行了总统就职仪式。

2017 年 8 月 13 日　伊朗议会投票通过一项针对美国的议案，伊朗将采取针对美国的各项反制裁举措。

2017 年 8 月 15 日　美国以限制人权为由，决定削减对埃及的 9000 万美元援助并推迟 2 亿美元的军事贷款。

2017 年 8 月 16 日　伊朗首席参谋长在安卡拉会见土耳其总统埃尔多安并讨论地区安全问题。

2017 年 9 月 5 日　叙利亚政府军攻入代尔祖儿市一处政府军营地，打破“伊斯兰国”对该市长达三年的封锁。

2017 年 9 月 7 日　美国国会通过法案，以涉嫌支恐为由削减对巴勒斯坦权力机构的援助。

2017 年 9 月 15 日　英国伦敦地铁站发生爆炸案，极端组织“伊斯兰国”

宣称对此负责。

2017 年 9 月 16 日　埃及法院对埃及前总统穆尔西做出了终身监禁的终审判决。

2017 年 9 月 18 日　美国在以色列建立的第一个永久军事基地开始启用，该基地将运转导弹防御系统。

2017 年 9 月 22 日　联合国安理会发布声明，反对伊拉克库尔德斯坦进行独立公投。

2017 年 9 月 25 日　伊拉克库尔德地区举行独立公投，有 92% 的人投票支持独立。

2017 年 9 月 26 日　沙特国王颁布法令，允许该国妇女开车。

2017 年 7 月 27 日　伊朗成功试射了自主研发的“神鸟”号运载火箭，这是一枚小型运载火箭。

2017 年 9 月 27 日　国际警察组织承认巴勒斯坦作为成员国。

2017 年 9 月 30 日　土耳其最大的海外军事基地在索马里首都摩加迪沙正式启用。

2017 年 9 月 30 日　埃及统计局发布人口普查结果，埃及人口达到 9480 万人。

2017 年 9 月 29 日　土耳其、伊拉克和伊朗三国共同表态，反对库尔德公投。

2017 年 10 月 3 日　伊朗国防部部长在德黑兰会见土耳其武装部队总参谋长，讨论伊拉克库区独立公投等问题。

2017 年 10 月 4 日　伊拉克前总统、库尔德斯坦爱国联盟领导人塔拉巴尼逝世。

2017 年 10 月 4 日　以色列在 10 月 4 日 ~ 10 月 14 日对加沙和西岸地区进行 11 天的全面封锁。

2017 年 10 月 5 日　在沙特阿拉伯国王访问俄罗斯期间，沙特就购买俄方 S – 400 防空导弹系统一事签署协议。

2017 年 10 月 6 日　美国国务院宣布，美国将从本月 12 日起解除对苏丹长达 20 年的经济制裁。

2017 年 10 月 9 日　美国驻土耳其大使馆暂停办理所有的土耳其非移民签证。

2017 年 10 月 12 日　法塔赫和哈马斯签署新的和解协议，法塔赫将接管加沙地带。

2017 年 10 月 15 日　伊拉克军队开始攻击库尔德人占领的基尔库克地区。

2017 年 10 月 17 日　美国盟军支持的“叙利亚民主力量”收复“伊斯兰国”“首都”拉卡。

2017 年 10 月 18 日　叙利亚名将伊萨姆·扎赫拉丁在代尔祖儿阵亡。

2017 年 10 月 20 日　埃及警方在西部沙漠地区遭到激进分子袭击，造成 50 多名警察死亡。

2017 年 10 月 24 日　俄罗斯在联合国安理会投否决票，拒绝延长调查叙利亚境内化学武器袭击责任方的期限。

2017 年 10 月 27 日　美国众议院通过对伊朗的新制裁议案，呼吁对支持伊朗弹道导弹计划的伊朗政府和其他外国政府实施制裁。

2017 年 10 月 30 日　拉克库尔德斯坦自治区总统巴尔扎尼宣布辞职。

2017 年 11 月 4 日　黎巴嫩总理哈里里在沙特利雅得发表演讲时宣布辞职，并呼吁伊朗停止对黎巴嫩的干涉。

2017 年 11 月 4 日　沙特国王萨勒曼发布国王令，成立最高反腐委员会，由其王储穆罕默德担任委员会主席。

2017 年 11 月 4 日　也门胡赛武装向沙特首都利雅得的哈立德国际机场发射了一枚弹道导弹，沙特首都核心地带第一次遭到导弹袭击。

2017 年 11 月 16 日　伊朗西部克尔曼沙罕省于 12 日发生 7.3 级地震，造成 430 多人死亡，1 万多人受伤。

2017 年 11 月 18 日　埃及在哈马斯和巴勒斯坦权力机构达成移交边境控制权后首次开放与加沙地区的边境。

2017 年 11 月 18 日　伊拉克军队收复“伊斯兰国”控制的最后一个城镇拉瓦。

2017 年 11 月 19 日　沙特首都利雅得举行“打击恐怖主义伊斯兰军事联盟”防长委员会第一次集体会议，共有 41 个伊斯兰国家参与。

2017 年 11 月 23 日　土耳其总统埃尔多安、俄罗斯总统普京和伊朗总统鲁哈尼，在俄罗斯城市索契举行了关于叙利亚问题的三方峰会。

2017 年 11 月 24 日　“伊斯兰国”武装分子对埃及西奈半岛的一座清真寺发动袭击，导致至少 305 人死亡、125 人受伤。

2017 年 12 月 4 日　也门前总统萨利赫被胡赛武装杀死。

2017 年 12 月 5 日　黎巴嫩总理哈里里在返回黎巴嫩两周后宣布暂缓辞职。

2017 年 12 月 6 日　美国正式承认耶路撒冷为以色列首都。

2017 年 12 月 7 日　欧盟多国反对美国承认耶路撒冷为以色列首都。

2017 年 12 月 9 日　伊拉克宣布已经将伊拉克全境从“伊斯兰国”手中解放。

2017 年 12 月 11 日　俄罗斯总统普京访问叙利亚，并下令部分俄罗斯军队从叙利亚撤军。

2017 年 12 月 13 日　伊斯兰合作组织首脑会议在土耳其伊斯坦布尔举行，多国共同承认东耶路撒冷为巴勒斯坦首都。

2017 年 12 月 18 日　美国投票否决了联合国安理会关于耶路撒冷地位问题的决议草案。

图书在版编目（CIP）数据

中东形势与战略．2018／黄民兴主编．-- 北京：社会科学文献出版社，2018.12

ISBN 978-7-5201-3921-2

Ⅰ．①中…　Ⅱ．①黄…　Ⅲ．①中东问题-研究报告-2017　Ⅳ．①D815.4

中国版本图书馆 CIP 数据核字（2018）第 264987 号

中东形势与战略（2018）

主　　编／黄民兴
副 主 编／赵广成　李　玮

出 版 人／谢寿光
项目统筹／张晓莉　李明伟
责任编辑／叶　娟　路子正　李海瑞

出　　版／社会科学文献出版社·国别区域分社（010）59367078
地址：北京市北三环中路甲 29 号院华龙大厦　邮编：100029
网址：www.ssap.com.cn
发　　行／市场营销中心（010）59367081　59367083
印　　装／三河市尚艺印装有限公司

规　　格／开　本：787mm × 1092mm　1/16
印　张：24　字　数：426 千字
版　　次／2018 年 12 月第 1 版　2018 年 12 月第 1 次印刷
书　　号／ISBN 978-7-5201-3921-2
定　　价／128.00 元

本书如有印装质量问题，请与读者服务中心（010-59367028）联系

版权所有 翻印必究